HANNAH ARENDT　A REINTERPRETATION OF HER POLITICAL THOUGHT

アレント政治思想の再解釈

マーガレット・カノヴァン 著
寺島俊穂・伊藤洋典 訳

未來社

HANNAH ARENDT
A REINTERPRETATION OF HER POLITICAL THOUGHT
by Margaret Canovan

アレント政治思想の再解釈＊目次

凡例

一、原文中に見られるギリシア語（ローマ字表記）、ラテン語は、原音をカタカナ表記し、必要なものについては原語を残した。
一、引用句（文）には「 」をつけ、引用文中の引用箇所については〈 〉で示した。
一、文中の（ ）は原著者によるものであり、〔 〕は訳者による補足などである。
一、原注は（1）、（2）……と通し番号をつけ、後ろに一括して収録した。
一、原注のなかの参照頁については、原書の参照頁はアラビア数字、翻訳に当たって邦訳に依拠したものについては当該頁を漢数字で示した。なお、その場合でも、表記の統一のため、字句などを変更した場合もある。

アレント政治思想の再解釈

装幀＝戸田ツトム

序文

本書で提示されるハンナ・アレントの政治思想が再解釈だというのにはふたつの意味がある。第一に、本書は彼女の著作について多くの重要な点でほかの説明とは違った読解を示したものである。わたしは、彼女の著作を学ぶ人たちに、この読解が彼女の思想により近いものであるとともに、彼女が多くの人から誤解されてきたのにはもっともな理由があることを納得してもらえるのではないかと期待している。

第二の意味はもっと個人的なことである。というのも、本書はアレントに関するわたしの最初の本ではないからである。彼女の思想の簡潔な入門書として、学生向けに、彼女の作品がまだ完成されていないとき書いた本（『ハンナ・アレントの政治思想』）は、一九七四年に出版され、（この分野で最初の本だったので）かなり有名になった。その後わたしは、ほかの分野での仕事をしながら、その問題にもっと深くまで立ち入る可能性について念頭においてきたし、折りに触れてアレントについて何篇かの論文を発表してきた。しかし、（英国アカデミーから研究助成金の支援を得て）米国議会図書館所蔵の彼女の未公刊の著作について研究し始めたときになってようやく、探究すべきことがどんなに多いか正しく認識し始めた。これら未公刊の著作の観点からアレントの公刊された著作を再読してみて、わたしは彼女の思想の多くの側面についての以前の理解を見直し、全面的な再解釈が必要ではないだろうかと考えざるをえなくなった。本書は、その過程を始める試みである。本書が包括的だとは主張できないが、アレントの思想のなかで読み直しがとくに必要だと思われる分野に焦点を当てている。ほかのアレント研究者が本書に批判すべき多くの点を見つけるのは確実であろうし、わたし特有の再解釈の多くに反論したくなるであろう。より一般的にいえば、アレントの思考について発見されるべきものがありうるという考えに困惑し、また彼女が公刊することを選んだ著作を、公刊しなかった著作にも目を向けて読む必要があるという提案を問題にする者もいるかもしれない。解釈学の諸原理について抽象的なかたちで議論するよりも、懐疑的な人たちに本書で提示された説明を読んでいただき、付け加えた原資料が本当にアレントの主著に光を当てているかどうか、とりわけそのような人たちに、未公刊の著作を含む初期の著作を無視してまで『人間の条件』に集中すべきではないことを納得させることができるかどうか、見てみたい。

幸運なことに、アレントの草稿の多くは、現在ジェローム・コーンによって公刊に向けて準備が進められている。(1)わたしは、彼の助力と励ましにはとりわけ感謝している。ほかに草稿の過程で本書の全部あるいは一部を読んでくれた人には、エイプリル・カーター、サンドラ・ヒンチマン、リチャード・キングがいる。わたしを多くの間違いから救ってくれた彼らの有益なコメント、痛烈な批判に深く感謝している。もっとも、彼らはみな、最終版においてもむろんまだ問題にすべき点をたくさん見つけるだろうが。ジェームズ・カノヴァンは、次々と出てくる草稿を読み、つねに協力的であろうと努めるという最大の重荷に耐えてくれた。そのジェームズに本書は捧げられている。

アレントの未公刊の著作を調査できるようにしてくれた研究助成に対して英国アカデミーと、米国議会図書館（とくに複写部）に感謝している。（いまは亡き）メアリー・マッカーシーは、寛大にもアレントの手稿からの引用を許可し、励ましてくれた。

第七章の初めの版は、『ソーシャル・リサーチ』誌（*Social Research*, vol. 57, no. 1）に一九九〇年に発表されたものである。

第一章　はじめに

1　ハンナ・アレントは、二十世紀の政治思想の偉大な部外者《アウトサイダー》の一人であり、際立って独創的であると同時にやっかいなほど非正統的である。一九五一年に『全体主義の起源』が公刊されて以来、アレントの著作は大きな関心と激しい論争を呼び起こしてきた。生前には彼女の評判は知的流行の激しい揺れ動きによって影響を受けた。『全体主義の起源』自体、初めはナチズムとスターリニズムについての深い分析として喝采を浴びたが、のちには冷戦の断片として斬り捨てられた。『人間の条件』と『革命について』は、ある人たちには六〇年代において流行になった「参加」政治を古典的に擁護するものとして受け取られたが、ほかの人たちには近代政治の社会的関心に対する根拠のない攻撃として嘆きの対象となった。全著作のなかで最も激しい論争が行なわれたのは、一九六三年に出版された『イェルサレムのアイヒマン――悪の陳腐さに関する報告』であり、その書は多くの人びとからはユダヤ人社会への忠誠の欠如の表われとみなされた。一九七五年に彼女が死んでからはこういった種類の論争はなくなったが、政治理論家としての彼女の立場をめぐっては論争が続いていた。擁護者たちは、アレントを社会的・経済的関心に大部分従属するようになった政治の価値を再評価するために最大の貢献をなした理論家とみなした。批判者たちは、アレントが古代の都市国家や近代革命から引き出したモデルのために通常の民主政治を拒否している点を指し示し、彼女が言っていることは「いまここでの」政治についてあまり当てはまらないと感じた。

しかしながら、近年になってアレントの評価は再び上昇し、彼女の思想のいくつかは時間の経過を超えて生き延びただけではなく、新たな妥当性を帯びてきたように思われる。ひとつの例は、全体主義運動がどのようにして虚構のイデオロギー的世界を構築するかについての彼女の三十年も前の説明であり、それは東欧革命前の時期の反体制派知識人による共産主義体制の分析を予兆していた。[1] もうひとつの例は、東欧革命自体のなかに見いだすことができる。なぜなら、東欧革命は、権力は武器や資源の問題というよりもむしろ協同で行為する民衆の問題だという彼女の主張に対するある種の確証を提示しているように思われたからである。また、一九五〇年代の学界において突拍子もないものと思われた、彼女による古典的共和主義のテーマの再生は、シヴィック・ヒューマニズム〔公的な営みに参加する市民として生きるなかで、個人の善が共通善に変わっていくことを強調する立場〕に対する最近の関心を先取りしていた。[2] わけても、英米思想がついにハイデガーやニーチェ、およびその継承者たちの影響を感じ始めるようになると、反-基礎づけ主義〔自己の主張の基礎づけ、正当化を求めない認識論上の立場〕から文学的様式に至るまでアレントの著作の多くの側面は、躓きの石ではなくなった。彼女の著作への関心はいまや広範に及び、広がり続けていくように思われる。しかしながら、彼女が現在置かれた位置について奇妙なことは、彼女の著作が注目を惹いているにもかかわらず、ほとんど理解されていないという状況である。間違いなく言えることとして、批判的文献には彼女が実際にはとっていない立場への攻撃が著しく高い割合で含まれている。

本書が問題にしているのは、このような状況である。本書の狙いは（ささやかなものに見えるかもしれないが、実際にはかなり遠大なものだが）、彼女の政治思想が問題にしていることを発見し、説明することである。わたしが読者を説得したいと思っているのは、彼女が非常に誤解されているだけではなく、彼女の思想は通常評価されているよりもはるかに独創的で刺激的だということである。わたしは、彼女の全体主義論の中心的な論点が見落とされていること、彼女の活動の理論は、彼女の政治思想の残りの部分と同様に、全体主義に対する応答に基づいており、ギリシアのポリスへのノスタルジーによる試論ではないこと、彼女が政治と道徳、権威と根拠主義、政治思想の多くの問題について重要で有意味な言明をなしていることを論じることになろう。もっとも、まずもって対処すべき明白な反論がある。つまり、われわれの多くがこれまで彼女を理解しないできたのはどうしてなのかという反論が出されることは明白である。この謎に挑むことが、次節の主題である。

2　アレントは、自らの思想を伝えるためにあまり努力したわけではない。彼女がかつてあるインタヴューのなかで説明したように、彼女の著作の背後にある動機は、理解したいという彼女自身の願望であり、書くことはその過程の一部であった。これが、ほかの人びとが彼女の洞察を共有してくれることを意味するなら、彼女にとって満足すべきことだが、彼女は、もし思考を紙に写さずに思い出すことができるほど記憶力に恵まれていたら、何も書かなかったかもしれないと半ば真面目に示唆した。[3] 自分の本が誤読されても、彼女はほとんど動じなかった。彼女は別のところで、「何か書いて世界に送り出すときはいつも、……誰でもそれを好きなように取り扱ってよい。……あなたは、あなた自身で考えてきたことがどのように受け取られても、もはや止めようとすべきない」[4] と明言した。読者から距離を置くこのような風変わりな感覚は、学界での議論からも距離を置くもっと一般的な態度の一部であった。これは、彼女の主題に関する学界の標準的な文献に対する、あの「威厳ある無関心」のことであり、シェルドン・ウォリンが彼女の最後の本『精神の生活』について書評をしたさいに論評したことである。[5] 公的議論への貢献を意識したものというよりもむしろ、最もよく知られた、彼女の諸著作は本質的に内省的であり、精神の生活を構成すると思われた、果てしない、自分自身との対話の一部であった。[6]

　彼女の思想の、この内省的性質によって誤解を生じてきた点は数多くある。ひとつには、彼女が公刊した著作の数は多いにもかかわらず、それらは彼女の果てしない省察と著作の過程によって託された供託物の一部にすぎない。彼女が最もよく知られるようになった著書は、一部が水に浸った、思考の大陸から島々のように現われてくる。そのなかには曖昧な論文のかたちで記されたものもあり、未公刊の著作でしか残っていないものもある。本書の研究の過程で多くのケースを見るが、著書のなかの章句がどの内省の脈絡に属しているかに気づかないと、誤った解釈に陥ってしまいがちである。

また、アレントの著書自体にも誤解を招く要因がある。というのは、彼女の著書はしばしば凝縮されていて、暗示的だからである。著書の形式は、連続性があるというよりも交響楽的であり、議論を提示するというよりもテーマを撚り合わせ、展開している。彼女は、心地よく消化されるより以上のことを言おう(とりわけ概念上のより多くの区別を行なおう)と試みているのであり、読者に対して特別な意味で通常の用語を使うことを警告しているわけではないので、[7](よくあることだが)思いがけないことを言っているとき、彼女の言っていることの意味は非常にたやすく見誤られてしまう。

実際に、彼女の思想の例外的な独創性自体が、誤解の恒常的な源泉である。独創性とは、彼女が探求したり、宣伝したりしなかったが、彼女が避けることのできなかったものだったように思われる。[8]意図して取り組んだことに関していえば、彼女の志向性はしばしば経験に忠実であろうと試みている現象学の志向性であった。[9]彼女は、思考のきっかけとなったのはなんらかの現実の出来事であり、他方で西欧政治哲学の支配的な伝統に対する反発は、それが政治的行為者の実際の経験を歪めてきた点に対してであることをずっと強調していた。しかしながら、彼女自身がよく気づいていたように、思考の領域である「過去と未来の間の」空間に入り込むやいなや、出来事と経験に奇妙なことが起こりえた。[10]ナチズムやスターリニズムとか、アメリカ革命やフランス革命に関する彼女の著作は、ある意味で、同時代のものであれ歴史的なものであれ、実際の政治的経験に関わっている。彼女の著作が最も似ているものは、ページの上で竜とグリフィンが文字のなかへもぐりこんだり、またそこからよじ登って出ていったり、葉とつるが言葉の回りに巻きついているような中世の写本であろう。つまり、賛嘆するような宝石が散りばめられ、原文がそこから注意をそらすような仕方で「照明を当てられている」、すばらしく優れた作品である。

とくに過去を扱うさい、アレントはふたつの異なったアプローチを組み合わせようと試みているように思われた。そのうちのひとつが、抽象の底を打ち抜いて経験に至る現象学的衝動であった。こうした〈現象学的〉気分のなかで、ヨーロッパ文明の崩壊に対する慰めを彼女は見いだすことができた。ヨーロッパ文明の崩壊は、彼女が伝統的思考の崩壊のなかで「いかなる伝統によっても曇らされることのない眼で、過去を見」、「生《なま》の経験の巨大な富について、取り扱うことができる」「絶好の機会」[11]を目撃したものである。のちに見るように、プラトン哲学の影響によって曇らされ歪められたと彼女が考えた、「複数性」の伝統の再生に乗り出したのは、この精神においてであった。しかしながら、この現象学的謙虚さと並んで、過去の宝庫に対する明らかに異なった別のアプローチがあった。それは、彼女がその最も優れたエッセイのひとつである、友ヴァルター・ベンヤミンに関する評伝のなかで述べたことである。

ベンヤミンは、すべて引用からなる著作を生み出そうという野心をもった、断章とアフォリズムの熱狂的な収集家であった。彼のことを「詩的な思想家」として語りながら、アレントはシェイクスピアの歌「わだつみの五尋《ごひろ》の底」と、「海流による変化」を被った残滓を過去の深みで漁をする「真珠貝を採る潜水夫」について瞑想していた。「潜水夫」の目的は、海底を発掘することにあるのではなく、「衰退の過程は同時に結晶化の過程である」[12]という信念に導かれて、「豊かなものや奇妙なもの、深みにある真珠貝や珊瑚を探り出すこと」にある。過去から発見された断片を熟慮して恣意的に使用する、この種の方法は[13]、生《なま》の経験を取り戻す現象学的野心とぶつかりがちだし、アレントの読者にさらなる混乱を惹き起こしている。「結晶化」という比喩は、おそらくふたつのアプローチを束ねる彼女自身の手法かもしれない。というのは、結晶をとおしてそれが埋め込まれた地底をのぞき見ることはできるが、一方で多くの切子面があり、違った発生源からの光を反射し、尽きることのない意味[14]をもってきらめくのは同じ結晶の本性においてである。彼女が選んだ原資料に見いだした多様な意味はさらに複雑なものであり、彼女の思考を理解しがたくし、はるかに要約しがたくしている。

あたかもこれらだけが混乱の源ではないかのように、彼女の企ての中心にある緊張、すなわちひょっとしたら非体系的な体系構築と呼べるかもしれないもののなかに横たわる別の混乱の源がある。アレントは、政治哲学の体系を構築したがったわけではない。めったにないことだが、彼女が自分の著作へのアプローチについて言明したとき、彼女はその試論的性格と柔軟性を強調した。[15] 真正な政治思想は、実際の政治的出来事から必然的に生じ、それらの出来事に対応して再考されねばならないものだと彼女は考えていた。[16] いずれにせよ、思考自体は（彼女が『精神の生活』のなかで論じたように）ペーネロペーの織物のようなものであり、織り上げたものをつねにほどいていた。[17]

彼女が深く関わっていた、思考についての非体系的な見方は、若いころ最も感銘を受けた思想家たちから彼女が継承したものであった。彼女の最初の知的ヒーローであるキルケゴール[18]は、正統派のヘーゲル主義を攻撃し、その抽象的で体系的で「客観的な」思考に、「すべてを過程のなかに置く」[19]彼自身の「主観的な思考」を対置することによって哲学的冒険へと乗り出した。このメッセージは、ニーチェと、彼女の師であるカール・ヤスパースやマルティン・ハイデガーによって補強された。ヤスパースの最も初期の洞察のひとつは、彼が訓練を受けてきた中世の学問から哲学に移ったさいのものだが、「結果はなくとも、意味のある思考のごときものもある」[20]ということだった。彼自身の哲学も体系を提示していないし、「われわれがいったん構築したものを解体して構築すること」について語っていた。[21] 同じように、アレントがもう一人の師であるハイデガーに負っていることは、われわれがやがて立ち戻ることになる複雑な問題だが、彼女がハイデガーから学んだことについてのちに想い起こしているのは、教義というよりもむしろ思考という活動そのものであった。それは、「絶えず活動的で」、経験という森のなかで休憩所に辿り着かない小道をずっと切り開いていくものである。[22]

ところで、彼女がつかむべき「手すりなしに」[23]自由に出来事について考察したり、理論を提示したりする代わりに思考の流れを記録するような仕方で書いたりすることによって思考を始めるとき、読者は、彼女の思考はとくに一貫しているというわけではなく、いずれにせよ確実に体系とは類似していないことを、当然のこととして予期するようになる。しかしながら、本当は、アレントは、ひとりでに一貫性と総合に向かう傾向をもった、元来体系的な精神の持ち主だということである。思考をペーネロペーの自己解体的な織物の観点から見ようとする傾向があるにもかかわらず、彼女自身が紡ぐ思考の流れはより合わされている。あたかも、理解しがたいとはいえ少しも弱くない糸で縫い合わされ、ひとりでに丹念に整った、概念の蜘蛛の巣になっていくようなものである。ヘーゲルに関してもいえることだが、このことが意味しているのは、残りのすべての部分との関連を意識しなければ、彼女の思想の一部分も理解できないということである。

アレントの著作の非体系的な表面の下に隠された、思考の体系的なつながりがなんらかの意味で存在するならば、これにアプローチする最良の方法とはどのようなものなのか。解釈者のつもりでいる者が、彼女自身がなさなかった仕事を彼女に代わってなし、彼女の著作に暗に含まれる体系を構築すべきなのか[24]。このアプローチに対する主な異論は、体系構築に対する彼女自身のはっきりした反対と合致している。つまり、現実には動態的で終わりのない過程を静態的な構築物に固定し、問題が問題でなくなったときに[25]解決したかのように振る舞うということである。彼女の政治的思考は、一組の複雑で相互に連関した思考の流れのかたちをとっていた。その過程において、彼女は実際には多数の定まった立場、堅固な概念上の区別、相互に関連した関係を打ち建てたが、それは回答が決まっていたわけではないし、不完全な状態にとどまっていた。彼女の大学院での教え子が彼女の教えについて書いたときに論評したように、彼女は「何か確定的なことを言うこと――いわば、ひとつの立場をとること――に……成功し、しかも、開かれた雰囲気を保持していた」[26]のである。

それゆえ、彼女にふさわしい静態的な体系を構築する代わりに、われわれがする必要があるのは、彼女の思考の流れを追い、彼女の最もよく知られた著作をそのなかに位置づけ、いかにそれらの著作が相互に関連し合っているかを示すことである。そのようなアプローチには、彼女の省察をそれが展開していったとおりに追い、多くの場合その根源にまで跡づけることを可能にする付随的な利点があるだろう。のちに見るように、それらのほとんどは、彼女が「全体主義」という表題のもとでまとめ上げた、測り知れない政治的破局の経験にその根をもっている。

アレントが誤解される最も一般的な理由は、読者が彼女の思想を解釈しようとするとき、間違ったところから出発する傾向があるということにあるので、このことは重要である。ジョージ・ケイティブやビクー・パレクのような論評家が『全体主義の起源』ではなく『人間の条件』から始めるべきだと思ったのは少しも驚くべきことではない。というのも、『人間の条件』は、彼女のほかのどの著書よりも明確な構造をもっているように見え、明らかに基本的な問題に関わっており、ナチズムとスターリニズムに関する初期の著作以後のアレントの政治的思考の新しい始まりを表わしているように思われるからである。『全体主義の起源』が多くの政治学者によってもはや賞賛されていないとしても、政治思想へのアレントの真の貢献と一般にみなされているものを理解し始める前に、それを研究してはならない理由はない。不幸なことに、このアプローチは（わたしがとりたいと思っているものだが）、ひどく誤解を生じやすい。『人間の条件』が『全体主義の起源』に見かけ以上に密接に関連しているだけではなく、実際にアレントの政治思想全体の重要課題は、二十世紀半ばの政治的破局についての彼女の考察によって提示されたわけでもある。このことは多くの論評者によって認められてきたことではあるが[27]、その含意は、解明されてこなかったし、実際には広範囲に及ぶ。最も論争的な言明も含め、彼女が言わんとしている多くの事柄は、彼女の省察のなかの本来の文脈のなかに置かれると、まったく違ったように見えてくる。彼女の立場の多くは――必ずしもより説得的になるわけではないが――より理解しやすくなる。のちに見るように、彼女の政治思想はいくつかの点で現代の関心事に関わっているが、あまり関係がないものもある。

そこで、彼女の生きた時代の最も劇的な出来事への応答がまさしくアレントの思想の中心にあるということが、本書において主張されることになる。ある意味で彼女の政治的思考は、政治的出来事に非常に密接に拘束されている。ある意味でというのは、すでに見たように、彼女の思考は一貫して内省的だからである。精神の孤独な生活と政治の公的世界との緊張は、絶えず彼女の著作を複雑にし、誤解されても仕方のない潜在的可能性を付け加えてきた。というのも、ナチズムに衝撃を受けたことで、彼女は政治的な責任を負う立場からあらゆる形態の無世界性に対抗していくようになったのだが、その結果として彼女が辿り着いた政治思想は、特殊個人的な性格の省察から成り立っていた。現実の世界で起こっていることに応答すべきだという呼びかけは、世界から撤退し思考へ沈潜することは不釣合いであり、思弁的解釈と醒めた常識との奇妙な結合を生み出した。アレントが最も明示的に政治と精神の生活との間の緊張について熟慮したのは、最後の、未完の著作のなかにおいてである。政治的行為と政治思想に向かう彼女自身の道のりを簡単に見ておくと、その入り組んだ問題をわれわれが理解するのに役立つであろう。

3　若いころのアレントは、（のちに自ら認めたように）政治にはまったく関心をもっていなかったし、[28] 奇妙なほど無世界的な種類の知的関心に浸っていた。彼女ののちの政治への関与に照らしてみると、「アウグスティヌスの愛の概念」についての博士論文が、この世界とそれへの関心を拒否することが神への愛の本質的な前提条件であるようなキリスト教のひとつの形態に関わっていたことは、興味をそそることである。

アレントは、その後もずっとアウグスティヌスについて考え続け、全体主義の余韻の残っているなかで、アウグスティヌスがそうだったように、ローマ帝国の崩壊という暗い時代に生きた人に格別近しさを感じていた。[29] しかしながら、彼女自身の「暗い時代」に対する応答は、彼のアプローチに類似したものに対するいっさいの拒否を含むこととなった。彼女は自らの「世界」という概念を構築するさいにアウグスティヌスに依拠したが、[30]「世界」概念は彼女の思想のなかでは拒絶されるよりもむしろ大事にされるもの、さらにいえば、それに対し純粋なキリスト教の善は脅威とさえなるであろう。[31]「始まりがあらんがために人間は造られた」[32]というアウグスティヌスの言葉を引用することによって、彼女はのちに明らかに希望のない状況のなかでの人間の行為の可能性を想起した。しかも、のちに、一時期、英語での出版[33]のために博士論文を書き直そうと考えたときに、彼女が元の論文にどうしてもこれを付け加えたいと思ったということは、特筆すべきである。

反政治的な神学を研究した非政治的知識人としての人生の歩みから彼女を引きずり出したものは、もちろんナチズムの脅威であった。そのため、一九二〇年代後半にはドイツのユダヤ人は政治を無視することが次第に困難になっていた。それ以前には、アレントはユダヤ性にも政治そのものと同様に興味をもっていなかった。彼女は、ユダヤ人の宗教的・文化的伝統にはほとんどつながりがなかったし、(彼女がのちに告白しているように)「ユダヤ人問題」を「退屈」[34]だと思った。とはいえ、ナチズムが力を得るにつれ、彼女は次第にシオニストのサークルに移っていき、「ユダヤ人として攻撃されたら、ユダヤ人として身を守らねばならない」という原理にそって、「ドイツ人としてでも、世界市民としてでもなく、人権の保持者としてでもなく[35]」行為した。

一九三〇年までに彼女に明らかになったのは、彼女がユダヤ人の宗教・文化・言語とは距離を置いていたにもかかわらず、世間の目から見ればドイツ文化を身につけた知識人ではなく、ユダヤ人でしかなかったことである。彼女は、こういった状況に対してかなり似たような状況にあった以前のドイツ・ユダヤ人で、十九世紀初頭のドイツ・ロマン派の一人であるラーヘル・ファルンハーゲンの研究をとおして応えていくことになった。アレントはのちにこの研究に自伝的要素のようなものがあることを否定したが、[36]彼女は明らかに自分がラーヘルに近いように感じていた[37]し、彼女がこの先達に対して下した判断の辛辣さこそが距離の欠如を示唆している。アレントは、ラーヘルが最後に自分の生まれとそれに伴っていた「パーリア」としての地位を受け入れる前に人生の大部分をユダヤ人であることから同化に逃れるために費やしたことを批判した。[38] アレントの見解では、ラーヘルの間違いは、ほかの非常に多くのユダヤ人と同様に、政治的な観点から考えず、ユダヤ人としての立場に由来する権利の否定を見なかった点にある。実際に、ラーヘルはユダヤ人であることを足萎えやどもりのような個人的不幸とみなしていた。

『ラーヘル・ファルンハーゲン』は、同化の試みやそれを促した政治的無垢さに対する批判だけではなく、ラーヘルやドイツ文化におけるほかの著名な人物が非政治的になることを許した非世界的な内省に対する批判も含んでいる。熱狂的ロマン主義者はロマン主義の感情崇拝によって、また観念や経験の内的世界へ魅了されることによって現実に対して盲目的になったが、[39] アレントは、政治的自覚をもつようになるにつれて、自己の内面から踏み出してほかの人びとと共有する世界のなかに入り、政治的現実に目覚め、それに応答していく必要性をとくに強調するようになった。

内的経験と現実との間の裂け目の危険は、ドイツの知識人がヒトラーに支持を与えることによって政治的無責任さを証明した一九三三年に残酷なほど明白になった。アレントは、そのことにうんざりして、初めはドイツで、[40] それから一時ドイツの警察に拘留されたあとは亡命者としてフランスで、シオニズム運動内での実践活動のために、学問的な環境を捨てた。彼女はフランスで、将来自分の夫となるハインリッヒ・ブリュヒャーと出会った。ブリュヒャーは、（のちに彼女がカール・ヤスパースに語ったように）彼女が政治的に考えることを学んだ革命的社会主義者だった。[41] 彼女はフランスで、初期のユダヤ人急進主義者ベルナール・ラザールの著作にもインスピレーションを見いだした。ラザールは、ドレフュス事件の経験からユダヤ人の状況は政治的状況であり、それに対する答えも同じく政治的、つまり自由の闘いのための、あらゆる抑圧された民衆との急進的な同盟でなくてはならない、という教訓を引き出した。[42]「意識的パーリア」であった。アレントの新しい行動主義は、ユダヤ人ブルジョワジーも含むブルジョワジーに対する断固とした敵意を含む、際立って急進的な色合いをもっていた。一九四四年になると、彼女は、人国の厚意を求めずに、シオニズムの指導者たちは「ユダヤ民族を大いなる革命運動」の基盤の上で交渉すべきであり、「そうなったらヨーロッパのあらゆる進歩的諸力との同盟を意味するであろう」というラザールの急進的な提案を採用すべきであった、と進んで新聞などで論じていた。[43]

一九四一年にフランスで収容所に入れられたのち、彼女はアメリカ合衆国に逃れることができた。アメリカでは彼女のユダヤ人の大義への持続的な関与はふたつのかたちをとった。ひとつは反ユダヤ主義研究であり、それは徐々にナチズムの先行形態についての本〔『反ユダヤ主義』〕になり、それから『全体主義の起源』になった。もうひとつは、アメリカでのユダヤ政治に対する直接的介入であった。それはとりわけ、彼女が一九四一年から一九四五年にかけてドイツ系ユダヤ人の新聞である『アウフバウ』に書いたコラムをとおしてなされた。彼女は、連合軍とともにナチズムと戦い、そしてそのことによって受動的な犠牲者の役割を受け入れるよりも、むしろ行為者としての尊厳をユダヤ人に要求するためにユダヤ軍創設の運動を熱烈に支持した。シオニズムのさまざまな党派のほとんどに対しても彼女はきわめて批判的で、わけても、パレスチナにおけるユダヤ人の国家建設の構想に対して批判的であった。なぜならその構想は、すでにその地に住んでいるアラブ人との和解の必要についてまったく考慮していなかったからである。[44]

これらの時代に書かれた彼女の政治的著作の圧倒的なメッセージは、すべての人間ととりわけユダヤ人に対して自分たちがいる政治的世界に責任をとるようにという呼びかけであった。つまりそれは、事態が起こるに任せるよりもむしろ行動を起こし、認識し、政治的現実に直面せよということであった。ほかの諸国民のなかでパーリアとして生きている、国家なき民としてのユダヤ人の歴史的状況は、ユダヤ人がとりわけ諸事件をあたかも運命の手になるものとして扱いがちにし、とくに政治的現実主義を欠くようになるよう仕向けてきた、と彼女は考えた。[45] この種の夢想的な決定論に反対して、彼女は責任を担えという人間主義的な召喚状を差し出したのである。

しかしながら、のちに見るように、アレントのとった人間主義は、行為と決定論とを対比させる以上のものだった。

彼女が理解したように、近代性に特有な危険とは、行為したいという衝動を感じた人たちは、ある種の抗しがたい傾向をもっている、つまり自分たちの運命に飛び込んでいくことを促す自然的あるいは歴史的な力を探し求める傾向があるという危険のことであった。彼女はのちにしばしばこれを全体主義の基本的な罪だと診断したが、これは彼女があらゆる方面に見た危険であった。[46] もし自らを「自然法則の道具」にし、「自分自身、法則を創り、それを自然に処方する」人間的な責任を回避するなら、人間は人間が作ったすべてのものを脅かす、「破滅の自然法則」の担い手になるだろう。[47]

これらの思想形成的経験を経てアレントが登場してきたさいに携えていた政治的メッセージは、政治的参画という人間主義的メッセージであった。つまり、不可避的だと思われる傾向に直面してそれに屈服してしまうのではなく、世界に起こっていることに対して責任をとるために参画すること、私的なあるいは集合的な幻想に逃れるのではなくて現実に真正面から立ち向かうために参画することである。ところで、このような現実主義と責任の強調は、われわれが先に「内観的」と述べたもの、すなわちアレントの政治思想の私的性格を除外するように見えるかもしれない。確実にそういえるが、もし、彼女の政治思想が彼女の政治的な経験や関与から直接出てきたのだとしたら、またもし政治について理解し考えようという彼女の努力が、（彼女が『全体主義の起源』の第一版の序文で書いたように）[48]「熟慮される以前の、注意深く直面し、対抗した現実」にかみ合うとしたら、彼女の思想が同時にあれほど私的で秘教的なのはどうしてなのか。おそらく再び蜘蛛の巣の比喩に依拠することによってこのことを理解できるであろう。自分の巣を紡ぐとき、蜘蛛は必然的に現実的であり、あるがままの世界に糸を絡めていく。しかし、巣の外部の境界を決めている小枝や石の不整合な形態にもかかわらず、そのかたちは蜘蛛自身のデザインが生きていて、中心近くに寄って見れば見るほど、その周囲のものを反映していない。[49] アレントの著作を探究するさいに、われわれはその込み入った思考の流れのなかに政治的現実主義への深い関与と、世界から彼女自身の蜘蛛の巣の中心への退却との間の絶えざる緊張を見いだすであろう。彼女自身の蜘蛛の巣の中心とは、(彼女が非常によく自覚していたように)精神の生活の前提条件であったものである。

4 以下の章で、アレントの政治思想の解釈を提示するが、その解釈は彼女自身が構築しなかった体系を彼女にあてがうのではなく、その代わりに曲がりくねった回路を辿り、彼女の思考の相互連関を跡づけようと試みることになろう。これは、まずもって彼女が『全体主義の起源』に織り合わせていった省察の複雑な網の目のもつれをほどき、そのあとで、いかに思考の流れの束、つまりマルクス主義や近代世界についての省察、西欧政治哲学の伝統の欠陥、人間の条件そのものについての省察、道徳と政治についての省察、政治の諸概念が人間の複数性を説明するために再考を必要とされるのはいかなる点においてかについての考察、最後に(あとで見るように)結論は出ないが政治と哲学がそもそも和解しうるのかどうかについての省察がどのように全体主義についてのこの思考から出てきたかを示すことも含んでいる。しかしながら、これら一連の省察は複雑さと分岐に富んでいる。とはいえ、しばらくの間これらの複雑さを無視しておいて、本節の残りの部分ではわれわれが探究している主要な論点のいくつかを指し示しておきたい。

『全体主義の起源』の詳しい説明がきわめて重要だというのは、ある面ではアレントののちの思想の課題を提示しているというこの本の重要性によるからであるが、この本自体があまり理解されてこなかったからでもある。彼女の全体主義論は、通常評価されているよりも複雑であり、特異でもある。のちに見るように、ナチズムとスターリニズムを彼女のいう意味での「全体主義」たらしめたものは、双方の残虐さの規模ではなく、まったく異なったものである。すなわち、決定論と傲慢さをそれぞれ独自な仕方で現代的に結合していることであった。全体主義者たちは、表向きは両立していないように思えるかもしれないふたつの間違いを犯した。つまり、一方で彼らは決定論者で、人間の自由を彼らが抗しがたいと考えた諸力の進行に委ねた。他方で、彼らは不断の行動主義において「すべては可能である」という確信をもっていた。(アレントが見るところ)重要なのは、近代人は非人間的な諸力に寄り添い、必然性に救いの手を差し出すことによって無限の力を手にしようという誘惑に駆られているということである。しかしながら、そうすることは人間性を最も特徴的に示すすべてのものを裏切るということである。人間の自由と文明は、最良の時でも自然の潮の猛威によって脅かされた傷つきやすい島々だが、彼女の見解では、近代性の大きな危険は、人間が絶えずさらなる奔流を解き放ち、文明を払いのける擬似自然的な諸力を作動させることである。全体主義はそのような傾向の極致、すなわち「すべては可能である」ことを、これらの諸力とともに動きそれを加速することによって発見し、安定性、自発性、複数性――真に人間的なすべてのもの――をその犠牲にするという究極の傲慢さである。[50]

全体主義の重要性についてのこのような複雑で曖昧な主張が、アレントのナチズムやスターリニズムの説明だけではなく、近代社会の分析の基底にある。『人間の条件』を理解するためには、それを『全体主義の起源』に結びつけている思想の主要部分、すなわちマルクス主義の全体主義的諸要素についてのアレントの省察を見る必要がある。『全体主義の起源』を書き終えた直後、彼女は、前の研究ではナチズムへの集中と均衡をとろうとしていたこの主題についての本の執筆に着手した。そのような本が出版されることはなかったが、残った原稿によって彼女の思考を辿ることができる。そして、彼女の注目の焦点はナチズムやスターリニズムから逸れていったが、擬似自然的な諸力への人間性の屈服と同じような先有観念がどのように残存しているか見ることもできる。

一方で、マルクス主義がナチズム同様の全体主義イデオロギーにどのように転化していったかに関する探究に導かれて、彼女はヒトラーを権力に就かせた西欧文明の「地下水脈」のなかだけにではなく、西欧政治哲学の偉大な伝統そのもののなかにこの破局の遠因のいくつかを見いだした。第三章でマルクスと西欧の伝統と、いかにしてマルクス主義的全体主義が、プラトンの政治への不信と近代の自動的過程への崇拝との致命的な結合から生じえたのかについてのこれらの省察を跡づけていく。のちに見るように、現代の科学者によって解き放たれた核の連鎖反応、全体主義支配者によって解き放たれた死と破壊の過程と、近代の経済発展に具現化されマルクスによって祝福された「生命過程の解放」との間に直接的な類推物をアレントは見いだした。

『人間の条件』を理解しようとするなら、これらの並行形態と（たとえば）「労働」や「仕事」という彼女の概念へのそれらの影響を知っておく必要がある。とはいえ、われわれはアレントの思考の中心にある、傲慢さとネメシス〔人間の思い上がりを憤り罰する神〕への執拗な関心を知っておく必要がある。もし全体主義や核戦争や天井知らずの経済成長がすべて、異なった仕方でだが、非人間的な諸力に手を貸すという代償を払ってでも全能性を手に入れようとして起こることに対する恐るべき警告であるとしたら、人間にとって自分自身の潜在的可能性と自分自身の限界についてはっきり理解しておくことは、なんらかの興味を引く問題であろう。古代の哲学者や現代の社会科学者双方によって提示された、人間活動についての誤解への批判を提示する代わりに、『人間の条件』は、人間の苦境を明らかにし、とりわけ『全体主義の起源』第一版の序文で名づけられた「向こう見ずな楽観主義と向こう見ずな絶望」[51]との間に、自分自身を全能だと信じることと無力だと感じることとの間に狭い道を描く試みである。

第四章で見るように、いずれにしてもアレントの活動の理論は『人間の条件』の読者が評価するよりもはるかに複雑である。彼女の講義草稿はたんなる無批判的に理想化したギリシア・ポリス解釈に決して敬意を払っていないばかりか、いかに彼女がより微妙で興味深い種類の探究に従事していたかを示している。彼女は新しい始まりをなす能力についての忘れ去られたさまざまな経験を回復し、明確化しようと努力し、これらの経験が政治にとってもつ意味を考察していた。これらの省察は、まったく予期せざる共産党支配に反対する蜂起が、政治的行為すなわち革命についての新しいパラダイムを彼女に指し示した一九五六年にはずみがついた。『革命について』のなかで二十世紀のハンガリーから十八世紀のアメリカやフランスに歴史を遡って、彼女はこのふたつの古典的革命の間の違いをめぐって自由と必然との間や、一方における自由の創設、他方における自然の諸力への従属との間に丹念な対照を編み合わせた。

フランス革命の「社会的な」重要課題と必然の前での自由の放棄とをアレントが等置したことは、敵意をもって受け止められてきた。そのため、彼女の立場の複雑さ、とりわけ全体主義についての省察との、その関連を曖昧にする傾向があった。このことは、『人間の条件』と『全体主義の起源』が表面上切り離されている、道徳と政治についての思考についても言えることである。これら二冊が、困惑させられるとともに侮辱させられたような思いを読者に抱かせるのは、アレントが憐れみと良心の政治への影響について悪口と思われることを平気で言っているからである。しかしながら、それらの本当の文脈は、全体主義の経験から生まれ、何年にもわたって彼女の注目を引いてきた複雑な思考の流れである。第五章で、第一にナチズムとスターリニズムによって措定されたさまざまな道徳的問題を、第二にソクラテスとイエスによって提示されたさまざまな道徳的範型を扱うことによって、対比された要素のもつれを解くことによってその思考の流れを跡づけていくことになろう。これらの複雑な省察の中心に、人間の複数性と、個人の心の孤独のなかではなく複数の人びとの間の政治的空間と、そこに創設しうる「永続的な制度」のなかに打ち建てうる、人間の悪に対する砦とについての持続的な熟考を、われわれは見いだすことができる。

個人の道徳性と複数の政治的存在にとっての制度的構造との間の違いについての思考の流れは、「新しい共和主義」(第六章)という表題の下にまとめることのできる別の組み合わさった省察に内在的に結びついている。マルクス主義と全体主義についての未完の本のほかにも、アレントが計画したが実際には書き上げなかった本のうちもうひとつのものは、『人間の条件』における人間の基本的な行為形態の検証から出発し、人間の複数性の観点から主要な政治的概念と政治制度を再考し続けるはずであった。「地球上に生き世界に住むのが一人の人間ではなく、複数の人間である」[52]という事実は、哲学者たちの単一の見方によって支配された政治哲学の伝統によって意図的に無視されてきた。しかしながら、その伝統が破壊されてから複数性の政治的経験、とりわけ複数の人間の間に形成される空間の意味を回復することが可能になった。単独の哲学者の精神のなかよりもむしろその空間の内部で見ると、非常に多くの枢要な政治的概念、たとえば権力と同意、自由と権威、平等と市民権《シティズンシップ》は、まったく違ったように見える。

アレントのこの未完の著作は、どうやら新しい政治理論の体系的叙述に最も接近したものだったようだが、『革命について』の著述（その本のなかに彼女が取り扱おうと意図した論点が入り込んでいった）と一九六一年におけるアドルフ・アイヒマンの裁判の報道とによって中断された。彼女のアイヒマンに関する著書はユダヤ人社会のなかで騒々しい論争を惹き起こし、その論争は彼女の精力を非常に削いだ。しかしながら、知的にはアイヒマンの「凡庸さ」、すなわち彼が自分のしていることに対して見たところ充分に自覚することができないでいることについての考察をつうじて、彼女が長年にわたって考えてきたこと、すなわち思考と活動との関連、より特定していえば哲学と政治との関連に彼女の精神はより強固に絞り込まれることになった。彼女の著作に織り込まれているのは、プラトンからハイデガーまでの哲学者たちの好ましからざる政治的傾向についての長期にわたる関心と、互いに折り合いが悪いというのが哲学と政治との性格上のことなのかどうかについての複雑で多面的な考察であった。これは、彼女が答えを出せなかった問題であった。第七章では彼女の思考があちこちへと何年にもわたって向かっていったとおりに、その跡を辿ることになろう。それは、ギフォード講義の主要テーマのひとつであり、彼女は死ぬまでその作品に従事し、死後『精神の生活』として出版された。[53]

第五章から第七章では、われわれは、無視されたり誤解されたりしてきた幅広い思考の流れに関する特定の著書に関心をもつわけではない。なぜなら、それらはアレントの著作の多くをとおして流れ出てきており、一人でひとつの著作を読むとき、捉えづらいかたちであちこちで表に出てくるからである。たとえば、『革命について』は、それらの思考の流れが落ち合う場所であり、そのためにとくに一章を割くよりもさまざまな角度からアプローチするほうが有益であろう。同じような考え方がアレントの残りの後期の作品にも当てはまり、本書でのそれら著作の扱いを決めた。

本書は幅広くアレントの思想を取り扱うが、自ら包括的だと主張しているわけではない。彼女の著作の多くの興味深い側面が付随的に言及されるだけである。とくに、ほかの研究者によって非常に深いところまで研究されてきた側面もそうである[54]。わたしは再解釈が役に立つだろうと思える分野に集中して取り組んだ。同様に、わたしは熟慮したうえで批判よりも解釈に関わる著書を書き出したのである。なぜなら、アレント批判の多くは（わたし自身の前作も含めて）彼女の思想の誤解に基づいていたし、それゆえ成功していないという確信をもっているからである。アレントの思想についてできる限り共感をもって提示することを目指し、弱点に注目する場合は紛れもないものでもっとも説明ができる場合だけに限ることになろう。結論の章では、本書で再解釈を提示した政治思想家としてのアレントの才能の隠された意味を考えることになるだろう。

第二章　全体主義の起源

最近起こった出来事の人間的背景を認識するときにのみ、つまりなされたことは人間によってなされたのだから、人間によって阻止できるし、阻止しなければならないということを知るときにのみ、われわれは世界から悪夢のような性格を取り除くことができる。(1)

アレントの本は何を問題にしているのか

一九五一年に『全体主義の起源』の初版が出版されたとき、その書によってアレントはその時代の政治的危機の著名な研究者としての地位を確立した。しかしながら、名声を博したにもかかわらず、その本は理解しづらいという悪評がある。その理由のひとつは、その本が既存のどの学問分野にも属しておらず、それゆえ読者を混乱させることにある。セイラ・ベンハビブが言うように、「あまりに体系的に野心的であり、解釈過剰のため、厳密に言えば〈歴史的説明〉ではない。あまりにも逸話に富んでいて、物語的で、象徴的に表現しているので、社会科学とはみなされていない。活気があり、政治ジャーナリズムの著作のもつ文体上の嗅覚があるが、あまりに哲学的なので広範な読者公衆には受け入れられない」[2]。アレント自身、「どちらかといえば風変わりなアプローチ」を用い、自分が行なっていることを明らかにし損なったことを認めていた。彼女は、エリック・フェーゲリンの批判的な書評に対する返答のなかで、過去を忘却から救い、保存のための著作であることが歴史記述の本質なのだから、全体主義に直面することによってディレンマに直面したと説明した。彼女が抱えていた問題は、「私が保存したいとは思わず、反対に破壊に加わりたいと感じたものである全体主義についてどのように歴史的に書くかということ」であった。彼女の解決策は、故意に断片化したアプローチを採ることであり、全体主義そのものの歴史を書くのではなく、「全体主義に結晶化した諸要素」を辿ることであった。とはいえ、彼女はこのことが「その本が統一に欠けているという非難を生じさせ」たことには同意した[3]。

しかし、『全体主義の起源』によって出された困難は、これらの方法上の問題よりもはるかに深いところにまで至っている。真相は、たんにアレントがそれ自体ではっきりしない主題を扱うのに特異な方法を用いたということだけにあるのではなく、むしろその本が実際に何について論じているのかを把握するさいに問題があるということである。当惑した読者は、ディズレイリ、大英帝国、ホッブズの政治哲学、人権の観念、この風変わりな本の残りのすべての部分の、目もくらむほど複雑な分析をとおって道を選びながら、(アレントがフェーゲリンに宛てて書いたように)「全体主義の基本的な構造がその本の隠された構造」[4]だとしたら、著者はかなりうまく隠したと感じるであろう。とくに、最初に読んでみて「反ユダヤ主義」「帝国主義」「全体主義」という副題の付いた、その本の三部の間の関係を理解することはむずかしい。その仕事を完成させようとしている最中にカール・ヤスパースに宛てて書いた手紙のなかで、アレントは、その著作の政治的主張を曖昧にせずに別々にはできないが、彼女が仕上げようとしているのは、本当は一冊の本というより三冊の本である、と述べた[5]。

アレントが「全体主義」自体、すなわち大衆社会に基盤を置き、全体主義運動と強制収容所を含む、ナチズムとスターリニズムの融合した形態についての説明を提示する最終節は、最も注目を惹きつけた節であり、その本が何について論じているのか知りたいなら、見ておくべき明白な箇所だと思われる節である。難点は、この節がその本のほかの部分と非常に奇妙な関係にあるということである。アレントは「全体主義」のテーゼ――ナチズムとスターリニズムは本質的に類似したものだというテーゼ[6]――の第一人者の一人として知られているが、この意味での全体主義は実際には彼女の本の初めからの主題ではなかった。この最後の、最も影響力のある節はほとんどあとから考えたことである。出版社とのアレントの往復書簡から明らかなのは、最初に構想を立てたとき彼女の本はスターリニズムには特別の注目を払うつもりはなかったし、ナチズムもしくはアレントの当時の呼び方では「人種帝国主義」[7]には、一章しか割り当てるつもりがなかったことである。第三部が左翼にも右翼にも広がった全体主義の分析としての最終的なかたちに落ち着くのは、[8]のちになってからであり、彼女が次第にスターリニズムに専念するようになってからである。[9]

いま述べた微妙な強調点の移行によって、その本は不釣合いという理由で批判を受けるようになった。その本の反ユダヤ主義と人種主義についての広範な議論は、ソ連とはほとんど特別な関係はないし、一方その本はスターリニズムのイデオロギー的な根源がマルクス主義にあることについての対応する議論を欠いていた。このあとの方の批判に対して、アレントは、『全体主義の起源』は「西洋史の地下水脈」[10]に関するもので、立派な哲学的伝統が全体主義の出現の助けとなったことに関するものではないという旨の答えをした。しかし、のちに見るように、その本の完成後、破局へのもうひとつの「より高度な」[11]道を理解しようとし始めた。実際の本には不釣合いがあるとしても、もしひとの興味を惹くのがアレントの全体主義論ならば、たやすく思いつくのは、第三部に集中し、残りの部分やあるいは全体がどういうふうにつながっているのかというむずかしい問いに対してあまり注目しないですませるということである。

しかし、たとえこの近道をとるようにそそのかされたとしても、彼女がナチズムに焦点を合わせた本を書くことからより広い意味での全体主義論を創り出すことへと、そのように遅れた移行をなしえたのはどうしてなのか、誰でもしばし休んで考えてみるべきである。明らかに、その答えはナチズムの経験が彼女の省察の根源にあったが、彼女は最初からはるかに広範な出来事と経験について書いていたということである。これは、とくにドイツの現象について書き、最終章でロシアの要素を付け加えた一冊の本に言えることではない。反ユダヤ主義や人種主義に強調が置かれているにもかかわらず、その本は特殊ドイツの歴史や文化にはまったく関わっていなかった。最初からアレントのナチズムへのアプローチは、ドイツ人とユダヤ人の関係という特殊な観点からよりもむしろ近代一般の展開という観点からナチズムを分析しようとしていた。彼女が最初に計画を立て、請け負ったときには、その本はナチズム自体よりもむしろ「帝国主義」に関するものであった。(12) アレントがスターリン体制を説明に組み込むことができたのは、ナチズムをドイツ史よりも世界史の問題として見たからである。実際にある意味で、スターリンがまったく異なった道筋でだが、ほとんど同じ運命に至ることがはっきりとしてきたとき、このことによって彼女は自分が捉えようとしていたのは、どこかの国にとくに当てはまることではなく、近代性そのものの問題だという確信を確認したのである。(13)

だからといって、彼女が全体主義を近代性の不可避的な結果だとみなしたということではない。『全体主義の起源』の初版の序文のなかで、歴史的不可避性のいかなる観念にも反対する自らの立場を彼女は明らかにした。(14) 一方、一九四六年に出版社に宛てて書いた「概要」は、とりわけ、ナチズムの破局は避けることができたはずだという彼女の信念を表わす明確な言明を含んでいる。彼女はそこで、西洋史の「地下水脈」がどのようにして第一次世界大戦が既存の政治構造を破壊したときにつくられた真空状態のなかに一緒に流れ込んでいくことができ、またとくにナチスがどのようにしてこれらの不気味な潮流を反ユダヤ主義を用いて結合する方法を見いだしたのかについて語った。しかしながら、彼女は、ナチズムは「ひとつのとくに危険で恐るべき結合形態」にすぎず、それを破壊したからといってナチズムが結合させた要素を破壊したわけではなく、それは違った仕方で寄せ集まりうることを強調した。(15) これらの

「諸要素」は、近代世界において利用でき、それ自体では全体主義的ではないが、その特殊な伝統にもかかわらず、いかなる国においても全体主義の基盤として用いることができる現象である。それゆえナチズムを特殊ドイツ的現象と見ることは、彼女の見解では誤りであった。[16] 彼女は、ナチズムのゆえにドイツ人であることを恥じると言明する人びとに出会ったとき、「わたしはしばしば、人間であることを恥じると答えようという思いに駆られた」[17] と言った。

ナチズムを特殊ドイツ的な文脈においてではなく、スターリニズムとも結びつけることができる近代の発展の観点から理解することによって、アレントはナチズムを西欧の近代性に結びつけようとした、多くのドイツ文化知識人の一団のなかに入った。全体主義論は、つねに研究者の論争の場であるとともに政治的戦場でもあった。そしてこの領域をめぐって争われた最も悪名高い戦いは、ソヴィエト連邦を「全体主義」と呼ぶべきかどうか、そう呼ぶことによってナチズムのブラシでソ連にタールを塗るべきかどうかであったが、同じ量のインクがドイツ文化の批判者と擁護者との間の戦いに注がれていた。批判者たちは、ナチズムの先行形態を十九世紀のドイツ思想の強力な潮流のなかに、とくにロマン主義の理性批判、西欧の近代性と近代政治制度の拒否、浅薄な「文明」に対する深遠な「文化」の高揚、とりわけどこにでもあり、かつ歴然とした反ユダヤ主義[18]のなかに難なく見いだした。この議論の力は、非合理的な、ナチズムの原型をなすドイツ文化と西欧の合理的・自由主義的・民主的な伝統の間の対比を強調することである。

議論のほかの側面としては、議論の立脚点を広げることによって、つまりひとつには「全体主義」という表題のもとでヒトラーのわきにスターリンを置くことによって、もうひとつには近代性自体――したがって、近代化の磁場としての西欧――におけるより広範な傾向を非難することによって、ドイツ文化をナチズムに対するいかなる責任からも免除できることが証明された。このテーマに関しては多くの微細で巧妙なさまざまな形態が利用できるが、最も影響力のある見解はフランクフルト学派から広まったものである。それによれば、全体主義は合理的で自由主義的で資本主義的な西欧そのものの内部で生じた「啓蒙の弁証法」の結果である。[19] この知的戦場から発せられる臭気がたやすく見解を曖昧にするので、初めにアレントの居場所を明らかにしておくべきであろう。それはとくに、彼女自ら政治路線をめぐる小競り合いに乗り出し、その両方の前線に対して戦うということが、よくあるからである。いくつかの点で、アウシュヴィッツに対する責任をドイツ文化からきっぱりと切り離す点で、彼女は実際にフランフルト学派やほかのドイツの知識人と同じ側に立って戦っている。のちに見るように、彼女はナチの反ユダヤ主義をドイツ人とユダヤ人の間の長い間の不和とはまったく違うものとして解釈している。他方、全体主義と資本主義的帝国主義を彼女は関連づけているが、そこにも、二十世紀のドイツのマルクス主義の強固な要素である、ロマン主義的な資本主義拒絶の痕跡を見ることができる。

しかし、もしいくつかの点でフランクフルト学派の近代性批判の側に立っているとしても、ナチズムを啓蒙と民主主義の拒否とロマン主義の「自然」崇拝のゆえに非難するような人びとの立脚点のいくつかを共有することによって、彼女は同時にほかの陣営のなかにもいる。というのは、ドイツ・ロマン主義の批判者たちと同様にアレントはたしかに、全体主義は人間主義的・啓蒙主義的文明の崩壊によって可能になったと考えていた。それらの批判者たちと彼女が違う点は、彼女のほうがその崩壊をロマン主義的観念に起因させるところがずっと少なく、資本主義および帝国主義の慣行に起因させるところがずっと多い点である。アレントにはナチズムとスターリニズムは双方とも、修辞上よりはるか以上の意味で野蛮状態を表わしていた。しかしながら、彼女の分析の背後にはローザ・ルクセンブルクの言葉がこだましている。ローザは（彼女自身はエンゲルスの警句を想い起こして）、第一次世界大戦の際中に「この世界戦争は野蛮状態への逆戻りである。資本主義の勝利は文化の破壊を引き起こす[20]」と書いた。

アレントがほかの多くの闘争同様、この闘争の両面に対して明らかに戦っているのを見るとき、彼女はまごついていたか、ともかく決定を下していないに違いない、という結論を下す誘惑に駆られる。それでセイラ・ベンハビブは、アレントは「近代主義者」とも「反近代主義者」とも見ることができると述べている。つまり、二十世紀の政治を省察しているときは近代主義者で、「社会的」関心の台頭を批判しているときは反近代主義者だというわけである。ベンハビブは、「アレントの近代主義と反近代主義との間には」解消されない「緊張があり、それはそれぞれユダヤ的遺産とドイツ的遺産にほぼ対応している」という結論を下している。(21) この示唆はアレントの思想のいくつかの面を解明する力をもっているかもしれないが、ふたつのパッケージの選択肢の間で揺らいでいるベンハビブの理解をあまり性急に受け入れてしまうのは賢明ではないだろう。なぜなら、アレント自身の最も特徴的な思考の大部分は、実はそのような概念的パッケージを組み立てていく方法への挑戦に関わっているからである。そういうわけで、かなり批判された「政治的」と「社会的」との間の彼女の区別の背後にある目的のひとつは、まさしく彼女に「近代性」の内部で区別を行なうこと、またそのことによってさまざまな場所に戦線を引くことにある。

とりわけ、アレントにとって問題だったのは、(明らかに批判者と擁護者から同様に認められていることだが)十八世紀の政治的遺産と社会的遺産との同一視に挑戦することであった。つまり、フランス革命において主張され、アメリカ共和国において確立された政治的原理と資本主義の社会経済体制との同一視に対してである。市民とブルジョワジーは同じではない。(22) すべての西欧的なものに対する「近代化」の擁護者を一方とし、西欧の「反近代主義的」批判者をもう一方とする通常の戦線(どちらの側も相手側に全体主義に対する責任を負わせようとしている)の代わりに、アレントが引いた戦線は文明と野蛮との間にあった。また文明は、十八世紀の共和主義的な政治的理想を包摂する限りにおいて「近代主義的」で西欧的だが、野蛮とはロマン主義の自然崇拝だけでなく、はるかに重要なこととして資本主義的帝国主義によって始められた擬似自然過程への帝国主義者たちの実際上の屈服をも含むものであった。

まさにこれがどういう意味をもっているのかは、やがて明らかになるであろう。いまのところ、強調の必要があるのは、全体主義の先行形態についてのアレントの説明が見慣れた論争とは食い違っていることだけではなく、ほとんどすべての論客と比べて思想の影響に対する強調のかけ方がはるかに少ないし、それ自体は全体主義的ではないが、全体主義者たちが依拠しうる慣行の確立に対する強調がはるかに大きいことである。とりわけ、「全体主義において先例がないのは、第一にそのイデオロギーの内容ではなくて、全体主義支配という事象そのものである」[23]。とくに人種主義理論との関連で「卓抜した平易な概念をもつ人びとと野蛮な行ないと旺盛な獣欲をもつ人びとの間には深淵があり、それは知性によってどのように説明しても架橋することはできない」[24]。

知的な影響よりも慣行にはるかに大きな強調を置き、アメリカをナチズムと等置することで終わる、すべてを包摂するような類いの反近代主義を拒否したので、彼女の全体主義についての説明はそのような理論のほとんどよりも、全体主義のテロルのリアリティをはるかに生き生きと読者の目の前に提示するという際立った長所を具えている。それにもかかわらず、事実として残るのは、彼女はたんなる記述以上のものに関心をもっているということである。競合する理論とまったく同じように野心的であり、全体主義とは実際には何であるのかについての風変わりであまり注目されていない説明に依拠した理論がアレント自身には存在する。というのは、彼女が「全体主義」によって意味しているのは、特殊で野蛮な体制だけではなく、はるかに新奇で危険な何かである。これが何であるかこれから見ていくことにしよう。

全体主義とは何か

アレントが最も執拗に繰り返す主張のひとつは、全体主義は新しい、先例がない恐るべき何かだということである。全体主義はたんに暴政の一形態ではなく、全体主義にとって特別なのはたんにその残虐性だけではない。「つねに地上にはたくさんあった苦難が問題なのではないし、犠牲者の数が問題なのでもない。人間の本性そのものが問題にされているのだ」[25]。もしアレントの全体主義論を理解しようとするならば、われわれはこの言明を真剣に受け止めなければならない[26]。それは、ひどい苦難に遭った共同体の神経の昂ぶった代表者が使う誇大表現に偶然見られる断片のようなものとしてでなく、彼女の分析の中心にある主張とみなすべきである。つまりそれは、彼女が「すべては可能である」という全体主義の信念に繰り返し依拠していることや全体主義体制におけるイデオロギーの役割を強調していることと並んで重視されるべきである[27]。

不幸なことに、このようにまとまった特殊な主張はどちらかといえば誤解されやすい。読者は、彼女の分析は見慣れた保守的なテーマの特異な見解だという結論に飛躍してしまう誘惑に駆られるかもしれない。つまり、世界を変え、人間の性格をもっとすばらしいものに作り直す自分たちの力に対して傲慢なほど自信過剰なイデオロギー的革命家によって創り出された災厄についての考察である。あとの章で見るように、アレントはこの種の傲慢な急進主義には用心深かったが、そもそもそれは、アレントが全体主義として理解したものではなかった[28]。たとえば、「人間の本性を変え」ようという全体主義の試みについて語ったとき、彼女の念頭にあったのは、「徳の王国」を確立することによって善き人間をつくることは不毛な試みではなかったが、はるかに不気味なもの、すなわち「人間の本性を変形するという口実のもとで人間の自然を奪う試み」[29]だった。われわれが「絶対悪」あるいは「根源悪」[30]という彼女の全体主義の特徴づけを理解すべきなのは、このような主張の観点からである。しかし、全体主義者に人間本性を変えたいという願望を帰せしめることによって彼女は何を言いたいのか。ほかの点にもましてこの点で彼女を批判したエリック・フェーゲリンの書評に対する「返答」のなかで、彼女は自らの主張を敷衍して、「われわれがかつて目撃したどのようなことにもまして政治的かつ人間的な現実としての自由のはるかに根源的な清算」[31]を引き合いに出した。これを理解するには、強制収容所についての彼女の説明を予備的に見ておく必要がある。

アレントは収容所を、人間が人間以下の何か、行為したり選択したりする能力をもたない生き物に変えられる過程によって「すべては可能であるという全体主義の基本的信念が……実証される実験場」[32]と記述している。人びとから権利や道徳的責任のための機会を奪うことは、その第一段階にすぎない。最終的には収容所の住人は、従順に死に向けて行進することもできる「人間の顔をした不気味な操り人形」[33]にまで引き下げられる。収容所の本当の意味は、全体主義は人間から個性と自発的に行為する能力を奪うことによって人間を「人間の顔をした動物の見本」[34]に変える試みである。アレントはたしかに時折りこういった状況にある人びとのことを「操り人形」と呼んでいるが、通常は彼らを人工物としてではなく自由と個性を奪われた動物として記述している。[35]

言い換えれば、アレントの理解によると、人間の本性に対する全体主義の攻撃は、人間が本来あるべき姿よりも自然に近いものを創り出し、また人間を動物から分けている特殊人間的な性質、すなわち個性と活動と思考を始める能力を破壊する試みである。彼女が主張するところでは、収容所の経験が明らかにしているのは、人間の「本性」が「人間的」[36]であるのは、きわめて非自然的なもの、すなわち人間になる見込みが人間に与えられている場合においてのみである。人間の本性とは逆説的なものである。というのは、ありのままの自然に調和しないこと、自然の種のひとつの見本ではないことは、人間であることの本質を表わしているからである。人間であることは、複数性をもった諸個人の一人であり、その誰もが違っていて、誰もが何か新しいことを始めることができ、諸個人のなかで人間の構築した世界を自然に付け加えることができるということである。アレントはこの立場をのちの著作、とくに『人間の条件』まで完全には明確化していなかったが、すでに『全体主義の起源』において本来的に人間的であることは、ある程度非自然的であること、つまり、活動を始めること、自然の過程に人間的な制約を課すこと、人間的な生活を送るための永続的な構造を創り出すこと、法律を制定し、「人間的」であり、「自然的」ではない諸権利を互いに付与し合うことを意味していることが前提とされている。

人間の条件の危機は、人間の力は自らの基盤を掘り崩すために用いることができることにある。倒錯したことだが人間は、自分自身とほかのすべての人を人間以下のものに低落させるために力を使うことによって、人間主義を転倒させることができる。全体主義体制が絶対悪だというのは、人間の特徴を最もよく表わすものをすべて破壊し尽くそうと思うほど強度な支配形態を打ち建てるために全力を注いだからである。しかし、全体支配の要点は何なのか。支配者の側のいかなる通常の利己的な動機でないことは確かである。アレントが絶えず主張しているように、ナチやスターリンの体制の行為形態は功利主義的な観点からは説明できないであろうし、人類が始まって以来、暴君が気ままに用いた、私利私欲に凝り固まった冷酷さとはまったく別の問題であった。そうではなく、指導者は現実を彼らのイデオロギーに合致させるために、「完全な一貫性のために」[37]全体支配を求めている。人間の自発性は破壊されねばならず、人間は群れのなかの予測可能な行動をする一員に引き下げられねばならず、そのことによって論理的な体制を転覆させせないようにしなければならない。[38]

アレントが全体主義におけるイデオロギーの役割について語るとき、イデオロギーという言葉を通常の用法よりずっと狭い特殊な意味で用いている。彼女のいう意味でのイデオロギーの主要な特徴は、過去と未来とを説明することを目指す論理的一貫性である。そう考えると、社会主義は労働者階級の状態とその原因と救済策についての見解のたんなる寄せ集めである限り、この意味でのイデオロギーではない。しかし、過去を説明し、未来を予言することを目指す、階級間の不可避的な闘争に関する理論を提示するときにイデオロギーになる。アレントは、いったん一組の政治的信念が十分に発展したイデオロギーになると、その特定の教説は比較的重要ではなくなると主張した。決定的に重要なのは、事実による反駁にまったく鈍感な、全面的に閉じた体系の根底にある信念であった。あとで、この種のイデオロギーが「大衆」を惹きつける魅力について見ていくことにする。本書の文脈で重要なのは、この種の体系には、現実の人間がつねに生み出す新しい思想や自発的な活動のための余地がないことである。[39]

「イデオロギーは、……本気で信じ込まれないうちは無害である。[40]」だとすると、われわれは、スターリンは本当にマルクス主義を信じていたのかとか、ヒトラーは自分自身のプロパガンダを鵜呑みにしていたのかと考えるべきなのか。必ずしもそうではあるまい。というのも、のちに見るように、アレントの説明する全体主義運動の特徴のひとつはシニシズムのヒエラルヒーだからである。そのヒエラルヒーによれば、全体主義運動内部の層の内側にさらに入り込んでいた人びとは、公式路線によってだまされている一般党員が理解できる以上に知っている。(41) それにもかかわらず彼女は、どの指導者も（階級闘争であれ人種闘争であれ）果てしない闘争のなかに歴史の鍵を見つけたと本当に信じ、双方ともその信念に合わせて行為する冷酷にも論理的な一貫性を誇りにしていたと主張している。(42) かかるイデオロギーは閉じた体系であり、相反する証拠によって弱体化されることはありえないので、イデオロギーを採り入れた人びとがその特殊な見解を本当だと思ったかどうかは、結局どうでもよいように彼女には思われた。真理と虚偽との間の区別がもはや意味をなさない人びとによって指令される全体主義体制を思い浮かべることは可能だと思えた。アレントによれば、全体主義者みなが本当に信じていることは「すべては可能である」(43)ということである。もし不都合な事実があってイデオロギーと合わないようなら、イデオロギーではなく事実を作り変えればいいのである。(44)

人間の本性を作り変えたり、イデオロギーに合わせて行為したりしたいと思うのと同様に、すべては可能であると信じることは、一見したところ保守主義者が傲慢な急進派を常々酷評するような類いの間違いであるように見える。しかし、アレントが考えているのは、はるかにまじめなことである。それは、全能性への希求であり、その代償とならざるをえないのは、必然的に人間の複数性と自発性、したがって人間の本性そのものである。カール・ヤスパースが『全体主義の起源』を読み終えたときに、アレントは彼に宛てて書いた手紙のなかで、彼らの時代における「根源悪」の出現について省察し、これが一方では人間の予言不可能性の破壊——人びとを人間として「余計な」ものにする——となんらかの関係があり、他方においては人間の全能性という欺きとなんらかの関係があると思えると述べた。そのふたつの関係は、もし人が全能であろうとするなら、複数性という人間に特徴的な性質を失い、まさしく一人の人間にならざるをえないだろうということである。天に唯一の全能の神のための居場所があるのとまったく同じように、人間の全能性の追求は人間の複数性の、したがってまさしく、人を人間的にする性質の除去を必然的に伴う。[45] もし人が全能であろうとするなら、個人としての人間は消え去らねばならないであろう。人間の複数性に対するアレントのその後の強調の根底にあるのは、このような洞察である。

決定的な点は、アレントの説明によれば、全体主義の指導者たちが人間の自由や責任、および自分たちの自由や責任さえも信じずに、すべては可能であるということを信じることである。ごくありふれた暴君や独裁者とは違って彼らは自分たちを、好きなように振る舞うことができる恣意的権力の保持者だと見るのではなく、宇宙を統べる非人間的な法の僕《しもべ》だと見ている。[46] 人間の複数性と自発性が余計なものになったのは、追従者と犠牲者のレヴェルにおいてだけではなく、指導者自身のレヴェルにおいてもそうなのである。[47]

したがってアレントによれば、以上述べてきたことが全体主義の本質を表わしている。つまりそれは、全体支配を実行し、人間の複数性と自発性をあらゆるレヴェルで破壊し、人間的なものとそれに付随するものをことごとく解消し、決定論的イデオロギーに一致させることによって、「すべては可能である」ということを証明する試みである。現在までのところ、アレントは「すべては可能であるという全体主義の信念は、すべては破壊できるということしか証明してこなかったように思われる」[48] という結論を下した。この並外れて新しい展開がどのようにして二十世紀に出現したのか。アレントの非常に複雑な回答に本章の残りの部分を当てることになる。

全体主義の諸要素

アレントは、全体主義には悪夢のような独創性があったが、それ以前に発展し、第一次世界大戦後新しい現象へと「結晶化」していった「諸要素」が混ぜ合わさったものだと主張した。これらの「諸要素」か『全体主義の起源』の隠れた構造を提供した[49]のだから、それらを内容的に選り分け、それらをめぐって展開するアレントの議論[50]の検討に取りかかろうとすることは、有益であろう。これらの諸要素についての彼女自身の最も明瞭な説明は、彼女が出版社向けに一九四六年に書いた「概要」のなかに見いだすことができる。つまり、たとえば「全体主義的形態における準備の整った帝国主義は、あらゆる政治的条件やわれわれの時代のなかに現存している特定の要素の混合物である。そのような要素とは、反ユダヤ主義、国民国家の衰退、人種主義、膨張のための膨張、資本とモッブとの同盟である[51]」。

項目の順序や本の完成に向けての計画やアレントの最初の関心事を合わせると、彼女が反ユダヤ主義を全体主義の最も基本的な「要素」とみなしたという想定に導かれるであろう。しかし、これは事実ではない。そうではなく彼女は反ユダヤ主義を、全体主義という全体のなかにほかの諸要素を溶かし込むためにナチスによって用いられた「混汞《こう》器[52]」、もしくはナチズムや世界戦争や死の工場のための「触媒器」として語る傾向がある。[53]

それゆえ、反ユダヤ主義は主要な役割を果たしたとはいえ、実は本質的な要因ではなかった。アレントがその本の冒頭に反ユダヤ主義研究を置いたのは、それが彼女自身の最初の関心事であったからでもあり、また年代的記述[54]のためでもある。しかし、その配置はあまり有益なものではない。というのも、彼女の議論の大部分は「帝国主義」や「国民国家」のような概念を前提としているが、それらの概念はずっとあとになって説明されるからである。全体主義のほかの「諸概念」をまず分析し、「混汞《こう》器」は最後に残しておけば、混乱が少なくなるだろう。簡単に言うと、アレントの主張は二十世紀の全体主義は十九世紀後半の帝国主義によって可能になったと言うことである。再び「諸要素」についての彼女のリストを参考にすると、帝国主義の「膨張のための膨張」は世界征服の方式を用意した。帝国主義の衝撃の下での「国民国家の衰退」は、保護を与えるかもしれなかった制度的構造を切り崩した。帝国主義者は人種主義に征服の正当化と、市民権を余計なものにする共同体の生物学的基礎を付与した。一方、帝国主義の「資本とモッブとの同盟」は、社会の除け者がいかにたやすく残虐行為を犯す補給源になりうるのかを示した。

アレントはかなり大量の資料を混ぜこぜにしたので、その本の章の最終的な順序はまっすぐに連続した議論になっていない。しかしながら、最も基本的な「要素」が「膨張のための膨張」だということは明らかだと思われる。彼女の全体主義理解の中心には、権力の際限のない膨張に向けての推進力がある。それは、いかなる人間的目的の手段としてでもなく、全体主義者が自分自身やほかの人びとの誰をも進んで犠牲にする用意のある、永遠に自己を更新する契機として機能している。この権力追求に際限がなかったのは、広がりと深さの双方においてである。水平的にはそれは、特定の国の領土との絆を断ち切られた世界征服の原動力を含んでいた。垂直的にはそれは、強制収容所での「全体支配」の追求を意味していた。

膨　張

「死においてのみ終わる、権力のための権力[55]」への悪夢のような追求に向かう発想は、一八八〇年代の「アフリカ争奪戦」に始まる西欧帝国主義の理論と実践からきていた。アレントは、帝国主義はナショナリズムとも初期の帝国建設ともまったく異なったものだったと述べ、それを「ブルジョワジー」にまで遡っている。[56]彼女の主張は、限りない膨張への衝動はその根源において経済的現象、すなわち資本主義の勃興に内在的なものであったということである。

というのは、資本主義は安定した財産が流動性のある富へ変形することも含んでいたが、その本質的特徴は果てしない過程のなかでより多くの富を生み出すことにあったからである。[57]

純粋に経済的な現象にとどまっている限りにおいてこれは破壊的だったが、破局的ではなかった。危険なのは、人殺し競争と無限の膨張という新しい種類の政治が資本主義の経済慣行のなかに潜んでいたことであった。アレントは、政治へのこの態度はつねにブルジョワジーの意識の表面の真下にあり、「権力につぐ権力」[58]追求の理論家、トマス・ホッブズの哲学のなかで明らかにされていたと主張している。しかしながら、十九世紀後半まではこういった傾向はヨーロッパの政治制度によって食い止められていた。アレントが「私生活にゆきわたっていた無謀さと、それに対して公的制度はそれ自身と個々の市民を護らねばならなかった」[59]と語るとき、政治制度の主要な機能のひとつは人間自身が作動させた諸力に対して抑制と防壁として働くという、彼女がのちにしばしば記すことになる信念を彼女は表明している。

アレントにとって帝国主義の時代の意味は、膨張せよという経済的命令が証券取引所の売買立会場から出てきて、政治制度を取り込んだことにある。資本が次第に海外での投機に乗り出していくにつれ、以前は実業家を政治から遠ざけていた利潤の一致団結した追求によって、彼らは投資への保護を求めることになった。ヨーロッパ列強の国旗が投資家のあとに続き、征服は利潤のあげ方をはっきりさせるために用いられた。一見すると、帝国主義のこのような説明はマルクス主義的に見えるし、アレントはたしかにマルクス主義思想のうちのいくつかに、とくにローザ・ルクセンブルクの思想には負っているが、彼女の分析は全体としてはマルクス主義者の分析とはかなり違っている。彼女は、帝国主義の征服欲は資本主義の命法のなかに起源をもっていたが、彼女の議論は、それが経済的合理性とのつながりを急速に緩め、それ自体で政治的原理になったということにある。そうしたあとで、ちょうど資本主義が安定した家族の財産を粉砕したのと同じように、帝国主義の征服欲は安定した国民国家の政治制度を粉砕し始めた。「国民的利益の地域化され、限定された、したがって予言可能な目標から、地球全体を放浪し、食い尽くす権力につぐ権力の無限の追求へのこの転換ほど《ママ》、帝国主義の時代の権力政治の特徴を表わしているものもなかった。(60)」

膨張の過程を維持するこの定言命法が最初に発展させられたのは大英帝国においてであった。アレントが、「帝国主義的性格」(61)として要約した政治的行為や政治指導への新しい態度の形成を見ることができると思ったのもそこにおいてである。帝国主義の官吏と諜報部員は――どちらも膨張の(62)「法則」に仕えていて、そのためにはいかなる普通の法律をも破る覚悟があり、また、どちらも密かに「歴史と必然性の秘められた力との同盟」(63)に酔って行為することによって――全体主義運動の指導者たちが依拠できるような先例を提供した。

アレントがエジプトとインドにおける帝国主義行政によって発見された政治的装置としての「官僚制」について語るとき、彼女は明らかにその用語をウェーバー的合理性やあるいは非能率なお役所仕事という通常の意味のうちのいずれででも使っているわけではない。その用語は彼女にとって特別の力をもっているが、その力はエジプトの英国総領事としてのクローマー卿についての省察から発している。三人の人物が全体主義支配を予兆しているように彼女には思われる。クローマーは、彼が支配していたエジプトをインドへの踏み台と見、エジプトとその住民自体には興味をもっていなかった。これは、実業家の政治的な類似形態といえよう。なぜなら実業家にとってそれぞれ個々の企ては投資の機会にすぎないからである。またアレントにはそれは、ドイツ人も含むすべての民族を世界支配のゲームの人質として利用しようというヒトラーのもくろみを指し示しているように思われた。クローマーのエジプト支配の第二の特徴は極端な秘密主義にあった。クローマーはエジプトにおいて公的な権威をもっておらず、公的には責任を負わないで、舞台裏で、すなわち匿名で支配した。彼の支配は、特別の政令によって遂行され、立法によってではなく「官僚制」の第三の特徴、すなわち官僚自身の帝国主義的過程との同一化――自らをその道具とすること――によって統制されたのである。歴史過程との同じような同一化と秘密主義への同じような情熱は、イギリス帝国主義の残りの別の人物である、キプリングの小説『キム』で描かれた大いなるゲームを演じている諜報部員をはるかに特徴づけているものだった。彼女は、これらの諜報部員や行政官にねじれた共感をこめて書いているが、彼らの理想主義が法に基づいた文明的な政治の崩壊の手助けをしたこと、不可避的な過程の僕《しもべ》になることに同意した点で、「世界を意のままにすること」に存する「西洋人の本当の誇り」を裏切ったと論じている。(64)

衰退する国民国家

もし膨張自体のための政治的膨張が、全体主義という魔女の醸造物に入り込んだ主要な要素のひとつであるならば、全体主義を可能にし、全体主義によって強化されたのは「国民国家の衰退」である。「国民国家」は、アレントの思想のなかでは帝国主義と際立った対照をなしている。帝国主義が人間が自分と他人を犠牲にする膨張と征服という統制不能な諸力を解き放つ問題だとすれば、国民国家は本質的に人間主義的制度、すなわち法秩序を提供し、権利を保障する文明的な構造だと理解される。そのなかではしばらくの間「立法者と市民《シトワイアン》としての人間」(65)は、ブルジョワジーを、そのアナーキーな膨張欲がことによると文明を切り崩しかねないので、食い止めていたとされる。アレントはその本全体をとおして「国民国家」を抽象的に語っているが、「典型的なネイション」(66)であるフランスが、二十世紀の政治においてオーストリア＝ハンガリーのような、明らかに国民国家といえないような国家においても希求されるモデルを提示することによって彼女の理念型になっていることを明らかにしている。

この古典的モデルは、長期的には両立しないことがわかるふたつの特徴、「国家」と「民族」(67)の結合物であった。国家は、十七―十八世紀の君主制のもとで発展した法的構造であり、(68)その本質は個別の領土の住民に法的権利を保障し、彼らの共通利益を代弁することであった。君主制に起源をもつにもかかわらず、人間の権利[69]を保障する法的秩序と人間が市民になることのできる[70]公的世界という双子の理想とともに国家が最高潮に達したのはフランス革命においてである。国家のこの法的・政治的構造のわきには「国民」がいたが、その（フランスの）範例の場合、堅固に根を下ろした農民の共同体は自分たちがその後継者であった共通の文化的世界に気づいていた。[71]「国家」と「国民」双方ともアレントの用法では人間のつくった堅固な構造、すなわち人びとがくつろいだように感じることができ、住民が責任をとる人間世界に依拠している。その本全体をとおしてそれらは、根のない、それゆえ明示的にも暗示的にもそのような世界をまったく欠いている人びとの野蛮な集合体と対比されている。つまりアレントは、種族的な野蛮状態をブラック・アフリカの人びとやボーア人や東ヨーロッパの諸民族や現代の大衆の新しい野蛮状態やユダヤ人自身の根無し草状態に帰している。[72]この制度的で領土的な堅固さの別の意味は、すべての国民国家はその限定された国境の内部に属し、それゆえ（国境紛争にもかかわらず）ほかの人びとが同じ条件のもとに存在する権利を否定しなかったことにある。アレントは、この国民国家体制を全体主義支配に特徴的な世界支配の夢と対比している。このような意味での国民国家は、ヴェルサイユ条約のときまではヨーロッパにおいて政治的理想であり続けた。アレントは国民国家、とくにフランス型の国民国家に対して明らかに尊重の念を抱いている。

　ともあれ、彼女の議論の強調は、国民国家を弱体化し、全体主義運動に対して脆い状態のまま放置した諸力の上に置かれている。まず、権利を法的に保障するものとしての国家と排他的共同体としての国民の観念の間には深い緊張関係があった。国民国家の最も初期の段階からこのことがユダヤ人に困難な状況を生み出した。より一般的にはそれは、人権の理想に対する危険性を含んでいた。その危険性は第一次世界大戦とその余波によって「少数民族」と無国籍者が放り出されるまでは十分には明らかにならなかった。「国民国家の崩壊と人権の終焉」という章は、ヒトラーのユダヤ人虐殺に対する障害がなぜあれほど少なかったかの説明とともに、アレントには国民国家の致命的な欠陥と思われるものから免れた新しい政治秩序を構築する必要を証明することを意図しているので[73]、その章をここで簡潔に見ておくことは有益であろう。

全体主義体制のなかで全体支配への第一段階のひとつは、国民の大多数に対して法的権利を廃止することであった。[74]しかしながら、これは全体主義支配のほかの諸要素と同様に、悪魔的な独創性のひとつではなく、模範的な国民国家が第一次世界大戦後、少数民族と無国籍者を取り扱う仕方からの借り物である。東ヨーロッパのツァーの帝国やオーストリア＝ハンガリー帝国の廃墟に新しい国民国家を創り出した平和条約は、新しい国家の民族的混成を国際連盟に各国内の指定された「少数民族」に責任をもたせることによって対処しようとした。これらの規定はもちろん実効性のないことが実証されたが、国民に属する民族だけが国家の法的制度の完全な保護を享受できることを不吉にも認めていた。

しかし、国民国家のなかの「少数民族」は、時代の政治的激変によって投げ出された増大する大量の「無国籍」者と比べると、うらやましい立場にあった。アレントは、(彼女自身長年にわたって無国籍者であったが[75])、難民の大量流出に直面した諸国政府のディレンマに皮肉のこもった共感をこめて語り、無国籍者自身の状況について印象的な記述をしている。そのような人は、逃れていった国の法律の埒外に置かれ、その地で居住し、労働する権利をもたず、何も犯罪を犯さなくても投獄されやすく、警察のなすがままになっている。実際には犯罪を犯すことによってむしろ状況がよくなるのは、犯罪を犯すことが少なくともその人に法秩序のなかでの認められた地位を与え、法律家および警察に対抗する権利に近づくことができるからである。「特定の人が法の枠外に置かれているかどうかを決定するための最良の規準は、彼が犯罪を犯すことによって状態がよくなるかどうかを尋ねてみることである。もしささいな窃盗でもある人の法的地位をたとえ一時的にも改善するようならば、彼が人権を奪われていることを確信できる。[76]」一九三〇年代においてフランスのような国民国家にはこのような意味で法の埒外にいた多くの人びとがいた。そしてそのような人びとは、しばしば収容所に収監された。その多くはアレント自身と同じユダヤ人だったが、彼女の関心は、自民族の苦難をはるかに超えており、権利をもたない民族がいかなる文明的な政治秩序とも両立不可能だということと、そのことが全体主義的解決に向かう誘因になっていることに集中している。

無国籍者の運命が証明したことは、個々人に属すると考えられた人権が実際には市民しか要求できないことである、とアレントは考えた。市民のカテゴリーから外れた人びとにとっては、不可譲と考えられた人権の憲法上の保障は無意味だということが明らかになった。(77) 無国籍者が喪失した権利は、人権宣言に伝統的に掲げられた諸権利よりもはるかに基本的であった。問題は、そもそも法自体によって認められていることとしての法の前での平等の問題だとか、彼らが自由を欠いていたということより、むしろ法的共同体の外に影の薄い存在として彼らの行為や意見が誰にも関心をもたれなかったということにあった。それゆえ基本的人権とは、諸権利をもつ権利であり、それは政治的共同体に属する権利を意味している。

普遍的な人権の混乱についての考察をとおしてアレントは、『全体主義の起源』と彼女の政治理論全体双方の根底にある、文明社会の政治の脆さと不自然な性格の意味を明確化するに至った。というのは、自然そのものから由来すると考えられてきた人権が、人間の作った共同体の構成員であることに依存していることが明らかになったからである。二十世紀の経験からは、人間と市民の権利は一片の「抽象」にすぎず、継承されてきた堅固な「イギリス人の権利」に比べて無価値だと批判したバークのフランス革命批判を確証しているように思われた。市民権を奪われ、法の埒外に置かれた人びとは、実際には「自然状態」に投げ返され、それは野蛮状態にすぎないことが判明した。「人権」は自然の贈り物ではなく、文明によって自然に付与された「人間の作為」の一部だと思われる。(78)「人権」と考えられるような文明の恵みを享受するという幸福な立場にいる人びとの観点から見ると、市民ではなくたんに人間でしかない人びとは、野蛮状態の歓迎されざる侵入のようなものであり、怨恨を抱かれても仕方がない。無国籍状態はアレントには全体主義をふたつの様式で指し示しているように思われる。第一に、ナチスが発見したことだが、権利をもたず、存在しているとは公式には考えられていない人びとはとりわけ殺害されやすいということである。しかし第二に、野蛮状態に無理やり押し込められた人びとは、その数が増加するにつれて、文明を内側から脅かすということである。[79]

まさに国民国家の構造自体の内部で全体主義の方向を示す徴候があるとしたら、その構造は全体として帝国主義の脅威に曝されていたことになる。政治的には帝国主義の無限の膨張への希求は、領土権という国家原理に矛盾していた。さらに人民主権と市民の権利という政治的理念は、征服した領土に対する恣意的支配という帝国主義の方法によって危殆に瀕していた。アレントが認めているように、大英帝国自体の内部では帝国主義支配に内在する無法性は海外領土に封じ込められた。しかしながら不幸なことに、この例は東欧の政治運動によって積極的に採り入れられた。なぜならそこには自分たちの権力崇拝を抑制する立憲的遺産がなかったからである。代わりに彼らは、恣意的政令による統治、すなわち誰も規則がどんなものだか知らず、支配行為が説明なしに行なわれる秘密主義の雰囲気にすでに慣れていた。汎スラヴ主義運動は、ツァーの絶対的な権力を神聖なものとして崇め、ロシアの官僚制を一人の人間によって指導された巨大機構だと称えていた。

個人を埋没させてしまう巨大な動力についてのこのような理解は、汎ゲルマン主義運動や汎スラヴ主義運動という汎運動のモデルになった。これらの運動は、そのあとの全体主義者同様に、自らを政党よりもむしろ運動だと称した。政党とは違って、運動は特定の利益とか一定の政策というような、世界の安定した特徴とは結びついていない動的なものであり、政党から運動への変化は帝国主義の時代を特徴づけた安定した政治構造の溶解を表わしていた。運動は、既存のあらゆる国家や政党制に敵対していたが、政党政治が蔑まれ、嫌われた国々では魅力的なことが明らかになった。

いま述べた点から、帝国主義が全体主義への道を敷いたのだとしたら、なぜイギリスが大陸国家よりもはるかに感染に対してずっと抵抗力があったのかという謎への答えをアレントは得ている。彼女はここでは政治的伝統の観点からの説明に頼らざるをえないが、重要な変数は政治文化に劣らずさまざまな国での政党制だと主張している。より特殊的には、イギリスの二大政党制は、ドイツやフランスの多党制よりもはるかにうまく全体主義運動の競合に抵抗しうることが実証された。鍵となる点は、二大政党制が政治に対する公的責任を鼓舞し、それゆえ政治家を動かして、自分たちと野蛮さの上昇気運との間にある脆い構造を支え、国家の利害を全体として考慮するようにさせたことである。対照的に、大陸国家に特徴的な多党制の内部では政治的全体の一部以上の政党はまったくなかった。政治的全体は、それ自体政党の上にあると考えられた国家によって代表されていた。この状況は政治的無責任を生み出し、各政党が特定のイデオロギーによって正当化される特定の利益集団を代表することになった。そのような状況における愛国心は諸政党の上にあることを意味し、たやすくムッソリーニによって打ち建てられたタイプの独裁制を生ぜしめた。それにもかかわらず、アレントはイタリアのファシズムは全体主義と考えるべきではないことを強調している。というのも、それは国家や民族を強化しようという独裁的な試みだったからである。反対に、運動はそもそもいかなる種類の安定した政治構造にも敵対し、国家を手中に収めるだけではなく、国家を破壊し、国家を運動の新しい力学に置き換えることを目指した。

　十九世紀後半の汎運動は、政党制や国家に対するこの動的な敵意の予兆を表わしているようにアレントには思われた。それが本物になるのは、正真正銘の全体主義運動が第一次世界大戦後の廃墟のなかから現われ、政党や国家や民族がその圧力に屈したときである。[80] ファシズムと共産主義の運動は、国際的に機能したが、既存の政治組織、ことに古典的国民国家フランスのパラダイムを分裂させた。国家や民族という共通の政治世界の遺産によってまとめられていた安定した政治構造の代わりに、運動はイデオロギーによって結合された根無し草の動的な共同性を提供した。とくに、右翼の運動は、帝国主義から現存の政治的共同体により古い意味での国民的連帯よりもはるかに適切な基盤を与えたイデオロギーを継承することができた。つまり、人種主義を継承したのである。

人種主義

アレントは、人種主義はナショナリズムの一形態ではなく、多くの点でその対立物だと強調しようと骨折っている。真正なナショナリズムは特定の領土や文化と結びついており、それゆえ特殊な個人の行ないや功績とも結びついている。それとは対照的に人種とは生物学的用語で、領土や文化とは離れており、自然の物理的特徴に依拠している。人びとが生まれつきの人種的体格によって認証されるならば、個人の違いや個人の責任はどうでもよいことになる。つまり、ひとは自分の種の人種的特徴をたんに実演するだけである。人種決定論は「高等」人種と「劣等」人種との間の否定しようもない差異とともに帝国主義的征服と原住民の奴隷化のための完璧な正当化を提供する一方、民族の対立物としての人種の根無し草的性格は、果てしない膨張の道に踏み出していた集団の必要に合致した。

アレントが認めたように、人種主義の理論には少なくとも、ブーランヴィリエ伯爵という一八世紀フランスの思弁にまで遡る長い歴史がある。彼は、彼自身が属する貴族階級はフランク族の起源であり、彼らが征服した古代ガリア人の農民とはまったく違うと主張した。彼と、十九世紀におけるもっと影響力のある彼の後継者であるゴビノー伯爵は、たとえほかの形態のナショナリズムが人種主義的色合いをもっているとしても、人種的カテゴリーは民族主義的なカテゴリーとはっきり食い違う点を強調する点で一役買っている。しかし、優越人種や劣等人種の特色の存在についてのたんなる理論はナチズムを説明するさいにあまり意味がないものだと彼女には思われた[81]。問題だったのは、「なんらかの〈内在的論理〉によって付与された観念の歴史」ではなく、政治的組織化の形態としての人種主義の実践であった。理論上の先行形態の存在はその新奇さを隠蔽する助けとなったが、本物の残忍な人種主義は帝国主義的「アフリカ争奪戦」の経験と政治的要請から起こった。

アレントの説明にはふたつの要素がある。人種主義は部分的には、帝国主義のイデオロギーとして受け入れられ、搾取と征服した領土の原住民の転置の口実を提供した。しかしながらそれと同時に、(これが彼女の議論が多くの読者の好みに合わないところだが)人種主義は文明人が未開の人びとと直面したときの自然発生的で理解可能な反応であった。人権についての彼女の議論から明らかになるはずだが、アレントは十八世紀の人間性〔人類〕の理念の支持者として書いているが、現代の人文主義者《ヒューマニスト》として二十世紀の経験の結果としてより悲しみ深く、より賢明になっている。その本をとおして反復して現われる先有観念は、あらゆる人間の共通の人間性というヨーロッパの気高い理想が実践においてはたやすく保持されるものではないということである。原住民に対する帝国主義の取扱いは、ナチスがユダヤ人を「中央アフリカの野蛮な未開部族」[82]のように扱ったことを予兆しているが、「共通の人間性」は所与のものではなく、文明の達成物であり、達成したものである限りにおいてそれは脆く、民族の間の現実の明白な差異によって脅かされていることがあまりにも明白となる。彼女が恐れたのは、ナチズムの敗北にもかかわらず、人種主義が人口過剰になった土地を共有するという問題に直面した人びとには次第に魅力的になっていく解決策と考えられるようになることとである。[83]

アレントが主張しようとする論点を、彼女が人種主義者に対して解釈上の「寛大さ」を過度に行使しているかどうかとか、[84]あるいはシラズ・ドッサが主張しているように、アレント自身が実際には「自民族中心主義」だったのかどうかという問題から引き離すことが重要である。[85]彼女の論点は、平等な人間性という英雄的な理想がヨーロッパ人とアフリカ人の遭遇という大きな試練にかけられたということである。それは、身体的差異のためにというよりは、ヨーロッパ人が文明と認識できるようなものがアフリカ人には何もなかったためである。アジアを旅してインドや中国の古代文明に遭遇することと、アフリカを探検することとはまったく別のことだった。こういった状況において、「人種とは、ヨーロッパ人や文明人なら誰も理解できないような人間に対する緊急の説明であった。そのような人びとも同じ人間であることに移住民は驚愕し、恥ずかしく思ったので、もはや同じ人間という種に属そうとは思わなくなったのである[86]」。

アレントによれば、アフリカ人をヨーロッパの征服者たちから分かつものは、「彼らが自然の一部のように振る舞ったこと……彼らが人間世界を創り出していなかったこと[87]」である。彼女が絶えず繰り返したように、人間の条件の一部は、人びとが、動物がしているように、自然によって与えられたすべてのものを受け入れる必要はなく、それを変形し、文明世界を構築することができることである。それは、諸個人の生命を超えて生き延び、諸個人の生活にとって安定した環境を提供するものである。アフリカ人はこういったことをしなかったので、「彼らはいわば〈自然な〉人間であり、彼らは特殊人間的な性格、特殊人間的なリアリティを欠いていたので、ヨーロッパ人が彼らを虐殺したとき、殺人を犯したことにどうも気づかなかった[88]」ようだった。この驚愕すべき見方の要点は、当のヨーロッパ人は殺人を犯したが、これは人間の作った市民権という保護服をまとっていない犠牲者に対してきわめてたやすくなせるということである。ここにはナチズムの犠牲者の惨状を暗示するものがある。なぜなら彼らは、文明の付属物を剥ぎ取られ、ついには生まれたままの人間——その同胞であるヨーロッパ人が明らかに難なく殺害したもの——しか残っていないところまでに至っていたからである。

文明に対してかくも敵対的な環境に投げ込まれた最初のヨーロッパ人は、南アフリカのボーア人であり、社会組織化の原理としての実践的人種主義は彼らが発明したものであった。その過程において、彼らは「西洋人が自分で創り、工作した世界に生きるさいに感じていた誇り[89]」を失うことによって原住民族になった、とアレントは主張している。また彼女は、この安定した文明の欠如と、文明世界を攻撃したのちのヨーロッパの人種主義運動とを慎重に対比することを目論んでいる。アフリカの人種主義についての彼女の分析は、その本の中心にある新たな野蛮状態によって破壊された文明の物語の一部である。[90]

ひとたび南アフリカが帝国主義的に拡張されたヨーロッパの一部となると、その教訓は急速にほかのところでも習得されていった。とくに重要だった教訓のひとつは、経済的命令が不可侵ではないということであった。南アフリカは、近代社会が完全に非経済的な諸原理に基づいて人種主義的に組織されうるということを示した。経済的な塊としての底辺の地位を受け入れるよりもむしろ、支配階級のなかの少数と同盟を結んだモッブは、下層階級を暴力的に創り出すことによって支配階級に転化することができる。言い換えれば、アレントの説明では、帝国主義が始まったのは政治をブルジョワジーの経済に従属させることによってだが、それが絶頂に達したのは、経済的命法の放棄とその代わりに新しい形態の共同体である選ばれた人種を発見した人びとによる純然たる暴力の行使においてである。

アレントには全体主義運動の最も直接的な先駆形態だと思われたのは、この種の帝国主義、すなわち十九世紀後半の汎ゲルマン主義運動や汎スラヴ主義運動という「大陸帝国主義」であった。それらは、海外の大英帝国に対抗するために内陸の帝国を切り開くことを夢想した。これらは彼女にはイギリス帝国主義より、経済的動機は少なく、それゆえイデオロギーの夢想に対して抑制的でないとともに、はるかにイデオロギー的である点で全体主義により近いように思われた。堅固な経験と共通感覚の世界からの不気味な距離の置き方というもうひとつの特徴は、彼らの人種主義の性質であった。アフリカの白人のなかで発展したような人種主義は、いずれにしても（アレントが論争的に論じてきたように）、その人種主義によって挑戦を受けた西欧のナショナリズムが堅固に現存する民族の目に見えた業績に対する誇りの問題であった。しかし、大陸帝国主義者によって発展させられた人種主義は全面的にイデオロギー的であった。なぜならそれは、現実の政治的経験の本当の世界からすでに切り離されたナショナリズムの型という基盤の上で起こってきたからである。この種のナショナリズムは、民衆の世界での偉業ではなく生得の魂を誇っていたが、アレントによれば「種族的ナショナリズム」と分類されている。それは「原住民」の根無し草的で「自然」の存在と人間の作った文明世界との対照と結びつけることによってなされた(91)。

「種族的ナショナリズム」は、オーストリア＝ハンガリーやツァー帝国内部で、十九世紀までに国民国家の建設に成功しなかった民族集団のような諸民族のなかで伸展した。それは、何世紀もの間、特定の領土に定着し、自分たちを歴史的偉業のある集合体と考えたフランス人のような民族の抱くナショナリズムとは対比される。すでに見たように、アレントはフランス型のナショナリズムに問題がないと示唆しているわけでは決してない。にもかかわらず彼女は、それは東欧の根無し草の諸民族のなかで発展したナショナリズムよりははるかに危険でないと主張した。なぜなら、東欧のナショナリズムは文明社会の政治とはなんのつながりもなかったからである。「ここには〈祖国〉***patria*** とか愛国心の意味について少しも考えをもっておらず、共通の、限定された共同体への責任についてぼんやりとした観念ももっていない大衆がいた(92)。」彼らにとって民族性《ナショナリティ》とは「公共的関心や文明の問題」ではなく「どこにでも持ち運び可能な、私的な事柄であ」り(93)、彼らの生来のドイツ的性格やスラヴ魂、それに加えて別々の起源に対する人種主義的信念によって簡単に強化された自分たちの選民性の確信であった。彼らの間の人種的優越性と聖なる選民性は、民族が何をするかではなく、なんであるかに強調を置いた。それと同時に、民族の構成員の間の個人的差異を些末なものとし、そのことによって個性と自由の価値を引き下げた。これが付け加えたのは、「高慢なロボットという大衆」――アレントの全体主義運動についての説明を明らかに予兆する定式化――であった(94)。

アレントが人種主義に全体主義の一要素として置いた強調は、スターリニズムをナチズムと並んで全体主義の一形態として含めていたこととは適合しないように思われるかもしれない。しかし、たとえそのつながりが『全体主義の起源』自体のなかできちんと説明されていなくても、彼女の理論の枠組みのなかではその結合は予想されるほど奇妙ではない。（次章で見るように）彼女は全体主義のなかに、個性を抹消し、まさしく人種主義がそうしたのと同じくらい人びとを身体的組成に引き下げるように思われた、反人間的な唯物論を見いだした。彼女が『全体主義の起源』の最後の節で全体主義がどのように人間を動物の種に引き下げるのかについて語るとき、彼女は両方の型の生物学的唯物論を考えている。

資本とモッブの同盟

人種主義が果たした機能のひとつは、帝国主義が依存していた「資本とモッブの同盟」を強固にすることだった。アレントが正確な範疇分けのための多くの試みをしていると主張することはできないが、彼女の用語法で「モッブ」とは、われわれが全体主義運動の構成員としていずれ遭遇することになる「大衆」と同じではなく、概してより活動的で進取の気性に富んだ一団の人びと、資本主義の破壊によって社会の縁に投げやられ自暴自棄な人びとを指すことは、明らかである。(95) 十九世紀後半の帝国主義の冒険は、余剰資本の問題だけではなく、海外に送り込まれる余計者たちのより切迫した問題に対する天与の解決策だと思われた。アレントは、資本主義の生み出した余計なものが十九世紀末にイギリスの所有地であった南アフリカで結合したことを皮肉っている。つまり、もし富のうち最も余計なものであるダイヤモンドや金がそこで発見されなかったら、南アフリカそのものがスエズ運河の開通によって余分になったであろう。「余計なものであること」がこのように何度も出てくるのは、帝国主義の時代には歴史の潮に浮き荷と投げ荷として漂う人びとの数が増大した経験を強調している。またそれは、まずもって第一次世界大戦後の行き所のない「大衆」によって、最終的には絶滅収容所の犠牲者によって経験された、はるかに無力な余計なものであることの状態を予兆している。

「モッブ」は、「民衆」や「労働者階級」と混同されるべきではない。代わりに、アレントは、モッブとはすべての階級の「残滓」ないしは「廃棄物」であり、ブルジョワ社会の副産物であり、ブルジョワ社会とは抑制のきかない利己主義という点で非常によく類似している[96]が、偽善によって抑制されず、どんな犯罪でも犯す用意があると述べている[97]。のちにヒトラーを政権に就かせたギャングの一味と体制側の要人との邪悪な同盟は、彼女にはブルジョワ社会と街のモッブとの類似性を表わしているように思われる。言い換えれば、資本主義はうかつにも破壊的な諸力――革命によってよりよい社会を先導すると考えられた、マルクスのいうプロレタリアートではなく、社会に対する恨みと暴力に対するアナーキーな好みをもつルンペン・プロレタリアート――を養成していた。帝国主義は、危険なまでに犯罪的なこれらの諸要素を海外に輸出することによって処理した。海外では彼らは残虐なことを行ない、それは全体主義が写し取り、凌駕することになるモデルを提供した。とくにアフリカではこれらの「余計な人間」はニヒリスティックなホッブズ的政治を実演する用意が完全にできていることを証明した。コンラッドの『闇の奥』にかなり依拠しながら、アレントはこれらの遭遇の悪夢のような非現実性を強調している。この遭遇は、強制収容所というはるかに悪夢的な世界を予兆しているように彼女には思われた。一方には、安定した社会のなかでの居場所を失い、「あらゆる社会的制約と偽善の外」にいた人びと、他方には原住民。一緒くたになって、彼らは犯罪の「無限の可能性」を差し出した[98]。

人種主義はそのような人びとにとって非常に魅力的であった。なぜなら、人種主義は彼らの搾取を許し、彼らの優越感を認めただけではなく、彼らが白い肌をしているということだけで属する新しい共同体を提供したからである。人種主義が下層階級の支持を得るために資本家によって用いられたイデオロギーだという観念のなかにはマルクス主義の思想的影響があるが、人種主義は征服者の群れに政治的結合を提供するのに非常に魅力的でかつ好都合だったので、資本の経済的利益はイデオロギーの論理に最初は南アフリカで、次に「大陸帝国主義」で、最後にナチズムで従属するようになったということがアレントの分析に特徴的なことである。

ナチ党の指導者の多くは、アレントの用語法では「モッブ」、すなわち根無し草で破廉恥な冒険家であったし、モッブの海外での残虐さがヨーロッパの運動に手本にすべき、残虐さの基準を設定したとしても、アレントはほかのところと同様にここでも帝国主義と全体主義との間にははっきりした連続性はないことを強調している。全体主義運動の支持者のほとんどは、犯罪者ではなく「大衆」、すなわち第一次世界大戦のあとの社会構造の全面的崩壊によって投げ出され漂っている相当数の人びとであった。同様に全体主義は、アフリカにおいて「遊びの精神でなされた犯罪」をはるかに超え、全体的に非人間的な「支配と絶滅の機構」を確立した。

全体主義の形成に入り込んでいったこれらの「諸要素」のうち、それ自体が「全体主義的」なものはひとつもなかった。それらが新しい〈総合〉に溶接されていったときにのみ、それらは全体主義的になった。また、その〈総合〉は偶然的であり、必然的ではなかった。それにもかかわらず、それらはアレントには長期的な危険を表わしているように思われた。というのは、ナチ的〈総合〉の敗北は「諸要素」を破壊しなかったし、これらは消え去りそうもなかった。なぜなら、それらは真正な近代の諸問題に対応していたからである。膨張欲は、本当はしり込みしながらも、よそ者たちを近接したところに住まわせざるをえない世界に対応していた。国民国家の衰退は〔第二次〕大戦終了時までには既成事実であったが、それに代わる満足のゆく代替物は見いだされていなかった。人種主義は、新しい世界的な人間性概念の緊急の必要を明らかにした。一方で、根無し草のモッブの活動形態は、近代世界が既存の社会や構造のなかで居場所がなく、再び全体主義運動の補給源と犠牲者を提供するかもしれない「余計な人びと」を持続的に生み出していることを想起させるものであった。

これまで、われわれはアレントが最高位に置いているひとつの要素を除いて彼女のいうすべての「要素」を紹介してきた。その最も重要な要素こそが、反ユダヤ主義である。それでは、それがほかの諸要素と適合するのはどこで、またどのように関連しているのか。

反ユダヤ主義

十九世紀の歴史の教訓とは、公的な事柄に責任ある役割を果たそうと考えようとしなかった人びとが、虐殺される前にどのようにも用いることのできるたんなる生き物に変えられたという事実である。[104]

もしナチの全体主義が全体支配の巨大な実験だとしたら、とくにユダヤ人が犠牲者に選ばれたのはなぜなのか。ドイツ史およびドイツ文化の多くの研究者は、説明は幾世代ものかなり多数のドイツの著述家、とくに種族的運動の一員と特徴づけることのできる人びとのもつ反ユダヤ的言辞が利用できそうだと考えてきた。[105] しかしこの種の説明は、アレントには的外れのように思われた。彼女の見解では、包括的イデオロギーとしての反ユダヤ主義は、ちょうどそれが以前の宗教的ユダヤ人憎悪とは違うように、ナチ以前のヨーロッパ文化に浸透していた通常の反ユダヤ的感情とは違う事柄である。[106] 結局、実際にアレントは、反ユダヤ主義はとくにユダヤ人とかドイツ人のどちらかに関係あるものをはるかに超えた目的のためにナチ体制が用いたものだと考えた。反ユダヤ主義は全体主義構築のための「結合器」として用いることができた。なぜならそれは、彼女が確認した「諸要素」のそれぞれとつながっていたからである。モッブは、自らがもはや属していない社会を憎んでいたので、ユダヤ人のようにはっきりと半分は社会のなかにいて半分は外にいた集団にたやすく敵意を向けるようになった。人種主義イデオロギーの名のもとで全体主義運動が動員されたわけだが、それは「白人」がアフリカで支配した原住民と同じようなものを必要とした。[107] そして、(すでに人種として自己同一化していた）ユダヤ人はことにたやすくこの役割をあてがわれた。また、全体主義運動は自分たちの新しい帝国に道を開くために国民国家の崩れていく壁を崩壊させる必要があった。誰がユダヤ人金融家よりもはっきりとヨーロッパの国家体制と結託していたというのか。

なかんずく、帝国主義の膨張の全体主義的継承者であった世界支配の企ては同じように根無し草の部族による密かな世界制覇の陰謀という夢想にまさにそのモデルを見いだした。というのは、それ以前の反ユダヤ主義者とは違って全体主義運動の指導者はユダヤ人を憎んだり、恐れたりしただけでなく、彼らと張り合い始めたことをアレントは強調するからである。有名な「シオンの賢者の議定書」は、世界支配のために選ばれた人種によって考え出された、たくらみの表出としてだけではなく、秘密の戦術を説明する「教科書」[108]として用いられた。企画していた本の一九四六年に書かれた「概要」のひとつのなかで、第一部の主要テーマはなぜ反ユダヤ主義がナチスによって全体主義の「結合器」として用いることができたかであるということをアレントは説明した。そしてその答えは、「領土や国家なしにアイデンティティを保持したユダヤ人が、見たところすでに人種的政治体に組織化された唯一の民族として現われた。近代の反ユダヤ主義は、世界のユダヤ人を絶滅するだけではなく、ユダヤ人組織の強さと考えられたものを真似したがった」[109]というものだった。

「反ユダヤ主義」におけるアレントの目的のひとつが、なぜユダヤ人がナチスの全体主義の第一の犠牲者になったのかを説明することだとしたら、第二の目的は彼らはたんに犠牲者と見られるべきではないと論じることであった。彼女は、ナチ型の全体主義的帝国主義がユダヤ人に敵意を向けた理由は、ユダヤ人が知らないうちに被ったことと同様に、ユダヤ人がしたこととしないで放置していたこととも関係があると断固として主張した。「反ユダヤ主義」に関する部分は、いくつかの点でアレントに対するユダヤ人批判者たちがのちに『イェルサレムのアイヒマン』のなかに見つけ出し、痛罵したことよりはるかに不快な主題が含蓄されている。『イェルサレムのアイヒマン』と同様に「反ユダヤ主義」に関する部分は、アレント独自の型のシオニストの誇りや、世界の出来事へのほかの誰とも同じくらい大きな責任をともなった諸民族のなかの民族としてのユダヤ人の平等な地位を主張したいという彼女の願望と大いに関係があった。[110] とはいえ、『全体主義の起源』のなかでの彼女の議論の根底にあるのは、ユダヤ人は彼らの政治的感覚の欠如と陰謀を抱いているように見える選民としての存在が全体主義運動に真似されるモデルになったという点で、ある意味でほかの人びとよりも責任があるという隠れた意味である。

もちろんアレントは、全体主義者が見習うべき、ユダヤ人の世界制覇の陰謀が現にあったということを示唆しているのではない。実際に彼女が示唆しているのは、ユダヤ人の苦境が大部分は自分たち自身の行為の結果だということである。ユダヤ人が自分たちの行為の政治的意味合いがどうであるかを問うことなどなしに行動した点でそうだということである。たとえば、ユダヤ人は「選民」としての自己理解を世俗化し、そのことによって人種理論の精緻化に貢献した。上流社会への入場資格を得ようと努力するさい、ユダヤ人は「非ユダヤ人の目には……神秘的な法によって支配され、神秘的な絆によって束ねられ、〈こっそりと〉神秘的な支配を希求している、組織された集団として現われた」。[111] とりわけ、政治的自覚を高めたり、政治的責任をとったりすることはなく、多くのヨーロッパ諸国で明らかに国家と結びついていた。そしてこの怠慢のために結局彼らは恐るべき代償を支払ったのである。[112]

ユダヤ人と国家

アレントがユダヤ人と国民国家の章から説明を始めている理由は、ひとつには政治的責任を強調したいというこの願望である。しかしその章はとくに理解しづらいから、読者の観点から言うとこれは間違いである。議論が、複雑で圧縮されていてきわめて抽象的なだけではなく、ずっとあとになるまで説明されない「国民国家」の概念に著しく依拠しているからである。さらに彼女は、当惑するぐらいさまざまな時代や場所から引いた例によって、国から国へと、十七世紀から十九世紀へと跳びながら、議論を例証している。それゆえ彼女の理論のこの部分が、「ユダヤ人と社会」という、より生き生きとした包括的なその次の章と、そこでのディズレイリやプルーストについての魅力的な議論のためにしばしば見落とされてきたことはほとんど驚くべきことではない。それにもかかわらず、アレントは近代の反ユダヤ主義の決定的な理由は社会的というよりもむしろ政治的だと主張している。[113] ユダヤ人の運命は、帝国主義の時代に攻撃に曝されたヨーロッパの国民国家の運命と結びついていた。もし政治構造が（フランスでは一九四〇年はそうでなかったが、ドレフュス事件の最中がそうだったように）ヨーロッパ中で堅固であったら、ホロコーストはありえなかったであろう。つまり、もしもっと政治的自覚をもっていたならば、ユダヤ人は文明の政治的な砦を守るのを助けたであろう。[114]

二十世紀の反ユダヤ主義運動の発展は、ユダヤ人を初めから決定的でむずかしい立場に置いた国民国家の内的矛盾という観点から理解しなければならない。法的構造としては、諸国はユダヤ人に権利の平等を賦与するという点でフランス第一共和制の例にならった。しかし、同時に民族性を強調することによって民族的部外者に次第に圧力をかけていった。この変則的な状況が持続しえたのは、部分的には国家当局が、階級社会と階級闘争の外部にいた頼りになる金融家集団を提供するためにユダヤ人を普通とは異なった存在として保持することに関心をもっていたからである。これらのユダヤ人金融家は、絶対君主の財政の切り盛りをしていた、十七―十八世紀の「宮廷ユダヤ人」の伝統を受け継いだ。[115] 国家財政が十九世紀に規模を増大するにつれて、中央および西ヨーロッパの富裕層全体がそれ以前の時代の少数の「例外的ユダヤ人」に取って替わり、ヨーロッパの国家銀行家になり、個々の国家に融資し、国際的な貸付けや条約の交渉をした。十九世紀ユダヤ人の傑出した点の象徴はヨーロッパ全体にわたって家族的結合をもつロスチャイルド家であった。

このような状況はユダヤ人を危険な状態に曝した。ユダヤ人が国際的役割を果たしえた理由は、彼らが自分たちの国家もネイションももたず、実際に「ヨーロッパ人」だったことにある。[116] ユダヤ人は部外者だったか、ほかの誰よりもその運命は競合するネイションの共存とどの戦争のあとでもヨーロッパの勢力均衡という復興を当然視した国民国家システムに結びついていた。諸国家が、均衡よりも征服のことばかり考えていた帝国主義者たちに乗っ取られたとき、ユダヤ人は国際的仲介者としての役割を失った。その時点までにユダヤ人は国内の国家財政においても、経済的・政治的腕力を振るい始めたブルジョワジーに置き換えられていた。

それゆえ、ちょうど帝国主義がヨーロッパの安定を脅かし始めたときに、ユダヤ人は経済的・政治的事象における傑出した立場を現に失いつつあった。なぜならそれは、民衆の精神にユダヤ人の力の危険なステレオタイプを確立していたからである。アレントが記している状況に特有のアイロニーは、ユダヤ人がいずれにせよその立場を自分たちの目的を達成するために一度も用いたことはなかったということである。もっともそれは、彼らがそうしようと考えるほど充分に政治的な意識をもっていなかったという単純な理由のためである。アレントは、ここでもまたほかの箇所でも、[117] ユダヤ人が政治的に世間知らずだと主張した。ヨーロッパ政治の人形遣いであるどころか、彼らは自分たちの立場に対する危険を感じ取るのに十分な政治的鋭敏さをも決してもちあわせていなかった。つまりその危険は、ユダヤ人を国家と密接に結びつけることによって、国家当局に対する不平をもったあらゆる社会集団を反ユダヤ主義へと引き込もうとしていた。[118]

ユダヤ人に対する敵意がポーランドやロシアのような地域で経済状態によって起こったとも認識しているにもかかわらず、ナチズムの本当の先駆者は、十九世紀のフランス、ドイツ、オーストリア＝ハンガリーで起こった、これらの本質的に政治的な反ユダヤ主義の波であったとアレントは主張している。それらの国ではどこでも団体は国家当局に対して対立的になっていた。十九世紀後半に最も毒のある反ユダヤ主義運動が起こった国はフランスとオーストリアであった。「国民国家」とのユダヤ人の曖昧な関係についてのアレントの議論は、オーストリアに適用される場合、少し回りくどいという以上のものとなる。というのも、その二重帝国は明らかに国民国家とも（あるいはふたつの国民国家とも）呼べるようなものではなく、旧い王朝の集積体で、恒常的にドイツ人、チェコ人、ポーランド人、ルテニア人、クロアチア人らのナショナルな希求によって脅かされていたからである。しかし、アレントはこれらのナショナルな希求は現実のナショナリズムよりも人種主義に近いと考えた。彼女はオーストリア＝ハンガリーについて一種の肩書きだけの国民国家として語っている。そこでは、西欧におけるように、国家は全市民の権利を保護し、争い合う社会集団の上にあると思われた。ちょうどフランス国家が階級分化を超越していると思われたように、オーストリア＝ハンガリーの君主制は、争っている諸民族の上に立とうと試み、その過程で自分たちと同じ部外者であるユダヤ人を利用し、そうすることによってユダヤ人を、第一次世界大戦勃発までにはあらゆる民族集団にとって不人気になった、崩れ落ちそうな構造と同一視した。この激しい敵意はオーストリア＝ハンガリーのドイツ人に由来している。なぜなら彼らのうち多くは、ビスマルクの帝国に入りたがっていて、彼ら自身の政府にはいかなる忠誠も感じていなかったからである。とくにゲオルク・フォン・シェーネラーの暴力的で極端な汎ゲルマン主義運動は、ナチズムに深い影響を与えた反ユダヤ主義イデオロギーを発展させ、またそのイデオロギーはドイツ人が劣等種を支配するという、新しい中央ヨーロッパを目指した点で、のちの運動を予兆していたのである。

それとは対照的に、フランスではドレフュス事件において激しい暴力が振るわれたにもかかわらず、反ユダヤ主義のより急進的な潜在的可能性はより強力な政治制度によって抑制された。アレントが指摘しているように、フランスには、ある程度は迷信や金持ちに対する左翼の敵意に基づき、またある程度はよそ者に対する外国人嫌いによる怨恨感情に基づく、反ユダヤ主義の長い歴史があった。しかしこれらは、すべてナチズムとはほど遠かった。決定的な違いは、第一次世界大戦以前のフランスは国民国家にとどまっており、正真正銘の帝国主義的政党を発展させなかったことであった。彼女の論点は、フランスの既存の政治構造は、法と権利を帝国主義の野蛮さの潮から護ることによって、しばらくのあいだ防壁として機能したということである。しかしながら、彼女の分析の最重要箇所は、ユダヤ人が帝国主義の新しい諸力からの増大する攻撃にさらされつつあった政治構造と結託していたということである。そうだとすれば、国家を一掃し、国家を帝国に取って替えることを目的としていた人びとがとくにユダヤ人に対して敵対したことに不思議はない。

ユダヤ人と社会

アレントは、毒のある近代的な形態での反ユダヤ主義は国家の伝統的形態に対するより一般的な攻撃と結びついた本質的に政治的問題だと主張しているにもかかわらず、近代の反ユダヤ主義の「特別の残虐さ」を理解するには、ユダヤ人と反ユダヤ主義者双方にユダヤ人らしさを生まれつきの素質だと信じ込ませた、ユダヤ人の社会的状況を調べねばならないと論じている。十九世紀の上流社会とのユダヤ人の関係の決定的な特徴は、ユダヤ人が社会的に受け入れられているといっても、平等なる者としてではなく例外としてであったということである。普通のユダヤ人は上流社会に受け入れられることを期待しえなかったが、これはユダヤ人の特性を明らかに失った人たちにのみ期待しえたことである。しかしながら同時に、社会へのパスポートとなったのは彼らのユダヤ人らしさの異国風の魅力であった。彼らは「ユダヤ人でありながらユダヤ人ではないこと」[119]を期待された。

この曖昧な状況のなかで十九世紀のユダヤ人のなかには大成功を享受した者もいた。その第一集団が十九世紀初頭のベルリンのユダヤ人であった。ラーヘル・ファルンハーゲンのサロンのようなところでは彼らは貴族や知識人と、アレントが「真の混成社会」と記しているもののなかで混ざり合った。これらベルリンのユダヤ人は、個人としてよりむしろ集団として「例外」であるという感覚をもっていたので、自尊心を保持しえた。とはいえ、これは非常に風変わりな状況であった。より典型的には、個々のユダヤ人が受け入れられたのは、「ユダヤ人一般」のようではないが、同時にふつうの人びととも魅力的に違う「例外」としてである。この困難な状況によって多数の特徴的な代替的な行動様式が生まれた。アレントの見解では最も名誉ある選択は、社会的承認を探し求めることではなく、「パーリア」にとどまること、すなわちよそ者に特徴的な美徳――アレントが「人間らしさ、親切、偏見からの自由、不正に対する感受性[120]」と呼ぶもの――を発展させていく立場にとどまることであった。別の可能性は、反ユダヤ主義のプロパガンダで戯画化された押しの強い実業家のような成り上がり者になることであった。第三の、そして最も苦汁に満ちた選択はユダヤ人であるとともに非ユダヤ人であるという曖昧な状態で同化することであった。この状況が、同化しても特性的には「ユダヤ人」であるという経験をする、非常に複雑な心理を生み出した。

アレントの論点は、政治的部外者としてのユダヤ人の客観的状況は政治的権利や政治権力の問題から注意をそらす主観的効果を生み出したということである。ユダヤ人はパーリアであれ、成り上がり者であれ、苦悩する内省的な人物であれ、一連の特徴的な性格を本当に発展させた。しかし、一方これらは現実には政治的状態の兆候を表わすものだが、彼らはユダヤ人にも非ユダヤ人にも同様に、ユダヤ人が本質的にほかの人びととは違うということを確信させた。「ユダヤ教は心理的特性になった。[121]」これは、ふたつの理由から悲惨な展開であった。まず、それはユダヤ人の注意を心理的苦悩に集中させ、彼らの政治的状況についての現実主義的な評価からそらせたからである。[122]第二に、それは結局、反ユダヤ主義者にユダヤ人らしさは生まれつきの特質であり、それゆえ絶滅によってのみ根絶しうる病だと確信させたからである。ユダヤ人が特殊な生来の特質を具えた、はっきりとした「人種」だという観念は、不幸なことに反ユダヤ主義の発明ではなく、ユダヤ人自身、ことにベンジャミン・ディズレイリが広めた信念であった。

イングランドで完全に同化した家族に育ち、ユダヤ人やユダヤ教についてほとんど知らなかったので、ディズレイリはユダヤ人らしさを障害としてではなく、社会的に自分を際立たせる好機と見た。異国風の特徴を最大限に利用することによって、彼はロンドンの社交界で大成功を収めた。さらにユダヤ人らしさを社会的好機であるとともに政治的好機と見ることによって、彼は「われわれが通常、反ユダヤ主義のより悪意のこもった諸形態のなかに見いだす、ユダヤ人の影響と組織についての完全に一揃いの理論(123)」を産み出した。まず第一に、彼ははっきりと自らを選民の一員と考えた――生まれに誇りをもつ貴族と競う都合のよい方法である。しかしながら、彼はこれにとどまらず、その選民は政治的実在として行為したと仮定し、ユダヤ人銀行家が秘密社会のように舞台裏で働くことによってヨーロッパの政治を統制したという理論を丹念に作り上げた。ディズレイリは初期の帝国主義的政治家の一人だったので、アレントには彼はユダヤ人がどのように自らの没落に手を貸したかについての古典的な事例となっている。

彼女の説明の残りの部分は十九世紀後半のフランスに集中しているが、それはドレフュス事件がナチ以前の反ユダヤ主義を代表していたからでもあるし、また第一次世界大戦後のドイツとオーストリアの社会的反ユダヤ主義が類似していたからでもあるが、主としてはフォーブール・サンージェルマンのサロンの生活には自ら半分ユダヤ人の血が混じっていたマルセル・プルーストという比類のない記録者がいたからである。アレントは、この社会におけるユダヤ人らしさは同性愛と同じ種類の地位をもったことをプルーストに依拠して主張している。つまり、両方とも異国風の悪徳と見られ、まさしくそれらにまとわりついた悪の想像上のオーラによって面白がられた。言い換えれば、ユダヤ人らしさは選択や関与の問題ではなかった。それは、ユダヤ人に特定の仕方で振る舞うような素因となる生来の資質である。アレントは、ユダヤ人自身が同化の過程で宗教集団に属しているという感覚を失い、自分たちのユダヤ人らしさを天分であれ重荷であれ生来の性質であると考えるようになるにつれ、このような非常に危険な見解を育んだと論じている。宗教集団や政治集団としてよりも心理学的に自己規定するさいに、彼らははからずも自分たちを非常に危険な立場に置いた。というのは、もしユダヤ人らしさが本当に生まれつきの性質だとしたら、それは罠でもあったからである。「ユダヤ人はユダヤ教から逃れて改宗することはできたが、ユダヤ人らしさからの逃げ道はなかった。」[124] 上流社会はしばらくの間この「悪徳」によって魅了されたのかもしれない。しかし上流社会はたやすく腐敗から身を清め、ひいきにしていた人びとに背を向けることができた。そして実際彼らがそうしたとき、ユダヤ人がまさにその本性からして腐敗しているという仮定は［ユダヤ人］絶滅というナチの「解決」を考えられうるものにすることの手助けとなった。

ここでのアレントのテーマは本全体をとおして投影しているテーマであり、それこそが彼女の人間主義的見解の中心にあるものである。つまり人間は自由な行為者であり、その行為や選択は決して天性の素質とか歴史的状況によって完全には決定されないということである。この本は全体として、自己や他者を決定論的仕方で理解することのぞっとするような帰結を跡づけている。そして、とくにこの章の教訓は、宗教的あるいは政治的な関わりよりもむしろユダヤ人らしさをひとまとまりの生来の特徴と解釈することによって、ユダヤ人は自分たちを破壊した致命的な反ユダヤ主義に寄与したということにある。同時にアレントは、ユダヤ人がそのような社会的・政治的状況に置かれていれば、彼らにとってこういった自己解釈の癖に陥ることはいかにたやすく当然のことだったかも示している。

ドレフュス事件

ドレフュス事件は、これまで対象としてきた十九世紀の問題とナチスの残忍な反ユダヤ主義との間を架橋するものである。「ユダヤ人を殺せ」と叫んだ、階級脱落者からなるモッブ、ユダヤ人の世界制覇の陰謀という神話、共和国がユダヤ人の統制下にあるという疑念をもたれていることに対する敵意というようなその事件のいくつかの側面は明らかにナチズムを予兆している。それにもかかわらず、これらすべてを合わせても惨事が起こるにはまだ足りなかった。というのは、それは十九世紀の国民国家の比較的文明的な世界にも含まれていたからである。法と正義の原則は一八九〇年代において当然視されていたので、一人のユダヤ人に対してなされた司法的な不正でも西欧世界全体に憤怒を喚起しうるということになアレントは驚嘆している。[125] 対照的に、一九三〇年代においては大規模な迫害があってもも国際的無関心に迎えられることになった。とりわけ、一八九〇年代のフランスにはクレマンソーのような、フランス革命から継承した共和主義的原理のために、すなわち純粋な正義と人権のために、戦う用意のあった人びとがいた。アレントの説明では、その事件の立役者はドレフュスではなくクレマンソーであった。[126]

ドレフュス事件の間、体制側とモッブはドレフュスに対立することでまとまっていたが、ドレフュスの家族もユダヤ人も、アレントによれば唯一の適切な基盤であったものに基づいて、抵抗する政治的感覚を十分もちあわせていなかった。つまりそれは、「人権に基づくネイションという、断固としたジャコバン的な概念――（クレマンソーの言葉によれば）一人の権利を侵すことは万人の権利を侵すことであると断言する、共同の生活についてのあの共和主義的見解」[127]である。その事件は、安全なように見えたユダヤ人も含むすべてのユダヤ人の脆弱性を証明したので、[128] 唯一適切な返答は、抽象的な人権と普遍的な権利のための共同の政治闘争であった。しかし、ユダヤ人は全力で社会のなかに消え入ろうとしていたから、このことを理解することができなかった。アレントの議論が伝えているのは、ここでは語られず、論争的にほかの著作で、とくに『イェルサレムのアイヒマン』において表明されているが、ヨーロッパのユダヤ人が政治的諸原理についての明確な理解と、まだ時間が残されているときに行為する意志をもっていたなら、ホロコーストは起こりえなかっただろうということである。[129]

ドレフュス事件の終結とともに、その議論がどのように次の帝国主義の部分や全体主義についての最終的説明につながるのか説明せずに、アレントは反ユダヤ主義の部分を終えている。おそらく最も強調する必要がある点は、われわれは物語の終結からはまだ非常に距離があるということであろう。アレントがこれまで述べてきた不吉な予兆にもかかわらず、彼女は十九世紀の反ユダヤ主義はナチズムにはほど遠いと主張している。実際にそれが〔ユダヤ人の絶滅という〕「最終的解決」を可能にするのに役立った仕方のひとつは、まさにナチズムの根底的な新奇性を覆い隠すことによってである。その結果、ユダヤ人自身も多くのナチの同調者も、〔ナチズムに〕新しいものが含まれていることに気づくのがあまりにも遅くなった。

　この新しい要素は「大陸」型の帝国主義によって付け加えられたものである。アレントが認めているように、帝国主義的膨張の過程で、とくに南アフリカの金鉱探しでのユダヤ人金融家の活躍に対応して、伝統的な型の反ユダヤ主義が一定程度、実は起こったのである。しかし、これは副次的な問題だった。本当に新しく致命的な要素は、帝国主義の影響下で東欧の汎運動によって、ことにオーストリアのシェーネラーによって発展させられた型の反ユダヤ主義であった。東欧の汎運動はユダヤ人に対する具体的不平にではなく、はるかに危険なもの、すなわちイデオロギーの要求に基づいていた。このイデオロギー、すなわちアレントが「種族的ナショナリズム」と呼ぶ型の人種主義は、生来の資質と考えられるものを基盤に根無し草の民衆を動員する方法を提供し、冷酷にも反ユダヤ主義に向かった。なぜならその主張は、ユダヤ人の根無し草の存在と選民感覚を省察し、それと衝突したからである。アレントの論点は、ナチズムの内部で取り上げられ、さらに進展させられたのはユダヤ人をモデルやライバルと見るこの見解だったということである。ユダヤ人に対する攻撃がユダヤ人の自己理解のカリカチュアであったイデオロギーの名においてなされたという事実は、「歴史上ほとんど例を見ない、最も論理的で、最もむごい報復のひとつ」(130)であった。

全体主義──アレントのアプローチ

「全体主義」自体に関する最終部は唐突に始まっている。アレントは、ヒトラーとスターリンが大衆から受けた支持についての説明にいきなり入り、ナチズムとスターリニズムが単一の現象の実例だという信念の正当化を試みようとしていない。実際に、彼女はまさに、しばしば批判者たちには決定的な違いの証拠と思える諸事実によってこのことを確信したように思われる。まったく違う起源・背景・環境・イデオロギーをもったふたつの体制が、それにもかかわらずそのような気違いじみた残虐性をもって振る舞いえたとしたら、偶然の一致以上のものが含まれているに違いないということである。さらに、ナチズムにおいて確認した特徴の多くが実際にはスターリニズムにおいてより十分に展開されているようだということに気づいたとき、彼女の確信は強まりこそすれ、弱まることはなかった。[131] このような収斂は、彼女には全体主義指導者たちがたんに大失敗して犯罪を犯したというわけではなく、彼らが「自分たちがしていることと成就したいことについて」一般に認識されているより「明確な考えを」もっていたということを指し示しているだけのように思われた。[132]

全体主義は不可避的でも偶然的でもなかったという主張は、人間に自ら居合わせている政治的世界に対して責任をとらせるという彼女の一貫した訴えかけの一部である。独裁者自身を含め全体主義者たちは、必然的に起こるに違いないことを自分たちに教えてくれるイデオロギーに逃避して、責任から逃れた。アイヒマンのような役人は「命令に従い」、破壊機械の歯車になった。非政治的なユダヤ人と世界に背を向けた哲学者たちは、われわれ全員が世界に起こることに対して責任があるということを認識しそこなった。アレントの政治的著作にみなぎっている、このテーマは『全体主義の起源』をとおしてとくに情け容赦のない響きを奏でている。しかしながら、問題となっているのは、自分自身の私的利害にあまりに関わりすぎて、公共善を配慮しなくなったという事柄ではない。というのは、全体主義を可能ならしめた人びとのうちの多くがそうしたのは、自分自身の利益に反して行為することによってだということを強調することに彼女がとくに関心をもっているからである。

われわれは、全体主義を可能ならしめた「諸要素」についての彼女の説明のなかで、どのように特定の政治現象が功利主義的動機から距離を置かれるようになり、それ自体の勢いをつけたかを見た。帝国主義的膨張は、手堅い実業の企てとして始まったが、その後、私心のない忠誠や見当違いの理想主義をもって奉仕する大義になった。最初は真正な経験の説明や真正な目的の正当化を供給した人種主義でさえ、特定集団の想像上の生まれながらの優越感や劣等感に関わる完全に理論的なイデオロギーに変わっていた。アレントは、堅固で徹底した動機からのこの漂流に強調を置いている。なぜなら、それは全体主義においてその最高点に到達するように彼女には思われるからである。政治活動を動機づける通常の利害の観点からヒトラーやスターリンや彼らの支持者たちの活動を理解するよう試みることは、彼女には時間の無駄だと思われる。暴政や腐敗は、国家が発明されて以来、あまりにありふれたことだったし、旧いタイプの専制君主とその取り巻きにユダヤ人の商人から略奪したり、反乱者を拷問したりするように仕向けた動機は退屈なくらいわかりやすい。しかしながら大事なことは、この種の先例はなぜナチスがユダヤ人をヨーロッパ中から絶滅するために集めてくるという気違いじみた企てに乏しい資源を注ぎ込んだのかとか、なぜスターリンの体制は転覆行為を行なおうなどとは夢想もせず、なぜ自分がそこにいるのか思いもつかない何百万もの人びとで収容所を満たしたのかを理解する助けにはならないということである。とりわけ大事なことは、歴史的先例によってでは、このような気違いじみた政治が献身的な支持者を惹きつけることができたということはどうしてなのかを説明することはまったくできないということである。

大衆とエリート

アレントの見解では、彼女が「大衆」と呼ぶ人びとによる無私の献身だけが全体主義指導者に彼らの臣民の生命と利益を完全に無視することを可能にした。この文脈での「大衆」は部分的には純然たる多数の人間を指している（というのはアレントは、全体主義の純然たる破壊性は大量の「人的資源」をもつ国以外では全体主義は物理的に不可能であると論じているからである）[133]。しかし、もし人口過剰や失業によって個人が自らを「余計」だと感じるようにならないなら、人間が多いというだけでは「大衆」を創り出すのに十分ではない。「大衆」もまた下層階級と同一視されるべきではない。というのは、人びとがそもそもいずれかの階級の一員として生を営まなくなったところでは、大衆が存在しやすいからである。階級はアレントにとっては同一視できる利益をもった相対的に安定した社会集団を表わしているが、それに対し大衆的人間の中心的特徴は孤立していてほかの人びとと共通の利益がないということである。通常の状況では、そのような人びとは政治的には無関心で、階級制度を反映する政党構造が彼らを無視しても問題はなかった。しかし、戦争や革命やインフレや失業が旧い社会関係を解体したとき、広範に増大した多数の孤立した個人は全体主義運動の動員の餌食になった。

アレントの全体主義の分析が「モッブ」、すなわち根無し草であるとともに無慈悲であり、残虐な活動にとくに利用される、階級脱落者である個人についての議論を含んでいたのを見た。とはいえ、彼女が主張しているのは、第一次世界大戦の余波によって居場所を変えられた「大衆」が、あの平気で悪事を行なう冒険家とはまったく違っていたということである。大衆は同調する体制をもはやもたない画一主義者で、自分たちが生まれついた階級（もしまだ存在しているとしたら）の、何も考えない一員であった。そのような状況で彼らはもはや守るべき利益があることを自覚していない。自分の期待が崩壊したため、彼らは無力で、消耗されてもよいと感じ、住みかを与えてくれるどんな大義にも進んで全面的な忠誠を捧げる状態に取り残された。それゆえ全体主義指導者は、これらの孤立した人びとを補給源にすることはたやすいことに気づいた[134]。ドイツではナチスはそのような大衆が自らを差し出す用意をしていることに気づいていた。ソ連ではスターリンは、革命後に安定を獲得し始めたあらゆる社会集団を攻撃することによって意図的に大衆を創り出した、とアレントは主張している。

いつもの癖だが、アレントは一般性を払いのける観点から「大衆」について書いている。われわれは『全体主義の起源』に対して歴史学の作品というよりはむしろ彼女の政治思想の基本文献として関心をもっているので、どのような人びとがナチ運動に加わったのか、また彼らは本当に社会的に孤立していたのかどうかという論争はわきに置くことができる。しかしながら、われわれの目的に関連したひとつのポイントは、アレントがナチスがどうしてたやすくドイツの住民を支配することができたかについてふたつの異なった理由を検討しているが、そのうちのひとつしか「大衆的人間」に依拠していないということである。一九四五年に公刊された論文のなかで彼女は、「賃労働者」と自分の家族の安全を確保するためなら何でもするよき「家庭人」[135]を体制の特徴的な道具だとした。この説明は公的責任の全面的欠如と結びついた社会的・経済的不安定によって生み出された人格的頽落を強調しているが、彼女はそういった関係者たちを「私欲のない」大衆としてではなく、むしろグロテスクなまでに一致団結して私的利益を追求する人びととして考えていた。

この論文は彼女が「大衆」と「モッブ」の区別をする以前[136]に書かれたものだから、彼女が考えを変えたと想像することは理にかなっている。しかしながら、彼女は『全体主義の起源』自体においては、ヒムラーが大量殺人のために組織した「大衆的人間」を「俗物」として、すなわち自分の世界の廃墟の真っただなかで私的利益を防御しようとする元ブルジョワとして語っている。これは、狂信よりも頽落を再び示唆する説明である[137]。ナチズムの支持者についての彼女の説明にも、それから、かたや運動の狂信的追従者についての理解と、かたや落ち着きがなくて、自分たちがしていることについて考えることを拒否した私生活に重きを置く家庭人との間にも、いくらか曖昧さがある。[138]

特定の歴史的個人の実際の動機についていかに懐疑的であっても、アレントはたぶん大衆の「私欲のなさ」を全体主義のまったく反功利主義的な性格についての主張を補強するために主張した。大衆が抱いた、自ら消耗されてもよいという感覚は、強制収容所の住人たちの、消耗されてもよいという態度を予兆させる。それは、アフリカにおいて帝国主義の歩兵だった「余計な人びと」の苦境だけでなく、帝国主義の膨張の過程に奉仕した官僚や諜報局員の自暴自棄な献身をも投影している。私欲のなさへの彼女の強調によって、「大衆」についての彼女の説明は、どうしてナチズムのような評判の悪い運動があれほど多くの著名な芸術家や知識人の支持を惹きつけることができたのかについての議論とつながっている。彼女の説明はひとつには、ヨーロッパのエリートは暴力的に（また、彼女にとっては正当にも）ブルジョワ社会に対して敵対していたので、それを破壊することを約束する運動に惹きつけられたということである。全体主義の指導者たちが暴力や残虐行為を公然と高揚したことは、ブルジョワジーの偽善的道徳と対比して彼らには訴えるところがあった。しかし、彼らもなんらかの大義に逃れたかった。とくに「前線世代」が第一次世界大戦に歓喜したのは、その破壊的性格のためだからだけではなく、それが彼らに提供した、力強い出来事のなかで自己を喪失する、すなわち「圧倒的な宿命の枠組みのなかでの恒常的な行動」[139]に関与する機会のためだからでもあった。行動主義と無責任さと私欲のなさの結合は、全体主義運動の気味の悪い無世界性と非常によく似ていた。

全体主義運動の虚構の世界

ボヘミアンの芸術家は、（彼らが道連れとして探し求めたモッブと同様に）全体主義運動の公然の暴力に魅了された。しかし、大衆を魅了したものは全体主義運動のプロパガンダだったと、彼女は主張している。通常の政治的デマゴギーとは違って、これは聴衆の利益に訴えかけないし、彼らに儲けを約束しなかった。代わりに差し出したものは、不可謬性、すなわち歴史の不可避的な諸力への想像上の洞察に基づく予言に安心を与える主張であった。運動が差し出す理論と予言は常識に反するものだったが、これは信念を抑え込まなかった。というのも、（アレントが主張するところでは）常識は「大衆」がもはや所持していないものにほかならないからである。[140] 予期せざる災厄によって社会的地位と共同体的関係を奪われたので、彼らはもはや現実を非現実から区別する力を失い、どんなに非常識なものであれ、当時の困惑させる諸事件のうちになんらかの一貫した型を明示するのであれば、いかなる教義にも貪欲であった。

それゆえ、全体主義プロパガンダの大きな魅力は、大衆が理解し得ない現実から虚構に逃れることを可能にすることにあった。全体主義運動は、「根無し草の大衆」に故郷を提供し、「現実の生活と現実の経験が人間と彼らの期待に浴びせる、果てしない衝撃」[141] から保護することによって、「現実自体よりも人間精神の要求にとって適切な一貫性をもった虚偽の世界」を確立した。全体主義運動の想像上のプロパガンダの世界は、運動が「大衆を現実の世界から遮断する」[142] ことを可能にした。

ひとたび権力につくと、そのような運動は現実の世界をすべてに合うように変えることができる。しかし、アレントは運動のプロパガンダはそれよりずっと以前の実際的で組織的な目的のために用いられたと指摘している。たとえば、ナチスはたんにユダヤ人の世界制覇の陰謀というようなありふれた反ユダヤ主義の神話を繰り返したわけではない。そうではなく、彼ら自身、陰謀をもつ支配人種という虚構をモデルにし、非ユダヤ人の出であることの証拠を求めることによって自分たち自身の支配人種をその構成員から補給した。反ユダヤ主義は、原子化された諸個人に運動の民族共同体《フォルクスゲマインシャフト》の内部での居場所を与えることによって、もはや意見の問題ではなくアイデンティティや地位の原理になった。

全体主義についての説明をとおして、アレントは、ナチズムとスターリニズムを全体主義たらしめたのは、それらの見解ではなく、見解をもとに行為する仕方であったことをしつこく強調している。このことは、体制についてだけでなく運動についてもいえることであった。運動は、非全体主義的条件のもとでも、「その成員が虚構の世界の規則に従って行為し反応する」[143]社会がすでにつくり出されていたという仕方で組織化されていた。ほかの政党がすることをする、つまり現存するままの世界のなかで権力を勝ち取るために組織する代わりに、全体主義運動は通常の生活とそのルールから分断されていて、既存の現実に対して急進的な攻撃を始める用意があった。アレントは「防壁」[144]として機能した一連の装置について記述している。その背後では運動は、通常の世界とその仮定から離れ、「すべては可能である」という原理に基づいて行為することができた。そのような装置のひとつは、党員と前衛組織の間に一線を画することであった。それは、運動の不健全な目的と通常の世界の現実との間の裂け目を隠した。党員の観点からいえば、数千もの同調者がより一貫していないかたちでだが彼の見解に共感をもったということがわかると、自分の見解がいかに常識に反しているかということを認識するのが妨げられた。他方、外側からいえば、前衛組織だけに出遭う人びとは、正常さや信用について誤解を生じさせるような印象を受けた。その結果、運動が本当はどう考えているのかは彼らには隠された。同じような構造が運動の内部自体にもあった。なぜならそこでは、層の内部に層があり、どの層もひとつ前の層より戦闘的であり、つまり一種の質の悪い玉葱に似ていたからである。[145]

大衆を完璧な補給地にした特徴のなかに「だまされやすさとシニシズムの混合」があった。トラウマの経験が、大衆に「なんでもすぐ信じ、しかも何も信じず、すべては可能であると考えると同時に、何も真実ではないと考えるよう」[146]に条件づけた。一方では、彼らは指導者によってなされた空想的な主張を鵜呑みにしたが、他方ではこれらの主張が嘘だとわかると指導者のずるがしこさをまさに賛嘆する用意があった。運動の内部の層にいる人びとは、「シニシズムの階梯」[147]のだいぶ上のほうにいて、運動の大量のプロパガンダはたんに部外者をだますためであり、運動のイデオロギー綱領の中心項目は、ユダヤ人の劣等性というナチの教説のように、本当は真実でないと依然として考えていた。とはいえ、エリート層は、もはやユダヤ人が現に劣っていると信じる必要はなかった。ただ、ユダヤ人はそう扱われねばならないと信じる必要があっただけである。事実と現実は、たんに変えることができる事柄になっただけである。[148]

おそらく全体主義についてのアレントの最も当惑させる概念と彼女が伝達するのにきわめて困難な点は、「だまされやすさとシニシズム」の混合が運動や体制の頂点にまで至っていることである。全体主義の指導者たちは、宗教的原理主義者をモデルにした狂信的な信奉者ではなかった。というのは、彼らは公式の方針をそれが自分たちに合うときは変更する覚悟が完全にあったからである。他方では彼らは、ほかの人びとの信念を操る冷笑的なマキアヴェリアンではなかった。アレントは、すべては可能である、「全体主義組織の優れた方法で暴力の装置に指令する人はすべて無謬でありうる」[149]という信念について語っている。一見したところ、これは一種のひどく誇張されすぎた人間主義、すなわち人間の想像に合わせて世界を作り変える人間の力への傲慢に誇張された信仰のように聞こえるかもしれないし、ケイティブがアレントの立場を解釈したのはこの意味においてである。[150]しかしながら、そのような解釈が見落としていることは、全体主義は人間主義と人間の創造性の自由な発露に完全に反しているという彼女の一貫した主張である。全体支配の代償は創造性の消滅であった——指導者自身の側においてもそうであった。

というのは、「すべては可能である」という全体主義者の想定した発見に含まれる後味の悪さは、非人間的な諸力に反してではなく、それとともに働くことによってのみ全能性を得ることができるということだったからである。つまり、アレントは、彼らの「途方もない原理的ご都合主義」[151]について語っている。人種闘争や階級闘争の破壊的法則を発見したので、全体主義の指導者たちは人間世界を保護する脆い堤防を平たくすることにより、洪水に乗っていくことができると思ったようだ。全体主義についてのこのような説明は「イデオロギーとテロル」という論考においてようやく十分に明確化された。それはアレントがマルクス主義の全体主義的諸要素について省察していたとき書いたものだが、『全体主義の起源』の初版において明らかに予期されていた。この本のなかで彼女は、はっきりとヒトラーとスターリンは彼らの成功の条件は自然法則や歴史法則と考えるものに従って行為することだと本当に信じ込み、非人格的な諸法則や諸力と思われるものへの服従はアラビアのロレンスのような人びとの人生に予兆されていたと論じている。なぜならロレンスは、「世界を支配する、秘められた諸力の手先や代理人」[152]になることへの満足のため「西洋人の本当の誇り」を棄てたからである。

全体主義体制

先に、アレントがどのように国民国家の堅固で限定された政治構造と帝国主義の動的な不安定性とを対比したかを見た。全体主義は彼女の見解ではこの点では帝国主義を直接継承したものである。通常の国家はいずれも、いかに権威主義的であろうとも少なくとも特定の形状と特定の境い目をもった構造である。対照的に、全体主義は構造というよりは永続的な動きをする運動であり、人間によって構築されたものというよりも自然の過程に似ていた。そのような運動が国家を統制下に収めたら、外部の観察者は当然のことながら、運動は落ち着き、権力の通常の実態に合わせるだろうと仮定した。あらゆる期待に反して、ヒトラーやスターリンの体制は過激さや恐怖政治を弱めたわけではなかったし、安定した構造を獲得したわけでもなかった。代わりに彼らの体制は、廃止されていないがあからさまには執行されていない法や制度、増加した官職、重複した司法、持続的に移行する権力の中心とともに、奇妙に形状がないままだった。

混沌とした行政的形状のなさは効率のための秘策とはほとんど言えそうもないが、アレントは通常の功利主義的配慮は全体主義体制内部では重要ではないことをずっと強調している。全体主義体制は、特定の利益を保護する国家ではなく、イデオロギー的理由によって世界的規模で現実を作り変えることに関心をもつ運動であった。これを実行していく中心機関は秘密警察であった。秘密警察が本来の姿になったのは、体制の真の敵対者が片づけられてしまい、「客観的な敵」の追跡が始まったときである。旧いタイプの専制君主の秘密警察によって追跡された「嫌疑者」とは違って、客観的な敵とは体制を脅かす意図がなく、体制に反対する行動をしたという嫌疑をかけられた者ですらない。ナチス・ドイツにおけるユダヤ人はもちろんこの立場にあったが、アレントはその集団の実際にどう確定するかは副次的なことだと主張している。全体主義体制はテロルの勢いを維持するためにそのような敵を必要としている。そしてひとつの集団が排除されたら、全体主義体制は難なく新しい種類の犠牲者を確定する。秘密警察の任務は、真の敵対者を狩り出すことではなく、「政府が特定のカテゴリーの住民を逮捕することを決定するとき、すぐ役立てられるということである」[153]。

全体主義の最終的な展開は、「客観的な敵」という観念さえも粛清のための犠牲者のまったく恣意的な選び方のために放棄され、そのことにより人びとは自らの運命に責任があるという感覚のいかなるなごりも破壊されるときに訪れる[154]。さらに秘密警察は、犠牲者についての記憶すら地上から消え失せさせ、逮捕された者たちがあたかもまったく存在しなかったかのように「忘却の穴」に消え去ることを確実にするために全力を尽くした[155]。

議論全体をとおしてアレントは、全体主義運動と秘密社会の間に類推を行ない、さらに進んで全体主義体制の本当の秘密社会は秘密警察であり、彼らが護る秘密は強制収容所のなかで行なわれていることだと示唆している。支配者が全体支配の実験を遂行できるように、強制収容所は世界から遠ざけられている。全体主義の指導者たちは、「人間の全能性への信仰」、すなわち現実は彼らのイデオロギー的虚構にはなんの制約も課さないという確信をもって権力につく。しかし、彼らが「この虚構の世界とその支配の完全な意味」(156)を発見するのは徐々にでしかない。アレントの見解では、全体主義の中心には強制収容所と絶滅収容所があり、全体主義を理解する困難さは何よりもこの「中心的な制度」(157)で起こったことを理解するという問題にある。『全体主義の起源』やほかの箇所(158)でアレントは繰り返し、この理解不可能性を強調している。それによって、収容所を生きて出られた人びとさえも自分の回想を疑い出すようにさせられたのである。

収容所における生と死の説明を非常に信じがたくしたのは、関連した苦難の大きさではなく、むしろその明白な無意味さや功利主義的目的の欠如や支配者がぞっとするような残虐行為から何も得なかったという事実であった。彼女はかなり真剣に、それらは人間のふつうの目的から非常に遠く隔たっていたので来世から引かれたイメージだけによって記述しうること、とくにナチの絶滅収容所は中世の地獄絵に似ていることを示唆している。彼女はこれと並行して、ひとつには、収容所での生活の非現実的で幻想的な性質を強調している。それは、犠牲者にも拷問者にもこれらのことが本当に起こりうるとはどうにも信じられないようにしたものである。

もし強制収容所の社会が不健全で非現実的でほとんど信じられないとしたら、犠牲者が生ける屍に低落させられる諸段階を理解するのには、それに匹敵する困難はない。第一段階では、彼らは権利の保有者としての法的人格を剝ぎ取られ、法や通常の刑罰の体系の外に追い出される。本当の犯罪者は収容所では貴族階級になった。収容所の被収容者のほとんどはいかなる犯罪でも訴えられていなかった。第二に、道徳的人格は殉教を不可能にするシステムの匿名性と犠牲者を殺人に巻き込む仕組みによって損なわれた。権利と道徳的責任を奪われたので、人間性のうち残っていたのは純然たる個体性だけであった。そして、それも動物的な取り扱いをすることによって組織的に破壊された。最後に残ったのは、もはや人間ではなく、全面的に支配されおとなしく死に向かって行進していく、動物の種としてのヒトの見本であった。

しかしながら、これこそがアレントが収容所とその明らかに無意味な恐怖の要点とみなすものである。全体主義の目的は、人間を自発性のない「反作用の束」に低落させ、これは収容所でのみ達成されるのだが、この「実験」はエリート部隊に全体支配の技術の訓練をしたり、残りの住民を恐れさせ、無関心にしたりするのに役立った。言い換えれば、全体主義の究極の目的は、人間を人間以下の生き物に、すなわちみな同一で、みな自発性を発揮できず、みな等しく余計であるように転換することである。「まさしく人間のもっている資源は非常に大きいので、人間を完全に支配できるのは動物の種としてのヒトの見本になる場合だけである。」[159]

この明らかに無意味な恐怖と苦難のすべてには全体主義イデオロギーによってそれ自体の意味を付与されている。全体主義イデオロギーのなかではほかのあらゆる考察は、気違いじみた論理的一貫性の犠牲になる。もし現実がイデオロギーの意味に合致しないならば、現実は破壊されねばならないし、人間は創造的で予言不可能だから、人間も人間以下のものに低落させねばならない。「過去の歴史的出来事の説明と未来のすべての出来事の進路を精密に描くことを目指すどんなイデオロギーも、人間が創造的であること、人間は誰も予見しなかったような新しいことを提起しうるという事実から由来する予言不可能性に耐えることができない。」[160]

結論

『全体主義の起源』の初版が出版されて以来激しい論争がなされてきたが、アレントの全体主義についての説明は、たしかにとくにドイツやソヴィエト連邦の歴史家からの批判的反論を受けやすい。しかしながら、政治理論の観点からはそのような反論にはあまり力はない。なぜなら、バークのフランス革命論やモンテスキューの英国憲制論やトクヴィルのアメリカ論のように（彼らをみな彼女は非常に尊敬していたが）、彼女は歴史を書くことよりも自分の生きた時代の政治的可能性と危険性についてのモデルを提示することのほうに関心をもっていたからである。このことが明らかになるのは、「全体支配」についての理解を描いたのち、全体主義は全世界を支配下に収める帝国においてのみ完全に実現しうるものだから、全体主義がまだ完全には展開されていないし、おそらくこれからもそうだろうと述べることによって「結語」[161]を始めているときである。隠れ場所が残されていない場合にのみ、「全体支配の過程と人間本性の変化が本格的に始まる」[162]。言い換えれば、そのことを理解しようとするさいに大事なことは、ドイツやロシアですでに起こったことを明らかにすることではなく、近代の人間性の政治的苦境について警告を発することであった。というのは、「全体主義が二十世紀の呪いとなったのは、全体主義が二十世紀の諸問題を恐ろしいやり方で処理したからにほかならない」[163]というのがアレントの確信だからであった。

アレントはこれらの「諸問題」によって何を意味していたのか。第一に、彼女は「人口過剰になった地上での余計者であること」[164]という大衆の経験について語っている。これは、強制収容所で制度化された、世界喪失の感覚と人間生活の無意味さである。彼女は、消耗できるようになった潜在的な犠牲者だけではなく、支配者自身によって示された彼ら自身の消耗可能性の感覚にも言及していることを強調している。それは、帝国主義の膨張の業務においてかすかに予兆されていたが、全体主義の指導者たちが自らの利益を犠牲にし、無意味なイデオロギーに合わせて人間の自由を排除したときまったく違う規模で表明された。「この体制の操縦者たちは、ほかのすべての人の余計さと同様に自分自身の余計さをも信じている。[165]」

ある点まで余計さに対するこのような強調は、世界に居場所をもたなくなった数百万の難民や失業者を投げ出した政治的・社会的位置の転換についての論評である。しかしながら、アレントは現代の苦境はそれよりもはるかに深刻であり、余計であるという感覚にはより形而上学的な側面があるという確信を明らかにしている。というのは、全体主義体制の犯罪は西洋文明とその暗に意味する基準と信念の崩壊を表わしたからである。この崩壊が表わしているのは、恐るべき危険を伴う事態である。歴史上初めて、人類全体に対して政治的準備を整えることが可能になり、必要になった。よかれあしかれ、世界支配という全体主義の希求が認識したように、「人類」はついに政治的現実になったのである。さらには、莫大な諸力がこの新しい人間性のために利用される（たとえ、これらの諸力が「すべては可能である」という傲慢な信念に誇張されて表現されたとしても、である）。全体主義者が自分たちの虚構の世界に合わないものは何でもすすんで破壊しようとしたことは、「自分自身で作ったものではないあらゆるものに対する近代人の根深い懐疑[166]」を例示している。この新しい、きわめて強力な近代の人間性は、もはやいかなる基準をも所与のものとは考えない。

それゆえ全体主義の破局が表わしていることは、われわれが驚くほど開かれた未来や指針も与えられておらず、自由の宣告を下された、明白な意味のない世界への投企（実存主義的な用語法での）に直面しているということである。全体主義はこの危機に理想的な「解決」を提示する。なぜなら、全体主義は無限の力の感覚を人間的責任の完全な欠如と結合するからである。全体主義の指導者たちは、自らの自由を否定し、他人の自由を破壊し、破壊をプログラム化されたロボットのように自分たちのイデオロギーを遂行しているが、ハイデガーの非本来性やサルトルの〈自己欺瞞〉(**mauvaise foi**) の申し分のない実例である。「人間の力は非常に大きいので、彼は自分が望むように実際になることができる」[167]という警告的な事実に直面して、近代人はニヒリズムへのこのような逃避があまりにも魅力的なものだと考えがちである。

唯一の代替案は、人類はいまや共通の運命をもった実在であることを承認するが、大団円の保証はないことを認める、慎重な新しい始まりにあるとアレントは論じている。ここに含まれているのは、第一に、自分自身の属する共同体によってなされたものだけでなく、世界中でなされた、政治的行為に対する責任の意識的仮定である。第二に、「人類に対する罪」の承認である。第三に、アレントがこの本で先に論じていた、すべての人間に対するただひとつの基本的権利、すなわち市民《シティズンシップ》であることへの権利の保障である。いかなる道徳的秩序も政治的秩序も自然によって人間に付与されているわけではない。そうではなく、人間が自分たちのために構築しなければならないのだ。アレントが論評しているように、「この仕事の偉大さは圧倒的で、先例がない」[168]。とはいえ、ひとつの恵みがわれわれに与えられている。そのことをわれわれは感謝の念をもって認めるべきである。そのことの意味はわれわれはやがて正しく認識するであろう。つまり、人間は、人種としても個人としても複数であり、「地球上に住み世界に住むのが一人の人間ではなく、複数の人間である」[169]ということである。

アレントの全体主義論を振り返ってみて、彼女の思考が近代の苦境に対するふたつの政治的選択肢の対照という枠組みのなかで動いているのを見ることができる。一方では、全体主義がその極端な形態であった戦術をとれば、人間でないように装うことによって、つまり複数でも自由でもないように装うことによって、人間は自分の力を極大化し、自分の責任を極小化できる。つまり、人間は非人間的な諸力の味方をし、自分たちや他人を動物の種の一員に変え、自分の思考能力を単線上の論理の冷酷な自動作用のなかに沈めることができる。もうひとつの道としては、人間は人間性に含まれた意味に立ち向かい、引き受けることができる。それは、自分の複数性、行為し思考する自由、自然の諸力に限界を課し、互いに権利を付与し合うために自分たちのなかに世界を樹立する共同の責任を引き受けるということである。のちに見るように、アレントの成熟した思想はこれらの先有観念から直接流れ出てくる。

第三章 「マルクス主義の全体主義的諸要素」

『全体主義の起源』から『人間の条件』へ

アレントの公刊された著作の読者は、『全体主義の起源』と、彼女の政治理論の主著と通常考えられている著書である『人間の条件』と『革命について』との間の明らかなつながりの欠如にしばしば当惑させられる。その一人は、彼女の著作は「はっきりとふたつの部分に分けられるようだ」[1]とすら述べるまでに至ったが、ほかの人たちは『全体主義の起源』の執筆後アレントは二十世紀の恐怖からギリシアのポリスの理想化への没頭に感謝の念をもって方向転換したという印象をもった。[2]しかし、初期の作品と後期の作品とのつながりは表面上明らかではないが、実際には非常に緊密である。これが、彼女の未公刊の著作が彼女の公刊された著作を解明する助けとなる点のひとつである。というのは、一九五〇年代初頭の彼女の講義や論文を読むと、われわれは彼女の思考の流れを追い、人間の条件についての省察と全体主義を理解しようという試みとの間の有機的なつながりを見て取ることができるからである。本章の主題は、この結合する環、すなわちマルクスに関する彼女の著作である。

批判者たちが最初から指摘していたように、『全体主義の起源』は一方に偏った本であり、そこではナチ・イデオロギーを生み出した反ユダヤ主義と人種主義に向けられた注目とマルクス・レーニン主義についての沈黙とが際立った対照をなしている。これまで見てきたように、この反論に対するアレントの答えは、マルクス主義を議論するのを慎重に避けたのは、全体主義が現われた「地下水脈」に注意を促し、それがどの程度西欧の政治的・哲学的伝統[3]との根底的な決裂を構成しているかを強調したかったからだということである。それにもかかわらず、その本の執筆後も彼女の意図は（彼女が一九五二年四月に授与されたグッゲンハイム研究助成金の申請書のなかで説明したように）その裂け目を「マルクス主義の全体主義的諸要素」という別の本で埋めることにあった。これは異なったタイプの本になるはずだった。というのは、彼女ははじめからスターリニズムの先行形態とナチズムの先行形態とは対称がとれていないこと、彼女の新しい企ては新しいアプローチを必要とするだろうということを認識していた。ナチの全体主義の「結合器」として作用した反ユダヤ主義とは違って、マルクス主義は疑いもなく西欧政治思想の伝統の本流の所産であった。その結果、もしマルクス主義のなかに実際に全体主義の諸要素を見いだすことができるのなら、これはもっと広範な意味をもつに違いない。一九五〇年代初頭にその問題について熟考した、多くの草稿段階の著作のひとつのなかで彼女はそのことを「マルクスを全体主義のかどで告発することは、西欧の伝統自体をこの新奇な統治形態という奇怪な現象で必然的に終わるという理由で告発するのに等しい」[4]と表現した。それゆえグッゲンハイム研究助成金への最初の申請書には、「現在の状況の先例のなさと政治思想の共通に受け入れられてきた特定のカテゴリーとの間の失われた環《ミッシングリンク》[5]」を提示しようという彼女の意図が書かれていた。

のちに見るように、実際にマルクス主義的全体主義の源泉の探究によって彼女はまさに西欧政治思想の始まりに引き戻された。彼女は初めはその本の射程をはるかに超えて拡がっていった過程のなかで書くつもりだった。彼女の著作のなかで出版の運びとなった部分である『過去と未来の間』所収の諸論文や『人間の条件』や『革命について』は、読者の前には明らかに個々別々なものとしてある。しかしそれらはすべて、その時期の彼女の未公刊の著作、とくに一九五三年にプリンストン大学で行なった「カール・マルクスと西欧政治思想の伝統」に関する講義の一連の草稿によって結びつけられている。彼女のマルクス主義についての研究は非常に多くの方向へと進んで行き、非常に多くの複雑な問題を提起することになったので、『全体主義の起源』の姉妹編をという彼女の最初の企画は決して達成されなかった。マルクス主義に関して何が全体主義に寄与したのかについての彼女の分析は明瞭に書物のかたちで説明されることは一度もなかった。マルクスについての議論は彼女の公刊された著作のなかで数ヵ所で表明されているが、それらはあまりに簡潔でかつ凝縮されており、文脈を欠いているので、裂け目を埋めることはできない。それゆえ本章の主たる目的のひとつは、いかに彼女のマルクス研究が『人間の条件』につながっていったのかをより一般的な観点から示しながら、マルクスの全体主義との関係についての彼女の見解を明らかにすることにある。そのさい、彼女のマルクス解釈が正確なのかそうでないのかという問題は意図的にわきに置いておくことにしよう。(6)

とはいえ、アレントのマルクスおよび西洋思想の伝統に関する省察を跡づけに乗り出す前に、スターリニズムとのつながりが彼女に問題を提示した文脈はこれだけではなかったことを記しておく必要がある。古典的政治哲学はマルクス主義的全体主義という出来事によって問題となった唯一堅持されてきた伝統ではなかった。つまり、はるかに明白かつ直接的に、左翼の急進的な遺産もそうだった。全体主義からアレントの後期の政治理論につながる複雑な思考の撚り糸の別のものは、スターリニズムのようにぞっとするものが、変人や殺し屋がつねに出入りしていた反ユダヤ主義団体からではなく、西欧の最も人間的な政治的理想を代表した、(アレント自身の夫も含む)多数の賞賛すべき人びとが含まれていた、急進的な運動からどのようにして出現しえたかということに関わっていた。この問題についての省察は、一九五〇年ごろからアレントの思考の表面下で持続的になされており、周期的に現われてきた。第五章で議論するその問題の一側面は、高潔な道徳が政治において倒錯していき、人びとがぞっとするような行為を理想主義的な理由から大目に見たりしたのはどうしてなのかということに関わっている。しかし、問題はそれよりももっと広がりをもっている。というのは、ひとたびアレントがマルクスを研究し始めると、省察の結果、最初に抱いた政治的共感とは反対の方向に導かれていくことに気づいたからである。

彼女は、夫のハインリヒ・ブリュヒャーのように、かつて共産主義者だったことはない。一九六三年の『イェルサレムのアイヒマン』をめぐる論争にさいし、ゲルショム・ショーレムが彼女を「ドイツ左翼出身の知識人」の一人と記述したとき、彼女は若いときには政治に関心はなかったし、ましてマルクスに感銘を受けたことなどなかったと指摘して、これを否定した。[7] もっとも、このことは真実だったが、事実をすべて物語っているわけではなかった。というのは、ナチス・ドイツを一九三〇年代に逃れたあと、彼女はブリュヒャーからもベルナール・ラザールの著作からも彼女の初期の著作にたやすく見て取れる一種の急進主義を摂取していたからである。そこには「ブルジョワジー」に対する公然とした敵意だけではなく、「民衆」や労働運動へのロマンティックな共感も含まれていた。[8] この急進的なポピュリスト的志向性は、『全体主義の起源』のなかにはっきり見て取れる。すでに見たように、そのなかで彼女はブルジョワジーに対してきわめて敵対的なだけではなく、注意して「モッブ」と「大衆」を「民衆」や「労働運動」や労働者階級から区別している。[9]

一九五〇年あたりまで彼女の著作を中道左派に位置づけた急進主義的な議論の傾向は別にしても、アレントは「すべての抑圧された人びと、特権を与えられていない人びとに……共感」をもっていた（し、もち続けた）。（のちにはっきり言明する機会を得たが、）彼女は迫害された集団の一員としてそのことを当然視した。[10] それゆえ、マルクスについての研究によってラディカルな敬虔さに疑問をもつようになったのに気づいたとき、それは思考の糧となった。マルクス研究に取りかかる以前は、彼女はマルクスを、本質的には被抑圧者のための正義への情熱的な熱意に燃えた反抗者だとも考え、その点についてカール・ヤスパースと議論したこともある。[11] しかしながら、マルクスと西欧の伝統についての講義をプリンストン大学でするようになるまでに、彼女はマルクスについての自分の考えを変え、[12] 労働者階級の状況について異なった視角から見るようになった。「元共産党員（Ex-Communists）」〔アレントによれば、共産党員から反共主義に急転回した人たちで、徐々に共産主義から離れていった「かつての共産党員（former Communists）」とは区別される」が以前の仲間を公然と非難することによって出世していくマッカーシズムの時代は、彼女が自分の考えのこのような変化を強調しようと思えるような時期ではなかった。[13] それにもかかわらず、全体主義へのマルクスの寄与を跡づけているさいには、自由の消滅と労働者階級の解放との間にはある種のつながり、すなわち彼女が『人間の条件』と『革命について』のなかで探究することになるつながりも存在することに彼女は確信をもつようになった。のちに見るように、この洞察をどのようにラディカルな共感と適合させるか、また、実践的な観点からは自由と平等はどのように調和しうるのかという問題は、彼女の成熟した政治理論の別の関心事となった。[14]

しかしながら、『全体主義の起源』と『人間の条件』を最も明白につなぐ思考の流れは、彼女が一九五三年一月にグッゲンハイム研究助成金の更新のための申請をしたときに再確認したことだが、マルクスは「彼自身が依然として属していた政治思想・哲学思想の偉大な伝統を考えに入れなければ適切に扱うことはできない」[15]という彼女の確信から発したものである。というのは、マルクスは伝統に対する意識的な反抗者であったが、彼の反抗は彼自身が浸されていた仮定によって条件づけられていた。したがって、マルクス主義の全体主義的諸要素を確定するという仕事に対するアレントの取りかかり方は、マルクス自身の著作を研究するにとどまらず、プラトンからヘーゲルに至る主要著作すべてを（英、独、仏、ギリシア、ラテンという五つの言語で）読み進めていくことであった。[16] こうするうちに彼女の研究は深まり、多くの層をもつ探究になった。第一に、知的伝統自体についての考察があった。つまり、その性格と起源についてと、伝統の糸が全体主義によって断ち切られた世界で何かを理解することがどのようにしたら可能になるのかについての考察である。それから、伝統的仮定に対するマルクス自身の反抗と、新しい出来事の挑戦に応えようとするさいどうして彼が心ならずも全体主義を実現可能にするのを助けることになったかという問題があった。そのうえ、政治についてのそれらの伝統的仮定そのものがこの目的に寄与したことが明らかになった。なぜなら、それにはじめから欠陥があったからである。しかし、一方たとえ伝統的政治理論がもっと誤解を生じやすいものでなくとも、マルクスが初期の混乱にかくも宿命的に対面しようとした事件と展開は、伝統的な手法では解決しえず、政治的経験についての基本的な再考を要請する新しい問題を提示していた。

これらの複雑な思考の流れは彼女の生きた時代の破局から始まり、多くの結び目やからまりのあとで、それらの破局にどのように向き合うかという基本的な問題に戻っていくことを強調しておく必要がある。マルクスがどのように全体主義の出現を助けたかについてのアレントの多くの撚り糸からなる検討は、どのようにして絶えず資本主義的帝国主義の過程が比較的安定した国民国家の構造を一掃し、充分に人間的な存在を保護するのに必要とされる法の防壁をなぎ倒したかについての『全体主義の起源』における彼女の分析に投影している。同様に政治的経験についての彼女の再考は、「ギリシア的郷愁」[17]ではなく『全体主義の起源』に前後のつながりをつけたのと同じディレンマに向けられている。つまり、「向こう見ずな楽観主義と向こう見ずな絶望」[18]との間の、二十世紀の政治の気味の悪い緊張に、である。全体主義や帝国主義やマルクス主義や（のちに見るように）近代の生活のほかの諸側面における決定論と傲慢さのほとんど同じような結合を見つけた（と思った）ので、彼女は人間の活動の潜在的可能性と限界の双方を明らかにすることを本質的なことだと考えた。つまり一方で、英雄的振舞いが最も悲惨な状況でも最大の不可抗力に曝されたときでもつねに可能だと主張することによって人間主義の旗を掲げること、他方で、傲慢な自信過剰の危険と、限界を課すことの必要、とくに複数の人間が自分たちのなかに樹立することのできる政治制度によって限界を課すことの必要を警告することを最重視したのである。

アレントは、実際に大部分この計画を自分自身の省察のなかで行なった。もっとも、彼女は自分の結論を読者に伝えることに関しては成功したとはとうてい言えないが。とはいえ、彼女が取り組んだ課題の広がりからして、彼女が書くつもりだったマルクスに関する本を完成しなかったことは驚くべきことではない。彼女の出発点は、見たところ

（しかし見かけのうえだけでだが）全体主義のなかから引き出される、伝統という問題についての思考の流れであった。

伝統

アレントによると、伝統に反抗したと考えていたマルクス自身の思想が、プラトンやアリストテレスに遡る思想の伝統によってかたどられていたということを振り返ることによって、アレントは、彼女自身の時代には反抗すべき伝統は残されていないことをみてとった。古くからの確実性、過去と継続しているという感覚、とりわけ受け継いできた思想や制度には権威があるという感覚は消え去ってしまい、西洋文化は「廃墟の戦場」[19]となった。全体主義の到来がこの過程を完成させたし、高尚な教養をもったドイツ系ユダヤ人という彼女自身の周りの世界の終わりを文字通り意味していたにもかかわらず、彼女は伝統との断絶がしばらくのあいだ進行中だということは十分気づいていた。というのは、彼女自身、伝統的なカテゴリーの指針なしに思考しようとした哲学者のなかで育ったからである。顧みれば、プラトンからマルクスに至る政治的思考における連続性は、その伝統のなかでの激動や反転よりも際立ったことのように彼女には思われた。一方、彼女自身は伝統的な思考様式によってはもはや「架橋」されない「過去と未来の間の裂け目」[20]のなかにいると感じていた。

この状況のひとつの直接的な結果は、伝統そのものを意識し、伝統の外にいて伝統について考えること、それゆえ伝統は特殊な知的政治的現象であり、あらゆるところにいつの時代でも存在するはずのものだということに気づくことがいまや可能になったということである。伝統は過去の等価物ではない。それは過去との特殊で選択的な関係であり、特殊な思想や経験や構造を手渡し、補強し、そのほかのものを抑制する。アレントは、『過去と未来の間』のなかで過去の諸側面との、このとくに神聖化された関係は、権威と宗教と並んでローマ人によって発明されたと論じた。[21]いくつかの点で、二十世紀が伝統を喪失したことは大きな不幸だった。つまりアレントは、たとえば伝統的な宗教が適所にあったなら全体主義は起こりえなかったであろうと確信していたし、あとの章で探究する彼女の先有観念のひとつは伝統的権威なしに安定した政治構造をどのように構築しうるのかということであった。もうひとつの悪影響は浅薄さの危険であった。すなわち、過去の経験の蓄えに簡単に近づくことができなくなった人びとが伝統が与えてきた深さの次元を喪失したのである。[22]それにもかかわらず、現代の知的状況は代償とともに好機をも有していた。「伝統の喪失とともに失われたのは、これまで広大な過去の領域のなかを安全に導いてくれたアリアドネの糸である。もっとも、この糸は、新たに登場する世代を過去のあらかじめ決定されている一側面に縛りつける鎖でもあった。」この断絶は、「いかなる伝統にも曇らされない眼で、過去を見つめる絶好の機会」を、またそれゆえ有力な伝統がなおざりにしたか抑圧してきた経験を回復する絶好の機会を提供した。[23]

あとの章で、政治理論において新しい始まりをなすことが可能だというこの意味がアレントの最も野心的な企て、すなわち西欧の哲学の主流のなかでは無視されるか歪められてきた政治的経験の観点から政治的諸概念を再考するという試みの基盤を形成したことを見ることになろう。しかしながら当面、過去と未来の裂け目に指針もなく動く以外の選択肢がなく残されたことの意味は、彼女が意図したマルクスについての本が始めようとした問題に直接関連している。それは、全体主義のようなまったく新しいものをどのように理解するかという問題である。われわれは、どのようにして「われわれの思考のカテゴリーと判断の基準を破壊してきたもの」[24]に考えをめぐらせることができるのか。アレントは、肯定、すなわち、始めるという人間の能力を肯定することによって答えている。それは、彼女の学説のなかで最も特徴的なもののひとつとなるものである。新しく、予見できない出来事は、政治や歴史のまさに素材である。というのは、人間は始めることのできる者であり、新しい人は誰でも新しい始まりである。つまり、彼女が非常によく引用する聖アウグスティヌスからの引用では、「始まりがあらんがために人間は造られた」。誰にも予見することも予言することもできないような仕方で行為することができる存在は、創造的な想像力を働かせて、おそらく新しい仕方で考えたり、新しい出来事を理解することができるだろう。たとえ伝統的なカテゴリーがもはや信用できず、また仮に伝統的カテゴリーが信頼できても全体主義がそれに適合しないならば、「始まりを本質とする存在は、自分自身のうちに、あらかじめ考えられたカテゴリーなしに理解し、道徳という一連の習慣的規則なしで判断するためにも十分な創始の力をもっている」[25]。

アレントの「マルクス」に関する著書は、マルクス自身を西欧政治思想の主要な伝統と関連づけ、西欧政治思想の主要な伝統への彼の反抗がどのようにその諸仮定によって依然として条件づけられていたかを示すことによって継続させられていくはずだった。「伝統と近代」に関する論文、すなわち彼女の計画のこの部分が出版された形式のなかで、彼女は、マルクスをキルケゴールと、さらには伝統的思考と同じように曖昧な関係にあったニーチェと結びつけた[26]。彼女は、マルクスの中心的教説はプラトンとアリストテレスに遡る政治思想の伝統に対する意識的な反抗として解釈するのが最もよいと論じた。つまり、マルクスがこの転倒を試みたのは、十九世紀前半の産業革命と政治的革命によって代表される新しい発展は伝統のなかで要求を満たされなかったことではなく、彼は依然として伝統的な思考様式のなかで身動きがとれずにいたため、自分自身の教説の批判的な意味のうちのいくつかを見落としていたことに実は気づいていたからである。彼女は、彼の理論は次の三つの言明にまとめることができると考えた。「労働が人間を創った。」「暴力は歴史の助産婦である。」「哲学者は世界を長いあいだ解釈してきたが、世界を変革する時が来た。」いずれの場合も、伝統のうちで永遠の真実だと思われてきたことに真っ向から反対することによって教説はその力を得ている。たとえば、「労働が人間を創った」というのは、短い警句のなかで神が人間を創ったという伝統的信念や、人間は〈理性的動物〉だという定義や、労働は人間の最も低い活動力だという伝統的な見方に挑戦しようとしている。[27]

これまでのところ、アレントが言っているように見えることは、マルクスは独創的な思想家であるとともに深い分析をする学者だったので、自分の思想がいかに急進的だか、またその当時の傾向がいかに革命的だか正確に知っていたということである。しかし、彼女の論点は、これらの革命的な新たな展開に応えようという彼の試みには重大な欠陥があったということである。なぜなら、彼の思考は急進的と言えるほどではなく、伝統的な仮定によって制限されたままだったからである。たとえば、彼は統治が行政に取って替わられ、生産力の増大が余暇を大衆にも賦与するという未来を予言した点で際立った予知能力を見せたが、伝統的思考の呪縛の結果、この未来をアテナイのポリスをモデルにして描き、したがってその時代の傾向を理想化したかユートピア的な観点から見ることになった。[28] しかしこのことは、新しい経験を発見するために伝統的カテゴリーをねじ曲げるマルクスの試みに内在する矛盾や危険だとアレントが思うもののうちで、比較的小さな例である。彼女がマルクスについての本の最初の企画書のなかで述べたように、中心的な問題はマルクスの「労働する動物」としての人間の概念と人間によって産出されるものとしての歴史という彼の見方にあった。これこそが「マルクス主義の全体主義的諸要素」の中心にあったものである。「マルクス主義を全体主義イデオロギーに発展させることができたのは、その曲解のため、あるいは政治的行為を歴史を作ることとして誤解したためである。[29]」われわれの次の課題は、アレントがこのことによって何を意味したか見ることになろう。しかし、それを見る前に、アレントがスターリニズムを知的な間違いのために非難しようとしているのではなかったことを強調しておかねばならない。のちに見るように、彼女の議論はマルクスの誤解は産業革命と政治的革命から生じてきたふたつの大きな問題、「労働の問題と歴史の問題」[30]に直面しようとする彼の試みの過程で生じたということであった。彼がそのことに失敗したことによって、彼が用いた伝統的概念の不適切さと彼が格闘した近代の諸問題の扱いにくさが曝け出された。近代の諸問題と伝統的概念については言うべきことがたくさんある。とはいえまず、マルクスの「労働する動物」としての人間の概念とそこから彼が展開した歴史理解に向かうことにしよう。

マルクスの「労働する動物」としての人間の概念

アレントにとってのマルクスの人間の概念の重要性は、それが「理性的動物」としての人間という古代の定義に反抗したことだけにあるのではなかった。マルクスとその全体主義的後継者たちとのつながりにとってより重要なのは、「労働する動物」という彼の概念がきわめて曖昧だったことである。その概念を形成するさいに、マルクスは伝統的思想から一度として明確には区別されたことのないふたつのまったく異なった経験の間にある混乱を（アレントがのちに探究することになる理由で）見過ごした。「マルクス主義の全体主義的諸要素」についての研究のはじめからアレントは、マルクスが使った用語としての「仕事」は、一方で「人間による自然との新陳代謝」、他方で人間世界の形成か、もしくは彼女が『人間の条件』のなかで「労働」と「仕事」[31]として記述するようになる活動力という両方の意味を含んでいたと認識している。

新奇性を認識せず新奇な区別をするいつものやり方とは対照的に、アレントは自分がこれらふたつの活動力を区別することによって概念を革新していることを認めた。そのことを正当化するさいに彼女は、ヨーロッパのいくつかの言語に類似した用語が、活動力そのものの明らかな違いと同様に、存在することを指し示した。[32]これは、ヨーロッパ思想の偉大な伝統がその支配的な精神の関心に合わない経験を見落とすかまたは歪めた多くの事例のひとつであったように思われた。その伝統は、生活の物質的側面をあまりにも徹底して軽蔑したためにその異なった諸相を区別することには関心をもたなかった人びとによって創始され、維持されていた。[33]その結果、マルクスが当時の革命に対して伝統に挑戦し生活の物質的側面を高揚することによって応えたとき、彼はふたつの異なった活動力がそこに含まれていることにはまったく気づかなかった。しかしそのふたつは、アレントが『人間の条件』のなかで詳細に論じたように、実際には非常に異なっているのである。「仕事」、あるいは制作は、人間が自然から区別され、自然に対する支配を主張する、主要な活動力のひとつである。自然を原材料として用いて、〈工作人〉(homo faber)は自然に働きかけ、人工的で人間の活動力の客観的証拠としてある対象物を製造する。集合的には仕事の所産が、文明という人間の工作物、人間の作った世界を作り上げる。その世界は人間と自然の間にあるものである。それは、アレントが『全体主義の起源』のいたるところで野蛮状態と対比したものである。しかし労働は、マルクス自身の言葉では「人間による自然との新陳代謝[34]」、すなわち種を維持していくという生物学的必然から発する活動力である。成長し、食糧を用意し、消費すること、子どもを産み、育てること、いずれも種自体の終わりのない、繰り返しの生活以外は何も産物を生じない。

アレントは、とりわけ近代社会の諸条件[35]のもとではふたつの活動力は重なり合い、区別しづらくなっていると論じている。次章でそこに含まれる問題のいくつかをより綿密に見ていくことになるだろう。それにもかかわらず、彼女はそこに含まれる中心的経験は、正反対とは言わないまでも非常に異なっていると考えた。はるかに重要なことは、どちらも政治の良いモデルではなかったことである。この点では、どちらにもそれ自身の危険性があった。しかし、マルクスがこのふたつを混同した物質的生活を再評価する概念の上に政治を基礎づけようとしたとき、その意味は全体主義的になった。では、なぜこれがそうなるのか見てみよう。

仕事の観点から政治を理解することの危険性

アレントは、マルクスは何が何でもものを作るという観点から政治を解釈した最初の人だと示唆したわけではない。反対にそうしたことは、彼が自分が継承した伝統によって誤りに導かれていた点のひとつであった。仕事のモデルに合わせて政治を誤って理解するという習慣は、実際に「政治哲学の伝統と同じくらい古い」[36]し、まさにベッドを作る職人と完全に正しい社会を作るさいに哲人王を導くイデアというプラトンのアナロジーにまで遡る。不幸なことに、職人とその材料との関係は人びとの間の政治にとっては危険なまでに不適当なモデルである。仕事は、あるものを作るために材料を変形していくことである。つまり、支配、暴力、目的のために手段を犠牲にすることは、制作という活動力に固有な事柄である。このモデルが複数の人びとの間の取引に関わる政治に適用された場合、暴力的に扱われ、達成されるべき目的の犠牲になるもの[37]になるのは、ほかの人びとである。

あとの章で、政治的暴力の正当化というマキアヴェリの問題についてのアレントの省察を、政治と道徳についての彼女の見解についてより広く議論する文脈のなかで見ることになるだろう。いまのところ、われわれの関心は、材料を意のままにでき、テーブルを作るように「歴史を作る」ことができる[38]、職人としての人間というマルクスの概念にある。マルクスの理論のこの側面は人間主義的傾向を表わしているが、それにもかかわらず複数の人間を単一の目的に向けて暴力的にかたどるという意味が含まれているので危険だとアレントには思われた。とはいえ、彼の思想を潜在的に全体主義的にしたと彼女に思われたことは、「仕事」へのこの人間主義的な強調がまったく人間主義的ではない「労働」への強調と密接に織り合わさっていたことである。この「労働」には政治的自由をも破壊するようなまったく違った意味合いが含まれていた。

マルクス自身は、もちろん「仕事」と「労働」を区別しなかった。ロックやスミスという自由主義的な先行者たちと同様に、彼は人間の物質的活動の生産性、すなわち対象物を作り、人間世界を構築するという点でのその成果に大きな強調を置いた。しかしアレントは、「労働する、非生産的な活動力を労働や制作の観点から誤って表現したにもかかわらず」、彼の主たる関心は実際には生存のための純然たる労働にあった、と主張している。[39] 労働のなかに政治を包摂してしまうことに含まれた意味は重大だと、彼女は信じた。

労働の観点から政治を理解することの危険性

アレントが繰り返し強調したように、マルクスが労働という伝統的に軽蔑されてきた活動力を称揚したことは、知的な意固地さの一例ではなく彼の時代の世界で起こり、それ以来勢いを得た、現実の変化に対する真正な回答であった。[40] あとで見るように、『人間の条件』と『革命について』のなかで彼女は、この変化に非常に関心をもった。それにもかかわらず、マルクスの知的強調の移行は彼女にはきわめて重大だと思われた。「仕事」の観点から政治を理解することは危険なまでに傲慢であるかもしれないが、いずれにしても人間主義的であった。それに対し、「労働」の観点から考えることは、人間的諸価値をすべて放棄してしまうことを意味した。というのは、労働の決定的な特性は労働が人間の活動力の最も自由でない側面だからである。肉体の要求を満足させるという強制は、動物に課されているのと同様に自然によって人間に課されている。それらの要求は、果てしなく繰り返し、人間の個性を顧慮しない。つまり、肉体の要求に関する限り、食糧を求め消費するという果てしない自然の循環のなかに捕らえられているので、人間はほかの動物の種と交換可能な一員にすぎない。

政治的思考についての西欧の伝統の始まり以来ずっと、労働という活動力は、最も文明的な人間の生活にも存在する必然への従属[41]という生物学的下層を表わしていたため、軽蔑されていた。しかしながらマルクスの時代までに、アレントが『人間の条件』と『革命について』で研究を続けていくことになるもろもろの理由によって、労働は、労働する階級の解放によって象徴される、新しい地位に昇っていきつつあった。アレントによれば、マルクスの理論が明確化したのはこの重大な変化であった。もっとも、「労働」を「仕事」と区別できなかったという失敗によって、彼は自分が行なっていることを十分に自覚しえなくなった。その結果、自分の理論的・実践的努力が、人間が完全に自由であり自分自身の運命の支配者になる未来に向けられていると信じたわけだが、彼が実際に推し進め、明確化したことは正反対のことだった。つまり、生物学的生命に奉仕するために必要な労働に完全に連動した社会の出現と、その過程の情け容赦のない進展のために犠牲にされる人間の自由である。そして、その生物学的過程のなかでは人間の個性は集合的生命過程のなかに沈められるであろう。そのような社会において、政治は実際に「死滅する」だろう。というのは、その唯一の目的は「社会化された人類」の「生命過程を充足させること」になるからである。[42]

だとすると、アレントの主張は、マルクスの「労働する動物」としての人間の概念のうちにはふたつの異なった見方が隠されているということであった。それらは異なっているが、同様に政治を損なう意味合いをもっていた。マルクスが人間を労働、種を生かし続けていくのに必要な「自然との新陳代謝」の観点から規定した限りにおいて、彼の思想傾向は必然論的で、反人間主義的で、人間の自由を放棄し、自然の過程の情け容赦のない作用に合わせて行為させるようにするものであった。しかし、このように労働する者として人間を理解するとともに、マルクスの理論は、自然の必然性への奉仕よりもむしろ制作、ものを作ること、人間の自由な創造性のモデルであり続けた。これは、たしかに人間主義的な見方である。もっとも、不幸なことに政治にとっては悪いモデルであったが。なぜなら、そこには望んだ結果を達成するために素材を暴力的に変形するという含意があったからである。

さて、読者はこの時点でアレントがマルクスの理論の基本的矛盾を正確に指摘したことは認める用意があるが、人間主義的な面と反人間主義的な面とが互いに相殺するから、この矛盾は「マルクス主義の全体主義的諸要素」の源泉にほとんどなりえないと反論するかもしれない。しかしこのような反論は、アレントのマルクスについての分析の、より一般的には全体主義の分析の重要な点を見逃している。全体主義の秘密は、必然への屈服と「すべては可能である」という信念とを結合している点にあった。彼女は、同じような観点からマルクスが彼の理論のふたつの側面を効き目のあるカクテルに統一し、そのカクテルはスターリンの手にかかって致死量に達したと主張した。マルクスにこれらふたつの明らかに分岐した撚り糸を一本にすることを可能にしたのは、彼の新奇な歴史理解であり、われわれはいまやそれを取り上げねばならない。

マルクスと歴史

マルクスについて、彼の思想を全体主義の温床にしたのは何かということについて研究していた一九五二—三年の時期に書かれたいくつかの講義ノートのなかで、アレントは次のように述べ、自分の理論を要約した。マルクスは「過去の政治の観点から、すなわち労働する動物としての人間によって作られたものとして歴史を見た最初の人だった。そうすれば、歴史を労働、生産性の過程において歴史を作ること、われわれがものを作るように歴史を作ることが可能になるに違いない」(43)。ここには三つの要素がある。つまり、過程としての歴史の観念、その過程と労働過程との同一視、人間が歴史を作ることができるという観念、がそれである。アレントは、それらが結合した衝撃は政治的には破局的だと考えたが、それぞれの根源は、この場合は西欧の伝統の始まりまでには至らないまでも、マルクスをかなり超えて広がっていることは認めていた。

彼女がマルクスと歴史についての省察において到達した最初の結論は、近代のすべての歴史理解は基本的に古代や中世の思想に見られるどれとも異なっていることであった。恒常的な流れとしての歴史の概念全体は、ごく最近のものであり、決して自明なことではなかった。そのような概念は、人類の発展に関わり、自然の進化と連続している。たとえば、ギリシア人にとって歴史は単一の物語ではなく、記憶されるべき行為について多くの物語を表わしていた。その行為によって、人間、すなわち「死すべき者」は自然の果てしない、循環する過程を中断させたのである。堕落と救いという単一の聖なる物語をもっていた、中世のキリスト教の歴史概念でさえ、本当は近代の概念の先達ではなかった。というのも、ほとんどの世俗の出来事はそもそもその物語の一部ではなかったからである。近代になってようやく歴史は前後に無限に広がる、すべてを包摂する単一の過程として見られるようになった。[44]そしてアレントは、このことは近代の自然理解と大いに関係があるという結論に至った。なぜなら、それもまた「過程」の概念を基盤にしていたからである。ガリレオ以後の実験科学の台頭のあとでは、「自然は、一個の過程となった。自然は、ただ人間の創意……によって、実験のなかで繰り返し再生することのできる過程においてのみ知ることができるからである。そして、それぞれ特定の自然物が重要性をもち、意味をもつのは……ただそれらが総合的な過程においてその機能を果たしているからにすぎない[45]」。

同じような視点から歴史を見る動機のひとつは、道徳を克服したいという人間の欲求にあると彼女は考えた。古代ギリシア人は、徳のある人間の偉大な行為を保存しておく方法として自分たちの多元的な歴史を理解していた。しかし、この衝動は哲学の偉大な伝統の創設とともに勢いを失った。古代ギリシア人はもはや地上での不死について思いわずらう必要はなくなった。というのは、永遠の本質についての観照によって時間を超えた領域に接近することが可能になったからである。[46]永遠の生命をすべての人に約束したキリスト教はこの観念を一般化したので、その結果、人間の道徳性が西欧の思想家を再び悩ましたのは永遠の生命への信仰が薄れてきたときになってからであった。西欧の思想家はそれを克服するために異なった種類の歴史に向かった。十八世紀のアメリカ革命とフランス革命という大事件は、もし意味をどこかに見いだすことができるなら、過程と考えられた歴史、すなわち単一の不死なる個体と考えられる人類の歴史のなかにおいてであるという懐疑を確認した。(47)

これらの撚り糸を束ね集め、筋書きのある物語としての魅惑的な歴史解釈を提唱したのは、ヘーゲルであった。それは、真理が哲学者の後ろ向きの眼差しのもとに明らかになる弁証法的過程としての歴史解釈であった。現世の政治的事件についての新しい哲学的関心は、「思考の活動に対する降伏」であったが、実際にはアレントが指摘したように、そこには人間事象に対する完全な歪曲が含まれていた。やっかいなのは、ヘーゲルが歴史に見いだした単一の物語が事件に関わった現実の人間諸個人の多数の物語に取って替わったことである。ヘーゲルは複数の人間を世界精神や人類と置き換えたので、その結果、彼の見方では、「歴史とは単一の主体が……最終的に……意味を産出する巨大な制作過程である」(48)。とすれば、すでにヘーゲルの理論のなかに、アレントによればマルクスの歴史理論を全体主義の基盤にした諸要素のひとつを見ることができる。つまり、個々人の生命がより大きな全体の部分にすぎないという意味をもつ、過程としての歴史の観念である。これについてのマルクスの決定的な変種《ヴァリエーション》は、それを労働過程として解釈し、人間がこの過程を制御し、歴史を作ることができるという自らの願望を助長することであった。

いったんヘーゲルが歴史の哲学を構築すると、マルクスがそのなかの「観念論的」諸要素を排除し、「科学」に変えるのは短い道のりであった。ヘーゲルにとって、その物語が歴史の過程を統合した単一の主体は世界精神《ヴェルトガイスト》であった。マルクスは、それを人類という新しい主体で置き換えることによってこれを脱神秘化することを目論んだ。しかしながら、アレントがしばしば指摘したように、「人類」は単一の主体ではない。反対に、「地球上に生き世界に住むのは一人の人間ではなく、複数の人間である」(49)。そして人びとの活動は、偶然的で、きわめて予言不可能で、単一の物語にはまとまらない。それなら、なぜマルクスの理論があれほどもっともらしかったのか。アレントの答えは、マルクスが語ったことは本当に単一の予言可能な主体として実際に振る舞う、新しい人間の物語だったということである。そのことは実際に、マルクスが「社会化された人類[50]」について書いていた時代において次第に明白になっていった。このことが意味するのは、第一に人間が「労働する者」として理解され、その生物学的過程に焦点が合わされたということである。第二に、人間が「社会」の一員として理解され、社会ではこれらの生物学的関心が集合的に組織されているということである。これらの点は両方とも少し丹念な説明を要する。

アレントがつねに強調したように、人間は複数の存在であり、絶えず驚くようなことをなしうるユニークな個人である。それにもかかわらず、この個性は生活の全側面に現われているというわけではない。われわれは、活動できるようになる前に食べなければならない。マルクスの用語法をアレント的に解釈すれば、肉体の必要に関する限り、われわれは実際に「類的存在」である。生物学的生命のレヴェルでは、つまり労働のレヴェルでは、人間はみな同じ必然に従属している。「すべての人間がパンを必要とする限り、われわれはすべて同じである[51]」ところで、古代ではこのことはほとんど理論的重要性のない当たり前のことだった。しかしアレントの議論では、近代初期以降、生命のこれら生物学的側面が次第に顕著になってきたということである。以前は、別々の家政の私的事柄だったが、それらは公的な光景になり、次第に集合的にまかなわれるようになっていった。「経済」は、初めは家政の営みを意味していたが、徐々に「国民的家計」、つまりもはや私的ではなく集合的な生命過程[52]という近代的な意味を獲得していった。あとで検討することになるもろもろの理由のために、この集合的生命過程は経済発展という方向に進む冷徹な過程として近代において経験されたものである。

それゆえアレントは、マルクスの労働過程としての歴史理論が近代の社会的・経済的発展という堅固な経験に基礎づけられていたことに同意している。さらに、政治的事件の根底にあり、それを規定したのはこの過程だという彼の信念は、フランス革命という際立った経験によって立証されていた。というのは、フランス革命から受ける圧倒的な印象では、革命を開始した人びとはその進行を制御できず、外見上冷徹な過程に押し流されたからである。『革命について』のなかでアレントは、この観察された必然の過程は現実には生物学的必然の表出、つまり、貧困の経験の表出であったと論じている。フランス革命の最も重要な特徴は、多数の貧民を政治の表舞台に登場させ、突然公的舞台に現われたこれら貧民は鉄のごとき必然性への従属、すなわち「生命過程そのものの切迫性」[53]という点でまとまっていたことである。

経済的必要を共通の公的関心事に転換した「社会」の台頭と、貧民とパンのための彼らの必死の闘争を政治のなかに引き入れたフランス革命の経験についての見解という点で、マルクスの労働の過程としての歴史解釈は並外れた洞察力を示したと、アレントには思えた。彼の理論にユートピア的で誤解を生じやすい面が出てきたのは、彼がこれらの展開がいかに驚くほど決定的だか見損ない、代わりにこの過程が最終的には自由に至るというまったくユートピア的期待を大事にしていたからである。このことの決定的理由のひとつは彼が労働と仕事を混同したことにあると、彼女は考えた。歴史を労働の過程として考えながら、歴史を仕事の産物として、人間によって作られたもの、それゆえ意識的かつ自由に作ることができるものと彼は考えた。人間が自らの力を増大させたほかのテクノロジーに関していえば、これを行なう方法は過程を動かす自然法則を発見することである[54]。

この企てにはいくつか間違ったことがあった。そのひとつとして、すでに見たように、「仕事」やものを作ることの観点から政治を考えることはつねに危険なアナロジーである。ものを作ることは、材料を実現すべき目的のためのたんなる手段として用いる暴力的な仕事である。また歴史が「作られ」うるとしたら、いかなる手段もそのような広い意味の目的によって正当化される[55]。しかしながら、マルクスの企てのさらに隠された意味は、アレントにはこれよりもはるかに不吉だと思われた。歴史を「作ること」が不可能なのは、人間は出来事を制御できないからである。彼らになしうることは行為だけである。（人間の複数性を破壊するという代償を払って）人類が単一の行為者に結合されても、活動についての難点は、それがその作者が制御できない過程の束縛を解く傾向があるということである。もし人間が歴史的過程についての自然法則だとみなすものを使って歴史を作ることを始めるなら、人間が自らなしていると思いがちなことは、実際には人びとが従属している自然の過程を速めることとである。

アレントによれば、これはまさしくマルクスが「自由が退いて必然性〔貧窮〕が命令するようになったこの過程」の理論的明確化を提示したうえで、助長したことだった。彼女が言おうとしていることを理解するには、彼女の『全体主義の起源』のなかでの帝国主義者たちの膨張過程への屈服についての説明の投影を見る必要がある。またわれわれは、われわれがまだ言及していない、彼女のマルクスと全体主義についての思考の脈絡の一側面、つまり原子爆弾の投影を意識する必要もある。アレントがマルクス、全体主義、人間の条件に関して思考していた一九五〇年代は、思考する人びとが初めて全面核戦争の現実的可能性に直面し、近代科学の諸刃の意味を考察した冷戦の時代であった。全体主義と原子爆弾は、アレントの精神のなかでは当時のふたつの基本的経験として結びつけられている。そしてそれらは双方とも、「すべては可能である」という傲慢な感覚と、停めることのできない過程に捕らえられているという経験との結合という同じような矛盾した特性を示していた。近代人は自分の運命の主人であろうとしたが、そうはならないで自分たちが始めた過程のなすがままになっている自分たち自身に気づいたようである。政治と科学との間のアナロジーは、アレントの思考のはめ絵《ジグソーパズル》の大事な一片であり、われわれはそれをもっと綿密に見ていく必要がある。[58]

魔法使いの弟子

アレントにとって、近代科学の物語は人間の功績の危険なまでに逆説的な性格を例証している。『人間の条件』に寄せた彼女のプロローグは、最初の宇宙船についての論評から始まっている。宇宙船は当時出現したばかりであり、彼女にとっては近代人の技術的能力だけでなく、近代人の最も重要な性向のひとつ、地球自体から脱出したいという点までに至った、人間の条件に対する反抗の象徴でもあった。近代人は「この与えられたままの人間存在に対する反抗に取り憑かれており、……それを自分が造ったものと交換しようと望んでいるように見える」[59]。人間の条件に対するこの反抗は、もはやロマン主義的なそぶりではない。アルキメデスが「立つ場所をください。そうすれば地球を動かします」と宣言して以来何世紀も経ってから、人間はある意味でその夢を実現した。人間は地球の限界から脱出したのだ。しかし、夢が実現するときはたいていそうであるように、彼らの功績が予期せざる代償を伴っていることを発見せざるをえなかった。アレントはカフカを好んで引用した。「人間はアルキメデスの点を発見した。だが人間がそれを自ら自身に敵対するように用いた。人間によるアルキメデスの点の発見にはこうした条件がついてまわるように思う。」[60]

近代科学の勝利の「ブーメラン効果」は、もちろん核兵器の場合に、すなわち自己破壊のために力を使う人類の能力に、最もはっきり見ることができる。このことのとくに逆説的な特性は、核分裂は人間の「活動」する、つまり、イニシアティヴをとり、ユニークな一連の出来事を開始するというユニークな力の表われだということである。あとで考察することになるように、活動はアレントにとって人間の自由の場（locus）ではあるが、彼女の意図が活動を無条件に勧めていたと考えるとしたら間違いであろう。たとえ問題になっているのがたんに人びとのなかでの活動だとした場合でも、のちに見るように、問題と落とし穴がある。現代の核物理学のような様式で自然のなかに活動していくことは固有の危険を伴う仕事である。一連の出来事、それ自体の勢いを得る過程を始めることは活動にとって本質的なことである。そのような活動が、長いあいだ地球拘束的であることを止め、地球上の自然のなかでいまだかつて見たこともない過程を開始する能力のある科学者によってなされる場合、事物は、制御の範囲を超えていく先例のない潜在的可能性をもっている。[62]

科学的進歩に含まれる意味は、アレントにはきわめて逆説的なもので、力と無力さ、自由と決定論の双方を産み出すように思われる。理論的なレヴェルでも科学は自滅的であった。ガリレオの望遠鏡が、自然はひとりでに真理を明らかにするものとして信頼することはできないが、人工の器具で欺くことはできることを示して以来、実験科学は事物の欺きやすい表面の下に貫徹される装置という点でますます巧妙になっていった。[63]難点は実験の技術がますます精緻になっていくにつれ、それが明らかにしようと意図した真のリアリティはわれわれから後退するように思われることである。科学者が実際に発見しようと思えることは、個別の理論を検証するために考案されてきた精巧な装置によって記録された一連の測定値でしかない。アレントは、近代科学ではリアリティを明らかにする代わりに「人間は自分自身にのみ向き合っている」[64]ということを示すために、ハイゼンベルクの言葉をしきりに引用している。途方もない功績にもかかわらず、科学はそれゆえ「人間を……自分自身の精神の牢獄のなかに閉じ込め、自分自身が作り出したパターンのなかに閉じ込めている」[65]。このような苦境を象徴的に体現しているのは、宇宙飛行士白身の姿である。というのは、宇宙飛行士は、まさに科学的装備によって宇宙から切り離された英雄的な探究の旅へと乗り出すが、その科学的装備は、宇宙飛行士が、「宇宙空間――環境との物理的接触が実際に起こればただちに死に至る――に打ち上げられ、装置を満載したカプセルに閉じ込められ、そこでは周りの世界との現実の物理的遭遇はいずれもただちに死を招く」[66]状態で、宇宙を探検することを可能にするからである。

アレントはここに、歴史に意味を見いだそうとする、マルクス主義のような哲学の試みとのアナロジーを見ている。歴史に見いだすことができる、対立するパターンや語られることができる対立する物語には終わりがないようである。発明の才能によって最終的には自分自身の構築物を自然の内部に見いだすに至る科学者のように、われわれは意味を探求するうちに歴史のなかに意味を投影している。とはいえ、このことの不吉な側面は、科学におけるように歴史においては実証されていない理論をもとに非常に効果的に行為することが可能だということである。科学者はリアリティのヴェールを剝ぎ取るという夢を実現できなかったかもしれないが、彼らがそうすることによって疑いもなく学んだことは彼らの理論に基づいて行為すること、それを実際に作用させるということである。全体主義の実験は同じことが歴史にも当てはまることを示した、とアレントは考えた。というのは、歴史の鍵を提供すると称した全体主義イデオロギーは虚構であったにもかかわらず、ヒトラーとスターリンは虚構のイデオロギーのもとで行為し、その恐ろしさにおいては核テクノロジーに匹敵する過程を始めることがまさしく可能なことを示したからである。(67)

アレントの観点からは核テクノロジーは自然のなかに活動していくこと、すなわち新しい過程を始め、人間と自然との関係のなかに以前は人間事象においてのみ知られた活動力をもち込むことを意味するのに対し、全体主義はこれを写し出した一種の鏡像である。彼女の解釈において全体主義は、人間世界をあたかもそれが自然の一部であるかのように扱うことをも含んでいる。自然のなかでは力は発見されたり、「自然法則」、すなわち人種闘争や階級闘争に従って行為したりすることによって得ることができる。現代の技術と同様に、全体主義は「すべては可能である」という信念によって自然法則を理解する人びとに生命を吹き込まれる。核物理学と全体主義は、ネメシスに出会った傲慢さの物語であるという点で、すなわち解放と権力を目指し、そして人間性を保護するために必要とされた限界を破壊するであろう、自然や擬似自然の過程を解き放つことだけには成功した人びとの物語だという点で類似している。とはいえ、マルクスの全体主義への寄与についてのアレントの省察は、どちらも同じように人間を奴隷化するために解き放たれた過程という先例によって予兆され、緩和されていたという彼女の確信から大きな影響を受けていた。つまりそれは、彼女が「生命過程」の解放として考えたものである。(69) これを見ておくことが、彼女がマルクスと全体主義との関連と見たものを理解するのに役立つだろう。

生命過程を解放すること

『人間の条件』のなかでアレントは近代の経済的な力と繁栄の台頭を「生命過程の解放」に起因させている。「生命過程の解放」においては、核テクノロジーや全体主義の場合のように、力は人類を制御できない諸力のなすがままにすることによって無力さを生み出してきた。簡潔にいえば、彼女が主張しているのは、人類はほかの動物と同様、つねに生物学的自然の必然性に従属しているが、文明人はできる限りこの状態から抜け出ようとつねに闘い、自分たちの注目の中心にはたんに動物的ではなく、完全に人間的な活動と利益を置いたということである。しかしながら、十六世紀以降、人間の優先順位の先例のない転倒のなかで西洋人は、以前は文明社会において視野の外に置いていた、動物的必要に奉仕することに注意と精力を次第に集中するようになった。その結果として生じる経済発展の過程は、前に立ち塞がるいっさいのものを払いのけた。「現象的リアリティ……に対する忠実さ」(70)を彼女が賞賛するマルクスは、このことのなにがしかを理解した。というのは、彼は人間の制御できる範囲を超えた実体と考えられるものとしての資本と労働力の動態を分析したからである。人間は、その生産者を支配することによって、それらを生み出し、それ自身の生命を燈したのである。アレント自身の説明にはこのことが投影されている。彼女が疎外を、生物学的必然の過程、社会主義がたんに加速しただけのその過程への人類の従属として解釈する点は別にしてだが。(71)

この過程を始めたものは、「財産」から「富」への近代の変形であった。「富」とはアレントがすでに、全体主義を可能にした帝国主義的膨張の根底に見いだしていたものである。ここでの彼女の区別は安定と過程との区別である。「財産」によって彼女が意味していることは——近代以前の人びとも意味していたと彼女は主張している——、共通の世界において私的に所有された場所、安定したもの、他人の財産から区別されていることである。それとは対照的に「富」は、特定の場所に結びつけられておらず、実質のないものであり、その最も特徴的な形は資本であり、資本の機能は果てしない過程においてより多くの富を生み出すことである。ここでの目的にとってそれらの間の最も重要な区別は、財産の制約を課す特性と対照的な富のこの過程的性格にほかならない。アレントは、近代以前では富の成長は実際に安定した財産の存在によって抑制されていたのであり、これらの人間的な制約を壊しこれまで未曾有の富を生み出した諸力を解き放ったのは、宗教改革以後の大量の土地収用だったと主張している。[72]

資本以外では、この同じ土地収用が資本の補完物である、土地をもたない労働力をも解き放った。農民が自分たちに共通の世界における場を与えた財産を奪われ、その日暮らしの労働者に低落させられると、アレントによれば、彼らは「生命の必然という強制的な切迫性にだけ」従属しているのではなく、たんなる生物学的過程の化身に変わり、「……世界に対する配慮や世話からも遠ざけられたのである。実際、このような配慮や世話は、生命過程そのものから直接的には生まれてこないものであった」。[73]言い換えれば、人種の運命や階級闘争の必然性に身を委ねた全体主義者[74]と同様に資本家と労働者は一様に、非人間的な過程、アレントが「生命過程」と呼ぶ生産と消費の生物学的過程の僕《しもべ》になったのである。

しかし、もし資本主義の成長がこの過程を始めたのだとしたら、社会主義の台頭がそれを完成したと言える。人間が自己と他者を互いに異なった個人として経験する限り、この世界における彼らの現われと消失がその過程を中断するが、ひとたび人類が「社会化されたら」――集合的な「類的生活」をもった単一の実在として経験されることだが――、その過程は完全な勢いを達成できる。「個人の生活の再生産はヒトの生命過程に吸収される。こうなってはじめて、〈社会化された人類〉の集団的な生命過程はそれ自身の〈必然〉に従う」。[75]ひとたび人間がこの過程をより特殊人間的な目標に従属させるよりもむしろそれに実際に仕えたら、それはその自然のもつ拘束を超えて加速し、生産における莫大な近代的膨張という結果になる。これは現代世界において、オートメーションが生産過程の盲目で非人間的な性格を表わす状況に至った。その過程は、その製品が消費される、右肩上がりの速度と合致している。アレントがこのことを記述するために用いる言葉は、全体主義についての彼女の分析を投影している。一方で彼女は、核テクノロジーの危険を暗黙のうちにほのめかしている。「自然とは、言い換えれば、世界の真中で進行する生物学的過程のことであり、……。かつては、人間の工作物である世界を、このような自然から保護し区別する境界線が存在した。ところがいまやわれわれは、あたかも、この境界線を無理やりに開け放ったかのようである。[76]」

　言い換えれば、アレントは全体主義や核兵器や近代の社会経済的発展はすべて同様に、近代人による人間の文明に対する一種の裏切りの表われだと示唆している。文明はつねに不安定であり、人間世界を構築するのに十分な自由を自然から勝ち取るという問題であり、絶えず破壊しようと脅かす自然の諸力に対する城壁を守ることであった。しかし、近代人はいわば野蛮人になってしまい、活動のための人間的能力を用いて、文明を脅かすまさにその諸力に与してきた。そして、きわめて重要な語句であるが、アレントが「……自然的なものの不自然な成長[77]」と呼ぶものを解き放った。人間の条件は、生産と消費、成長と衰退、誕生と死という自然の循環過程に従属しているという意味で人間を自然のなすがままにしてきた。しかし近代になってようやく人間はそのような自然の過程を循環的反復から解き放ち、循環的ではなく無制約な軌道の上に放した。核テクノロジー、全体主義、「社会の生命過程」のなかに同様に、関係者たちがどのように理解しようと、アレントはたんに自然的なだけでなく人間の活動によって解き放たれ、著しく加速されてきた諸力を見ている。[78]このことに対して責任があるのは、活動であって、労働や仕事ではないことを注意しておいてほしい。つまりそれは、さもなければ存在しないような過程を開始する能力であり、その結果はつねに予言不可能である。アレントはこの点についてはきわめて明快である。[79]彼女の見解では、マルクスの悲劇は、彼が自由を目指し、それを誤って「歴史を作ること」と考えたのだとしても、彼が実際に成し遂げたことは後継者たちに強制的過程に仕えるように助長した点にある。

そういうわけで、アレントのマルクスへの言及の両義的なトーンは、彼は一方ではその時代の傾向のとりわけ鋭い知覚をもった記録者であり、他方ではそれらの傾向を誤解した仕方にもよるのだが、彼は全力をあげてそれらを阻止するのではなく、助長したという彼女の確信と非常に関係がある。彼女の見解ではマルクスの天分は、経済発展の強制的過程に対する感受性、すなわち、政治における労働者階級の出現と西洋文明の内部での労働と生物学的過程の再評価にあった。[80] 彼女の見解ではマルクスが完全に間違っていたところは、このことが自由や文明にとって意味することについての評価とそれが暗に意味していた脅威を理解しなかったことである。この点で彼は西欧思想の伝統によって誤りに導かれたと彼女は考えた。というのは、たとえ新しい経験に応えようという努力しているなかで彼がその伝統を転倒させ、[81] それ以前には軽蔑されていた物質的活動力を賞揚したとしても、彼が継承した理論的装置は、十分に識別力があり、彼がこれらの新しい経験がどのようなものだか認識することを可能にしたからである。[82] 労働、仕事、活動を混同したために、自由に到達しようという彼の努力は、後継者たちに生命過程の解放を加速するように助長しただけだった。

アレントのマルクス主義の全体主義的諸要素についての省察に従うならば、われわれは彼女がいかに人間の異なった活動力を区別し、それらの地位における歴史的変化を跡づけることに取りかかるようになったかを理解できる。言い換えれば、彼女がどのように全体主義についての考察から『人間の条件』に行き着いたのかを理解することができる。読者にとってまだ曖昧であるに違いないと思われるひとつの点は、マルクスとスターリニズムとのつながりが厳密にどんなものだったかである。われわれは、アレントによればマルクスが自由の王国の幕を上げつつあるのだという誤解のもとで「生命過程を解放する」ことを助けたのを見てきた。しかし、「生命過程を解放すること」は、たとえわれわれがそれを自由や文明に対する脅威と見る点でアレントに同調する用意があっても、スターリンが解き放ったテロルと死の過程を解き放つこととはまったく同じものでないことは明らかである。これらふたつは反対のものとさえ見ることができるだろう。[83] アレントのふたつの現象についての記述にアナロジーを見ることはかなりたやすい。というのも、どちらの場合でも個々の人間や文明的な人間世界になんら顧慮しない過程に従属している人間について彼女は語っているからである。しかし、それらの間の違いは文字通り死活問題である。

それゆえ、アレントがこの違いを否定しようとしていないことを認識することは重要である。彼女は、マルクス主義とスターリニズムを等置したり、ナチズムが十九世紀の人種理論から必然的な結果として起こったと主張しなかったのと同様に、マルクス主義からスターリニズムへの何か必然的なつながりがあると主張したりしているわけではない。理論と実践の一致というわけでは決してなく、マルクスとスターリンの間には偶然の出来事によって架橋された裂け目があると彼女は考えた。[84] 実際、彼女の説明によれば、マルクス主義の端的な政治的意味は破局的というよりもむしろ重苦しい。完全に「社会化された」未来では、国家は実際に死滅するであろう。そこには、政治はまったく残らず、労働者の画一的な群れの物質的関心に対する官僚制的管理だけが残るであろう。「官僚制は労働者の社会の政治体である。[85]」これが重苦しいのは、それが「無人支配」——つまり、説明させるため呼ぶことができる人が一人もいない支配——に当たるからだが、それは決してあながち破壊的だとも言えない。

アレントの説明するマルクス主義は、それ自体では全体主義的ではないが、そうだとしても彼女が主張していることは、政治的危機状況でそれが全体主義的子孫を育むことがいかにたやすいかを理解することは、あと知恵をもってすれば可能だということである。われわれがすでに少し詳しく見た、この理由のひとつは、歴史発展の法則を発見したのちに「歴史を作る」というマルクスの目的である。それが致命的になりかねないのは、それが個々の人間を歴史の流れに漂う浮き荷や革命というオムレツを作るための卵に変えたからである。とはいえ、マルクスの歴史へのアプローチのほかのふたつの意味が探究のために残されている。第一に、歴史発展の理論が暗に意味する法的・政治的構造についての見方のため、彼は全体主義的猛攻撃に抵抗できたかもしれない唯一の障壁が弱体化するのを助けた。つまり、彼は実際、(『全体主義の起源』で見たように) 国民国家という比較的文明的な政治構造を掘り崩していた帝国主義の諸力の手助けをした。第二に、労働者から構成された社会の到来を促進したので、彼は全体主義の種子が最もたやすく根を下ろすような人間の経験の優位さを心ならずも助長したと言える。これらふたつの点は、第一の点は政治構造に、第二の点はそれらの構造と特殊な経験との関係に関わっているが、アレントがマルクスに関する著書に取りかかったときに彼女が専念した主題であった。それらについての彼女の省察のいくつかは、きわめて集約されたかたちで「イデオロギーとテロル――新しい統治形態」という論考のなかに入っている。それを彼女は『全体主義の起源』ののちの版に付け加えた。それでは、この論考とその内容を探究してみよう。

「イデオロギーとテロル」

アレントは、「イデオロギーとテロル」に関する論考をマルクスに関する著書の第四章に、「法と権力」、「統治形態についてのあらゆる伝統的な定義の二本の柱」という章の次に置くつもりだった。その第三章は、モンテスキューについての議論で終わるはずだった。モンテスキューの思想のなかにアレントは「全体主義を過去のあらゆる統治形態から――最も専制的なものからも――区別する道具を見いだした」[86]。実態は、この引用が示唆するほど単純だったわけではない。アレントは、伝統的カテゴリーの観点からはまったく先例がないと思われたものをどのように理解するかという問題と格闘していたので、自分が伝統的カテゴリー自体を問題視していることもわかった。われわれは、いかにマルクスの誤解を正確に指摘するかという試みによって彼女が人間の活動力についての伝統的理解を問題にし、より適切な区別の必要を感じるようになったかを見てきた。彼女が全体主義をどのように分類するかという問題に直面したとき、かなり似たようなことが起こった。君主制、貴族制、民主制のような政治体制の伝統的分類は、誰が支配するのかという問いに焦点を合わせていた。そこでいう支配が法によって行使されているのかどうか問うという改良を加えていることもあったが。とはいえ、このことについて考え始めるとすぐに、アレントはそのようなカテゴリーが全体主義の経験を叙述するのに不適切なだけではなく、重要な点で政治的経験を叙述するのにも不適切だったと断定することによってただちに自分自身にとっても読者にとっても複雑な問題に直面することになった。気づいたときには彼女は、政治的思考の伝統の内部での支配の強調は、西欧の政治的伝統の根底にある、複数の人間のあいだで行なわれる活動の経験を実際には反映しておらず、プラトン以来の哲学者の視点から見た、政治の歪んだ見方を表わしていたと論じていた(87)。

これは実り多い寄り道であることが証明されたし、われわれが本書のあとのほうで探究することである。とはいえ、いまのところ統治形態に関するアレントの省察のふたつの側面が、「イデオロギーとテロル」についての彼女の試みの脈絡を形成し、全体主義の際立った性質を明確にするのに役立ったことを見ておこう。そのうちのひとつは、モンテスキューの政体の「本性」とその原理の区別であった。モンテスキューによれば、たとえば君主政と専制政との区別はたんに構造の問題ではなく、ふたつの政体に生命を吹き込み、音色を定めた原理、すなわち専制政の場合の「恐怖」や君主政の場合の「名誉」にもあった。アレントは、モンテスキューの政治体制の動態的側面への照明に、すなわち統治の特殊な形態を人間の経験の特殊な領域に結びつけるやり方に感銘を受けた。そして、のちに見るように、彼女の全体主義の分析は同じ道筋に沿っている。

彼女の第二のアプローチの道筋は、法による統治と法によらない統治という伝統的区別の方法によるものであった。これによってもまた、彼女は不可避的に西欧の伝統のなかに見いだすことができる法の異なった概念についての省察を始めることになった。いずれこれらの概念にも立ち戻る機会があるだろう(88)。とはいえ、いまのところ重要な点は、全体主義的思考様式の出現までは、法は活動様式に課された制約としてつねに理解されていたことである。法は、境、囲い、垣根であり、人びとを互いに守り、アナーキーな活動能力による破壊を制限することを意味していた。法は、文明の安定した構造の一部であり、その障壁に対して野蛮さの潮がひっきりなしに大きな音を立てて当たっていた。テロルは全体主義的統治の本質であり、イデオロギーは活動の原理の代替物であるという彼女の精緻な主張を、このような文脈のなかでいまから取り上げることにしよう。

「イデオロギーとテロル」におけるアレントの第一の関心は、専制政治から全体主義を区別することであった。われわれがナチズムとスターリニズムを分類する誘惑に駆られるのはそのような見慣れた表題のもとでだが、アレントによればこれは間違いである。専制政治の本質は、支配者による、彼自身のために行使される、法によらない恣意的権力であり、そのような体制における行動原理は恐怖である。しかし、全体主義はまったく別のものである。つまりそれは、恣意的ではなく、誰のためにもならない（支配者のためにもならない）ような類いの支配であるし、そこではテロルはもはやたんに副次的な行動原理ではなく、体制の本質となっている。それは、個々の人間にはまったく関心をもたず、想像上の超人的な自然や歴史の「法則」を動かすための材料として用いる体制である。

アレントは、全体主義と法の関係を、彼女の理論の中心となっている長い一節のなかで論じている。伝統的に法によらないことと権力の恣意的使用が専制政治の表徴であったが、方法の制約の内側で作用することが正統的な統治の特徴を表わしているという。しかし、全体主義はこの区別を粉砕する。というのは、その支配者は個人の権利を保護するような通常の法をまったく尊重しないが、伝統的専制君主のもつ恣意的権力を享受しているわけではないからである。その代わり、彼らは自然や歴史の圧倒的な法則と考えるものに従って、人間以外の種がするのとほとんど同じように、これらの法則を人間に体現させ例証させようと全力を尽して、行為する。

通常の法は、普通の専制君主が侵すような類いのものだが、基本的には人間が住まうための安定した共通世界を打ち建て、その安定性をつねに変化する人間の不断の活動から保護するために考案された境界である。しかし、個々の人間の自発的な動きを制限し保護する垣根としての人間主義的な法の理解とは対照的に、全体主義者は自分たちの超人的な「法則」を運動の法則として理解している。つまりそれは、個人が沈潜させられる人種間の戦いや階級闘争という果てしない運動である。テロルは、この果てしない運動の本質である。つまり、ひとつには新しい「劣等人種」や「死滅しつつある階級」をどれも排除し、過程を実行に移す手段としてそうであり、また、もしテロルがなければこれらの「自然法則」に立ち塞がったであろう人間の自発性を排除し、個人を自然のあるいは歴史の役割に従う以外何もなすことができない種の一員に低落させるからでもある。

テロルは運動法則の実現である。その主要な目的は、自然や歴史の力がいかなる自発的な人間の行為にも妨げられずに人類に行き渡ることができるようにすることにある。だからテロルは、自然や歴史の力を解放するために人間を「固定」させようとする。(90)

アレントは、全体主義体制においては支配者さえも自由に活動せず、自分たちが自然法則や歴史法則と考えるものを執行するだけであると主張している。その支配の初期の段階において彼らが権利と「自由の生き生きとした空間」を保護する人間の法の垣根を壊して平らにするまでは通常の専制君主のように振る舞わねばならないということは本当である。しかしながら、そうしてしまったあとには、専制政治のような、そこには何はともあれ運動のためのいくらかの余地は残されている、「法によらない、囲いのない、恐怖と懐疑の荒れ地」のなかに個人を置き去りにする代わりに、全体主義のテロルはそもそも個体性を根絶し、個人の活動のための空間がまったくないような仕方で人間を結びつけようと全力を尽くす。全面的テロルは人びとを「鉄の帯で」結びつける。「それは非常にきつく人びとを拘束するので、あたかも人間の複数性は巨大な一人の人間のなかに消失したかのようになる」[91]。これの要点は、不可避的な自然や歴史の過程を、個人の逸脱によって妨げられずに、それらがひとりでになすよりも円滑かつ迅速に進展するのを可能にすることである。

人間の複数性を破壊し、人間をあたかも人間自身が歴史や自然の一部であるかのように不断に行為する一者を作り上げるテロルの鉄の帯のなかに、歴史的自然的諸力を解放するだけのためではなく、そのままにさせておいたら決して達成できないような速度にまで加速するための装置が見いだされたのである。[92]

このいまの引用から、自然の過程を解放することによって人類を危険に曝した現代の科学者や、統一化・社会化された人間の「生命過程を解放した」、マルクスを含む人びとについてのアレントの省察の残響を聞くことはたやすい。彼女は、マルクス自身がテロルを解き放ったとして非難しているのではなく、たんにスターリンがはるかにそうしやすくしたことを非難しているのである。マルクスがそうしやすくした点のひとつは、ともあれ資本主義的帝国主義の意味する結果によって攻撃を受けていた政治構造と法の価値を下げたことにあった。アレントは、マルクスに関する講義草稿のなかで、彼は支配をたんに権力にしがみつき次の進歩的な階級に抵抗しようとする支配階級による専制と理解していたので、統治でさえ生産過程の妨害物になるだけであると述べている。法に関しては、彼女の見解では、マルクスには活動に制約を課す安定化構造としての法という概念はまったく欠けていた。[93]

モンテスキューの古典的説明によれば、それぞれの統治形態は本質的な構造だけではなく政府と臣民を鼓舞する行動原理を必要としている。しかし、全体主義はそもそも安定した構造ではなく、運動の仮借なき過程である。その中心にあるテロルはそれに生命を吹き込むとともにその形態を提供する。それゆえアレントは、「完全な」全体主義体制はつねに動いているためにテロル以外の何も必要としないと言う。[94] 世界支配を現実に達成していない体制はいずれもまだその状態にはない。これは、行動原理を必要としていることではない。というのも、全体主義のもとで自発性を排除することは体制に支持された自由な活動さえも無意味なものにするからである。自然や歴史の非人間的な過程に捕らえられて、そこではどんなときでも「法則」の犠牲者か死刑執行人になるかもしれないので、全体主義国家の住人が必要とするのはこの過程自体の洞察であると、アレントは言う。

「イデオロギー」を先に置いている[95]、その論考の表題の付け方にもかかわらず、アレントが明らかにしているのは、全体主義の本質はテロルであり、それに対しイデオロギーは非人間的な諸力への屈服よりもっと精緻な形態であれ副次的であり、それなしでもすませるかもしれないということである。イデオロギーは、すべてを包摂する演繹体系であり、すべてを説明することができると信じる満足感をその追従者に与えるようなものだが、政治的には些細なものだった。しかし、ヒトラーとスターリンがはじめてその全体主義的潜在的可能性を発見したと、彼女は言う。この全体主義的な潜在的可能性は、歴史への科学的指針だと主張し、あたかも出来事を必然的に論理的連鎖に従って起こったかのように扱うイデオロギーの特定の内容にではなく、形態にある。アレントは、イデオロギー的思考の三つの関連する要素を確認しているが、それらは潜在的には全体主義的であることが判明したものである。第一に、すべてを説明するという野心のためイデオロギーは歴史を指向し、現に存在しているものよりも変化や動きを優先して考えること。第二に、イデオロギーが変化の根底にある過程へ焦点を合わせることにより追従者は現実、すなわち経験された現実に真面目に注目することが困難になること。最後に、このような「思考の経験からの解放」[96]が、イデオロギーの中心的観念からの論理的演繹に集中したかたちをとること。この論理的連鎖は、一貫した歴史的過程を明るみに出すと思われるが、世界で実際に起きていることから目と耳を閉ざさせてしまうほど、信奉者を魅了するのである。

アレントの議論は、現実と経験からのこの隔絶はつねにイデオロギー的思考に固有のことであり、ヒトラーとスターリンが踏み出したきわめて重大な一歩はたんにそのことをまともに受け取ったということであった。イデオロギーは、論理的一貫性を主張し、イデオロギーの意味を最も遠くまで最も好都合な結果にまで駆り立てていくことによって全体主義の武器に変形されえた。言い換えれば、ヒトラーとスターリンにとって重要だったのは、彼らのイデオロギーの知的な内容ではなくその強制的な形態である。そのどちらもが関わったことは必然に仕えることだった。スターリンは労働者階級の福祉には関心がなかったし、ヒトラーもドイツ民族《フォルク》には関心はなかった。しかし二人とも自己充足的演繹過程によって呪縛されていた。そしてそのなかで、闘争や支配やテロルが無情な論理によって進行していった。同様に、そのような演繹的体系を受け入れた臣民も、犠牲者か死刑執行人かのいずれかになるように完全に条件づけられていた。どちらの役割も彼らが受け入れた公理的前提からたまたま導き出されたものだったのだが。

古くからのボルシェヴィキが、イデオロギーを棄てることができず自分が犯してもいない犯罪を告白する哀れな姿について省察しながら、アレントは、人間を自然や歴史の法則に従うロボットに変える全体主義の企ては「自分自身に矛盾することとの恐怖」のなかに人間精神の内なる同盟者を見いだすと主張している。「論理性の専制」とは、新規に巻き直したり、新しい考えをもったり、物事を見つめ直したり、経験から学んだりする人間の能力を行使する代わりにわれわれがすでに受け入れたことによってわれわれの思考や決定が命令されることを許すことによって、「われわれ自身が自分たち自身に強いる強制」[97]である。イデオロギー的論理という麻布製ジャケツ〔囚人に着せる拘束服〕は、収容所という外部のテロルを補完し、想像上の超人的諸力[98]のための人間以下の材料に人間を低落させる、内面の警察官である。それゆえ、全体主義体制の理想の臣民は、自分の経験について考え公式のイデオロギーは事実に適合すると決断した人ではなく、経験も思考もできないロボットのような存在である。

こういうわけで、モンテスキューから引き出した分類上の装置の観点から、アレントはテロルを本質とし、活動原理の代わりにイデオロギーをもった新しい種類の政治体制として全体主義を特徴づけた。しかしながら彼女のモンテスキューの読みによれば、彼がさまざまな統治形態に帰す「原理」は政治的経験のさまざまな側面に対応しており、その上にそれぞれの形態が構築されている。[99] したがって、彼女はどのような種類の人間的経験が全体主義の根底にあり、全体主義を可能にするのか続けて問うている。彼女の解答は、孤独、すなわち根を絶たれた大衆と物質的要求に没頭した労働者の孤独である。

いつものやり方に従って、アレントは「孤独」(loneliness)という日常用語を取り上げ、近似した同義語から区別することによって特別の意味を与えている。まず、彼女のいう意味での「孤独」は、個人間の政治的絆を切断することであり、専制君主が自分の権力に挑ませないためにつねに依存していた、「孤立」(isolation)と同じではない。政治の場でともに行為できないという意味で孤立した人びとは、それにもかかわらず自分の生活の残りには触れさせないようにすることができるかもしれない。実際そのような人が芸術家や職人であれば、彼は新しいものを一人でいて人間世界に付け加えるという仕事に携っているために孤立を選ぶかもしれない。

ここでの決定的な点は、アレントが理解するような「孤独」は人間関係の欠如以上のことだということである。彼女がそれによって意味するのは、ほかの人びとからの分断だけでなく、とくにほかの人びとと共通に住みかとする人間世界からの分断、それゆえ現実感覚と経験についての健全な判断力との喪失でもある。アレントの「世界」の理論については『人間の条件』に関する章のなかでもっとたくさん言うべきことがあるが、「孤独」はここでは情緒的だけではなく、存在論的かつ認識論的な種類の価値剝奪、すなわち共同体と慰めの欠如とともにリアリティに対する人間的経験からの分断をも意味していることに気づく必要がある。このような孤独は「そもそも世界に属していないという経験」[100] だが、産業革命と二十世紀の政治的危機のあとの大衆の状態であると、アレントは言う。

いつもの三区別の様式に忠実に、アレントは「孤独」を「孤立」からだけでなく「独居」(solitude)からも区別している。それは、人びとの世界からの退却であり、思考の自己内対話の前提条件であり、それについて彼女は『精神の生活』のなかでもっと多くを言うことになる。独居は、一人で自分自身といることであり、もし孤独に陥らなければ、人間世界との定期的な接触を依然として必要としている。孤独とは、真正な思考も信頼すべき経験も可能ではない状態である。孤独な状態でひとに残された唯一の能力は、自動的な、コンピュータのような類いの演繹的推論の能力である。孤独な人間は「いつも次から次に演繹し、すべてを最も悪く考える」というルターの言葉を引用して、人びとに全体主義イデオロギーを受け入れる用意をさせたのは大衆の孤独の経験だとアレントは示唆している。それは、伝統的な専制政治の孤立した臣下だったら決してありえない仕方で彼らを動員することを可能にすることによってなされた。専制政治の砂漠と比べて、「砂漠自体を動かす、つまり人が住んでいる地球上のすべての部分を覆う砂嵐を起こす方法が見つかったように思われる」[101]。

「イデオロギーとテロル」に関する論考におけるアレントの「孤独」についての省察は、彼女が全体主義について、とくにそのマルクス主義の先行形態について考え続けたように、どのように彼女の思考の流れが広がっていき、『人間の条件』において彼女の考えを専有した主題を包み込んでいったかを例証している。というのは、彼女が人間世界にもはや属していない人びとの孤独を強調したことは『全体主義の起源』のテーマと直接、連続しているからである。『全体主義の起源』のなかでは彼女は根を絶たれた「大衆」を全体主義運動の支持者として確認し、全体主義を文明の城壁を襲う新たな野蛮状態として示したし、直接マルクスについての彼女の著作につながる新しい要素もある。近代人は「孤独」に侵食されやすいし、したがって全体主義にも侵食されやすいというのが、彼女の示唆である。それは人間の活動力におけるバランスの漸次的移行のためであり、その結果として「あらゆる人間の活動力が労働に変形されてきた」[102]。労働は、(彼女が引き続き『人間の条件』と『革命について』のなかで説明することになるように)同時に各個人を物質的生活のその人自身の私的経験の内側に閉じ込め、個人からなる大衆を「社会化された人間」、すなわち一者として振る舞う種に変える。これらの性格は結合して、労働者を全体主義の理想的な臣民にする。

それゆえ全体主義の根源についての研究を進展させることによって、アレントは、その根源は彼女の最初の探究が示唆したよりもはるかに根深いという結論に至った。主要な焦点がナチズムである間は、二十世紀の恐怖の根源にある、ヨーロッパの「地下水脈」を彼女は強調することができた。しかし、彼女がマルクス主義的全体主義に関心を移すと、新しい野蛮状態に流れ込んでいく方向での潮流の方がはるかに表面近くに見えてきた。『全体主義の起源』において主要な「要素」として表象された資本主義の成長と膨張は、「生命過程の解放」についての説明へと深められていった。「生命過程の解放」は資本主義によって開始されたかもしれないが、労働者階級の解放によって進展させられ、社会主義によって完成させられた。マルクスの重要性は、彼がこの潮流を発見し、誤ってその進行を助けたということである。彼は、物質的生活を先例のない高い地位にまで高める一方、人びとに情け容赦のない過程の流れとして歴史を経験するように導いた人間の活動力のバランスの変化を明確化した。しかし彼は、継承した概念によって誤った方向に導かれ、その向こうには自由の王国があるという完全にユートピア主義的な誤解のもとでこれらの変化を助長したのである。

　この分析はアレントに新しい重要課題を残したが、全体主義に真正面から取り組もうという努力に依然として結びついていた。彼女が認めたように、この研究が「私を遠く離れたところへ連れて行ってしまったかもしれない」[103]としても、そうなのである。一方では、伝統的政治哲学に関係する問題があった。というのも（ナチズムとは違って）スターリニズムは実は特定の深く染み込んだ思考習慣によって促進されたように思われたからである。マルクスが継承した概念装置は、なぜそんなに誤解を生じやすいものだったのか。どのような種類のカテゴリーが、現代世界が全体主義に侵食されやすくなったという展開を明確化するのに必要とされたのか。他方では、政治的方向性というもっと実際的な問題があった。もし全体主義の要素が資本主義だけではなく、労働も含むならば、適切な回答はブルジョワに対して市民《シトワイアン》を重ねて主張することを超えねばならないし、自由と平等の両立可能性と、（二十世紀半ばに特徴的な根源的悪夢において）被圧迫者への同情という罠にかかって不正な側について戦うことにならないかどうかというやっかいな問いを提起せねばならないのである。これらの問いによって、アレントは『人間の条件』と『革命について』において表面に出る研究に取りかかることになった。とはいえ、『人間の条件』を見る前に、別の問いを提起する必要がある。すでに見たように、アレントの思考における主要要素のひとつは、全体主義や原子反応や革命や「生命過程」の間の比喩によってまとめられた、近代性の到来についての劇的な説明である。この物語はどのような位置にあるのか。

物語ることについて

近代人の苦境についてアレントによって語られた物語は、ヘーゲルが様式を定めて以来ずっと知識人によって語られてきたほかの多くの同じような物語、とくに近代化を没落として描き、救済の見通しについてはマルクス主義よりも楽観的ではない物語を想い起こさせる。アレントは実は、ポール・コナートンが「ドイツ社会学に特徴的な磁場《トポス》――他律性のテーゼ」と呼ぶものについて彼女自身の変種《ヴァリエーション》を作り上げていたのではないかと主張できるかもしれない。コナートンの議論によれば、資本主義の産業化に特徴的な諸制度の網の目は、「ほとんど……人間の制御が効かない力学を想定し」、その背後にあった最初の意図を挫いた。(104) とはいえ、ここでわれわれが関心をもつのは、アレントの物語とホルクハイマーやアドルノやフェーゲリンらによって提示された物語との間の、考えられうる類似性ではなく、物語るさいの彼女の目的である。この物語を語るさいに、何をしていたと彼女は思ったのか。われわれは、過去の神秘を解く唯一真実の鍵を提供すると考えていたヘーゲルやマルクスのような意味で彼女は歴史を書いていた、と想定すべきなのか。
そうではなかろう。彼女がたやすく代替的なパターンが歴史に「発見され」うるし、それらはいずれも発見者によってかたどられうることに十分気づいていたことと[105]、彼女が全体主義イデオロギーの起源をまさしくこの種の虚構に跡づけたことを見てきた。とはいえ、歴史に意味を見いだそうとするほかの人びとの試みに対する彼女の懐疑に照らして、われわれは彼女自身の説明をどう考えたらよいのか。

ここで指摘する必要のある最初の点は、近代化を振り返りそのなかに語るべき物語を見いだすことは、本格的な歴史哲学を提唱することと同じではないということである。たとえば、マルクスの理論のなかに含まれる本質的な主張は、「歴史」は過去に遡り、未来に伸びていく単一の過程だということだが、これこそアレントが否定したものである。彼女はとりわけ、未来はたんに過去の連続であり、それゆえ傾向やパターンを確認することによって予言することができるという観念に反対することにとくに関心をもっていた。何度も繰り返されるが、彼女の最も特徴的な説のひとつは、人間は活動し、新しい始まりをなすことができるので、未来は原理的に予言不可能だという考察である。いずれにしても、「過去の出来事の混沌とした迷路[106]」がそもそも筋のとおった物語になるのは、現在という有利な地点から振り返って見る、歴史家の観点からでしかない。過去を振り返って見るとき、われわれは物事は別様にはありえなかったという幻想をもつかもしれない。しかし、現在と知られざる未来に目を向けるとき、明らかになるのは過去から継承した可能性を選ぶ能力だけではなく、以前には決して想像もされなかった可能性を存在させる能力でもある。

それゆえわれわれは、アレントが古典的な意味での歴史哲学のようなものはどのようなものであれ抱いていなかったことは確信できる。未来はともあれ、彼女の見解では過去一般には特殊な形式はない。とはいえ、彼女が明白に実際信じたことは、過去数世紀間の西欧の特定の特徴は二十世紀半ばの有利な地点からは筋のとおった物語をなしているように見ることができるということであった。生産と消費の急増によって、早くから歴史家が自分の物語を語っていた行為と出来事の寄せ集めとはまったく違う、特徴とユニークなかたちがこの時期に与えられた。マルクスのような思想家に、人間の歴史は全体として同じようなパターンを提示すると期待させるように仕向けたのは、まさしくこの圧倒的変化の経験である。しかし、アレントの見解では、近代化のパターンは人間の歴史において特徴的でないパターンであった。人びとの活動形態が規則的かつ予言可能になるのは、人びとが労働のための能力を優先させることによって、自然の一部のように振る舞うことを意図的に選んだときである。(107)

それゆえ「生命過程の解放」に関してわれわれは、アレントが歴史哲学の基礎を否定している点で一貫せず、客観的なパターンが最近の西欧の過去に見いだしうると考えたと想像する必要はない。もっとも、これは問題の終わりではないが。というのは、すでに見たように、この発展についての彼女の説明はきわめて比喩的であり、経済成長を全体主義と、暴走する科学を近代性の劇的な物語と結びつけていたからである。また、歴史的パターンに対する彼女の懐疑的態度は物語ることへの情熱によって補われたのだと、わたしは考える。

論評者のうち何人かは、われわれが経験をより適切に捉えることができるのは通常の社会科学の方法より物語をとおしてだという彼女の信念について意識して書いてきた。(108)しかしながら、これらの議論における強調は、「すべての個人の人生は……最終的には物語として物語ることができ」、歴史自体を「人類の物語本」にするというアレントの考察にならって、具体的な出来事や特定の個人についての物語に注がれる傾向があった。(109)しかしわたしが気づいている限り、本書で関心をもってきた「自然的なものの不自然な成長」としての近代性の物語には注目が払われてこなかった。この物語は、特定の個人についての物語とはまったく異なっている。それはともあれ、アレントがアイザック・ディネセンについての評伝で物語ることは「定義するということの誤りを犯すことなしにものごとの意味を明らかにし」、(110)「あるがままの事物の承認と和解をもたらす」という証言を思い起こすことによって、アレントが到達したことの糸口のようなものをわれわれはつかんだのではないかと思う。

もし近代性についての彼女の物語が実際に歴史における唯一のパターンを見いだすことでなく、意味を明らかにすることを意図しているならば、それが明らかにする意味とは何なのか。わたしが思うに、これにはふたつの側面がある。第一に、その物語は近代人の自己理解を支配している比喩を明らかにすることを意図している。第二に、それは道徳をともなった物語であり、実際に「現実にあるがままの事物との一致と和解をもたらす」ことを意図している。つまり、想像上の歴史的運命とではなく、人間の条件との和解である。

批判者たちがたびたび指摘したように、アレントは近代の「人間の堕落」について語るさいに比喩に頼っている。制御できない原子の連鎖反応は、人間の行為がなければ起こりえなかったので、ある意味で『自然』だが、「不自然」でもあり、比喩的には、彼女が描く全体主義的テロルや経済発展（「人類の生命過程」）や革命の退行のような、別の擬似自然的で制止できない過程の背後に潜んでいるものである。[111] しかしながら、彼女が行なっていることは恣意的にすぎず、彼女が「過程」という比喩を現実世界に課していると考えるのは誤りである。彼女の方法は、近代的思考に深く埋め込まれ、われわれが世界を経験する仕方に強く影響している比喩をむしろ仲介し、意識の上に乗せることにある。詩に隠れているイメージに注目を向ける文芸批評家のように、彼女は経験の近代的様相とそれが影を落とすイメージについて省察している。

このことは、『革命について』におけるフランス革命についての彼女の解釈の事例においてとくに明らかである。そこでは、彼女が指摘するように、「革命が人間の仕事としてというよりは不可効力的な過程として眺められているさまざまな比喩——流れ、奔流、潮流——は主役たち自身の手によって……つくられた」。[112] 明らかに、フランス革命を体験した人びとは革命を抗しえない進路をとる自然の過程と見、後継者たちにそのような観点から形づくられた革命理解を伝えた。全体主義の解釈においてアレントも、全体主義者自身や彼女が全体主義以前の先行者と見る人びとの自己理解のなかに、抗しえない過程によって運ばれていくという、似たようなイメージを見いだしている。[113]「生命過程」という比喩も、彼女が近代の経済成長の説明の中心に置いたものだが、勝手に取り入れているのではなく、ロックからマルクスに至る、資本主義社会についての理論家に依拠した用語のなかに彼女が見いだしているものである。[114]したがっておそらく、アレントはある意味で近代の西洋人にとって、彼女が「あたかも彼女自身が物語ったかのように」[115]ラーヘル・ファルンハーゲンの物語を物語り始めたときにしたのと、同じようなことをしようとしていると言う人もいるかもしれない。そのさい、彼女はわれわれがふつう気づいていない意味を明らかにしている。もっとも、（あとで見るように）近代政治の特定の性質について体系的に誤解させてしまう、「社会」のイメージを提示するということを代償にしてだが。しかし、彼女が「近代性」の物語を繰り返す理由は、それが道徳、すなわち少し複雑な道徳をともなった物語だからである。物語の要点は、その観点からわれわれが世界を経験しがちなイメージにわれわれの注意を向けさせ、それらのイメージを基本的な人間経験にまで遡ることによってわれわれに人間の苦境に気づかせることである。抗しがたい過程についてのこれらの包括的な、近代的比喩の根底にあるものとして、アレントはふたつの基本的な人間的経験を見いだしている。そのひとつは、必然に従属するという親密な経験であり、それはわれわれがみなたんに肉体をもつことによって共有しているものである。肉体的には、不可抗力的な過程への従属は比喩ではなく、現にある事実である。[116]とはいえ、肉体的機能の切迫性という経験は反復的で、循環的な作用の経験である。不可効力的な直線的な過程の根源の基本的経験を見いだすために、われわれは活動の経験、制止することのできないことを始める経験に向かわねばならない。[117]

言い換えれば、その物語が明らかにしていることは、活動の潜在的可能性と限界についての教訓である。つねにある程度は自然の必然性に従属しているとはいえ、人間は自然の果てしない循環から抜け出て、新しいことを始める能力をもっている。つまりやっかいなのは、この活動自体が制御できない過程を開始することである。それゆえ、その物語は二重の道徳を携えている。第一に、それは悲劇的な背景であり、それに対しアレントは、われわれは圧倒的な諸力に屈服せず、最も希望のない状況でさえ英雄的な行為をなすことによって人間の誇りを擁護できると主張している。[118] しかしながら同時に、その物語は傲慢さの危険と限界の必要とを喚起させる。人間の苦境の可能性と危険性についてアレントがどのように評価したかについてより多くのことを発見するために、『人間の条件』に取りかかる時がきた。

第四章　『人間の条件』

『全体主義の起源』はおそらく最も広く読まれたアレントの著書である（他方、『イェルサレムのアイヒマン』が最も評判が悪いことは確かだ）が、学問的な注目を最も集めたのは『人間の条件』である。『人間の条件』は、一般的には名著[1]とみなされているが、非常に多くの分析と批判の対象となってきた。ここでその本についての本格的な論評を試みることは、適切でもないし、実現可能でもないだろう。その代わり、本章でなそうとしているのは、その本をアレントの仕事の脈絡のなかに位置づけることと、とくに彼女が全体主義と遭遇することによって始められた思考の流れにそれを関連づけることである。というのは、われわれが『全体主義の起源』から『人間の条件』への彼女の道のりを辿ることにかくも長い時間を費やした理由がそのような脈絡のなかでのみ『人間の条件』が正当に理解できることにあるからである。アレントの思考の流れに寄り添うことによって、われわれは多くの分野への新鮮な見方に導かれるであろう。そのなかでも最も興味深いのが、おそらく彼女の活動の理論であろう。

読者のなかには、このアプローチについて懐疑的になり、またとくにアレントが明示的に公表したことを解釈するために彼女が公刊を選ばなかった資料を利用することに関わる解釈学的原理について疑念をもつ人もいるかもしれない。そのような読者は、著述家が政治哲学の体系的著作を出版している場合は、われわれは出版された著作が著者の決定的な立場を表わしており、書かれているままに受け取るべきだと考えねばならないと反論するかもしれない。

(マルクスやロックを解釈する場合、未公刊の著作を無視し、原理上の問題としてそれらは理論家の主著に光を当てるものではないと決めてかかったら、奇妙だと思うとしても、)これは有力な議論なので、アレントが『人間の条件』を彼女の政治哲学の体系的叙述、すなわちロールズの『正義論』に匹敵する自分の作品として提示したのではないことを認識しておくことは重要である。彼女がそのような意図をもっていたと考えることは、彼女の意図について、すなわち彼女自身の言っていることに対して矛盾する仮定を立てることになる。彼女の見解では、その本は読者がしばしば懐疑的に考えるほど完璧でなく、より偶然的な著作であり、政治よりもむしろ政治が始まるはずのところの苦境に関わっていることになる。したがって、それは必ずしも、しばしば受け取られているように政治論文ではない。このことは、詳述と実証を必要とする主張である。

一九五八年に出版された『人間の条件』は、一九五六年の春にシカゴ大学で行なった一連の講義の改訂版であった。そのほとんどが公刊されなかったが、ほぼ同じ頃に周辺のテーマについて行なった講義と同様に、この本は彼女が一九五〇年代に始めた思考の相互に結びついた網の目の一部を表わしている。それは、全体主義とマルクス主義についての省察から始まったが、彼女が書こうとしていたマルクスに関する本の範囲を超えて、政治理論について再考する試みになった。いくつかの点で『人間の条件』はこのような思考過程を切断した横断面である。それは一方では、マルクス主義の全体主義的諸要素についての研究から直接、由来している。他方では、それ自身を超えて彼女がこの時代に計画したが完成しなかった、より特殊な政治理論の体系的著作を指し示している。

『人間の条件』を執筆したときまでにマルクス主義研究によってかなり本題から離れてしまったので、彼女はマルクスをとくに取り上げる本を執筆するという考えを断念するに至っていた。[2] その代わりに彼女が計画していたことのひとつは、『政治学入門』*Introduction to Politics* という仮題を付けた本であり、それは『人間の条件』がしばしばそう思われているような彼女の政治理論の体系的記述のようなもの以上になることを明らかに意図していた。この本には、

「主要な伝統的概念と政治的思考の概念枠組みの批判的再検討——目的と手段、権威、統治、権力、法、戦争など——」に加えて「われわれが本来政治的と呼ぶ、世界と人間生活の領域、つまり一方では公的領域を、他方では活動のより体系的な再検討」が含まれるはずであった。これらの引用は、アレントが『人間の条件』出版後ロックフェラー財団に提出した研究計画書からとったものである。彼女はそのなかでこの計画をしばらく考えていたが、「人間の中心的な政治的活動力は活動なので、……適切な理解に到達するために……概念的に活動を、それが通常混同されている、労働や仕事のようなほかの活動形態から切り離すことが必要だということがわかった」と説明した。それゆえ、彼女はこれらの問題をまず『人間の条件』のなかで扱った。『人間の条件』は「わたしがいま書くつもりの本の序論のようなものである。わたしはそのもうひとつの本が終わるところから続けていく」[3]。アレントは一九五五年以降『政治学入門』に取りかかったが、その本はマルクスに関する本と同様に決して完成することはなかった。まず、彼女は『革命について』[4](彼女が計画した材料の多くはそのなかで利用された)を書くように導いた出来事や取り組みによって脇道に引き寄せられ、その後一九六〇年にアドルフ・アイヒマンの逮捕と予想される裁判によって仕事を調整し、何年にもわたって精力を使い果たす論争に乗り出すことになった[5]。その結果として、われわれは実際に彼女の円熟した政治理論の単一の体系的な言明をもっていない。もっとも、それは公刊・未公刊の著作の山から再構成できるが。

だとしたら、留意すべき第一の点は、アレント自身が『人間の条件』を彼女の政治理論の決定的表明とみなさず、むしろ政治理論自体に対する一種の予備的なもの、政治に最も関係があり、最も誤解されてきた人間の活動力についての研究とみなしたことである。すでに見たように、彼女は、マルクス主義の全体主義への寄与は大部分、人間の活動力についての歪んだ理解に負っていると決めつけ、この歪みのひとつの源泉がプラトン以来の西欧政治哲学の偉大な伝統にあるという結論に達した。これらの活動形態は政治に関連しており、「労働」、「仕事」、「活動」として区別される必要がある。自分の生きた時代の傾向を明確化しようというマルクスの英雄的な努力は、間違った転回を遂げたが、それはひとつには彼が受け継ぎ、反抗した概念枠組みによって彼は一定の方向に押しやられ、政治的経験についての適切な理解から遠ざけられてしまったからである。というのは、偉大な伝統はいくつかの点で幾世代もの蓄積された叡智を伝えているとしても、政治に関しては経験の諸相を歪め、抑えつけているとアレントには思われたからである。(6)それを明確化する概念なしには、それについて筋のとおった思考をすることはともかく、人間は自分たちが行なったり、苦しんだりしたことを想い起こすことさえ困難なことに気づく。(7)その結果、その伝統が権威を保持している間は、政治的経験の死活領域は海図が描かれないままに残されていた。二十世紀になってようやく、そのような知的権威のいずれも広範囲にわたって崩壊したあと、伝統的な歪みから抜け出し、政治的諸概念を再考することが可能になったのである。(8)

それゆえ、『人間の条件』の主要目的のひとつは、ビクー・パレクが論じているように、(9)政治に関連する人間の活動形態についてより満足のゆく現象学を提示することである。しかし、『人間の条件』をこのように読むことはたしかに実りあることではあるが、ふたつの条件を念頭に置いておく必要がある。第一に、読者はその本のなかに政治的な立場や提案を見つけ出そうとしてきたが、それは実は政治そのものよりもむしろ政治に関係がある基本的な人間の活動力に関する本である。あとで見るように、これはとくにアレントの活動理論の解釈にとって決定的な意味をもつ点である。第二に、パレクがアレントの「西欧政治哲学の伝統に対する極度の不満」(10)と名づけるものの文脈を意識する必要がある。なぜなら、彼女にこの不満を起こさせた思考の流れは、『人間の条件』をとおして見られ、その後も続いているからである。前章で見たように、彼女はマルクスの政治についての誤解を、彼が引き継いだ伝統的概念だけにではなく近代の展開にも関連づけた。つまり、彼女が「自然的なものの不自然な成長」、すなわち全体主義体制の野蛮状態において最高潮に達したより一般的な「自然的なものの不自然な成長」の一部として解釈したものに、関連づけたのである。言い換えれば、彼女のマルクス主義批判は近代性についての彼女自身の物語につながっていた。

このことが暗に意味していることは、『人間の条件』における彼女の人間の活動形態についての説明は、誤解を生じやすい理論を真正な現象学にたんに置き換えるという試みとして見ることはできない、ということである。真に現象学的な探究は、経験が現われるままに、経験に忠実に対応するためにあらゆる理論的前提条件を脇に置くのに対し、アレントの現象学は、哲学の限界についてと同様に、全体主義と近代性についての省察から生じる理論的取り組みのなかに限定されている。人間の条件についての彼女の説明は、彼女が紡ぐ思考の網の目の一部であり、彼女が『人間の条件』で精緻化している諸カテゴリーは、以前には記録に残されていない経験に対する彼女のかなり強い感受性によってと同じ程度あの網の目の要求によって形づくられたものである。とくにわれわれは、彼女のカテゴリーのいくつか、ことに「労働」と「社会」は、彼女の全体主義と近代性の解釈によって非常に強くかたどられているので、それらは理論的文脈の外では目に見えて説得力がないことを見ていくことになろう。

このことが意味しているのは、『人間の条件』の主要テーマが、われわれが彼女の全体主義についての省察からの展開と理解してきた思考の流れから直接出てくるということである。たとえば、ちょうど全体主義のテロルが、彼女の見解によると、動物の種に低落させるために人間から複数性と自発性を剝ぎ取るのと同じような議論を彼女は『人間の条件』のなかでも行なっている。つまり、労働の諸価値が脚光を浴びるようになるにつれ、非常に類似したことがあらゆる近代社会で痛ましくも起こってきたのである。というのは、「〈労働する動物〉(animal laborance)という[11]のは、実際、地上に住む動物の種のなかで……ひとつのものであるというのにすぎない」からである。同様に、どのようにして人間の文明の構造が、非人間的な諸力に与する用意のある全体主義者に屈服したかについての彼女の説明は、『人間の条件』においては仕事によって創設された人間世界が「自然的なものの不自然な成長」によって破壊されている、という彼女の主張に連接している。最後に、奴隷的決定論と「すべては可能である」という傲慢な観念との結合として捉える全体主義の分析に続いて、彼女は『人間の条件』のなかで、一方では予言不可能な行為の可能性を称え、他方ではその限界と危険性について警告することに関心を向けている。というのは、彼女の分析の主要目的のひとつは、同時代人たちに人間の苦境、すなわち「人間が地上で生命を与えられたさいの条件」[12]を想い起こさせることにあるからである。彼女が『全体主義の起源』で考察したように、近代人はすべてのものを作り変えたがっているし、たんに所与のものがあるという観念に憤慨している。[13]全体主義においても、核物理学や「生命過程」の解放に続く経済革命においても、近代人はすべては可能であるという信念のもとで自分たちの生命を制御することに乗り出し、そして傲慢さの罰は活動が解き放つ擬似自然的な過程への隷属だということに気づいた、と見ることができるだろう。

この種の経験に直面して、アレントの目的は人びとに人間の条件の可能性と同様にその限界を想い起こさせることにあった。[14]彼女は、互いに相殺するように思われるかもしれないふたつの間違いに注目しようとした。しかるに彼女はそれらを全体主義において結合し、全体主義の類推物だと考えた。つまりひとつは、すべては可能であるという信念であり、もうひとつはすべては不可避的な過程のなかで決定されているという信念である。『人間の条件』のひとつの面は、もちろん活動する能力、すなわち過去のことに決定されずに新しい始まりをなす能力を彼女が称揚したことである。しかし、同じように重要なもうひとつの面は、（のちに書いた論文のなかでとくに明瞭にまとめられたが）、活動の生活は「その偉大さにもかかわらず……人間が意のままに変えることができない事柄によって制限されている。そして、われわれが自由に行為し、変えうるこの政治の領域が損なわれずに、その自律性を保持し約束を果たすことができるのは、もっぱら政治自身の境界を尊重することによる」[15]という彼女の意見である。

生命が諸条件のもとでわれわれに「与えられた」という彼女の言明には、彼女が最も初期に知的な情熱を傾けた対象がキルケゴールだったということ、彼女の最初の本が聖アウグスティヌスに関するものであったこと、彼女がホロコーストのあと友人に一度も神の存在を疑ったことがないと語ったことを想い起こさせる[16]、宗教的な雰囲気がある。彼女の宗教は、それがどのようなものであったとしても、厳密に私的な事柄にとどまっていたし、彼女の著作において副次的な話のなかでのみ示された[17]。しかし、それは彼女の思考において人間存在は一定期間、一定の限界のなかで与えられたということを進んで認めることとして、また与えられているものをありがたく受け入れることとして明らかになっている。『全体主義の起源』のなかでは彼女は、「すべては可能である」という全体主義の特徴を表わす信念を所与で、人間の創ったものでないどんなものにも対する近代的な怨恨感情の最も極端な例として解釈したが、この怨恨感情に対する適切な代替物は与えられた生命に対する感謝の念である、と示唆した。それは、政治的に言えば、人間の複数性を受け入れ、それに感謝することである[18]。この提案に含まれた意味が彼女の円熟した政治思想の中心テーマを形成していると言ってもよいであろう。

『人間の条件』が基本的に明確化していること

そういうわけで、アレントの本が関わっているのは、人間の本性ではなく、人間の条件である[19]。「条件」という用語を使う要点は、全体主義と近代性の傲慢な幻想に挑戦し、われわれみなが逃れることのできない諸条件に委ねられていることを強調することにある。人間の「本性」についての話を避けることの要点は、人間は、ほかの生き物とは違って、われわれが特殊な開かれた性格と複数性によって特徴づけられていることを強調することにある。それらは、われわれが定義可能ないかなる「本性」とも同一視することはできない。もしそのようなものがあるとすれば、その外側に、それを超えて立つことができるある者だけがそれを定義できるであろう――実際のところ、神のような存在にしかできないであろう[20]。『全体主義の起源』のなかでアレントは、別の言葉を用いて同じような主張をした。すでに見たように、彼女はその本のなかで強制収容所は「人間本性の変形」の試みを表わしていたと主張し、全体主義との闘いにおいて「人間本性そのものが問題となっている[21]」と述べた。彼女の念頭にあったのは、人間の複数性や個性や自発性の破壊であった。まさしく、正常な状況においてそもそも「本性」なるものを人間に帰すことを不可能にする事態である。脱人間化された「類的存在」と複数の人間性との対比は、彼女のいう意味での一方での「自然」と他方での「人間的」であることの固有の緊張と関連している。

『人間の条件』の中心には、「すべての人間存在の範囲内にある」三つの活動力である、「労働」、「仕事」、「活動」についての説明がある[22]。彼女の理論は、人間の共通の状況の特性に対応する人間の一般的能力に関連している[23]。彼女は大部分空間的な観点からそれを思い描いている。人間は、地球と世界、公的領域、私的領域、社会的領域というさまざまな分野に分かれる、経験された風景のなかにいる。というのも、アレントにとって「人間の諸活動の場所」は非常に考慮すべき重要性をもつ問題であるので[24]、〈活動的生活〉(vita activa) についての彼女の理論の検証を、現象学的空間におけるこのような状況を考察することから始めるのが有益であろう。しかしながら、そのさいわれわれは、彼女の説明が全体主義についての関心によってどのように特徴づけられているかについてずっと書き記すことになろう。なぜなら、彼女の説明は全体主義から発したものだからである。

大地と世界

「大地」とは区別されるものとしての、アレントの「世界」の概念は、彼女の思考の最も特徴的な側面のひとつであり、多種多様な政治的意味をもっている。疑いもなくそれは、キリスト教初期の「世界」の拒絶[25]についての彼女の若いころの研究に何かを負っている。もっとも、このような消極的なキリスト教の観念は、それ自体では彼女が非常に高い価値を置くものにはならなかった。より明白に彼女が負っているのは、ハイデガーによるその用語のさまざまな用法にである。人間が「地上に住む」だけでなく特殊に人間的な世界に「住まう」という観念は、人間はコップのなかに水があるような仕方で存在するのではなく世界に「住まう」のだという彼の主張から疑いもなく由来したものである。[26] しかし、アレントが「大地」に対立するものとしての「世界」によって理解していることは、きわめて独特なものであり、人間が自分たちのためにつくった住みかと人間が生物学的生き物として属する自然環境との間の人間主義に特有の対比を含んでいる。[27]

彼女が理解するところでは、人間にはふたつの側面がある。第一に、われわれは動物であり、種の一員であり、ほかの動物のように生物学的必然に従属している。そういうものとしてわれわれは自然の一部である。それは、動物や植物のひとつの世代がその前の世代に個々の例には無関心な自然の動きのなかで置き換わっていく、成長と衰退という果てしない循環のなかを動いている。とはいえ、地上で所与のままに自然に即した生活を送るほかの動物とは違って、人間は自分たち自身の世界を自然の大地の上に構築してきた。[28]

アレントはこのことによって何を言おうとしているのか。なぜ人間の生活は人間的に構築された文明世界に依存しているのか。彼女の答えは、われわれが全体主義とマルクス主義についての彼女の分析の根底にあると見てきた不安と密接に結びついている。つまりなぜなら、世界なしには人間が交換可能な種の一員ではなく複数の個人であることは非常にむずかしいからである。人間世界だけが安定した環境を提供できる。そのなかで人間は異なった個人として信頼されうるかたちで現われることができる。つまり、彼らが共有する世界だけがこれらの個人をまとめ、一方で異なったままにしておく。これらは、少し丹念な説明を要する点である。

ワーズワースのロマン主義やドイツの自然崇拝の伝統のなかで育った人なら誰にとっても、アレントの「自然」についての仮定は、おおよそ見慣れないもので、理解不可能でさえある。われわれは、自然は人間生活のための安定した、かつ安らぎを与える環境であり、現代都市の人工的世界よりも敵対的でないと考えることに慣れてしまっている。しかし、われわれはここで『全体主義の起源』をとおして流れる、自然と文明との対比を想い起こす必要がある。そこでは「自然」は野蛮状態を表わし、全体主義は想像上の自然的諸力への屈服とみなされていた。[29] アレントの自然観はロマン主義には何も負っておらず、古代ギリシア人に多くを負っている。そのギリシア人にとっては、自然は誕生と死、成長と衰退の果てしない循環である。人間が人間的であるためには、人間は「無垢の自然の荘厳な無関心」から自らを保護するために自分たち自身の世界を必要とする。「……人間は、自然の圧倒するような基本的な力によって、自分たちなりの生物学的運動のサイクルのなかに否応なく投げ込まれている[30]」。

文明的な人間社会が提供するものは、第一に安定性である。つねに変化する自然環境の代わりに、家、工作物、制度という、人間の創った世界は、個人の生命を引き立たせ、意味をもたせることができる背景を提供する。[31] もし個人の寿命が動物の種としての生命のたんなる一例を超えたものであるとするなら、それはより安定した、それ自体よりも長く続く環境を必要とするだろう。「世界の物は、人間生活を安定化する機能をもっているといえる。……人間は同じ椅子、同じテーブルに結びつけられているのであって、それによって、その人間の同一性、すなわちそのアイデンティティを取り戻すことができるのである。[32]」この考察の背後に、われわれは自らの世界が崩壊した難民であるとはどういうことだったのかについてのアレントの個人的体験の残響だけでなく、あらゆる安定性を押し流し、それとともにあらゆる個性も押し流す、情け容赦のない擬似自然的な奔流としての全体主義についての説明の残響も聞くことができる。[33]

したがって、アレントによれば、人間は自然的な地上に生きるのと同様に、人間が創った世界に住まわなければ、完全には人間的だとはいえない。世界が可能にするこの個性化の別の側面は、世界は人間の間にあるので、世界は「われわれを一緒に集めるけれども、同時に、われわれがいわば体をぶつけ合って競争するのを阻止している」[34]ということである。世界は自然には存在しない空間を創り出す。この実存的空間は、人間に動き回ること、さまざまな立場をとり、誰も自分自身では達成できない現実を把握させることを可能にし、自分たちの共通の世界をさまざまな観点から見させている。[35]「世界のなかに共生するというのは、本質的には、ちょうど、テーブルがその周りに座っている人びとの中間《ビトウィーン》に位置しているように、事物の世界がそれを共有している人びとの中間《ビトウィーン》にあるということを意味している。つまり、世界は、すべての介在者《イン・ビトウィーン》と同じように、人びとを結びつけると同時に人びとを分離させている。[36]」アレントは、多くの人間が、十分に確立した安定した世界に住まうことなしに、自然との原始的共棲であれ、精神性への深遠な退却であれ、近代の荒涼とした「世界疎外」のいずれの条件であれ、生存してきたし、生存していることを否定してはいない。[37]しかしながら、彼女はまさに「無世界状態とは、帰するところつねに野蛮状態の一形態にほかならない」と主張しているし、彼女の政治思想は最大限、このような「野蛮状態」の危険とみなすものへの関心とその文明の対応物を明確化し、力づけようという努力に拠りかかっている。[38]

　それなら、われわれを住まわせ自然から守り、われわれの生命を安定させ、われわれが個人であることを許すこの世界とは何であるのか。それは、自然の原材料を環境に変形することによって産み出された、人工的で耐久性のある何かである。その環境は、人間個人の生命を超えて存続しうるものである。それは、工作物や耕された土地や政治制度のような組織的に作ったものも含む。アレントが考えていることの一部は、考古学者が消え去った文明を発掘するときに見つけ出すような類いのものである。つまり、ピラミッド、寺院、家屋と道路、段状の丘陵、陶器、忘れられた人びとの世界が生を灯している彫像である。しかし、彼女が「世界」によって理解しているもののうちの何かは実際にはこのような堅固で具体的で物質的なものである「物象化」[39]だが、また『人間の条件』における強調はその最も物質的な側面に置かれているが、「世界」という言葉は国家や教会のような、より見えにくい堅固で耐久性のある人間の構築物も内に含んでいる。おそらくローマの政治体は範例となる事例であろう。つまりそれは、非常に長続きしたので、許されうる誇張でだが「永遠の」として考えられうる政治構造である。ローマそれ自体、初期のキリスト教徒が自分たちの無世界性を主張したのとは反対に「世界」であった。しかしそれはローマ・カトリック教会という奇妙に形を変えた形態のなかで生きていたし、そのなかではキリスト教の精神性は「途方もない耐久性をもつ制度」[41]のなかで純化された。アレントは、十七―十八世紀の「古典的共和主義者」がどれほどこの種の世界の安定性と耐久性を優先して考えていたか記しているし、アメリカの共和政体の創設と憲法の制定をこの種の世界建設として理解している。[42]

したがって、アレントのいう意味での「世界」は、目に見える現われであるとともに耐久性をもつ制度でもある。いわば、ウェストミンスター寺院であるとともに議会でもある。さらに、彼女が「世界」によって理解していることの大きな要素は、文化という表題のもとにまとめることができる。彼女は、芸術作品はその例外的な耐久性[43]のためにあらゆるもののなかで最も特徴的に「世界性をもつ」と示唆している。明らかに、ここには複雑な意味がある。彼女が芸術作品に帰す「潜在的な不死性」[44]はたんなる物理的生存能力ではない。無害な物質に分解できないプラスティック製のコンテナーは、まさに地球の表面を雑然と覆っているからといって、芸術作品ではないし、人間の世界建設能力の顕著な現われでもない。彼女が「耐久性」について文化的脈絡で語るとき、美しさのゆえに生き延び、将来世代に伝えられるのにふさわしい対象物について語っていることは明らかである。これは、われわれがここでは論じることのできぬ論点を先取りした立場である。

彼女の「世界」概念の強調点は、技術的というよりはるかに文化的である。われわれは、〈工作人〉が地上に見つける自然の材料を人間の工作物を構築するために用いるように、どのように世界が仕事によって創られるかを読むとき、まず技術的な構築物について考えがちである。つまり、アレントが語っている類いのものは文字通りの意味で具体的であり、高速道路が主要な例だと仮定しがちである。しかし、実際には技術よりむしろ芸術が彼女のモデルとなっていること、および彼女が思い描き、価値を置くような世界は、断固として工学の世界というより文化的な対象や環境の世界であることは明らかである。

彼女の全体主義の分析において見たように、「人間の工作物」の人工性は彼女にとってきわめて積極的な含意をもっている。「自然的」と「人工的」を対比するほとんどの著述家は後者を貶めて対比しており、ヨーロッパ思想、とくにロマン主義運動以降の支配的な選好を当然のことと考えている。しかしながら、アレントの思想は多くの点と同様この点でも、ロマン主義的というより古典的なので、彼女にとって世界の工作物対自然との対比は文明と野蛮との対比と等価である。人間生活の「自然的」側面に対立するものとしての「人工的」側面への高い価値評価は、近代性に対する激しい批判からすると奇妙に思われるかもしれない。というのは、結局、仲間の批評家のほとんどにとって、彼らを悲嘆させるのは、近代の諸条件のまさしく非自然性と人工性だからである。アレントが人工性に価値を置くと同時に、近代性を非難することはどうして可能なのか。近代の技術と産業は、自然を乗り越え地上に自分自身の構築物である世界を地上に置く人間の能力の輝かしい実例ではないのか。

あとのほうの問いに対する彼女の答えが「そうではない」ということを認識するのは、きわめて重要なことである。彼女が近代性を批判すると同時に文明の人工的世界を自然の野蛮状態より上に価値づけることができるのは、彼女が近代性を古典的な意味での文明とはみなさないからである。その代わりに、すでに見たように、近代性とは彼女にとって一種の擬似自然であり、真の人間世界はその犠牲になってきたということである。近代世界が間違っている点は、耐久性や人類を住まわせる適合性という真に世界に関わる諸価値が失われてきたことである。「すべては可能である」ということを示す傲慢な努力において、人間は結合した型の自然過程に屈従してきたが、それは生《なま》のままの自然よりも人間性にとって脅威である。なぜなら、真に自然的な過程は少なくとも循環的であるのに対し、人間が解き放った擬似自然的過程は予期しえぬ軌道を突っ走っていくからである。

アレントが悲嘆する近代的発展はすべて、人間的諸価値を擬似自然的過程の犠牲にする、これと同じ衝動の例と見られている。全体主義は野蛮状態の巨大な復活であり、以前に文明化された人間を野蛮人の群れに変え、さらにはたんなる動物に低落させることを目指している。マルクス主義は、種の生物学的生活に全面的に占められた労働者が近代社会において優位に立つことを表明している。原子爆弾は新しい過程によって人間の実存を脅かす一方、より終末論的でない形態の産業技術が、人類を自動的な生産や消費の結合した過程に委ねてきた。その過程は自然の循環的な秩序によく似ており、人間世界を破壊する。「将来のオートメーションの危険は、大いに嘆き悲しまれているような、自然的生命の機械化や人工化にあるのではない。むしろその人工性にもかかわらず、すべての人間的生産力が、著しく強度を増した生命過程のなかに吸収され、その絶えず循環する自然的サイクルに、苦痛や努力もなく、自然に従う点にこそ、オートメーションの危険が存在するのである。[45]」

のちに見るように、近代の苦境についてのこの解釈は、アレントの政治思想の多くの側面に影響を与え、とくに、最も批判を呼んできた領域のいくつかの根源にあるものである。また、近代性の害悪についてのこの診断に彼女の積極的な政治理論は依拠している。それは主として共和国の創設の可能性に関わっているが、共和国は人工的な野蛮の渦巻状の潮流に対する文明の要塞となりうるものである。また、「世界」という彼女の鍵概念《キー・コンセプト》が自然と擬似自然というきわめて異論の多い見解に結びついているとしたら、それはまたリアリティと真理についての同じように異論の多い見解に結びついている。リアリティと真理についての見解は、両方とも彼女の全体主義分析とハイデガーに負っているところに関連している。これらの見解は、彼女のもうひとつの鍵概念《キー・コンセプト》である「公的領域」を伝えている。

公的領域

アレントのすべての政治的観念のなかで最も基本的なものは、人間は複数だという、平凡だが哲学的に革命的な彼女の考察である。つまり、「地球上に生き世界に住むのが一人の人間ではなく、複数の人間である」(46)ということである。これにはあらゆる種類の意味が込められている。それは次のようなことを意味している。人間事象は、新しい始まりや新しい観念の持続的侵入によって恒常的に変動する状態にあること。それぞれの個人はユニークで、可死性の結果としての苦しみに遭うこと。しかし、本書との関連でそれが意味していることは、人間は複数であるので、集まって自分たちのなかに空間を形成することができ、その空間のなかでさまざまな観点から共通世界を見、共通の事柄について語ることができるということである。アレントは(行動生物学的に正当化できるかどうかは別にして)、人間だけがそうすることができると仮定している。もし羊が話すことができれば、羊は自分の感情を表現する言葉を用いることができ、情報を伝えることはできるだろうが、みな同じ見方をするので、何も討論することはできないだろう。しかしながら、人間はたんに群れの一員ではないし、複数性が人びとの間に公的領域を可能にしている。

すでに見たように、人間を集め、分離するのは文明「世界」であり、この世界はアレントが「公的領域」によって意味するものの大きな構成要素となっている。しかしながら、彼女は、公的領域は世界以上のものであり、実際にずっと堅固でなく、よりはかないものであり、複数の人間の間に形成される空間のなかでその外のさまざまな観点から見られたり、特別に話されたりするどんなものも含むことを明らかにしている。(47)公的領域は討議と活動の場所であり、それはアレントにとってどのような点で人間が動物から区別されるかに関連した多くの理由のために重要である。公的領域での承認はそこに現われるものはなんであれ尊厳と意義を付与するので、それはひとつには、人間の文明の業績が各世代によって占有され、次の世代に伝えられ、人間が「時間という自然の廃墟から救い出したいと思う」ものはなんであれ称え、大切にし、またそのなかで世界について果てしなく語り合うことによって絶えず世界を「人間的なものにする」、闘技場《アリーナ》である。(48) さらに、人間がユニークな個人としてのしるしを残すことによって可死性を克服できるのは、公的領域においてである。ユニークな個人としてのしるしとは、あとで「活動」という表題のもとで議論することになるものである。しかし、アレントの関心を主観的な観点から解釈しないことが重要である。公的領域が彼女にとって重要なのは、死すべき人間の救済の方法としてではなく、ましてただ世代を超える文明の場としてでもなく、リアリティが正体を現わすのは公的領域においてだけだからでもある。リアリティの開示へのこのような関心は、ふたつの文脈で読む必要がある。ひとつのほうがもうひとつよりも直接的だが、それらは双方とも全体主義に関連している。最も明白なつながりは、もちろん全体主義運動のイデオロギー的虚構、および現代の大衆が虚構の薄明かりからリアリティの光のなかに逃避しなければならない場合、自由で公的な領域が必要とされることについてのアレントの考察にある。より微妙なつながりは、ハイデガーの影響とアレントがどのように彼の思想を彼の政治との関わりに応じて展開し、変更したかということによって提示される。(49)

ハイデガーの哲学は、いずれにせよよく議論された「転回《ケーレ》」(50)以後、人間よりも存在と存在が明るみに出る様式に関わっている。「人間は存在の牧人である」(51)。現存在の特別の運命、すなわち人間の世界内存在は、存在が示される空間になる。人間は、拘束された、居住するための(52)「空間」を樹立するだけではなく、存在自体が現われる「明るみ《リヒトゥング》」(53)である。ハイデガーによれば、人間にとっての自由は、この真理に「開かれた境域」において現われ、「存在者を、現にあるところの存在者であらしめる」(54)ことを許すことである。

表面上は、こういったことはすべて、全体主義や活動や複数性へのアレントの関心からはるかに隔たっているように思われるかもしれない。ハイデガーは公的生活を軽蔑していたし、彼の非人格的な現存在のなかにはアレントの複数性の強調のしるしはない。[55] にもかかわらず、ハイデガーの哲学からアレントの哲学への距離は予想するよりはるかに近い。それは、彼女がハイデガーの「世界」や「空間」の概念を採用し、変形したというだけのことではない。彼女は、人間によって形成される空間のなかに正体を現わすものとして見るリアリティの見方を彼から受け継いだ。したがって、人間を動物から分かつものの、ある意味では人間であることの使命はリアリティを十分に経験する能力であるという彼の主張を受け継いだと言える。アレントに独特な彼の立場への適応は、リアリティが現われる空間は複数の人間が自分たちのなかに形作ることのできる公的・政治的空間であり、言い換えれば、リアリティの開示のために必要とされるものはハイデガーが支持した体制とは反対の自由な政治であるという彼女の主張にある。

アレントの立場とハイデガーの立場との類似性は、彼女の未公刊の草稿、とくに「序論——政治の意味 ***Einleitung: der Sinn von Politik***」という表題が付けられたドイツ語の草稿に最もはっきりと現われている。そのなかで彼女は、ギリシア・ポリスの市民によって享受された言論と思想の自由について省察している。彼女は、これは「表現の自由」、すなわち原子的個人が個人的見解を打ち明ける権利としてではなく、むしろ複数の人間が世界を眺めるさまざまな遠近法の間を動き回ることによって現実を捉える自由として理解されるべきだと主張している。[56] リアリティを経験できるようにするから複数性がきわめて重要であるという彼女の主張、自由とはそのリアリティが複数の人間の多数の観点から明らかにされる空間のなかでの経験であるという彼女の理解、多面性の欠如がリアリティの喪失と等価であるという彼女のはっきりとした関心は、ハイデガーの見解を全体主義の経験を考慮に入れて修正したものとして読むことができる。彼女の立場がどの程度までハイデガーの立場の変種《ヴァリエーション》であるかはとくにこの定式化に明らかだが、一方リアリティは複数の人間の公的領域のなかにおいてのみ現われるという、より広義のテーゼは彼女の著作の恒常的なテーマである。[57]

「物がその正体を変えることなく、多数の人によってさまざまな側面から見られ、したがって、物の周りに集まった人びとが、自分たちは同一のものをまったく多様に見ているということを知っている場合にのみ、世界のリアリティは真実に、そして不安気なく、現われることができるのである。[58]」これは、部分的には人間の経験一般についての考察であるが、政治についての考察でもある。アレントが完全には「公的なもの」と「政治的なもの」を同一視していないとしても、公開性とリアリティの暴露とのつながりがその完全なかたちではリアリティと自由な政治との関係とのつながりでもあると考える傾向が彼女にはたしかにある。全体主義が虚構と幻想の領域であるのに対し、すべてが現われ、議論することのできる政治的に自由な公的空間はリアリティの暴露のために必要である。[59]逆にいえば、いかなるリアリティの喪失も、幻想への迷い込みも、政治的に不幸な結果となりがちである。

いま述べたあとのほうのテーマであるリアリティの多面性についての理解の弱さが政治的に惨憺たる効果を及ぼすことは、『ラーヘル・ファルンハーゲン』以来のアレントの著述の最も一貫したテーマのひとつである。ユダヤ人のこの先達についての彼女の研究の大部分は、実際ラーヘルが徐々に、痛ましくもロマン主義的自己省察という主観的幻想から他者と共有する世界、リアリティ、何よりもユダヤ人であることが何を意味するかという政治的現実のより確固とした把握に至る自己生成に関心を寄せている。しかし、ラーヘルが最初に抱いた幻想は決して例外的ではなかった。すでに記したように、アレントはしばしば、政治的現実感覚の一般的欠如と公的世界との接触の欠如の結果としての政治的未成熟の責任をユダヤ人一般に帰していた。全体主義の先行形態の分析において、共有する公的世界の欠如とその結果としてのリアリティの喪失はたんなる未成熟さよりもはるかに重大な結果をもたらしたと彼女は示唆した。彼女は、アフリカでなされた残虐行為、「暗黒大陸の幻想世界」をもたらしたのは、ひとつにはこのような夢のような性質の経験であったとした。それは、「文明のリアリティから逃れた」冒険家たちによって原住民に対してなされたものである。なぜなら原住民は、人間世界も公的領域もなく自然の一部のように暮らし、「非現実的で不気味な幻影のように[60]」現われたからである。

アレントにとって残虐行為と非現実性とのこのような結合は、強制収容所の「非現実的」で悪夢のような恐怖を予兆している。[61] それが可能になったのは、根を絶たれた、孤独な大衆が、自分たちに虚構の世界を提供する運動のなかに引き入れられたときである。[62] 孤独な人間は、ほかの観点によって現実的にならざるをえない公的な言説をまったく欠いているので、自分自身と自分の精神の孤立した状態のなかでつき従うことができるイデオロギー的論理に投げ返される。そのような状況のなかでは、彼らがすることに対しては常識的な制約はない。[63]

政治と現実感覚とのこの種のつながりは（真に多元的な言説や常識や文明的な政治行動をスペクトルの一方の端にして、孤独や単線的思考や政治的惨事をもう一方の端にして）絶えずアレントの著作に再現する。真に多元的な政治的言説が欠如した状態ではわれわれはリアリティをしっかり把握できないし、政治的健全さについての保証もない[64]という それに付随した状況もそうである。それゆえ彼女は、現代のさまざまな傾向によって惑わされた。それは、人間を共通世界から駆り立て、自分自身の精神の孤立した状態に戻すような傾向があると彼女には思われるが、一方では同時に分離したユニークな個人にではなく種の同一の見本に低落させるものである。『人間の条件』の多くはこれらの傾向に関するもので、アレントのその関心の背後には、例のごとく、全体主義についての基本的な、思想形成的な経験がある。

その経験の痛ましい特徴のひとつは、ハイデガーのナチズムとの密接な関係である。それによって、彼の人としての誠実さだけでなく、彼の哲学の価値や哲学一般の価値さえも疑問に付された。リアリティは政治という公的領域において開示されるというアレントの主張は、それゆえハイデガーとの隠れた討議と見ることができる。そのなかで彼女は師であるハイデガーの立場に合わせたり、変更したりすることによって自分の立場のうちの多くを打ち出した。[65] この特異な主張は、彼女が何年にもわたって思考の大部分を捧げたふたつの問題を生み出した。そしてそれは、ほかの著作同様『人間の条件』においても表面に出てくる。そのひとつは、哲学の政治との関係である。もしリアリティが複数の人間によって形成される公的闘技場《アリーナ》において開示されるのに対し、孤立した精神は幻想の餌食となり、共通感覚を失うのだとしたら、そのことは、真理は独居した状態での省察において到達するとする長年の哲学的伝統や精神の生活には共通世界からの退却が必要であるというアレント自身の経験とどのように適合するのか。哲学の主張と政治の主張はどのように調和しうるのか。

また、これとは別に、アレントによる公的領域におけるリアリティの位置づけによって生じる問題がある。公的にリアリティを示さないが、公開しようと試みると歪められるのは、人間の経験や活動形態のうちどのようなものなのか。善良さや愛は政治の公的世界とはどのような関係があるのか。これらの問題のいずれもきわめて抽象的な問題で全体主義の経験によって投げかけられた差し迫った実際的な問題である。それらのいずれも、長年にわたる省察の主題である。また、双方とも『人間の条件』において表に現われているが、それらについての考察はあとの章まで延ばし、代わりに公的、私的、社会的についてのアレントの区別に注目してみよう。

アレントは現代において「公的」と「私的」双方の真正な意味は、彼女が「社会的」と呼ぶ別のカテゴリーの出現と社会的関心による政治に対する支配の増大によって曇らされてきたと主張している。われわれは、彼女が「社会的」によって意味することをしばし見てみることにするが、まず少し休んで記しておくべきなのは、彼女が「公的」と「私的」というカテゴリーを例証したいと思うとき、彼女が例証する仕方は古代アテナイへの引照によってだということである。[66] 彼女はなぜそうするのか。それは、「ギリシア的郷愁」[67] に苦悩した者の内面を映し出したものなのか。その答えは、われわれが「活動」を議論するとき見るほど単純ではない。疑いもなくアレントはギリシア人を賞賛しているにもかかわらず、彼女はアテナイを唯一の政治的モデルとはみなさなかった。彼女はアテナイの政治のいくつかの側面にはきわめて批判的であり、伝統的政治哲学が真の政治的経験を無視したり、抑圧したりしている態様について論じるとき、アテナイの民主政と同様に、ローマ共和国創設の経験、キリスト教による赦しの発見、大きな事業に乗り出すポリス以前のギリシア人の経験、十八世紀の革命など一連の資料を参照にするのが常であった。[68] しかし『人間の条件』において、彼女の関心は特殊な意味での政治よりもむしろ人間生活のより幅広い分析にあったが、アテナイを公的領域に関係する事柄のとくに有用な例証と考えるのにはふたつの理由があった。ひとつには、アテナイは（ハイデガーとの論議の観点からは）リアリティが複数の人間の間の議論によって形成される空間のなかで暴露されるという発見をなした場所であった。もうひとつには、彼女がなしたがっていた「政治的」と「社会的」の区別は、部分的にはギリシア語とラテン語の用語法の違いであった。ポリスの公的生活と家政の私的生活との間のギリシアのはっきりした区別のなかに、「社会」の台頭がぼやけさせた区別の生き生きとしたモデルをアレントは見いだした。

アレントの見解では、古代アテナイの私的領域は家族の財産の上に確固とした位置をもつ家政から構成されていた。家政は経済生産の単位でもあったから、人間生活の自然的で物質的な面はすべて――アレントの用語法では労働はすべて――公的舞台《アリーナ》の光から離れて、私的に行なわれた。自分自身の家政に引き込んだ私生活の内側で、市民は自分と家族の物質的幸福に関心をもっていた。家政が従属の場所であったのは、それが家長が女、子ども、奴隷を支配するために常習的に暴力を用いた小さな専制的支配であるからだけではなく、関係者がみな、生産と消費と生殖を要求する[69]生命過程の冷酷無情な必然に委ねられていたからでもある。家の主人は、生物学的必然というこの暗い領域から公的舞台のなかに現われて、仲間に加わり、彼らと共通世界の関心事について討議したとき、支配、すなわち必然への従属や生物学的生命への関心から離れていた。なぜならそれらは、公的領域で進行する真に人間的な活動の前提条件にすぎなかったからである。

それゆえ、アテナイ人にとって（いずれにせよアレントの説明では）公的生活と私的生活はまったく異なっていた。しかしそれ以来、「社会」が古代の家政とポリスの両方ともに取って替わるにつれて、私的、公的双方の特徴はぼやかされてきた。それでは、アレントは社会によって何を意味しているのか。

社　会

アレントの「社会」という用語の用い方とそれに付随した「社会的なもの」と「政治的なもの」の区別は、理解しづらいという悪評がある。彼女が言おうとしていることを正確に理解できたと自信をもてる人は少ないし、彼女の見解を説得的だと思う人はもっと少ない。しかし、彼女の立場がきわめて特異であり、これから明らかになるように、内在的な問題を含んでいるとしても、前の二章で考察した全体主義についての省察からアプローチした場合、かなり理解できるものになるだろう。

最初に記すべき点は単純に言葉のうえの問題である。「社会」の観念は、「社会現象一般の構造を表わす簡略なラベル」[70]、すなわちすべてを含むように見える包括的な概念としてしばしば用いられている。この共通した使用法の意味合いは、第一に、社会は人類そのものが存在する限り存在するはずだということであり、第二に、政治のような特定の人間活動は、社会にはめこまれ、ある程度まで社会に依存しているということである。しかし、これは断固として、アレントがその言葉を使ったときの意味ではない。彼女が「社会」について語るとき、彼女は人間関係の総計ではなく、むしろ特性をもち、特定の時と所を特徴的に表わす、特定の関係の様式を意味している。ちょうど政治思想史家が「国家」はつねに存在してきたわけではなく、ヨーロッパ史の近代初期に徐々に生じてきたことに同意しているように[71]、「社会」は同じ近代初期まで存在しなかったこと、「社会的」関係は、最初は一部の住民にしか影響を及ぼさなかったが、徐々に何世紀もかけて発展したこと、いまになってようやく、すなわち現代の「大衆社会」になって社会的関係はすべてを包括するようになったことをアレントは主張している。

それでは、「社会的」関係について何が特別なのか。ここでのアレントの思考は、彼女が『全体主義の起源』で示した、人間を同形の種に頽落させることと人間らしい文明の破壊についての不安を反映している。彼女のいう意味での「社会」は真の公的領域と対比される。そこでは諸個人がその複数性が保存され、表明される仕方で結合されている。これが可能なのは、彼らが自分たちの外と間にある共通世界によって結合されているところにおいてであり、その結果、彼らが形成する公的空間ではリアリティはその多面性において現われうる。対照的に「社会」は、一種の擬似公的領域、すなわち真の公的生活の歪められた姿であり、その歪められた姿は画一性と自己中心性の結合によって特徴づけられている。社会では人間は互いに結びついているが、人間を結びつける関心事は本質的に私的であり、共通の経済と共通の大衆文化における生産と消費に関係している。人間が結合しているのは、人間の必要物と欲求が同じで、集合的に賄われているからだが、人間は複数の個人であることができる共通世界の周りに集められているわけではない。

したがって、群れのような同形性が、アレントが理解する「社会」の本質を表わしている。事実、彼女の思考にはふたつ異なった要素があり、そのうちのひとつは経済的要素で、生産によって結合された、次第に「社会化されていく」人類に関わっている。その到来はマルクスによって歓迎されたものである。もうひとつは文化的要素で、「大衆社会」の理論家たちによって酷評された、習俗や生活様式の画一性に関わっている。のちに見るように、これらふたつの要素の対置は彼女の全体主義論に結びついている。[72]

『人間の条件』は、古代世界に始まる「社会」の勃興についての説明を提示し、「社会化された人間」の経済的側面に強調を置いている。古代では市民の、市民としての活動と私人としての生活の間には深い裂け目があり、物質的関心はすべて私的であり、公的ではなかった。ローマ帝国崩壊後、公的領域は存在しなくなった（曖昧なかたちで残っていたのは教会での生活においてである)。残されたものは、「家族の集積体」だけである——土や貴族、商人や農民の家政、ギルドや男子修道院の擬似家族だが、それらすべては自分たち自身の私的な事柄に浸りきっていた。[73]公的な場での人びとの間の関係という観念が中世末期に現われたとき、(古代の共和政を再生させようとするルネサンスの何人かの思想家の努力にもかかわらず)それは違うかたちで現われた。住民の次第に多くを包括する市場経済の発展は、以前はそれぞれ別々の家政の私的事柄であった物質的関心が多くの家政をつなぐ一組の枷《かせ》になった。一方、商業的な富の新しい形態の、徐々に自覚を強めつつある代弁者たちは、新しい公的機関である国家がこの私的利益の網の目を保護し、促進することを要求し始めた。[74]

したがって、社会が生まれたのは、物質的利害が国民全体の集合的な関心、国家の配慮になったときである。経済的近代化の離陸期、および絶えず拡がっていく仲間集団の範囲を相互依存的な経済に拘束して以来、政治秩序を経済的目的の侍女とみなす傾向が増大してきた。アレントにとって、政治経済学者、重商主義者、自由放任自由主義者と続く移り変わりのなかでの違いは、彼らがみな「社会的な」見解を共有していることに比べると、些細なことである。その見解によれば、政治にとって重要なのは、生産と消費、すなわち生命過程を促進することである。[75]

生命やその必要物に関するこの圧倒的な関心の特異性は、それが一方ではそれぞれの個人の最も完全に私的で個人的な関心であり、同時に人類すべてが同じ種の構成員として共有しているものだということである。人間としてすべてのひとは生命の必然に切迫した関心をもっているので、そのような事柄が公的関心事になるとすぐ、彼らがほかの考慮すべきことを無視することや、政治を管理、人類の集合的生命過程の管理とみなすことは簡単だった。そして、そのような管理のために個人は同一で交換可能とみなすことができる。社会は、それゆえ「相互依存の事実がほかのなんのためでもなく生命だけのために公的重要性を想定する形態である」。[76]一方、「あらゆる型の社会の一枚岩的性格、ひとつの利益とひとつの意見しか認めない画一主義は、究極的には人類の単一性に根づいている」。このような社会に対応する自然な政治的形態は民主政ではなく、国民的家政を負わされた官僚制による支配である。[77]

したがって、これがアレントのいう意味での「社会」の経済的な面である。とはいえ、それには別の面もある。通常の言い方をすれば、アレントが焦点を当てているのをいま見てきた物質的必要に関係する事柄を意味する「社会的問題」について語ること以外に、われわれは、まったく異なった生活領域を意味する「社会的出来事」「社会的地位」などについても語る。アレントも、現代の生活の領域に言及するために「社会」という言葉を使う。その領域をわれわれはおそらく群生の領域、公的消費や流行や社会的成功の闘技場《アリーナ》とも呼べるかもしれない。彼女はそれらの起源を前の何世紀かの「上流社会」に見いだしている。この種の社会は国王の宮廷、とくにヴェルサイユ宮殿の貴族的環境のなかで始まった。公共性《レス・プブリカ》を欠如しているとしても、これは、観客の前で行なわれた、きわめてよく目に見える生活様式であり、外見に非常に関心をもつという意味で、一種の公的領域だった。社会に現われた人びとは、公的舞台での演技者だった。彼らの演技は他人によって批判的に見つめられた。しかし、宮廷やサロンの社会は変形された公的領域であり、その真正さの欠如や偽善はルソー以来の文化批評によって非難された。諸個人の複数性を確認することができ、彼らのさまざまな観点が世界に光を当てるのでは決してなく、社会は極度に画一的であり、好みや行動や意見の移り変わりに合わせるように強い、個人に適切な役割を演じるように大きな圧力をかけるものであった。[78]

ルソーが非難したパリのサロンという十八世紀の社会は、住民のほんのわずかな部分しか含まなかったが、その時代以来野火のように蔓延していき、十九世紀にはブルジョワ社会にまで拡張していった。ブルジョワ社会とユダヤ人成り上がり者との不安定な関係について彼女は『全体主義の起源』のなかで記述した。[79] 二十世紀になると、余暇と消費が拡大するにつれて、同じ社会的特徴が、住民全体が、高価なものの乱費にうつつをぬかし、流行に合わせ、社会的地位に取り憑かれ、旧体制《アンシャン・レジーム》の貴族のように振る舞うところまで広がった。

したがって、アレントにとって「社会」には二重の含意があることは明らかである。ひとつは、「国民的家計」に関係し、もうひとつは全住民を以前は「上流社会」に特徴的であった生活の形態に吸収することに関係している[80]。われわれは、ふたつの連結を、アレントの出身母体であるヨーロッパの知識人層の語彙のなかでは「ブルジョワ」が資本主義経済と社会的俗物主義[81]の双方に言及した汚名であったことを想い起こすことによって最もよく理解できる。ブルジョワジーに対する伝統的偏見は『全体主義の起源』のなかではっきりしていることは先に見たが、おそらくより重要なのは、それは「ブルジョワ」と「市民《シトワイアン》」の区別によってそこでは補完されていたことである[82]。アレントは、無条件に近代性を非難したわけではないが、その「社会的」側面と「政治的」側面を区別しようとしていた。とりわけ、彼女はアメリカに渡ってすぐの時期からその地の社会的画一主義と政治的自由の対照に印象づけられた[83]。その両側面に関する彼女の「社会」概念は、市民の共和国の可能性とは対置されている。

社会の両側面は、彼女にとって複数性よりもむしろ画一性によって特徴づけられる、公的生活の歪んだ型を表わしている。つまり、「経済の分野では、社会全体の利害はただひとつであると仮定され、サロンにおいては、上流社会の意見はただひとつであると仮定される[84]」。それらのひとつは、第一義的に経済の運営に関わるものとしての政治の見方を生み出し、もうひとつはマディソン通り方式の「宣伝活動」を生み出すが、それらの双方とも、複数の市民が自分たちの間にある公的世界に関わる相互行為としての政治の理解をどれも考慮外に押し出している。それゆえ、それらの双方とも、同時代人たち、とくにアメリカの同胞に対して公共精神と公的利益の意味することについてのより適切な理解を促したアレントの試みの引き立て役として作用する——これは、彼女の共和主義についてあとの章で検討するとき、立ち戻る問題である。

彼女の分析の際立った特性のひとつは、それが「社会」と「共同体」、すなわちゲゼルシャフトとゲマインシャフトの見慣れた区別と食い違っていることである。十八世紀以降ずっと著述家たちは近代化の過程を、閉じた、非公式の、自然的な共同体から開かれた、非人格的な、個人主義的社会への動きとして分析してきた。ロマン主義者は温かみと自然さの喪失を嘆き、自由主義者は自由や合理性における獲得物を称えたが、双方とも変化の方向には合意していた。アレントは幸いなことにゲマインシャフト〔共同体〕に対するロマン主義的ノスタルジーは抱いていないが、彼女の立場の独自性は、近代社会を非人格的、合理的、個人主義的などと見ない代わりに、彼女がそれを重苦しいほど一様で、家父長的で、一枚岩的と見ている点にある。彼女が理解する社会は、官僚制的社会主義についての見慣れた自由主義的悪夢に似ている。ただし、アレントにとってその悪夢には自由主義社会自体も含まれるのであるが。ミュルダールの著作に依拠して、アレントは自由主義経済では社会が唯一の利害をもっているという「共産主義の虚構」に基づいており、その結果、社会主義は自由主義経済がその論理的結論にまで至ったものだと要約的に主張している。[85]

おそらく、もしわれわれが、アレントがこれらの考えを打ち出したのが、戦後のケインズ的介入主義全盛期であったことを考慮するなら、彼女が自由主義社会を社会主義へ向かうたんなる一段階として非難したことは、より理解しやすくなると思われるかもしれない。その当時、政府の計画経済が知識人の間で流行っていて、ハイエクは「隷従への道」[86]に反対して荒野に叫ぶ唯一の声であったからである。しかし、全体主義に関する彼女の思考の進展についての先に述べた探究の観点からは、人間的動物の群れの重苦しい一枚岩的集合的生活としての「社会」の描写が、種々の観察と同様に種々の先有観念に関係があったことは明らかである。前章でわれわれは、彼女が人間の擬似自然的過程への従属の観点から全体主義を分析し始めるとすぐに、自分の周りに類似した発展を見いだしたことを見た。全体主義の指導者によって解き放たれたテロルの過程は、原子爆弾の爆発だけではなく、資本主義の台頭とともに始まり、マルクスによって認知され、称えられた集合的生命過程の加速にも類似していた。独特な仕方で理解された全体主義に基本的焦点を定めたことによって、ほかの観察者たちが多様性と多元性を見る西欧社会に一枚岩的一様性を彼女は見た。彼女の分析ではこの単一主義のなかに現われているのが種の生物学的単一性だが、「社会」のもうひとつの面である画一的消費主義が現に存在することは、彼女の説明にもっともらしさを与えるのに役立ったはずである。

この社会観に欠けているものはもちろん、市場経済の台頭によって提供された個人的自由の機会についてのスミスからハイエクまでの政治経済学者によって指摘された点についてのなんらかの評価や、複数性、人びとの間の空間、公的討議を促進する点における「市民社会」の役割についての評価である。ヘーゲルは、「市民社会」を市場経済の付随物と見たのだが、それを伝統的な家族の絆からの解放に基づく競争と紛争の領域として思い描いた。たとえ、個人が弁証法的過程によって相互依存性や国家というより高次なレヴェルでの再統一の必要に気づくとしても、それは、個人が自らの差異性に気づく領域である。[87] もっと最近は、東欧の反体制派知識人によって影響を受けた政治思想家は「市民社会」という観念をうまく活用して、経済だけでなく（自由主義的民主主義では見慣れているが、共産主義体制では欠落している）自由な結社の領域に注目させてきた。そこでは市民は集まって、労働組合から同性愛の権利団体まであらゆる種類の組織を形成してきた。[88] 社会の柔軟性や多元主義についてのそのような評価は、アレントの理論には目立って欠けている。あとで、彼女が共同の絆と市民権との対比について語るべき興味深いものをもっているのを見るが、「社会」自体に関する限り、ほかの点では共感した批評家たちも彼女の思考を説得的でないと考えてきた。[89] わたしはあとで、彼女の政治思想の重要な側面は、実は彼女の全体主義論や近代社会についての悲観主義的分析と切り離すことができるし、彼女自身が認識していたよりも現代の政治にとって有意味だということを論じることになろう。

労　働

『人間の条件』の第三章の最初の頁でアレントは労働と仕事の「普通に認められているようなものではない」区別を

することを提案しているが、[90] 彼女の労働についての理論の説明が本章の主要テーマではない。もしわれわれが彼女が「労働」によって言おうとしていることの単純明快な説明を望むなら、ほかの文献[91]を探すほうがいいだろう。というのは、『人間の条件』のなかでは彼女は近代性の台頭に伴う、労働行為の地位の変化に専念しているからである。それはスミスやマルクスのような著述家をとおして伝えられたものだが、彼らは「労働」と「仕事」を混同していたため自分たちがしていることに気づかなかった。彼女の「社会」についての説明と同様に、つまり労働行為という現象の分析は彼女の近代性の理論と密接に結びついている。あとで見るように、このことは重要である。とはいえ、明確にするために、近代社会における労働の位置づけについての彼女の見解に入っていく前に、彼女が労働に帰している特徴についてまず見ておくことが有益であろう。

活動力としての労働の特徴

（1）労働は自然的である。仕事は人間世界を地上に付け加え、それゆえ「人間存在の非自然性に対応する」ものだが、それとは対照的に、労働は主として人間の生物学的必要によって命じられるものである。アレントが好んで引用したマルクスの言葉では、労働は「人間による自然との新陳代謝[92]」である。見つけたものを変形せずに消費する、ほかの動物たちとは違って、人間はあとで消費するものを生産するために働く。しかし、だからといって労働が、名称を共有している分娩[93]（partruition）〔laborには分娩という意味もある〕のように、人間の生物学的条件によって命じられる活動だという事実を変更するわけではない。労働は人間世界を構築したり、人間の複数性を表わしたりせず、たんに種が続いていくようにする。人間は労働する者にほかならない限りは、実際には地上に生存しているほかの動物の種と交換可能な一員にすぎない。[94]

（2）労働は循環的であり、成長と衰退という自然の循環運動の一部である。食糧のようなその生産物は、果てしない反復の周期のなかで消費され、耐久的な残余物を何も残さない。作るという行為の間だけでなくおそらくは作り手自身をも超えて持続する何かを作ることを始める仕事とは違って、労働の生産物は絶えず反復され、決して終わりに至ることはない。

（3）労働は骨が折れ、骨折りと苦痛の一形態であり、自然が人間に運命づけたものであり、出産の苦痛[95]に直接、類似している。しかしながら、この骨折りが失敗しなければ、自然な満足が労働と休息、生産と消費という周期から生じる。この周期は、〈労働する動物〉に「われわれがほかのすべての生き物と共有している、生きているという純然たる至福」を味わうことを可能にする。アレントは、この種の動物的な幸福について感謝して書いた。もっとも、彼女はそのようなことに満足することは人間の尊厳にもとると考えていたことも明言したが。[96]彼女は、機械が労働と回復のこの基本的周期を粉砕する世界でのそのような人間的動物の未来を心配もしていた。それが粉砕されるのは、まず労働行為をより容易にし、究極的には労働者を余分にすることによってである。

（4）労働は必然的である。すなわち生物学的条件によって人間に強いられたものである。歴史的には、この必然からみずから抜け出すことが可能だった人もいたが、それは彼らが自分たちの代わりに労働することを強いた奴隷や農奴にその負荷を二重に課すことによってのみ可能であった。[97]しかしながら、これが可能だったのは、次に述べる別の重大な特徴のためである。

（5）労働は空虚である。労働は、非常に多くのものを共有している再生産と同様に、剰余、すなわち世代交代していくために必要とされる以上のものを生産する傾向がある。それゆえ労働は、無限の成長、すなわち、あの「生命過程の解放」[98]の潜在的可能性を提供する。「生命過程の解放」こそ、近代の経済発展と社会発展の基盤になっていると、アレントは考えた。

（6）労働は私的である。これは、先に説明したアレントの「公的領域」についての理解とは対照的である。労働行為は生活必需品を供給する事柄だから、各人に共通世界や複数の個人との相互行為に関心をもつよりもむしろ自分自身の肉体の必要に関心を集中するように強いる。労働者は「ただ自分の肉体とともにいて、自分を生かし続けるためにむきだしの必要と向かい合っている」。「社会」が台頭してから、この私的な自然的機能は公的注目の光のなかにも ち込まれてきたが、アレントが見るところ、これは労働によって生活を支配された人びとが完全には人間的でなく、「世界を失ったヒトとしての人間」であるという事実を変えるものではない[99]。

それならある点までは、アレントがなそうと関心をもっていることは、労働と仕事、生物学的必然への奉仕と人間世界の構築の現象学的区別をなすことであり、彼女の思想を考察するひとつの方法は、分析のこのレヴェルにとどまり、彼女のカテゴリーの長所と短所を指摘することである。もし労働についての彼女の説明が包括的な人間活動の一部として意図されているなら、その欠点は明白である。なるほど、労働と仕事の対比が直感的な意味をなす経験の領域はいくつかある。とくに女性は「労働」というカテゴリーが自分たちの非常に多くの伝統的活動力を捉えている事実に感動するかもしれない。それは、現に出産するという仕事だけでなく、すぐさま消費される食糧を用意することによって家族の生命過程に本当に果てしなく仕えること、すぐに汚れる皿を洗うことによって自然を寄せつけないことである。人間的な骨折りにおける必然と空虚さの結合と永続する何かを生産するという意味での「生産性」のまったくの欠如に気づくには女性思想家である必要があったのでないかと思う人がいるかもしれない。

しかし、アレントが「労働」を単一で同質的な現象として語っているとしても、そのなかの曖昧さは、単純な前近代の経済を分析するのにそれが用いられる場合でさえ明白であり、雇用の近代的形態へそれを直接的に適用できるかどうかには問題がある。一見したところ、労働と仕事の区別は、たとえば中世初期の経済の活動形態に非常にうまく適用できると思われるかもしれない。大地から生計の道を得るために骨折った農奴の果てしない労働と、たんなる動物の生命を超える人間の能力への記念碑として依然としてそびえる大伽藍を世界に付け加えた石工の仕事とを対比するのが、実際に啓発的である。しかしながら、ここでも構図は思うほど明瞭ではない。ひとつには、アレント自身が認めるように、労働と仕事が重なり合う灰色の領域があるからである。いかに荘厳に建てられていても大伽藍は、絶えず維持されないと永続しないであろう。人間世界は腐食と衰退によって永続的に脅かされ、自然を絶えず寄せつけないようにしないと塵になって大地に戻るであろう。この種の配慮と維持は仕事よりむしろ労働である。なぜなら、それは果てしなく、反復的で、持続的な結果を残さないからである。しかし、アレントが認めるように、それは必ずしも生物学的必然によって課されたものではなく、人間世界と密接に結びついている。[100]

だとすると、それは労働と仕事が重なり合うひとつの態様である。もうひとつの態様は、明らかに果てしない、反復的労働の最も純粋な例である農業が実際に永続的な人間世界、すなわち人間化された世界と荒れ果てた自然との間の主要な違いのひとつである耕された土地を実際に生み出すことである。アレントは、土地の耕作が続くのは労働が絶えず繰り返される場合においてのみであると指摘している。[101] しかし、これと大伽藍の維持との違いは時間の問題であり、種類より程度の違いだということは確かである。

したがって、前近代の時代を参照にしている点でも、アレントのカテゴリーは厳格な区別よりもむしろ世界への一般的指向性という点での違いを指し示している。[102] 現代の状況へのその適用は一見してはるかに困難である。というのも、労働は彼女の観点からは自然な活動力、生物学的必然によって命じられた何かであるのに対し、近代経済の品質証明のひとつはまさしく生活必需品の生産に従事する人口の割合が小さいことだからである。

しかし、この種の議論はどちらかといえばアレントの論点から外れている。彼女が言いたいのは、本質的に人間の活動力についての包括的な分類を提示することでないからである。彼女の目的は、一部は人間の条件のなかで自然で、生物学的必然の位置に注意を引かせることであり、しかしまた、はるかに決定的なこととして、近代社会は生物学的自然を人工的対応物で補充することによって必然の領域を拡げてきたことを指摘することにある。彼女の分析は全体主義についての省察の継続として読まれる必要がある。というのは、平和的で恐怖政治的ではない西欧社会の内部の諸力が人類を動物の種に変える全体主義の目的に静かに貢献してきたことに彼女の主たる関心があるからである。『全体主義の起源』のなかで彼女は、資本主義に固有の膨張を、文明の構造を掘り崩し新たな野蛮状態に道を開くために多くをなした力として描いた。しかしながら、『人間の条件』を書くようになったときには、マルクスについての省察が彼女の分析を深化させていた。また、資本主義の重要性が、生産と消費の過程を広げ、高揚させる方向にあり、自然で周期的なリズムから生命過程を取り出し、加速的動きをもつ新しい軌道を開始していた。『人間の条件』のなかで彼女は、ロックからマルクスに至る政治理論家がこの発展を省察した仕方と、彼らが継承したカテゴリーによって「増大する富の過程」を理解しようという努力をしているさいに陥った混乱の跡を辿っている。彼らは、その過程を「それ自身の法則に自動的に従う自然過程」[103]としてしか眺めることができなかった。個人に圧力をかける自然の必然性である生産と消費の代わりに、個人がより動物的でない活動形態に乗り出すことができるようになる前に充足しているために、それらは「社会化された人類」[104]という新しい集合的主体の関心事になった。「社会化された人類」は、工業化された労働に現われており、マルクスの著作において称えられている。機械が生産過程を加速化されるにつれて、人間世界のますます多くの側面が「消費財」になり、広範に膨張した擬似自然の一部になっていった。アレントは、「イデオロギーとテロル」のなかで自然や歴史の非人間的諸力を解放するために人間世界の境界を取り去り、あらゆる個人をひとつにするのが全体主義の本質を表わしていると主張していた。労働の近代における膨張や生命過程についての彼女の分析には同じイメージが投影されている。[105]ちょうど、彼女の見解では、気違いじみたほど傲慢な全体主義の信念、「すべては可能である」が人間の特性の破壊しかもたらさなかったと同じように、マルクスやほかの人たちが解放をもたらすと考えた経済や技術の力は、彼女の見解では、人間から動物、すなわち〈労働する動物〉への低落の進行しか現実にはもたらさなかった。(106)

全体主義の場合のように、アレントはこのような過程が実際不可避的で止めることができないという決定論的な主張は認めないが、この点についての思索によって確実に必然性と政治についての省察に導かれた。彼女は注意深く、『人間の条件』のなかで労働者自身は生産と消費という動物的仕事に対する近代の賞賛の責めを負わないことを強調した。なぜならそれは、なんらかの影響を振るえるようになるずっと以前から底流にあったからである。さらに、労働運動の政治史は、労働者はたんなる人間的動物にとどまる必要はなく、自由な政治的行為者にもなりうることを示した。(107) ちょうどブルジョワジーが市民になりうるように、労働者はプロレタリアになりうると思われる。しかし、この考え方は急進主義への共感をもつ人には慰めになったに違いないが、アレントは物事はそのように単純だとは考えてはいなかった。マルクスについての省察において、ある段階で労働者階級の政治的解放は労働の諸価値が支配的になる社会を実際に意味したと彼女は示唆した。(108) また、彼女の後期の著作、ことに『革命について』のなかで彼女が取り組んだ問題のひとつは、被抑圧者の正義への要求と貧しい人びととの解放による政治的自由に突きつけられた脅威との間の葛藤であった。これは大部分は『人間の条件』の水面下に残っている思考の流れなので、われわれはその諸側面のほとんどについての考察はのちほどまで延期することにする。(109)

とはいえ、ここで強調するに値するひとつの点は、アレントが労働のカテゴリーをふたつの異なった種類の必然、すなわち自然によって課された、逃れることのできない生物学的必然、およびわれわれすべてが生計を立てるために従事している擬似自然的な社会過程によって課された人為的必然を指すために用いていることである。彼女が『革命について』などでよく議論したように、真の自然的必然は政治的自由ともほかのどのような洗練された文明とも両立しない。近代以前の自由な市民は労働者を奴隷化するという恐るべき犠牲を強いて共和国を構築したし、極度の貧困という条件のもとでの革命という近代の試みは失敗を運命づけられている。経済成長の結果として、絶望的な貧困を克服することはいまや原理的に可能である。それゆえ、「必然の岩礁に乗り上げての自由の難破は……もはや避けられなくはない」(110)。しかしながら、難点は、まさにその経済成長自体が近代社会の人工的必然を創り出し、そのなかで人びとはあまりに消費に熱中しすぎて、市民であること《シティズンシップ》には関心をもたないことである。

これは、アレントの共和政、シティズンシップ、平等についての思考を考察するときに戻る問題である。とはいえ、しばらくのあいだ、人間の活動力について彼女のいう三つの態様のうち二番目のものに立ち向かうことにしよう。

仕事

ちょうど『人間の条件』において提示されている「労働」についての説明が自己充足的ではなく、アレントの近代性についての分析と密接に結びついているように、彼女の「仕事」についての説明もある特定の活動力についての現象学的分析以上のものである。事実、それはいくつかの思考の流れが収斂する点である。それらのすべては、全体主義が可能になったのは、部分的には政治活動の性格が非常に広範に誤解されたからだという彼女の意見と結びついていた。前章で見たように、アレントは全体主義の土壌をマルクスの政治の解釈に見いだしていた。その解釈は、仕事と労働を混同した経験から引き出された観点からなされたものである。しかし、もし労働と社会化された人間の強調がマルクスの特殊な貢献だとしたら、仕事の観点から政治を見るという誤解は、はるかに古びたものであった。それは、まさしくプラトンまで遡るものであり、西洋政治哲学の伝統全体の価値を引き下げるものだと、アレントは考えた。その結果、アレントの「仕事」論を読むとき念頭に置いておかねばならない文脈は、少なくとも三つある。第一に、人間世界を自然から区別する企て。第二に、哲学者の歪みとは対照的に政治的思考を再構築する、より野心的な企て。第三に、（これらふたつに関連する思考の流れだが、とりわけ彼女の生きた時代の出来事によって促進された）政治と道徳、政治における目的と手段に関する長年にわたる省察。これらの文脈のうち第一のものはすでに探究した。第二と第三のものについてはあとで注意を払うことになるだろう。われわれがいまのところ気づいている必要があることは、多くのアレントの概念と同様、「仕事」の観念が理論化の見えない網の目のなかにあり、その網の目がときとしてその観念にひずみを及ぼしていることである。

アレントが仕事に関して言わんとしていることのほとんどは、労働についての説明を写した鏡像である。とりわけこれらふたつの区別は、世界と自然との決定的な区別と非常に密接に結びついている。彼女がその本の冒頭近くで、「仕事の人間的条件は世界性《ワールドリネス》である」のに対して「労働の人間的条件は生命それ自体である」と言っているように(11)。生命を労働で費やす限り、人間は〈労働する動物〉の実例でしかないが、仕事が人間を〈工作人〉の尊厳にまで高める。というのは、仕事は労働とは違って、たんに自然的あるいは擬似自然的な生命が要求する、果てしない消費過程を満足させるだけではないからである。つまり、仕事は事物、すなわち堅固な対象物を作ることを意味するからである。その対象物は、持続し、消費されるのではなく使用され、世界、すなわち耐久性のある人間の工作物に寄与する。そしてその工作物は、人間に地上に住むべき住みかを提供している。

アレントの仕事についての説明は、それが生産する事物の耐久性に非常に大きな強調を置いている。仕事の所産は、しばらくのあいだにすぎないとしても、自然の果てしない流れに抵抗する安定性をもっている。それは、文字通り客観的であり、人間を超えてあり、永続性と堅固さという保証だけは提供する。まるで自然を崇拝するように自発性を高揚する、倒錯した近代のロマン主義に抗って、アレントは「物象化」を称えている。「物象化」とは、〈工作人〉が束の間のものを形あるものとして保存し、それを堅固で持続するものに変える過程である。この活動力の頂点は芸術作品の創造であり、そこでは人間の感情と自然の材料は、双方とも生きており、絶えず変化していくが、奇跡的に永続的な形に変形される。そしてそれは、公的な存在性を帯び、時間の経過と可死性に逆らう。[112]

仕事と労働の最も明確な対比のひとつは、労働が自然への従属に存立する、本質的に不自由な活動力であるのに対し、仕事はプロメテウス的熟練の経験だということである。木を伐採し、その木材に自分のイメージを刻み込んだり、金属を溶かし、新しい形に押し込んだりすることによって、「〈工作人〉が地球全体の支配者、あるいは主人として振る舞う」[113]。これは勝利を収めた力の経験であるだけではなく、暴力や破壊の経験でもある。また、アレントにとって仕事を活動から区別することがなぜ重要かの理由のひとつは、政治が物を作るという観点から考えられた場合、「人間という材料」に対する暴力が避けられないからである。詳しくアレントの道徳と政治についての見方を見るときにこの点に戻っていくことになろう。

労働は、循環的で果てしない、それゆえ、ちょうどかつて自然に仕えたように、労働者が仕える持続的な過程としてたやすく機械化される。そのような労働とは違って、仕事には、（アレントによれば）製品を作るという特定の目標によって支配されるということと、製品を作り終えると終わるということの二重の意味において確定的な終わりがある。仕事人は機械のリズムに合わせず、その代わりに、彼らが作ろうとしている対象物に合った道具を用いる。[114] われわれは、アレントによれば、労働が人間を公的世界から遮断するのは人間に自分自身の肉体的必要に集中することを強いるからだということを見た。労働者は集合的に一団となって骨を折るが、これは群れのような共同性の類いのものである。その共同性は、各人の自己閉塞的な肉体の内部での同じ経験をたんに二重写しにしており、全体主義運動の大衆構成員の単一性と驚くべき類似性をもつようにアレントには思われた。[115] 仕事はそれ自体では公的活動力ではないが、それが公的領域と強い類似性をもつのは、それが制作する物はすべての人の現前する世界に存在するからである。それゆえ、仕事の活動力の内部では、世界そのものにつながる目的の明確なヒエラルヒーがあり、また達成されるべき目的は、実際に手段、すなわち特定の材料や道具の使用を実際に正当化する。

ここまでは、これでいい。しかしアレントは、〈工作人〉は目的と手段という道具的観点で思考することに非常に慣れてしまっているので、同じ種類の俗物的思考を世界の対象物自体に向け、それらをもさらなる目的のためのたんなる手段とみなす致命的な傾向があると示唆している。〈工作人〉は、芸術作品を含む文明世界自体がこの観点から正当化を必要とするはずであり、人間の必要を満たす手段としてのみ理解することができると簡単に確信をもたされてしまう。[116] のちに見るように、アレントはこれが「労働者の価値」が近代において勝利した理由のひとつだと考えた。彼女は仕事のこの自己破壊的性格に訴えて、古代アテナイで受けていた低い評価を説明した。古代アテナイでは公的領域と公的生活が高く評価されていた。他方で、プラトン以来の哲学者は仕事のほうを高く評価していた。しかし、それは彼らが活動を軽蔑し、政治を制作の観点から解釈するほうを好んだからである。[117] もし彼らとマルクスのどちらもが間違っているとしたら、またもし政治の根幹にある、人間の活動力が仕事と労働の双方とは違うあるものであるとしたら、このあるものとは何なのか。「活動」とは何か。

『人間の条件』における活動

もし『人間の条件』を政治哲学の著作として読もうとしたら、その本は不可解なほどまわりくどいように思える。「労働」と「仕事」に関する節がわずかに触れる程度にしか政治に関わっていないだけではなく、「活動」に関する節も政治には直接関わっていない。しかし本章の冒頭で考察したように、『人間の条件』は政治哲学の分野の本格的な書物というよりその序章であり、したがって「活動」についての節は政治そのものより政治が生じてくるところの人間の条件の側面に関するものである。アレントの第一の目的は、理想国家を記述したり、政治的勧告を発したりすることではなく、人間の条件のこの特定の側面をほかの側面から区別することにある。なぜなら、それらのほかの側面によって政治がしばしば誤解されているからである。本節の中心的関心事は、全体主義、マルクス主義、西欧の哲学的伝統についての彼女の省察から直接発している。それらのすべては、人間の、政治的に最も重要な特徴である複数性を否定し、無視してきたように彼女には思われた。全体主義は彼女にとって、人間から複数性と自発性のあらゆる痕跡を消し去る、計画的な試みを表わしていた。一方、マルクス主義は人類を個性やイニシアティヴのない群れと見た、と彼女は考えた。プラトン以降の独居した思想家の伝統のなかでは、人間は単数でのみ存在する抽象的主体であった。これらすべてに逆らって、アレントは、政治が出発する人間の条件の特性は「地球上に生き世界に住むのが一人の人間ではなく、複数の人間である」、それゆえ「われわれは人間であるという点ですべて同一でありながら、だれ一人として、過去に生きた人、現に生きている、将来生きるであろう他人と、決して同一ではない」ことだと主張した(118)。

彼女が強調したように、この複数性は動的である。世界に住んでいる人びとが絶えず変化しているということは、人間の条件の本質を表わしている。新しい人間が絶えず生まれるが、これには人間という種に新しい物理的な実例が付け加わったということ以上の意味がある。新しい個人は育ち、語り、行為することによって人間世界に入っていくが、この「挿入は、第二の誕生に似ている(119)」。なぜなら、「新参者が新しい事柄を始める能力、つまり活動する能力をもっているからにほかならない」。全体主義とマルクス主義にもかかわらず、人間は自然法則に従うたんなる「種の一員」ではない。一方、哲学者たちにもかかわらず、人間存在の基本的な政治的特性は可死性ではなく「出生」であり、活動を可能にするのは「誕生に固有の新しい始まりである(120)」。

それでは、「活動」とは何か。あとで見るように、政治における活動についてのアレントの説明にはかなり考慮すべき複雑さが含まれている。しかしながら、『人間の条件』において彼女は基本的な人間の能力としての活動に主として関心を向けており、このレヴェルにおいてそれが何なのかを言うことはあまりむずかしくない。それは、決まりきった行動の問題ではなく、個人のイニシアティヴを要求する、ほかの人びととの相互行為を含む、人間の活動力の非常に広範なカテゴリーである。振り返ってみたら理解可能だとしても、活動は事前には予測できない。したがって、誰かを救助するために川に飛び込むことは活動だが、仕事に行くことは通常、活動ではない。(121)

人間の活動力の一般的カテゴリーとして、活動は言論に密接に結びついている。アレントは、人間の複数性から生じ、各個人のユニークさを明らかにする現象として、言論と活動を同じ次元で語ることがよくある。(122) われわれが互いに羊のように一斉に音を発するのではなく互いに会話を交わすことができるのは、われわれがみな違うからであり、活動もまたアレントには人間の条件のこの特性から生じると思われる。しかしながら、言論と活動は同一ではない。また政治におけるそれらの関係は、あとで見るように彼女にとって非常に関心のある事柄である。彼女は、各人は人間の複数性の異なった側面を表わす傾向があることを考察している。言論は話しているユニークな個人を暴露するのにとくによく適合するのに対し、活動は始まり、生まれてきた者であることととくに密接な類似性をもっている。とはいえ、ふたつは重なり合っている。言論はおそらくもっと幅広いカテゴリーなのだろう。というのも、活動とみなすことができない多くの語らい、たとえば社会的なおしゃべりなどがあるからである。逆に、あらゆる活動に言論が含まれているわけではない。たとえば、泳いでいる最中に溺れかけた人を救うために水に飛び込むこと、あるいは『革命について』のなかで論じられた、ビリー・バッドのクラッガートに対する感情がそれである〔メルヴィルの『ビリー・バッド』（一九二四年）のなかで、主人公ビリー・バッドに嫉妬心を抱くクラッガートは、密かにビリーを反乱の首謀者に仕立て上げ、ヴィア船長に告発するが、分別ある船長は、船長室で二人を対面させて様子を見ようとした。しかし、衝撃のあまり口も聞けなくなったビリーは、勢いあまってクラッガートを殴り殺してしまう〕。しかし、アレントが理解するような活動は、本質的に相互行為であり、ほかの人びとに向けられ、関係しているので、「多くの活動――ほとんどの活動、といってよいが――は言論の様式で行なわれる」[123]。

個人と活動への彼女の強調には彼女の出自であった実存主義的環境[124]の投影が見られるが、これは注意して扱うべき関連づけである。なぜなら、彼女がそのようなカテゴリー分けにも距離を置いたからだけではなく、彼女の思想の基本的特性は人間の複数性の強調にあるからでもある。「個人」の立場について書いた、二十世紀初頭の多かれ少なかれ「実存主義的」な思想家とは対照的に、アレントの中心点は、人間事象が諸個人の多数性のなかで進行しているという、無視されているが明白な論点である。そして彼らはみな異なっていて、しかもつねに先人たちと置き換わっていく。その結果、各人の行為はほかの人びとの行為と「関係の網の目」[125]のなかでもつれ合っている。

それぞれ新しい人が成長し、ほかの人びとと相互行為したり、話したりし始めるにつれて、その人の行為や企てはほかの人びとの行為や企てと影響し合う。その結果、誰も、たとえ活力に満ちていても、決して自分の人生の出来事を支配することはできない。このことは人間の人生の形と形のなさの独特な組み合わせをつくり出す。人間事象ははっきり異なった諸個人の間で進行するので、それは、出来事が起こったあと、登場人物（dramatis personae）のいるなんらかの形と意味をもつ物語になる。とはいえ、出来事のあとでのみである。誰も、物語の終末を、それがまだ進行している間は、予言することはできない。その物語の「主人公《ヒーロー》」がその形を指示できないことは確実である。物語についてのこれらの考察は、政治についての見慣れた思考様式に対立しており、とくに発見され、あらかじめ語ることのできる筋書きをもった単一の物語としての、近代の歴史の概念とは対立している[126]。この歴史解釈は、アレントには全体主義と彼女が最も恐れる近代性の諸特性とは非常に密接に結びついていると思われたが、人間が活動する代わりに「行動する」ところでのみ維持でき、人間の「個性」を単一の「社会的」主体のなかに解消してしまう[127]。人間が特殊人間的な性質を保持している間は、単一の主体、すなわち「人類」などありえない。なぜなら「人類」の物語は、振り返って語ることすらできないし、まして予言することなど不可能だからである。

人間の活動のこの根源的な予言不可能性は、アレントが強調しているように、活動力のうち最も特徴的に人間的な性格を表わしているものがまた最も失敗を引き起こすものだという理由のひとつである。活動することと話すことは、一人の個人が一人でできる事柄ではない――最もカリスマ的な英雄《ヒーロー》でも、支持者を惹きつけることができるなら指導者になりうるだけである。その結果として、活動には制作に比べて重大な欠点がある。何かを作る仕事人とは違って、活動する人間は活動の結果を制御できない。彼は企てを開始できるが、その影響を制御できない。それは、ほかの人びとの行為や反作用の影響に絶望的に巻き込まれている。彼が自分がしたことがわかるのは、時すでに遅くなってからでしかない。[128]

順調にいかないことは別にしても、活動は本当に危険である。その不断の始まりは絶えず人間世界の安定性を脅かす。なぜなら、これらの始まりは、限りない不可逆的な過程を絶えず開始するからである。[129] 前章で彼女の全体主義と原子爆弾についての省察を検討したときに見たように、アレントは、近代の苦境を公的に目立つようになった労働の台頭のせいだけでなく、魔法使いの弟子の流儀で誰も制御できない過程を解き放った政治家や科学者の行為のせいにもした。「イデオロギーとテロル」という論考のなかで自然や歴史の「法則」の誤った概念を悲嘆しながら――その誤った概念によって全体主義者たちは、自分たちが解き放った自動過程を不可避的なものとして崇拝するに至ったのである――、彼女は自分が人間の法の本来の機能と見たものを強調した。[130] すなわちそれは、人間世界の安定性をそこに生まれてきたそれぞれ新しい人間が始まりをなしうるというアナーキーな能力から守る垣根として行為することである。言い換えれば、最初から彼女が考えていたのは、一方での人間の活動能力、他方での安定した人間秩序の必要との間の緊張である。

それゆえ、活動を賞賛した、無条件の讃歌として『人間の条件』を読むのは誤りである。アレントは、活動の欠点――予言不可能性、不可逆性、単一の行為者が彼自身の撚り糸を人間事象の網の目のなかで制御し続けることができないこと――を強調し、古代以来ずっと哲学者や政治家が人間の複数性に固有の欠点から逃れようとしてきた試みは少しも驚くべきことではないと述べている。これらの試みは「活動の災いを避けるために、それに代わるある活動力、すなわち制作を持ち出している。制作の活動力では、他人から離れた唯一人の人間が最初から最後まで自分の行為の主人に留まることができるからである」[131]。言い換えれば、それらは「活動の制作による置き換え」に当たり、とりわけ、多数の市民が活動することを認める自由な政治を一人の人間による支配へと置き換えることに当たる。われわれはあとで、統治と政治との対比、とくに哲学者がなぜそのような試みに惹きつけられたかについてのアレントの説明を見ることになろう。

おそらくこれまでのわれわれの説明は、アレントの見解ではなぜ人間の活動の能力が理論家たちがあえて無視するものであるかを説明しているだろう。しかし『人間の条件』における彼女の目的は、伝統的・近代的な省略と強調に対する修正案を提示するだけにとどまるものではない。活動は、その長所と欠点とともに考慮されねばならない人間の条件の多くの特性のひとつであるだけではない。彼女の見解では、彼女が非常にはっきりさせているように、活動は「〈活動的生活〉のヒエラルヒーの最高位」[132]を保持しており、われわれはいまやなぜこういうことが言えるべきなのかを考察しなければならない。この手がかりは、「活動」に関する章のまさに最初の節、「活動と言論における行為者の開示」に関する節に出てくる。そのなかでアレントは、われわれが他人との相互行為において自分の異質性を表わす仕方について語ることによって人間の複数性を解明している。異なった人格としての人間存在は、特定の肉体に生まれついたというだけのことではなく、他者との関係で語り、行為するということである。音声と行動のパターンが種族全体として特徴を示している動物とは違って、個々の人間はものを言い、自分たちにのみ属することをし、そのことによって自己を異なった個人として確証する。アレントが反対する、誤った政治理解は、「主体としての自己、他人と異なる唯一の人格としての自己を必ず開示するということ」[133]を見逃している点ですべて一致していた。

先に「公的領域」について論じたとき、複数の人間が自分たちのなかにリアリティが現われ、あらゆる面から見られる空間を開示するという彼女の信念が、かりに彼女自身の目的に合わせて変形されているとしても、ハイデガーの哲学に根づいていることを見た。しかしながら、「活動」についての章では、彼女の注目の焦点は、かなり違っていて、この空間がリアリティ一般に現われ、経験されるために提供する機会よりもむしろ死すべき各個人のリアリティを確認する役割に向けられている。人間は、自分自身のアイデンティティを確認するために仲間のいるところで行為し、話す必要がある。

現われの空間がなく、共生の様式としての活動と言論に対する信頼がなければ、自分自身のリアリティ、自分自身のアイデンティティも、周りの世界のリアリティも確立できないことは疑いない。人間の感覚がリアリティをもつためには、人間は、たんに与えられたままの受け身の自分を現存化しなければならない。しかしそうするのは、自分を変えるためではなく、自分をはっきりと際立たせ、完全に存立させるためである。そうしなければ、人間はいずれにしても受け身のままでいなければならないであろう。(134)

この引用のなかにアレントがナチズムに対してどう対応したかの残響を聞き取ることはたやすい。あらゆる個性や責任を粉砕した運動としての全体主義についての彼女の分析に従うと、イニシアティヴやアイデンティティに対するアレントの情熱のこもった強調は驚くべきことではない。なぜなら、全体主義では犠牲者は受動的な動物に低落させられ、「忘却の穴」のなかに見失われ、支配者さえも自らを非人間的な法則の匿名の執行者とみなしていたからである。しかし、われわれはこれまで活動や言論における自己開示について人間の条件の一般的特性として語ってきたが、そのさい、(この現象を無視する政治的思考は誤解を生じやすいという点は除いて)とくに政治について言及してこなかった。実際に、これまでわれわれは自己開示が政治との特定の関連をもつとは期待しなかったようである。というのは、活動と言論のように、それはいかなる人間生活の特性でもあるように見えるからである。しかしながら、この点では、アレントの目には政治と自己開示[135]には特殊なつながりがあることだけでなく、自己開示が政治そのものの特殊な事例にのみ適用されることも明らかになるにつれて、曖昧さと難しさが現われる。彼女の理論を探究すると、見たところ一般的な人間の能力として出発した活動と自己開示の意味が狭められ、ついには稀有な人間的業績を表わすようになると思われる。すべての人間には「行為と言葉」の能力があるが、ほとんどの人間は、その能力を表明することができる「現われの空間」に住んでおらず、それゆえ「リアリティを奪われている」。自分のアイデンティティを完全には一度も確認せずにぼんやりと生きている人びとが人類のなかの圧倒的多数を占めると思われる。アレントがとくに言及している人びとは、「古代の奴隷や居留外国人や異邦人、近代以前の労働者や職人、現代世界の賃仕事人や実業家」[136]である。というのは、これらの人びとがみな言論と活動に従事せずに生きていくことをひとは想像できないとしても、行為し、語り、自分のアイデンティティを開示する場所となるのは、人間のどんな集まりでもというわけではないように思われるからである。「活動が完全に姿を現わすのには、われわれがかつて栄光と呼んだ、光り輝く明るさが必要である。そして、この明るさは公的領域にだけ存在する。[137]」

アレントが通常、自由な政治と同一視する公的舞台の上でのみ、人間は個人としてのアイデンティティを十分に実現できる。そして、彼女は『人間の条件』のなかでこの実現が最高の人間的業績であることを強くにじませているので、政治の要点はその実現のための機会を提供することであるように思われる。政治体の形式的な構成の基底にあるのは「現われの空間」である。一方、政治権力の機能はその空間を存在させておくことである。このような読解は、アレントのアテナイ民主政への明らかに好意的な引照によって裏づけられる。アテナイ民主政では、彼女の説明によれば、ポリスはトロイ戦争によるホメロスの描くような英雄のために設けられた現われの空間である。アテナイでは、すべての市民は英雄になるチャンスがあったが、一方で都市は、ホメロスのような人が手近にいない場合、市民の行為を忘却から救うための「組織された記憶」を提供した。[138]

驚くべきことではないが、アレントの自己開示としての活動の説明とペリクレスのアテナイへの引照は、彼女の思想の最もよく知られた側面のひとつであり、支持者と批判者から同様に注目されている。[139] しかしながら、アレントの見解の長所や欠点についての議論を通じて、それらの見解の中身にはだいたい問題がないと一般的に考えられてきた。つまり、われわれはみな政治における活動についての彼女の理論がどのようなものだか知っていると、その古典的表現が『人間の条件』のなかに見いだされることを仮定してきた。しかしながら、かなり興味深いことだが、この基本的仮定は彼女の未公刊の講義の研究によって疑問に付される。なぜなら、彼女の未公刊の講義は非常に違った物語を語っているからである。のちに見るように、〔それらを読んで〕生じる印象は、政治における活動についての彼女の思考はその本だけを切り離して読むことから想像するよりもはるかに複雑で、結末が決まっていないということと、単純で明快な理論をもつというよりも、彼女がかなりの期間にわたって多様な思想潮流と格闘していたということである。では、これらの複雑さを検討してみよう。

アレントの活動の説明の複雑さ

『人間の条件』を読んだあと、アレントが長年にわたって思想構築してきた講義録を読む読者を待ち受けている最初の驚きは、ギリシアのポリスにおける活動の位置について彼女が述べている事柄に関わっている。そのような読者の期待は、たぶんジェームズ・ナウアーの「アレントにとって都市国家が活動の生活の〈正しい秩序づけ〉の最初の例である」[140]という言明に一致するであろう。アテナイの民主政は、活動が意味していることについての彼女の作業モデルであり、彼女が『人間の条件』のなかでアテナイについて語るトーンがこの解釈と確実に合致すること[141]は一般に当然視されている。それゆえ、彼女の講義草稿を読み、非常に異なった説明を見いだすことはまったく衝撃である。著者が草稿のなかで当時公刊された本の方では拒否したことを書いていることを発見することが驚きだということではない。とくにこのことについて不自然なのは、活動とポリスについてのアレントの予想に反した論評が、『人間の条件』の前後に書かれた数篇の原稿を通じて首尾一貫しているが、『人間の条件』自体とは合わないということである。

最も内容のある資料は、われわれがアレントのマルクス主義についての省察について見たときすでに参考にした一連の講義原稿である。すなわち、彼女が一九五三年にプリンストン大学で行なった「カール・マルクスと西欧政治思想の伝統」[142]についての講義である。アレントは、それらの講義のなかでプラトン以来の哲学的伝統はギリシアの活動の経験を含むいくつかの決定的な政治的経験を意図的に無視したと主張している。また、このことについての興味深い事柄は、驚くべきことではないが、彼女は「活動」を始まり、イニシアティヴをとること、企てに乗り出すことを意味すると考えているが、これはギリシアのホメロスの時代に特徴的な経験であり、とくにポリスに特徴的な経験ではなかったと述べていることである。活動は民主政とではなく「王政」と結びついている（王政によってアレントは専制政治ではなくホメロス的な〈同輩中の第一人者《プリムス・インテル・パーレス》〉を意味している）。「王政は、たぶん最古の、おそらく最も基本的に政治的な組織形態であるが、何か新しいことを始めること、新しい企てを一緒に始めることという一般的意味での経験に依拠している。[143]」このホメロス的活動は、不死の名声への渇望によって鼓舞されきわめてアナーキーであり、もちろん主として戦争から構成されていた。反対にポリスでは、純粋な活動の場は戦争のとき以外にはもはやあまり多くなかった。[144]

このこととほかの原稿のなかの同じような文章の含意は、彼女の省察のこの段階では、「正確に言えば、活動（すなわち、法の執行やルールの適用やほかの管理活動ではなく、結果が予測不可能な何か新しいことを始めること）[145]」は、実際には非常にアナーキーなのでいかなる安定した政治構造とも完全には両立しえないし、ギリシアのポリスのような活気のある民主政であってもその市民に共同体の生活のために活動を断念するよう求めたもののように彼女には思われた[146]。このことのさらなる含意は、彼女が政治思想の西洋的伝統の特徴的な歪みのひとつと見るものが実はアテナイ自体に遡るということである。「ギリシアのポリスでは……企てを始め、それを終わりまで見届けるという意味での活動の経験は、もはや中心的な政治的要因ではなかった。」それに対し、奴隷に命令を発することによって[147]、アテナイ人は活動の真正な理解を失った。プラトンが政治の中心的カテゴリーとして仲間の指導ではなく臣民に対する支配を確立したとき、彼は実際にはポリス自体の経験を明確化していたのである。「ポリスは人びとがともに生きる場で、活動する（原文のママ）場ではない。これが、活動がポリスの経験を率直に語る古代哲学において小さな役割しか果たしていない理由である[148]。」

ここまでに引用した原典は『人間の条件』以前のものからだが、この本と同時期または以後のほかの未公刊の著作も同じことを言っている。たとえば、この本の出版から五年後の一九六三年の原稿は、はっきりと「都市国家の勃興とともに活動は重要性を失い、言論がそれに取って替わった（原文のママ）[149]」と述べている。

アレントの活動理論の解釈に関連してとくに重要な三つの点が未公刊の著作の研究から出てくる。

（1）古代ギリシアに活動の範型を探し求めたとき、アレントは、まずアテナイのポリスではなく、ホメロスの戦闘的行為に戻り、「活動」とアテナイの言論とを区別した。

（2）われわれは、アテナイがわれわれが期待するような活動の古典的な場（locus）ではないということを見いだすだけではなく、アレントが自己開示や栄光へのアテナイの関心に対してきわめて批判的な構えを見せていたことも発見するだろう。たとえば、彼女は、アテナイのポリスでは「生活が万人の万人に対する強烈で不断の競技にあった」し、「……市民のポリス内での生活を嫉妬と相互憎悪で毒したこの競技的精神」について語っている。「最終的にポリスを没落へともたらした」のはこの「向こう見ずな個人主義」だったと、彼女は述べている。[150]

（3）また、おそらくはるかに興味深いことでもあるが、ホメロス的英雄の行為は草稿のなかでは、伝統的政治哲学が明確化し損なった事柄を始めるほかのふたつの人間の能力と並んで、同等の観点から現われている。これらのひとつは、時代を超えて持続するために権威を具えた政治体を創設するという、「典型的に政治的な民」[151]であるローマ人による古典的経験である。アレントが引用するもうひとつのはるかに予想せざる事例は、過去の出来事を赦し、民衆が互いの関係のなかで新しいことをなすことを可能にするキリスト教の経験である。[152]

これらすべてをどのように考えたらよいのか。ひとたびこのような追加の証拠に気づいたならば、アレントが近代政治を主としてアテナイの理想化に由来する、直接的で明瞭な活動理論の視点から判断しているという通常の理解を棄てねばならない。彼女が行なっていることがより複雑でより捉えがたいことは、明らかだと思われる。もっとも、先に彼女の一般的思考様式について見たことはわれわれにとってなんらかの助けにはなるはずだが。決定的な点は、思考の流れを追っていくという彼女の癖である。活動はしばしば彼女の型にはまった理論の依拠する主題と受け取られているが、実際には彼女の思想の最も動的な領域のひとつである。われわれはとくに、『人間の条件』を彼女の見解の唯一の権威ある原典として読まないように注意する必要がある。というのは、それは実際にはひとつの層にすぎないからである（さらにいえば、「開示」へのハイデガー的関心がことに際立っている層である）。彼女の著作の研究者は、『人間の条件』のなかに見いだす「闘技的で、きわめて個人主義的な政治観と後期の著作に特徴的な、公的事象への協同の参加への経験の強調との違いに注目してきた。[153]しかしながら、これを一貫性の欠如とか思想的変容の証拠とはみなさずに、われわれが『人間の条件』の関連ある数節を彼女が少なくとも一九五〇年初頭から関心をもち、長年にわたって格闘した諸問題に対するいくつかの部分的解答として読むのが最も有益だと、わたしは思う。

　複雑さの源泉のひとつは、活動が労働や仕事と相違するという明白な思考の流れとは別に、「活動」が思考のいくつかの流れによって形成された網の目の中心にあることである。これらのうちひとつは、彼女に活動における自己開示を強調するように導くが、ナチズムのあとでなされた、ハイデガーの存在の開示の観察についての省察から生まれている。もうひとつは、核爆弾や経済発展や自分たちが制御できないものを始める人間の能力に対する不安と関係している。しかしながら、さらにひとつは、あとの章で調べてみるが、モンテスキューとさまざまな種類の政体の特徴的「原理」についての省察に関わっている。思考の網の目の中心にあるとはいえ、アレントの「活動」概念は多様な知的緊張に委ねられており、その緊張についてわれわれは気づいておく必要がある。しかし、われわれはしばらく引き下がってみて、なぜ彼女にとって活動について考えることが重要だと思われたのだか考察するなら、おそらく彼女の到達点を最もうまく発見することができるであろう。

　彼女の関心の源泉は神秘的ではない。彼女は思考の対象とすべき劇的な行為が数多くある時代を生き抜き、生来的に受動的な人びとにも実践活動を要求する事件の真っただなかを生き抜いた。第二次世界大戦中のユダヤ人の政治状況への彼女の介入は、犠牲者として歴史の進行に苦しむよりも、事を起こせというユダヤ人への呼びかけであった。パレスチナにおいてまずユダヤ人の郷土、次にイスラエルの創設は、その危険性と欠点にもかかわらず、人間が事態を自分たちの手中に握り、新しい政治状況を切り開くためにもっている能力の証明でもある。彼女の夫は、スパルタクス団の蜂起への参加という若い頃の経験があり、革命的行為の可能性と予言不可能な進行を絶えず想い起こさせてくれる人物だった。最後に（しかし、おそらく最も重要なこととして）全体主義と核戦争という二重の脅威に直面して、奇跡的に予見不可能なことをなし新しい始まりをなす人間の能力を彼女は護符として大切にした。[154] 言い換えれば、彼女の活動への関心は、（彼女の批判者たちにはそう考えた人もいたが）政治参加に無理やり道を開けるために単調な代議制民主政を転覆させようという無責任な願望ではなかった。

戦争や革命や社会全般の激動という二十世紀の経験のなかから知的重要課題に対する活動を伴って現われたのは、決して彼女だけではなかった。つまりこれは、実存主義的伝統のなかにいるほかの思想家、ことにサルトルやカミュと彼女が共有した重大関心事であった。[155] その時代の関心事のなかでも注意を喚起するのは、きわめて明白に希望なき状況でも個人はつねに何かをなすことができ、それゆえ責任を免れることはできないということであった。活動と危機の状況とが結びつくことによって呼び起こされたほかの共通のテーマは、勇気の必要不可欠性、英雄的精神の大切さ、傷つき倒れる人びとの記憶を保持し、反物質主義的、叙事詩的、悲劇的諸価値の再生に結びつけていくことの重要性であった。われわれは、あとでこのような時代のムードと彼女の政治思想のための道具立ての重要性について考察することにしよう。さしあたり重要なことは、政治的危機状況における可能性や要請や危険が、全体主義について執筆中のアレントの精神に強力に示されたということである。われわれは、マルクスの全体主義への寄与の源泉を探究しているさいに彼女が活動を仕事や労働から分離する必要があると思ったこと、その過程で彼女が活動の能力についての古典的経験が政治哲学の偉大な伝統のなかで無視されてきたことをどのように発見したかをすでに見た。

したがって、政治理論を再考しようという彼女の試みは、過去から再発見した経験を考慮するということである。この企てに込められた意味について明らかにしておくことが重要である。というのは、古代ギリシアへの伝統的なドイツ的郷愁よりも多くのことがそれにはあるからである。アレントは、頽廃した近代世界を前にしてアテナイやアキレウスの理想をたんにあげるだけではない。彼女はなるほど（きわめて選択的なかたちで）過去を活用しているが、活用する仕方はそれよりもかなり微妙である。ひとつには、すでに見たように、彼女が訴えかける遠い過去は、ギリシアの過去だけではなく、ローマやキリスト教の過去でもある。とはいえ、もっと重要なことは、彼女の訴えかけが直接的ではなく、媒介的だということである。つまりそれは、過去の形態を再生しようとするのではなく、基本的な人間の能力についての啓蒙の源泉として忘れ去られた経験を活用しているということである。これらの経験の再発見は、答えそのものというよりもむしろ政治的省察の原材料を提供している。本節の残りで、これらの基本的活動経験についての彼女の省察のいくつかを跡づけていきたい。

アレントのような教養と知的背景をもった人にとって英雄的行為について考えることは、第一にホメロスについて、とりわけアキレウスと彼が表わしているあらゆることについて考えるということである。叙事詩的な伝統の英雄的な価値を再生する気質を具え、結果として種々のファシズムに引きつけられたと思った人びとが二十世紀前半にはたくさんいたので、ホメロスがアレントの思考の流れのひとつの終わりではなく、始まりにいると認識することが重要である。[156] 英雄的行為についてのホメロス的モデルについて考察しながら、アレントは、第一に個人主義よりも複数性の観点からそれを解釈することによって、第二に暴力から切り離すことによってそれを修正し、政治的なものにしていく仕方を見いだしている。

複数性の強調が彼女の活動解釈の最もはっきり際立った特性である。英雄的価値への彼女の共感を共有した二十世紀初期の多くの知識人のなかでほとんどの者は孤独な個人や抜きん出た超人の観点から考えていたが、ホメロスの英雄の功績を振り返るとき、アレントが感銘を受けるのは、彼らの勇気やイニシアティヴだけではなく、自分の仲間への依存でもあることが彼女にとってきわめて特徴的なことである。われわれが活動の古典語の語源について彼女が何度も繰り返し行なった説明を読むべきだというのは、この文脈においてである。彼女は、ギリシア語、ラテン語のどちらも「活動する」に当たるふたつの動詞を所有していたと語っている。それらのひとつは始めるという意味で、もうひとつは遂行するという意味であった。つまり、アルケイン archein〔始める〕とプラテイン prattein〔達成する〕、アゲーレ agere〔動かす〕とゲレーレ gerere〔担う〕である。[157] どちらの場合も、広く使われるようになったのはその活動力の第二の部分を指し示す動詞であったが、それに対し第一の部分は「支配する」とか「導く」ということを意味するようになった。このことに注意を引こうとするさいの彼女の目的のひとつは、もちろん活動における始まりの要素を強調することにあるのだが、別の目的は、いかに英雄的でも、どの指導者も自分で活動することができ、イニシアティヴをとったことをやり遂げる人びとはただたんに支配される受動的な臣民である必要はなく、彼ら自身活動の参加者でもありえ、いずれにせよ自分たちが遂行することに対して責任をもって加わらねばならない、ということを主張することにある。

それなら、言葉自体、すなわち、忘れ去られた経験のあの宝庫が、活動の最も基本的な経験は複数であったという彼女の主張を生み出したと思われた。つまり、ホメロスの叙事詩は集団的企てであった。とはいえ、否定しえないことは、それが暴力を用いた集団的企てであったこと、彼女自身の生きた時代にありふれた英雄的行為の実例の大部分は暴力、すなわち戦争と革命の素材に絡んでいたことであった。その結果、彼女の活動についての思考の最も執拗なテーマのひとつは、彼女の著作をとおして多くの変種《ヴァリエーション》に投影されているテーマだが、どれだけ活動と暴力は互いに引き離すことができるかという問いである。その主題についての彼女の省察はきわめて複雑であり、われわれはあとで、とくに政治や道徳や権力の性格についての彼女の見解との関連でそれらのさまざまな側面に遭遇するであろう。とはいえ、われわれは本節では政治における活動はどのような意味をもちうるのか、かくも決定的に政治にとって重要な活動がいくつかの点で政治と両立しえないのかどうかという、より基本的な問いについての彼女の思考に関心をもっている。

活動および非暴力的な政治の三つの異なったモデルに関連した、思考の三つの要素をここで確認することができる。三つのすべての根源は彼女の思考においてはるか昔に遡るとしても、それらをある程度彼女の省察における年代的な段階に応じて確認しても、あながち誤解を生じさせるとは言えないであろう。年代的段階というのは、ホメロスとアテナイのポリス、ローマと革命、キリスト教と公民権運動、という順で関わっている。

ホメロスとポリス

すでに見たように、アレントが政治哲学の偉大な伝統によって無視されるか、抑圧された活動の範型を求めて過去に向かったとき、彼女が向かった最初のモデルは、大事業に乗り出し、偉大な行為によって自分自身を際立たせるために自分の日常生活を棄てるホメロス的英雄のモデルであった。このモデルについての興味深いことは、それが活動の英雄的性質を十分に表示しているとしても、それは暴力的で、アナーキーで、分裂的で、（もちろん）完全に非政治的である。それゆえ、ある意味でホメロスの時代からポリスの時代への移行は、アナーキーな企てから安定した制度へ、暴力の時代から市民間の平和的関係へ、行為から言葉への明らかな移行を含んでいた。すでに見たように、アレントはしばしばそのような観点からその移行を記述した。

しかしながら、これは物語の始まりにすぎない。というのは、アレントが注目したのはペリクレスのギリシアがたんにアキレウスのギリシアの反対物ではなく、ある意味で（ペリクレス自身もそう考えたと、彼女が主張している[158]ように）ほかの手段による、その継続だったということだからである。彼女の議論は、英雄的行為の最も顕著な特性は英雄の行為の暴力ではなく活動における個人の開示に伴う栄光、すなわちその行為を目撃する観衆とそれらの行為が想起されることを確実にする詩人の存在によってのみ可能になる栄光であったということにある。換言すれば、英雄は企てを始めるためにまずもって仲間だけを必要とするのではなく、輝きと名声を得るための公的領域も必要としている。これが意味するのは、叙事詩的活動でさえ言論から分離することはできず、言論は英雄をその仲間たちに関係づけるということである。アキレウスでさえ、「偉大な行為の遂行者」であるとともに「偉大な言葉の語り手」であった。[159] さらには（行為と言葉は、空虚で、はかないものだから）、彼の行為が生き延びるのは彼の仲間と継承者が繰り返し語ることのなかでであった。ギリシア語のドクサ（doxa）という言葉は「輝きとか名声」を、そして「意見」をも意味していた[160]（とアレントは指摘している）。

その結果として、ホメロス的王政からアテナイのポリスへの歴史的発展は戦士の行為から市民の言葉への真の移行を含むものだったとしても、これは連続性をともなう移行であった。[161] つまり、ユニークな個人の開示という英雄的な理想は保存され、非暴力的行為による開示形態へと移し変えられた。「ドクサは……次第に、恒常的な政治参加《ポリテウエスタイ》の活動形態において市民が自己を際立たせる意見になり、偉大な行為から出てくる不死の名声の輝かしい栄光ではなくなる。[162]」アレントは、このような英雄的な行為を政治的言論に組み入れることが可能だったのは、ギリシア人がいずれにせよ言論、活動、思考をはっきりと区別しなかったからであると主張している。ロゴス、すなわち言論は、活動と思考を結びつける合流点であり、隠れた思考とはかない行為に客観的でもあり記憶可能でもあるかたちを与え、したがって「人間存在の意味のすべて[163]」をその内部に含んでいた。

それゆえ、最初にギリシアのポリスで発明された「政治」、すなわち市民間の絶えざる語り合いは、人間の活動能力がある程度馴化され、御しやすくされ、人間の差異と自発性が安定した制度的形態を見いだしうるかたちでのひとつのモデルを提供したように、アレントには思われた。アテナイへのロマン主義的な共感にもかかわらず、彼女はこの解決策の欠陥に完全に気づいていたし、市民が動き回った非暴力的な公的空間は、奴隷制や全面戦争の世界のなかの小さな空き地だっただけではなく、ホメロス的精神が生き続けた[164]激しい競争状態によって毒されていた。それこそが、政治理論家が発見し、学ばねばならないユニークな経験を表わしていたと彼女が思っていたことは確実だが、彼女はそれを貴重だが無視されてきた経験の唯一のそのような源泉とはみなさなかった。ではここで、彼女の範例のうち二番目のものである、ローマを取り上げてみよう。

ローマと革命

政治哲学の偉大な伝統によって無視されてきた、始めるという人間の能力の基本的経験に注目したとき、アレントは常にホメロス的行為と並んでローマという都市の創設と継承をあげた。トロイに対する遠征と同様、これは冒険、すなわち大事業でもあったが、ここでは強調は、自己開示よりも以前には存在していなかったものを呼び出すことに、闘技的個人主義よりも相互の信頼という絆のなかでの対等者との活動に置かれている。ローマは、それが同盟と相互の約束の上に構築された永遠の都市を創設したこと、伝統を敬虔に尊重したこと、ギリシア的な競技の場での公的精神を高揚したこととともに、そこには欠点があったとしても、いくつかの点でアテナイよりもよい政治的モデルであった。ローマ人は口論好きなアテナイ人の火花を散らすような創造性にはあまりに欠けていたので、自分たちの政治的発見をはっきり書き留めることができなかった（アレントは、ギリシア人に対して感じた熱意をローマ人に対して一度も感じ取れなかったことを認めていた）(165)。しかし、もしローマ人がはっきり書き留めていたら、始まりの行為自体どのように保存されうるのかという、のちの建国の父たちに突きつけられた問題に彼らは直面していたであろう(166)。

ローマの創設としての活動についての省察は、すでに一九五六年にはアレントの脳裡に現われていた。その年に、彼女の目は、ハンガリーにおいて民衆が共産党政権を転覆するという決定的な出来事に釘付けになっていた。もっとも、それはすぐさまソヴィエトの軍隊の侵攻によって元に戻されてしまったが。その失敗にもかかわらず、これは、勝利とか敗北によって測ることのできない「真の出来事」であった。「その偉大さは、それが演じた悲劇のなかに保証されている(167)。」それは、政治的行為の輝かしい実例として政治的伝統と近代社会による歪みから真の政治的経験を回復しようとするアレントの試みを擁護するように思われた。活動の忘れ去られたさまざまな側面はすべてそのなかに見いだすことができた。それは第一に、決定的に始まり、すなわち何か新しいことを始めることの事例であった。それは、キリスト教の奇跡のようにまったく予期せぬもの、すなわち古代の英雄に匹敵する新しい、記憶すべき企てとしてであった。それはまた、圧倒的に、古代の市民にふさわしい集団的な企てであった。つまり「革命を遂行したものは、民衆全体のともに行為する純然たる勢いであった……」[168]。一方、（古代のほとんどの活動力とは違って）それは小さな暴力によって台なしになった。さらには、自分たちに許された短い時間のなかでさえハンガリー人は政治制度の創設に対する真にローマ的な能力を示した。解放されるとすぐさま、彼らは早急かつ自発的に革命評議会を叢生させることによって自由を確保し始めた。革命評議会は〔ソ連軍の〕戦車が侵入してきたときにはすでに共和政的構造へと連合を形成していた[169]。ここには、哲学者の伝統や社会問題への近代的専念のもとに埋もれていたように思われた政治的活動のあらゆる面を体現する真の現代の実例があった。というのは、「抑圧された民衆がほかの何ものでもなく自由のために突然このように蜂起したこと」[170]は、アレントの見解では政治的革命であり、社会的改良に関わる革命ではなかったからである。

　その経験は、政治理論にとって非常に大きな意義をもつと彼女には思われた。「過去であれ、現在であれ、出来事は……政治学者の真実で、唯一頼りになる教師である。……ひとたび自発的蜂起というような出来事が起こると、あらゆる政策や理論や未来の潜在的可能性の予測は再検討を要する。」[171] だからといって、彼女の政治理論は一九五六年以後に急変したというわけではない[172]。すでに見たように、ハンガリー革命の意義をこのように彼女が解釈できたのは、彼女が政治的活動についての省察にすでに取り組んでいたからにほかならない。とはいえ、実際に経験してみると、彼女はとくに革命、すなわち近代世界における政治的行為のパラダイムとしてのあの「新しさに対する人間の能力」[173]に注目した。そしてそのことは初期のモデルとの関連も含めて、革命における活動と自由について彼女に思考させることになった。この思考の流れを特徴づける論考のひとつのなかでアレントが書いたように、「革命とは、活動とそのあらゆる意味合いが……近代のために再発見された時間的空間であった」[174]。

これらの省察のなかで、ハンガリー革命にアメリカ革命がすぐさま加わり、その影を落とした。アレントは、少なくとも一九五五年以来建国の父たちに関心をもっていたが[175]、幸せな偶然によっていまや彼女はこの関心を発展させることができた。彼女が『人間の条件』を出版に向けて準備し、ハンガリー革命の解釈に取りかかっていた一九五八年に、翌年アメリカ史学・文明学科で講義をするようにプリンストン大学に招聘された[176]。その結果が『革命について』であり、そのなかで革命、活動、自由についての思考の流れがマルクス主義的全体主義の省察から生じた多数の要素と織り合わさり、豊かで入り組んだ織物となっていった。活動に関しては、古代と近代の歴史がその著作のなかで結びついていた。われわれは、アレントがピルグリム・ファーザーズについて（ホメロス的ギリシアについての説明を投影する観点から）彼らが「完全に自分たち自身のものである事業に乗りだそうと」決意したとき「政治活動の初級文法」を発見したと語っているのを見いだす[177]。また、建国の父たちが相互の約束の力によって耐久性のある共和国を樹立するというローマの奇跡を繰り返し、その過程でアテナイ人が知らなかった自己開示の喜びを再発見したのを語っているのを見いだす。革命家たちに突きつけられた政治的問題は、（近代の社会的問題の出現によって広範に複雑なものになっているが）、アレントによって提示されたように、アテナイのポリスが解決策であったギリシアの問題についての変種《ヴァリエーション》である。活動は始まりの問題であり、新たな始まりをなすことであるならば、どのように活動は制度に移し変えることができるのか、またどのように活動は暴力を避けることができるか。

これらは、われわれが後段で追求する問題である。いまのところ、われわれはアレントの革命についての省察は活動と政治についての思考における次の段階、『人間の条件』に出てくるよりも豊かな混合を表わしていることを記しておく必要がある。しかし、革命は、明らかに活動の政治についての彼女の別のモデルを表わしていたが（もっとも、歴史的成果の観点からは非常に励みになる例ではないが)、可能性を枯渇させるものではない。

キリスト教と非暴力行為

活動についてのアレントの著作に貫かれているのは、ホメロスの描く英雄、アテナイの市民、ローマの教父や〔アメリカの〕建国の父たちについての考察から実際に非常に離れているように思われる省察の別の糸である。われわれは、活動の可能性を強調し、始まりの人間的経験を回復し、明確化することに取りかかるように仕向けた主要な衝動のひとつが彼女自身の経験から生じたことを見た。一方では情け容赦のない過程への全体主義的な屈服、他方では核テクノロジーの明らかに制止できない勢いに直面して、人類にとっての唯一の希望は予期せぬことをなす、出来事の連鎖を打破する、新しく始める、ほかの人びとともに新鮮なスタートを切る、われわれの能力にあると彼女は信じた。彼女が一九六一年に公刊された「自由と政治」に関する論考のなかでそのことを書き表わしたように、「人間の自由、自動機械のように進み不可避と思われる災厄を防ぐ人間の能力、〈限りなく起こりそうもない〉ことを履行し、それを現実に作り変える人間の能力に……地球上における人類の生存がかかっていると言えるのかもしれない。」[178]

言い換えれば、活動は、ギリシア人が知っていたように、人間が自らのユニークな個性を開示し、死を乗り越える方法というだけではない。またそれは、ローマ人が知っていたし、何人かの革命家たちが再発見したように、力を合わせ、「永続する制度」[179]を創設する能力というだけでもない。それは、「人間の奇跡を起こす能力」[180]でもある。その能力は、彼女がナザレのイエスが発見したとみなすものである。彼女が初期キリスト教に見いだす奇跡的行為の範例は、赦しの行為である。赦しは、危害を終わりにし、結果の無拘束な連鎖を打破し、加害者にはやり直すことを可能にする。[181] しかしながら、より一般的には、(彼女が目的論的文脈から距離を置いた) 奇跡を起こす可能性についてのキリスト教の主張は、あらゆる正統的な政治理論が無視した真理、すなわちまったく予期されないこと、時には、大きな政治的効果をもつことをなす人間の能力を明確化しているように彼女には思われた。無力なように見える人びとによって生み出しうる権力は、このことの重要な側面である。たとえば、ガンディーとそのインドの支持者の事例[182]では、明らかに無力な諸個人が圧倒的に強力な政治秩序に対して勝つ見込みのない挑戦をし、あらゆる予想に反して、それを変える力を生み出した。

アレントが承知していたように、たとえキリスト教の洞察が伝統的な神学や制度から切り離されていた場合でも、キリスト教の洞察を政治的目的に適合させるのには問題がある。われわれは、そのような問題のいくつかを順を追って見ていく必要があるだろう。にもかかわらず、非暴力的かつ宗教的に鼓舞された活動という現象は、伝統的な政治的思考によって無視されてきたように思われる基本的な人間の能力の別の側面のモデルを提供した。これは活動に関する彼女の三つの思考の流れのうちで最も発展していないものだとしても、米国における公民権運動の出現とそれに続くヴェトナム反戦運動は、彼女が経験の曖昧なところを探究するさいに正しい線にそって思考していたことの実際的な証明のように彼女には思われた。

ホメロス的英雄、ローマの創設、キリスト教の奇跡の遂行、これらすべての経験が共通にもつもの、それらすべてをアレントが「活動」という表題のもとでとりあげるように疑いもなく仕向けたものは、それらがすべて人間の間の関係のなかで新しいことを始めることの事例であること、およびそれらがすべて複数性の表明であることである。つまり、誰も自分自身を赦したり、自分たちの都市の上に新しい都市を創設したりすることはできないのであり、ホメロス的な冒険は共同の企てである。そのことは別にしても、それら三つの事例の間にはあまり共通の基盤はないように思われるかもしれない――とくに、ホメロス的英雄とキリスト教の聖徒との活動力の間には。しかしながら、アレントがそれらをどう使っているかを振り返って見れば、われわれは三つすべてに共通の何かがあることを理解できる。その何かは、政治における活動についての彼女の理論の理解にとって非常に重要なものである。三つの経験の違いとほとんど同様に際立っているのは、それらのうちどれもそれ自体では政治の単純明快な実例ではないということである。ホメロス的冒険は前政治的なものだし、無政府的である。キリスト教の活動は本質的に無世界的な善に関わっている。アレントがかつて述べたように、「イエスは誰よりも活動がどのようなものだか知っていた。しかし彼は制度がどのようなものだか知らなかった。[183]」ローマの創設の実験でさえ、活動の経験を繰り返すよりも、政治的世界を樹立し、次の世代にそれを残す一回限りの出来事である。[184]三つの事例のいずれもが、アレントには範例のかたちで政治にとって重大な意義をもつ人間能力を表わしているように思われた。一方、アテナイのポリス、近代の諸革命、非暴力のデモはそれらに政治的な形式が与えられる方法のいくつかを示した。にもかかわらず、活動を政治へこのように実際的に言い換えることとさえ、稀有な例外である。そのような例外は、われわれがふつう「政治」によって理解することの基本事項をほとんど形成できない。

　これらの思考の流れを追うと、アレントの活動理論についての、別の当惑させる特性を理解しやすくなることに気づくかもしれない。つまり、彼女の説明によると、活動は非常にありふれているとともに非常に珍しいということになるが、それはどうしてなのか。批評家たちがすでに指摘したように、彼女は、活動はすべての人間が所有する能力であり、政治の根源にある能力だと言うが、しかしながら、これまでに存在したほとんどの政治体制において支配と服従のためにこの能力は抑圧されてきたし、活動が花開いた政治的空間は非常に稀だったということも彼女は主張している。人類の「非社会的社交性[185]」についてのカントの省察を想起すると、おそらくわれわれは、アレントによって理解された活動とは「非政治的政治」能力であり、その能力は人びとを政治に向けて駆り立てるが、彼らがそこに至ることは非常に困難になっている、と言えるかもしれない。イニシアティヴをとる衝動が人びとを政治に駆り立てるのは、ひとつには彼らが自分たちの企てにおいてほかの人びとの協力を必要としているからであり、また彼らが活動のなかで見られたがっており、活動するための現われの空間とその空間の存立基盤となる制度を必要としているからでもある。しかしながら、かたや活動の分裂的で個人主義的で暴力的な傾向と、かたや制度が堅固になり、活動が開始する過程が自動的になる傾向との間に均衡が保たれる場合にのみ、そのような空間は持続しうるであろう。

この均衡が実際に保たれ、活動のディレンマがほんのしばらくのあいだ解消される稀な場合には、個人の自発性は共有された公的な条件に変わり、アレントが理解するような「自由」が現われる。すべての人間がもっている「自由の天分……創始する能力」は、「自由であるという状態に変わり」、「世界における具体的なリアリティ」になる。そこでは人間は対等者から成る共同体のなかに生きており、「専制政治や隷属状態によって拘束されておらず」、「新しい始まりがすでに創始された事象の流れのなかにつねに挿入される」。しかし「自由であるという状態は……破壊でき……歴史においてめったにしかその妙技を完全に展開できたことはなかった」。人間事象に通常起こっていることは、「活動が止まり、現状の保持と行政が機能し始め」るということだが、一方、イニシアティヴをとることによってすでに始まった活動の過程は、自然の過程と同様、自動的になるということである。活動について書いているときのアレントの目的のひとつは、たしかにこの自由の経験を記述し、推奨することだった。そしてアテナイは、その欠点とともに、彼女にとって稀な歴史的実例のひとつであった。しかしながら、すでに見たように、彼女の注目の焦点は、アテナイを賞賛することではなく（ましてアテナイを模倣することを提案しているわけではない）、それよりもはるかに人間の経験の領域についての複雑さとディレンマを探究することのほうにあった。そのような領域は奇妙なことに政治的思考において無視されたが、重大な政治的意義をもつものであった。つまり、活動のディレンマの解決に成功することは稀だが、活動それ自体は（よかれあしかれ）政治における永続的な可能性である。

人間の活動能力が具体的な実現を見る、「自由であるという状態」が稀なのは、ひとつには活動の内的ディレンマがそれを破壊する傾向があるという理由からでもあるが、ほかの人間的能力が活動を舞台の中央から押しのける傾向があるからという理由のほうがはるかに大きい。活動の危険性と欠点を考えると、人間の相互行為を、一人の人間を制作者の位置に置き、残りの人びとを彼の指図どおりに配置した、仕事のイメージで理解する強固な傾向がつねにあった。その伝統はこの種の「制作による活動の代替」[187]に依存している。その伝統によれば政治は支配に関する事柄である。しかしながら、とりわけ活動は人間の注目を求めて労働とつねに競わざるをえなかった。自由人の集団によって人間の歴史において短期間享受された、自由の当てにならない空間は暴力によってのみ可能になった。つまり、暴力でもって彼らは奴隷や農奴に自分たちの物質的必要をまかなわせ、自由に活動できるようになった。「技術革新が起こったため……他人に対する支配と暴力だけが一定の人びとを自由にすることができるという古くからある恐るべき真実が覆された」[188]が、その同じ技術の台頭が自由な政治を実現できなさそうにしてきた。なぜならば、アレントによれば、それは労働とその優先順位を政治自体の中心にもち込んだ過程の一部だからである。この過程についてのさらに進んだ省察が『人間の条件』の最終章で行なわれている。

世界と地球からの疎外

もし『人間の条件』におけるアレントの目的のひとつが人間の活動能力の潜在的可能性と危険性に着目することだったとしたら、もうひとつの目的はそのような注意の向け直しがなぜ必要なのかを説明することであった。人間にとってかくも特徴的なことで、政治にとってかくも中心的な活動力がそのように無視されることがどうして起こりえたのか。もちろん、彼女の回答の一部は、政治についての思考の偉大な伝統は哲学者の伝統であり、（あとの章で探究する理由によって）哲学と政治は互いに不和でありがちだということである。活動の不確実性を拒み、仕事をもとに政治のモデルを作ることのほうを好んだ哲学者たちの悪しき影響以上に問題となることがあるように彼女には思われた。職人芸として理解された統治は、専制の処方箋になるかもしれないが、全体主義の処方箋にはなりえない。彼女の分析によれば、全体主義的指導者は自らをプロメテウス的創造者としてではなく、非人間的な諸力の僕《しもべ》とみなし、彼らが始動させた過程に対して責任をもたなかった。それなら、この特殊な幻想はどのように起こったのか、このように思考する指導者がかくも多くの支持者が動物の種のたんなる見本のように振る舞う用意があることに気づくということがどうして起こったのか。さらには、人間が全体主義のあのもうひとつの本質的な構成要素である、「すべては可能である」という信念に到達したということはどのようにしてなのか。というのは、（またここでは空間についての探究に関する『人間の条件』の）「プロローグ」において音色を奏でていたテーマに戻っているが）人間は必然的に「条件づけられた」存在だが、現代において生命が与えられている条件に挑戦してきた。どのようにして現代人は、宇宙探検が示すように、もはや地球に拘束されておらず、同時に人間世界からも疎外されている地点に到達したのか。彼女の歴史的分析の目的は、「今日の世界疎外、すなわち地球から宇宙への飛行《フライト》と世界から自己自身への逃亡《フライト》という二重のフライト、をその根源にまで遡って跡づけることである」[189]、と彼女は述べた。

アレントによれば、現代の人間が安定した世界を失ったことと自然の地球からも同様に距離を置いているという意味で、二重に疎外されていることを強調しておかねばならない。現代人に残されているものは、彼ら自身と彼ら自身の考案した擬似自然——言い換えれば、孤独と、彼女が「イデオロギーとテロル」のなかで分析した非人間的な「法則」への隷従との結合——である。彼女が最初に「近代」に関する章で（「近代」によって彼女は十七世紀から二十世紀半ばまでの時期を意味しているが）見ているのが「世界疎外」である。またこれは、われわれが彼女のマルクスについての省察を見たときに理解したように、彼女の近代の経済発展についての理論と、とくに財産の資本、すなわち「富」による置き換えと結びついている。

人びとを結びつけるとともに分離するものの一部はつねに、世界のなかでそれぞれの家族に属する特定の場所という意味での私的所有の存在であった。近代の経済成長の根源にはこの安定した、世界のものである財産の流動的な富(190)への転換があった。そして彼女は、この展開を教会財産の没収が土地収用の一般的過程を開始した宗教改革まで跡づけた。農民の財産は資本に変わり、農民自身も共通世界に足場をもたない純然たる労働力の化身に変わった。こうして生産と消費の過程、「社会の生命過程」が始まった。そしてその過程は、最終的には安定した世界を食い尽くし、その住民を無世界的で、孤独な大衆的人間に変えた(191)。

社会の生命過程による人間世界の破壊は、アレントがその本のなかで語っている物語の一部ではあるが、その本の最終章の重大関心は全能性に対する全体主義的信念と全体主義イデオロギーの主観性の双方を可能にした状況にある。すなわち、地球が太陽の周りを回っていることを証明したガリレオの望遠鏡で始まり、科学的発見によって暗に意味された、地球からの離脱にある。というのは、新しい科学は実際にアルキメデスの点——外側から地球を見、究極的にはおそらく地球を動かしさえもする立脚点(192)——を見いだしたからである。人間はみずから自然を支配することができ、自然が表わすことを観察するだけではなく、実験をとおして情報を抽出し、さらには、自然を自分たちの精神がつくり出した数学的構築物に従属させる。外側からのこの自然へのアプローチは、われわれ自身の時代においては地球の自然への宇宙の過程の導入、「自然的」物質の創造を導いてきた。

この傲慢な実習を待ち構えているネメシスは核戦争という形態において最も明白に現われたが、アレントは近代の科学的企てはまさしくその始まりから代償があったと論じた。ガリレオの新しい科学のまさに最初の隠された意味のひとつは哲学におけるデカルト的懐疑の登場であった(193)。デカルト以前では哲学の主要動因は、みずから姿を現わす存在に対する「驚きの明確化」であった。しかし、新しい天文学の最初の教訓は、真理とリアリティは瞑想においては姿を現わさないということであった。真理を発見するためには自然にその秘密を明らかにさせる実験の罠をかけることと、自然そのものよりも科学者の真実性と信憑性を信用することが必要である。デカルトは、すべてを疑い、自分自身の精神のみに依拠して、この新しい懐疑を作り出した。それゆえ、新しい科学の地球疎外に対応していたのは、哲学のはるかに包括的な形における世界疎外でもあった。形式的には諸個人を見下ろし、彼ら全員に現われた世界の対象物は、自分自身の精神の私的世界のなかで経験される感覚のなかに解消された。哲学者は、各人の孤独な状態での推論が同じ結論に到達するに違いないという共通の頭脳構造以外の何ものによっても統合されていない人間を代表していた。共通世界を分かち合い、それについての異なった視角を比べ、そのようにして共通感覚を発展させる人間である代わりに、人びとは「推論することができる動物」[194]でしかなかった。

それゆえ、アレントは、(彼女が論じたように)全体主義の論理にあのように抗し切れなかった孤独な大衆的人間がホッブズのような十七世紀の哲学者の理論のなかで予兆されていたと示唆している。二十世紀の出来事は無世界性と共通感覚の喪失を先例のない数の人びとにまで広げたが、その経験自体はもっと以前にまで、孤独がいずれにせよ職業的運命であった哲学者にまで遡ることができた。[195] まず第一に、宇宙を探検するために新たに発見した技術を用いるのに忙しい科学者は、自分自身の精神に投げ返されたという絶望的な感覚を共有していなかった。しかしアレントは、科学が自然のなかに発見するものは、次第に、科学者が理論と実験の構築をとおして自らそこに表現したものになるというような意味で二十世紀の科学者から引用することもできる。それゆえ、人が地球に拘束されていることから解き放たれることの知的結末は、人が世界からも疎外され、「自分自身の精神の牢獄のなかに」[196]引き戻されるということのように思われる。

しかし、その本の前のほうで分析されたさまざまな人間の活動力の状態にとって、このことすべてに含まれる意味はどのようなものか。すでに見たように、アレントは人間の活動力についての伝統的理解はプラトン以降、哲学者の精神生活への重大関心によって歪められてきたと主張した。洞窟の寓話においてプラトンは、ホメロスの黄泉の国についての理解に反対する主張をすることによって、意図的にギリシア人の世界観を転倒させた。ホメロスの理解では、黄泉《よみ》の国は、普通の生であり、死後の生ではなく、死は暗い下界で起こり、また、それは肉体の生であり、魂の生ではなく、魂はぼんやりとしていて非現実的である。[197] プラトン主義はキリスト教によって補強されて、真の実在についての観照を二千年にもわたって最も価値ある活動にした。そこで、期待されてきたかもしれないことは、新しい科学が観照の地位を、真理は物事を行なうことによってのみ見いだされうるということを示すことによって弱体化したとき、プラトンの最初の転倒自体が引っくり返され、活動力についての最初のギリシアのヒエラルヒーが回復されることである。実際には、こういうことは起こらなかった。その代わりに、アレントが探究を進めている理由のため、科学革命によって活動的生活に与えられた新しい地位は、思考する人間同様、活動する人間によっても最も軽蔑された活動力である労働の高揚をもたらした。

アレントが科学革命から「〈労働する動物〉の勝利[198]」を辿る道筋は、曲りくねった道筋である。新しい科学から立ち上がって獲得される最初の型の活動力は仕事、すなわち〈工作人〉の活動力であった。その技巧が道具と装置を考案し、それらによって自然を罠にかけることができた。とはいえ、この技巧全体の要点は、世界の物を作ることではなく、自然の過程を反復し、表示することであった。近代思想の鍵になったのは、〈工作人〉の安定した世界よりもむしろ過程というこのカテゴリーであった。[199]〈工作人〉の外観がどのようにして徐々により流動的で、より世界的ではないものに解消されていったかの一例が、功利主義の進展である。アレントが先に仕事の分析において示唆したように、功利主義的思考は職人の特徴的な見方である。なぜなら職人は、目的を達成するために手段を用いるという観点から考え、有用性の観点からすべてを価値づけるからである。とはいえ、〈工作人〉の功利主義は、有用な対象物の安定した世界につながれている。ベンサムの「最大多数の最大幸福」は、功利主義的思考がもはや安定した世界に関係せず、代わりに世界を喪失した諸個人に関係する場合、功利主義的思考に起こることを示している。あらゆる手段が関係する目的は、いまや諸個人の快を最大化し、苦痛を最小化することである。それらは、実際には主観的感情であり、そこにおいて最高善となったのは純然たる生物学的生命である。〈工作人〉の価値の代わりに、勝ち誇って出現してきたのが〈労働する動物〉の価値である。

とはいえ、アレントはとくに、観念の純然たる論理にこのことの責任を負わせることは否定している。[200] 問題となるほかの要因はキリスト教である。すでに見たように、彼女はアウグスティヌスに関する博士論文のための研究をしていたころから初期キリスト教に興味をもっていたし、『人間の条件』自体のなかでイエスは赦しをとおして人間関係において行為し、新しい始まりをなす人間の能力の最大の発見者の一人であったと主張した。それでもやはり、キリスト教の世界拒否は、（あとで見るように）キリスト教の政治的意義をきわめて不確かにするように彼女には思われた。とりわけ、無世界性と永遠の生命への信仰との結合は、彼女が近代性の病と見たものに寄与したと彼女は考えた。というのは、科学革命が起こるときまでにプラトンが転倒した古代の世界観はもはや再生できなかったからである。プラトンは、公的世界における不死の古典的希求から目をそむけた。しかし、キリスト教はそのような不死の価値を、万人に個人として永遠の生命を保証することによって完全に引き下げた。永遠の生命への信仰が科学革命に引き続く信仰の一般的喪失によってぐらついたときでさえ、純然たる生命に対する高い価値は変わらず、新しい種類の不死が人間の想像力の前に現われた。すなわちそれは、「種としてのヒトの永遠の生命過程」[201] である。それゆえ、宗教的・科学的・哲学的発展はすべて、「社会」、すなわちマルクスが称えた社会化された人類のあの生命過程の台頭をもたらす経済変動と気脈を通じていた。

これらの展開の結果を検討しているとき、アレントは最も悲観的である。同時代人たちの活動力はほとんど「労働」という名にも値しないと彼女には思われる。「労働社会の最終段階である賃仕事人の社会は、そのメンバーに純粋に自動的な機能の働きを要求する。それはあたかも、個体の生命が本当に種の総合的な生命過程に浸されたかのようである」。かなり高度な人間的能力をぎりぎりまで追いつめることで人間は「ダーウィン以来、自分たちの祖先だと想像しているような動物種に自ら進んで退化しようとし」ていることである。[202]活動が、科学者の世界で生きていて健在だということは本当である。しかしそれは、自然のなかに活動していき、新しい制御できない過程を開始するという憂慮すべき形態においてである。そして、近代科学は地球に依拠しているのだが、その地球からの疎外の結果は、傲慢さとネメシスの結合である。その結合は、アレントが描くような全体主義に際立って類似している。すべては可能であるが、人間が自分たちの力でどうにかできることは自分たち自身の動物の種への転換である。したがって、彼女が全体主義への不可避性はいかなるものであれ否定したとしても、[203]彼女が確実に全体主義を近代性のきわめて特徴的な所産だと見ていたことには、なんら不思議はない。また、われわれが彼女の近代性についての説明を全体主義についての彼女のイメージによって映し出された影のようなものとして見ざるをえないことにも、不思議はない。

全体主義と近代性のこの物語は、『人間の条件』を読むための適切な文脈だとわたしは思う。その本をアテナイの民主政の理想的な型を勧めることに主として関わっていると見ずに、われわれはそれを絶望的な苦境の分析として、また道徳を携えた物語として読むべきである。そうだとすると、『人間の条件』の道徳とは何か。アレントがどんな政治的綱領も提示していないこと、直接的な政治的な含意は彼女の分析から出てこないことは明記しておくべきである。その書は、『全体主義の起源』や『革命について』に比べてかなりわずかしか直接の政治的関連性はない。にもかかわらず、その物語には道徳がある。それは、人間は自らの存在の諸条件をもっとはっきり認識し、「地球上に生き世界に住むのが一人の人間ではなく、複数の人間である」[204]という事実を受け入れ、感謝するのが当然だということである。この複数性には、われわれが感謝すべきふたつの意味がある。ひとつには、複数性は新しさの持続的な奇跡を可能にする。その奇跡は、自動的過程に対する近代的執着が間違いであることを示す。それは、(アレントが『人間の条件』を書いていたときでさえも）共産党支配の非生産的な予言可能性を覆したハンガリー人の蜂起に例証されている奇跡である。新しい個人は絶えず世界のなかに入ってくる。新しい行為と新しい思想はすでに確立された慣行や過程を中断する。もうひとつには、複数性はわれわれがわれわれのなかに世界を構築することを可能にする。その世界のなかで、われわれを孤独な想像行為から救うためにリアリティが現われることができる。そのなかでは、われわれ自身もまた動物の種の残存する実例としてではなくユニークな個人として現われることができる。死すべきことを運命づけられ、自然や擬似自然の過程によって脅かされながらも、われわれは圧倒的な不公平さに立ち向かい、悲劇に直面する勇気によって人間の尊厳を擁護することができる。われわれは複数だから、全体主義の犠牲者を呑み込もうと脅かした「忘却の穴」に消え去る必要はないし、もしわれわれが協力するなら、互いの行為の記憶を想起し、意見を述べることができる。われわれは複数で存在しているのだから、われわれ自身が開始する過程からわれわれを守るために、また、各人の孤独な心の暗闇からわれわれを救い出すために、永続的な制度を創設することができる。

この最後の点についてのアレントの省察の細部については次に扱うことにしよう。

第五章　全体主義以後の時代の道徳と政治

『全体主義の起源』のあと、アレントは姉妹編としてマルクス主義的全体主義の温床を探究した書物を出版する予定であったが、同じように、『人間の条件』のあとには、その続編として『政治学入門』を書くはずであった。この『政治学入門』は、政治思想の伝統的なテーマを新たに説明しようという体系的な試みとなるはずのものであった。マルクスについての書物と同じように、この本も書かれなかったとはいえ、公刊した著作の準備として寄与している。アレントが完成させた著作の多くは短めの論文であったが、それらのうちのいくつかは『過去と未来の間』および『暗い時代の人々』に収録された。また、たとえば、イェルサレムでのアドルフ・アイヒマン裁判に関する彼女の書物や『共和国の危機』（邦題『暴力について』）というタイトルで出版されたヴェトナム戦争時代のアメリカ政治に関する省察のように、いくつかは具体的な出来事に促されて書かれた。一九六三年に出版された彼女の主要著作である『革命について』は、こうした手法の混合体である。この著作は、部分的には特定の出来事に促されたものであるが、しかしこれらの出来事にはまったく制約されていない。この著作でアレントは、全体主義の経験に起源をもち、また政治思想の刷新という、ついに果たされることのなかった彼女の企てを告げている多くの省察を革命の筋道に結びつけたのである。

これらの著書や論文によって示されている濃密な思考の筋道を説明するにはどうすれば一番良いのかというのが解

釈者にとってはひとつの問題である。とりわけ『革命について』は本書の前半の章で扱った『全体主義の起源』と『人間の条件』に匹敵するくらい詳しい説明が与えられるべきか。アレントの著作のなかでは最も理解されることの少ない、また最も評価されることの少ないこの著作の知的な重みは、たしかにほかのふたつの著作と同等に扱うに値するであろう。しかしながら、『革命について』がこれまで無視され、ほとんど理解されてこなかったひとつの理由は、アレントの標準的な著作と比べても、その著作がきわめて暗示的でありかつ内省的であるからであるといってよいであろう。この本の多くは、ほとんどすべてといってもよいが、彼女の連続的で緊密に結びついた思考の流れについての知識を前提としている。そこで、『革命について』や、あるいは『人間の条件』以後の著作のいずれかに直接焦点を当てる代わりに、こうした思考の流れ自体を明らかにすることを目指すことにしよう。とくにこれまでアレントに関する研究書においてあまり注目されなかった点について明らかにしよう。これまでの、たとえば近代性や「社会」や「生命過程の解放」を扱った章においても、こうした考察のいくつかはすでになされている。しかし本章以下のふたつの章では、政治的概念を再考しようとするアレントの長期的な試みと彼女にとってこのような再考を必然的なものとしていると思われる政治と哲学の緊張関係に関する彼女の絶え間ない考察について考えてみよう。とはいえ、本章では、アレントの著作の多くの箇所で表に現われ、『革命について』でその目障りさと不可解さが最も顕著であるわかりにくい思考の一本の流れを追ってみよう。この流れは政治と道徳に関わっている。

アレントの読者が直面する問題

アレントの思想において解釈者が折り合いをつけるのに非常な困難を感じる領域のひとつは、政治と道徳の関係である。『全体主義の起源』の著者が、のちの著作でどうすれば「真の政治から愛や善や良心や同情や慈悲を追い払う」ことができるのか。どうすれば、「二十世紀における政治的恐怖の最も徹底的で独創的な理論家が、……あたかも健忘症のように、同情や慈悲を残忍さそのものよりもさらに多くの残忍さを引き起こすものとして非難」できるのであろうか。この引用はジョージ・ケイティブからのものであるが、しかし「政治と道徳についてのアレントの思想において未解決の緊張」を見いだすのは彼一人ではないし、彼女の著作が含んでいる「心痛む事柄」に「不安」を感じるのも彼だけではない。(1)『イェルサレムのアイヒマン』での「悪の凡庸さ」に関するアレントの議論に衝撃と侮辱を感じた多くの読者以外にも、さらに多くの読者が、ケイティブが言及した箇所のいくつかにはともかく当惑したり不快を感じたりしたのである。すなわち、「市民的不服従」に関する論文におけるあからさまな良心の軽視、しばしば示されるマキアヴェリへの共感、そして『革命について』で行なわれているフランス革命での慈悲とテロルに関する議論に対してである。ある論者はこの議論からして「アレントは血迷ってしまった」(2)のではないかと疑おうとしたぐらいである。

本章でわたしは、アレントは決して分別を失っていないこと、そして以上のような心痛む論点についての考察は固有の文脈において読まれれば、通常考えられているよりももっと理解可能であるだけでなく、正当化可能でもあるということを主張するつもりである。アレントの思想の中心が『人間の条件』で提起された政治的活動の理論であり、われわれが同情や慈悲や善意や良心についての彼女の見解を理解し批判しなければならないのは、政治的活動が関わっている事柄についてのアレントの得意げな観念の文脈においてであると考えるのはケイティブだけではない。(3)この文脈において見れば、彼女の見解はまさにわけのわからないものであり、信じ難いものである。しかし以下のわたしの議論が示すのは、これは誤った文脈であり、彼女の立場を理解し評価するための正しい出発点は、『人間の条件』ではなく『全体主義の起源』であるということである。

アレントにとっての問題

悪の問題はヨーロッパにおける戦後の知的生活の根本問題であろう。(4)

一九四五年にアレントがこのように書いたとき、ナチズムが問題の本質を表わしていた。というのは、ナチスは「人間がなしうることを疑いもなく証明した」からである。アレントが『全体主義の起源』においてそもそも問うたのは、この経験から生じた問題なのである。すなわち、いかにしてナチズムは可能であったのか、「根源悪」はいかにして二十世紀ヨーロッパにおいて現われたのかという問題である。ナチズムの影響は、間違いなく、衝撃的であった。しかしこれはアレントが折り合おうとした問題の半分でしかないことを理解しなければ、彼女が覗き込んだ深淵の深さを捉え損なうであろう。というのは、ナチズムの起源は西欧の伝統の主流にはなかったからである。これまで見てきたように、アレントはナチズムがそれ相当の先行形態をもっていることを明確に否定した。このことは、彼女の初期段階の考察においては、ナチズムの根源悪は、健全なもうひとつの伝統、とくにヨーロッパ左翼のジャコバンから受け継がれた革命の伝統がすぐ手近にあったという信念と、ともかくも対立しているということを含んでいる。アレントの世代の多くの人びとにとって、究極の悪夢は、戦後に、すなわちスターリンの犯罪の真実が疑問の余地のないものとなり、そして右翼の全体主義を理解しようとする衝撃に耐えた人びとが究極の裏切りである、左翼の全体主義と折り合いをつけようとしなければならなかったときにやってきた。周知のように、アレントはスターリニズムを考察の対象とするために、自分の本の計画を変更した。この変更によって彼女の本はとくに不釣り合いなものになり、多くの批判を招いた。

本章でわたしは、政治と道徳に関するアレントの不明瞭で論争的な見解が、直接的には全体主義の悪と向き合おうとする彼女の試みから生じたものであるということばかりでなく、批評者たちを最も怒らせるこれらの見解の多くは、彼女が直面した政治的悪は右翼と左翼というふたつの顔をもち、それぞれがきわめて複雑な問題を提起しているということをわれわれが認めれば、ずっと理解可能なものになるということを主張するつもりである。

ナチズムとはつまるところ、社会的崩壊の一現象であった。つまり、政治的社会的構造の崩壊であり、権威と伝統の崩壊であり、悪を行なうということに対する道徳的防壁の崩壊であった。ひとたびこうした防壁が崩壊すれば、「社会のどん底」が容易に政治に乱入してくる。そして文明という堤防がいかに脆いものであるかということが明らかになるのである。ナチズムによって提起された問題は、したがって、このような崩壊はなぜ起こり得たのかということを理解することであり、悪に対する新しくてより強い防壁はいかにして構築されうるかということを考えることである。これはそれ自体くじけそうになるような課題であるが、さらにナチズムとスターリニズムの類似性が問題を途方もなく深く複雑にしている。スターリニズムのとくに不安を引き起こす特徴は、アレントも気づいていたように、根源悪は、伝統的な防壁が壊れたときに溢れ出す社会的どん底の問題として単純に診断されえないということである。スターリニズムが提起した固有の道徳的問題は、マルクス主義における政治的理想主義の絶頂との結びつきである。間違った方向に導かれたシンパの世代は、この理想主義によってスターリンの犯罪を大目に見てしまったのである。マルクス主義の全体主義への堕落が示しているのは、西欧の政治的理想主義は、ナチズム的犯罪の「隠れた潮流」に対抗して単純に主張されるものではないということである。政治的悪の問題は、もっと複雑である。この問題について、アレントは、ナチズムとマルクス主義の堕落の双方について考えながら、長年にわたって考察をめぐらした。

ナチズムと道徳的崩壊の経験

一九六五年にニュースクール・フォー・ソーシャル・リサーチで行なわれた道徳哲学に関する一連の講義で、アレントは道徳性についての彼女の継続的な考察の背後にある「基本的な経験」のいくつかを明らかにした。アレントの世代は、「道徳的ふるまいは自明の事柄である」、つまり「誰も正気でそれ以上要求できないもの」という疑問の余地のない想定のもとに成長した（と彼女は言う）。このような居心地のよい想定のもとで育てられたために、この世代の人びとはナチズムの衝撃に直面したのである。それでも、（犯罪者というのは、大規模な犯罪に関わる機会を彼らがもとうともつまいと、いかなる社会においても見いだされるものであるから）「真の道徳的問題はナチス自身の行動によって生じるのではなく」、普通のまともな人びととの行動によって提起される。[5] こうした人びとは、犯罪に関わるような行為が日常的とはなっていない社会に生きている以上、罪を犯すことなど夢にも思っていないが、それでも彼らはありとあらゆる人びとに敵対するあからさまな犯罪が標準的な行動であるような体制に苦もなく適応したのである。「汝殺すなかれ」というのは文明社会の最も明白なルールであろうが、このような人びとは、このルールの代わりに、殺人こそが人種の目的にとっての道徳的義務であるというナチスのルールを容易に受け入れたのである。[6] 自明であった諸原理、「正常で」「品位のある」道徳的行動はもはや当然のものとはみなされえなかった。[7] アレントが『全体主義の起源』のなかで述べているように、「西欧文明の全構造は、それが含んでいる信条、伝統、判断基準などとともにひっくりかえってしまった」。[8] ナチズムが示したのは、悪はより根源的でありえ、悪に対する防壁は近年の誰かが考えるほど安全ではないということである。

強制収容所における根源悪の現出についてのアレントの考察と、とりわけ、被告席のアイヒマンを見たあとの、加害者のなかには積極的に悪意があるというよりもむしろ凡庸である者もいるという彼女の修正は、解釈者たちから多くの注目を集めた。[9]しかし大量虐殺を防ぐと期待されていた道徳的防壁の脆さについての、全体主義直後のアレントの考察にはそれほど多くの注目は集まらなかった。普通の良識あるドイツ人がナチ体制の政治活動をいかに安易に受け入れたかを見て、[10]また「道徳」という言葉はラテン語のモーレス（mores）、すなわち慣習という言葉から派生したという事実に鑑みて、アレントは通常の道徳的行為は単純に慣習の問題であり、ほかの慣習と同じように、深みや抵抗力などはもっていないという考えに思い至った。この警告的洞察は、彼女の心のなかでは二百年前の、慣習の政治的意味についてのモンテスキューの熟慮と結びついた。彼女の思考過程は、一九五三年の「理解と政治」と題された論文に最も明瞭に現われている。この論文は全体主義を理解しようとすることの困難さを広範囲にわたって考察したものであるが、ここで彼女は「人びとの生活は……法と慣習によって支配されている」というモンテスキューの確信を引用している。国民は、法によって構成される公的領域が掘り崩され、それによって「国民が政治的活動に対する責任能力を失った」ときに堕落し始める。それ以来、実効性のある法によって構成される公的領域の不在において、政治的悪に対する唯一の防壁は実のところ慣習しかないが、「もはや法にその基礎をもたない慣習と道徳はどんな出来事によっても破壊されうるし、また市民によって守られていない社会はどんな偶発的事件によっても間違いなく脅かされるであろう。」モンテスキューの洞察を暗黙のうちにナチズムに適用することによって、アレントは、「モンテスキューは慣習と伝統のみによって、すなわち単なる道徳の拘束力によってまとまっている政治体のもつ政治的危険性を描いている」と述べている。[11]

一九五〇年代初期のこの一節を見れば、われわれは、なぜアレントが政治における道徳性について多年にわたり考察をめぐらせたかという理由のひとつを見ていくことができよう。というのは、この論点はアイヒマンの事例によって印象的に確認されると思われるからである。アイヒマンについて驚くべき事柄は、彼のまったくの凡庸さであった。

つまり恐るべき行為が、とうてい悪魔的とはいえない人物によってなされたという事実である。[12] アレントの見方からすれば、この事例の最大の問題は、「精神薄弱でもなければ狂信的でもなく、また皮肉屋でもない平均的で〈ノーマル〉な人間が、善悪を区別する能力を完全に欠きうる」[13]という事実によって提起された。これは、アイヒマンが道徳的義務の感覚を欠いているということではなかった。彼は正しいことをしようと気にはしているのであるが、ただ彼が出入りしていた交際の範囲では、最終的解決が間違っていると考えているような人には誰も会わなかったというだけである。そこにいたのは、ユダヤ人を殺すことがひとつの義務となった多くの人びとである。この義務も、多くの義務と同じく喜ばしくはないが、やらなければならない事柄としての義務であった。[14] 道徳、すなわち国のしきたり《モーレス》や習慣は依然としてあるが、その内容を変えてしまった。アレントにとってこのことが意味するのは、ナチズムの経験は「何がこの恐るべき悪を防ぐ防壁となりえたか」という問題を提起したばかりでなく、同時に驚くべき回答、すなわち「異常なる道徳がある。それによって通常の良識ある道徳的な人びとがナチズムを、それが確固たる秩序となるがいなや容易に受け入れたのである」という回答を投げ返してきたということである。

　日常的な世俗的道徳は、政治的悪に対しては明らかにあてにならない防壁でしかない。しかし宗教はどうしたのか。強制収容所の衝撃のなかで、もし西欧人が神への信仰から逃れなければ、このようなことは起こらなかったであろうと指摘したがる宗教的代弁者は数多くいた。アレントはこのこともよくよく考えた。そして信仰の喪失と宗教的権威の全般的堕落が死の収容所の出現を可能ならしめた要因であったということに同意するに至った。[15] しかし宗教が政治的権威として意図的に復活しうると想定することは、宗教についての完全な誤解であるとアレントには思われた。[16] 彼女はしばしば地獄に対する恐怖と最後の審判に対する信仰の喪失が多大な政治的意味をもったと述べている。たとえば、「たんなる有用性という観点から見れば、人間の魂に対する支配力において、全体主義イデオロギーの内面的強制と匹敵しうるのは、地獄への恐怖くらいであろう」[17]。しかしこのような考察は、政治的悪は政治的解決を必要としているという結論から遠ざかるのではなく、そこへ帰っていくようにアレントには思われた。というのは、アレントは、地獄への恐怖は大衆操作のための政治的装置としてプラトンによって明確に考案されており、またローマ帝国の崩壊にさいして教会が世俗の事柄に対する責任を引き受けたときはじめてキリスト教に取り入れられたと論じることで、地獄への恐怖はそれ自体政治的現象、すなわち「伝統的宗教における唯一の政治的要素」であると主張した。しかしこの教義の過去における政治的有用性がなんであれ、これを復活させようとする試みは必ずや失敗するであろうことは彼女には明瞭であると思われた。(18)

ナチ時代のドイツで起こった事柄に対する安全装置を求めている人の観点からすれば、宗教は答えを提供しなかった。むろんこうした体制を受け入れず殉教者となった個々の信者も疑いなく存在した。(19) しかし一般的な制度的安全装置を提供するには十分ではなかった。他方、ナチズムやスターリニズムに対して真に効果的でありえたかもしれない伝統的宗教の一側面、つまり古風な地獄への恐怖は現代世界において有効性を失っていた。

もし常識的な道徳が全体主義に対して非常に弱い防壁でしかないことがわかったら、そしてもし宗教は何の助けにもならないのであれば、ほかにどこへ向かうことができるだろうか。道徳的絶対性を提供する権威をしばしば主張してきた哲学であろうか。ここでの難問は、このような絶対性は現われそうにないだけのことであるとアレントには思われた。(20) 西欧の道徳哲学の伝統を見渡してみて、アレントはそれが助けにならないことを知った。というのは、道徳哲学は故意に不正が行なわれるという可能性を承認することを大変渋るからだけでなく、(21) 絶対的道徳的原理を提示しようとする最初から誤った試みがなされているからである。アレントは、プラトンをこうした試みに導いたのは、ちょうど政治的考察から将来の報償についての神話を作り上げたように、哲学的な考察からではなく政治的な考察からであると論じた。(22) アテナイの民主主義者によってもたらされたソクラテスの死は、プラトンを哲学によって世界を支配する試みへと促した。しかし（アレントがプラトンより真の哲学者と考えていた）ソクラテス自身は、いかなる規則もいかなる絶対的なものも残さなかった。のちに見るように、アレントはソクラテスによって実践された思考の「内的対話」は、とくに政治的危機の時代には、個人にとって大きな道徳的意義があると信じていた。そして最終解決におけるアイヒマンの役割を可能にしたと思われる、思考不可能性に深く衝撃を受けた。[23]しかしながら、思考する人間からなる国民を確立することによって全体主義を防ごうと期待することは、聖者からなる国民に救いを求めるのと同じくらい現実的ではない。宗教も哲学も全体主義の復活を阻止しうる制度的道徳的絶対性をもたらすと期待することはできない。

もっと昔の世代、とくにアレントが共感をもっていた十八世紀の人びとは、自然法について述べたり、不可譲の権利を承認したりしていることからわかるように、自然を政治に対する絶対的基準を提供するものとして当てにしていた。しかし自然は、ほかの想像上の権威と同じく頼りにならない同盟者であることが明らかになった。全体主義は自然法に反していたであろうか。アレントは『全体主義の起源』ののちの版で付け加えた「イデオロギーとテロル」と題する論文で、ナチが主張したのは、彼らは自然の法則——種族間の闘いにおける最適者の生き残り——を実現しようとしているのであるということを強調した。それはちょうど共産主義的全体主義が自分たちはマルクスが発見した歴史法則を実現しようとしているのであると主張していたのと同じである。「運動法則」の名のもとに、その法則は世界を席巻し、有為転変の人の世を安定させるためにわれわれが必要としている人工の法の防壁をすべて破壊してしまうのである。[24]そして「自然権」に関して言えば、アレントが十分明らかにしたように、政治的悪に対する防壁としてのその脆さは全体主義の登場以前に明らかになっていた。「自然権」は政治的構成体の内部においてのみ存在する。あるいは人間がこのような構成体を築き、自然権を互いに保障すべく責任を果たそうとする場合のみ存在する。[25]

したがって、もしわれわれが全体主義の防壁として自然権に訴えようとすれば、われわれは再び政治へと押し戻されることになる。そしてそれはアレントがナチズムについての考察によって導かれた結論である。すなわち、政治的活動と政治的構成体だけが二十世紀の政治のなかに現われた悪に対する防御を提供しうるという考察である。全体主義に対するただひとつの確かな防御は、途方に暮れている近代の大衆を、構成された共和国に統合することである。それは、平等の権利と法への敬意に基づき、役人ではなく公共精神をもった市民こそが住人となる共和国である。もし一九三〇年代のヨーロッパの人民がブルジョアや大衆ではなく市民であったなら、もし彼らが「人権に基づいた国民についての厳密なジャコバン的概念――すなわち共同体生活の共和主義的見解であり、それは（クレマンソーの言葉を借りれば）一人の権利を侵害することは万人の権利を侵害することであると主張する」[26]――を理解していれば、もしとくにドイツ人が家族への義務と同様に公的世界への義務を理解していたなら、[27]もしユダヤ人が歴史の寄る辺のない犠牲者ではなく政治的な主体でありえたなら、[28]もしこれらの条件がすべてかなえられたら、ナチズムの悲劇は決して起こらなかったであろう。『全体主義の起源』の初版は万人に神や自然から与えられたのではない権利を保障するために、「意図的に計画された歴史の始まり、意図的に考案された新しい政治体」[29]に訴えて終わっている。このような権利はその背後にある超越的なものによって保障されるのではなく、地球を他者と共有しているということを知っている人びとによってのみ確立されうるのである。ナチズムの体験と政治的悪への対抗的防壁の脆さの体験によって、アレントはわれわれの最良の安全網は平等の権利を守るための共和国を熟慮に基づいて樹立することと、自分たちが何を守っているかを知っている市民たちによってこのような共和国が守られることであるという結論に達した。

アレントはナチズムと遭遇することによって、クレマンソー、フランス革命、啓蒙主義の伝統に連なる根源的《ラディカル》な共和主義者となった。彼女は、共和国の制度と公共精神をもった市民こそが全体主義に対する最も強力な防壁を提供できると確信したのである。それではなぜ、彼女は根源的《ラディカル》共和主義の宣言を、すなわち『全体主義の起源』におけるネガティヴな体験の探求に匹敵する積極的な原理の展開をただちに書かなかったのか。もちろん、ある意味では彼女はそうしたともいえる。というのは（のちに見るように）『革命について』は、大部分は共和国の創設と市民精神の永続化に関わっているからである。しかしこれには「ある意味では」という限定がつく。というのは、ナチズムに対して彼女が応えた比較的単刀直入な政治的メッセージは、彼女がナチの全体主義ではなくスターリン主義的全体主義の意味するものに取り組んだので、かなり複雑になったからである。問題は、アレントはナチズムに対しては啓蒙とフランス革命の共和主義的・人文主義的遺産に訴えることはできても、全体主義のソヴィエト版は（一般に認められているように、奇妙なねじれや転換のあとで）まさにこの伝統から現われてきているということである。スターリニズムの場合は、ナチズムと違って、根源悪は野卑な政治からではなく、アレント自身が擁護しようとした革命的ヒューマニズムにきわめて近いものへの高潔な献身から生じているのである。

スターリニズムと革命的伝統の堕落

われわれが見てきたように、『全体主義の起源』の完成後ただちに、アレントは「マルクス主義の全体主義的諸要素」についての著書の準備に取りかかり、困難な問いに向かった。すなわち、いかにして多くの人がヨーロッパをナチズムから救出してくれると期待した革命的伝統が道を踏み誤り、全体主義へと沈んでいったのかという問いである。この問いに対する彼女の答えは、きわめて複雑である。彼女は、スターリニズムが革命的ヒューマニズムの伝統と単純な、あるいは直接的な関係をもっているとは思っていなかったが、善意の同調者を混乱させ、彼らをして筆舌に尽くしがたい犯罪の言い訳をせしめるには、マルクス主義というレッテル以上のものが存在した。マルクス主義の、ふたつの対立はしているが補完的でもある特徴が革命をつぶし、スターリニズムを実現することに与っていたが、それらの特徴は「労働する動物」というマルクスの人間概念のなかで絡まりあっている。そしてもしこれらのうちのひとつがマルクスの決定論であるとすると、他方は、アレントの観点からすればもっと危険なものであるが、彼の思想における決定論に対抗する人間主義的契機である。というのは、すでに見たように、彼女はマルクスの「労働する動物」という人間概念のなかに、政治に対するふたつの対立的な態度を見いだしているからである。これらはふたつとも政治的活動の本質について誤った概念を含んでいる。ひとつは歴史的決定論であり、ナチの生物学的決定論とパラレルである。しかしながら、ここでのわれわれを引きつけるのは他方の、マルクスが革命的ヒューマニズムの伝統と共有している人間主義的な、反決定論的側面である。この伝統は、フランス革命以来よりよき世界を構築することを目標としてきた。アレント自身がナチズムへの応答として訴えようとしたのも、まさにこの伝統である。

マルクス主義の高尚な理想がスターリニズムに変容した仕方を考察することによって、アレントは「マルクス主義は政治的活動について、それを、歴史をつくることであると曲解、ないしは誤解しているために、全体主義的イデオロギーへと展開しえたのである[30]」と結論づけた。では、政治的活動を「歴史を作ること」であると考えることはなぜそれほど危険なのであろうか。いうまでもなく、部分的には、歴史は幸福な結末へと至る予定された筋書きがあるというマルクス主義の信念のためである。しかし結局のところ、歴史を作るという観念は、自らの未来を自らの手中に握り、それを形成することであり、そこにはつねに暴力が含まれているのである。作るということは暴力的な仕事である。しかし、かつてアレントが「歴史を作ること」を強調することがスターリニズムを可能にした決定的要因であるとしたとき、彼女はまた全体主義の再発に対する防衛という問題がいかに射程の長いものであるかということを理解したのである。というのも、マルクス主義がナチズムおよび十九世紀と二十世紀の多くの思想と共有する歴史的決定論と異なり、政治的活動を、何かを「作ること」であると理解するのは、それが暴力に関わる含蓄をもっているにもかかわらず、特殊に近代的ではなく、プラトン以来の西欧政治思想の伝統に深く根ざしたものであったからである。さらに、それはアレントが全体主義に抗して訴えようとした当の共和主義的伝統においてもきわめて強力なテーマであった。この人文主義的伝統によれば、人間はこの世の荒れ地に、そこに住み彼らを守るための「人間的工作物」を作ることができるのである。[31]したがってアレントが到達した結論は、マルクス主義における全体主義的契機を確定し、かつ全体主義をいかにして防ぐかということを理解するためには、政治的活動とは本当のところは何であるのかということを明確にすることが必要であるということであった。すなわち、政治的活動を、一方で必要性（必然性）と苛酷さという含意をもつ「労働」から区別し、他方で暴力的な「作る」という含意をもつ「仕事」から区別するということである。それゆえ『人間の条件』こそ、このような分析の頂点をなすものである。

人間の活動の本質に関する抽象的な問題と全体主義を理解し、それに対抗するという具体的な問題との結合は、一九五〇年に書かれた未公刊のエッセイのなかに明確に見られる。一九五〇年以降というのはちょうどアレントが『人間の条件』その他の著作を生み出すことになる研究へと乗り出した時期である。このエッセイは「卵は声を挙げる」(Eggs Speak Up) と題されており、政治と道徳に関するアレントの見方についての、目下のわれわれの課題にはとくに関連するものである。というのはこのタイトルは、オムレツを作るには卵を割らねばならないという革命的暴力の、ことわざ風の正当化の論理を表わしているからである。この格率がそのままスターリニズムに当てはまるのではない。この伝統的な革命的な信念を全体主義の正当化へと移し替えるために、スターリンはそれをひっくり返さなければならず、強調点は結果よりもむしろ卵を割ることに置かれることになった。つまりこうである。「卵を割ったらオムレツを作らねばならない。」[32]しかし、このことにあれほど善意の人びとがかくも長いあいだ賛同していたことの理由は、アレントによれば、「オムレツ」のことわざに集約される意識が、制作のアナロジーに依拠する西欧的な思惟のなかに深く根ざしているからである。木を切らなければテーブルを作ることはできない。そしてこの制作のモデルが政治に適用されるや否や、それは暴力を是認する。「全体主義は、ほかの多くの点と同様にここでも、いまでは窮状となってしまった遺産から最後の、そして最も容赦のない帰結を引き出したにすぎない。」アレントは、全体主義が避けられたところでさえも、自分を創造主であると考えることをやめない人は、自分を道具的で、また暴力的でさえもありうる態度でもって世界に対する〈工作人〉として考える傾向にあると付け加えている。彼女はここでは、宗教的な信念を復興することはできないと考える理由を十分に述べてはいないが、「オムレツ」のことわざに真っ向から対立する政治的活動の格率を引用することによって、全体主義に対する政治的回答への彼女の意見表明を打ち出している。その格率とはクレマンソーがドレフュスのために正義を求める闘争において主張した共和主義的市民のあり方の原理、すなわち「一人の問題は全員の問題である」[33]というものである。

この初期の論文においてアレントはマルクス主義的全体主義を、政治的活動を「制作」と考える誤解に結びつけている。それは彼女がマルクスや革命的伝統や、より一般的にいえば、西欧政治思想のなかに見いだしたものである。そしてアレントはそれが是認する政治的暴力への道具的態度を非難している。言い換えると、マルクス主義は、歴史的必然性への信念によってだけでなく、「マルクス主義において、制作という観点から活動を考えることに内在するあらゆる含みが完全に展開してきた」[34]がゆえに、危険であることが明らかとなった。

かくして結果として出てきたのは、全体主義に対抗する防壁を求めるさいにアレントはディレンマに遭遇したということであった。ナチズムは、すでに見たように、伝統的な価値基準が崩壊し、また人間の価値が仮定上の「自然法則」に委ねられたことによって可能となったのであるが、このナチズムに直面したときアレントは、フランス革命の伝統に訴え、そして対等な市民からなる共和国の設立という啓蒙の理念を再度主張することができると感じた。しかしいったんマルクス主義版の全体主義を真剣に考え始めると、彼女は制作者としての人間という点では革命的伝統も同じ前提条件をもっているということを理解した。一見したところ、人間の自由と尊厳を求める人間主義的主張のまさに核心にあるように見える思考様式は、つまり新しい政治的諸形態を創造しようとする理念こそスターリニズムを実現するのに与って力があった。

アレントの政治思想の目的のひとつは、『人間の条件』における「活動」と「仕事」の区別や『革命について』におけるアメリカ革命とフランス革命との複雑な対比に現われているが、結論的にいえばその目的とは、革命の伝統からこの危険な糸を解きほぐし、そして制作モデルではなく、また目的‐手段的思考でもなく、さらに暴力を神聖視しない、したがって通常理解されているようなマキアヴェリ的政治観でもない人文主義的共和主義を提示することである。のちに見るように、彼女は彼女自身のマキアヴェリ解釈を（ほかの多くの思想家についてと同様）示しており、彼女自身の観点から彼を賞賛してもいる。しかし通常理解されている「マキアヴェリ的政治観」とは、目的は手段を正当化するという考え方に立って政治における暴力と欺瞞を正当化するものであるが、それは彼女の最も忌み嫌うところのものである。そこで、この点についての彼女の見方を検討してみよう。

反マキアヴェリとしてのアレント

政治においては目的は手段を正当化するという考え方に反対することにおいて、とくに暴力は大義によって正当化されるという観念に反対することにおいて、アレントはゆるぎなかった。『人間の条件』における仕事と活動の精緻な区別や活動を制作という観点から見る、つまり政治に道具的思考をもち込むことの危険性についての考察のほかに、後年の論文である「暴力について」[35]において彼女は革命的伝統における暴力の正当化と神聖視に反対してさらに多くの警告を発している。彼女の円熟した政治思想においてつねに取り上げられるテーマに、権力と暴力を区別しようとする精力的な努力や、人間事象の予言不可能性という観点から、政治的目的のための手段として暴力を用いることの特別な危険性の強調などがある。目的はつねにそれを達成するために用いられる手段によって圧倒される危険がある。

「暴力を用いることは……世界を変える。しかしそれはより暴力的な世界への変化であろう。[36]」ほかのところで彼女は竜と闘うには自分が竜になるしかないという格言を想起し、そのような代償は支払う価値があるのかどうかと疑問を呈している。[37]これらの理論的言明は、パレスチナにおけるユダヤ人テロリズムの問題と、ユダヤ人によるアラブ人の取り扱いというきわめて実践的な問題に対して彼女が早い時期にとっていた立場を反映している。イスラエル国家の建設をめぐる紛争の間、彼女は「妥協なき道徳」を擁護し、その支持にさいして「つねに存在し、彼らがいなければ世界がばらばらになる三十六人の知られざる高潔の人士[38]」についてのユダヤの古い伝説を引用する準備をしていた。

アレントは、正しい理由があれば悪い手段も正当化されうるという、通常「マキアヴェリ的」と見られている考え方に対して、繰り返し警告を発してきた。アレントがあくことなく指摘したように、この格率の致命的欠陥は、まったく非現実的なまでに将来の出来事をコントロールすることができるとみなしていることである。政治観察者の後知恵でみれば、われわれは行為をその効果という観点から判断するかもしれないが、しかしこれはわれわれが予期しうる判断ではない。人間事象の本質的な不確実性を前提とすれば、最後にやってくると考えられている善は、まったくの推測でしかない。ただひとつ確実なことは悪い手段だけである。[39]

革命的伝統を暴力と「マキアヴェリズム」のもつ含意から解放したいという同様の関心が、『革命について』の中心テーマのひとつである。アレントが行なっているアメリカ革命とフランス革命との対比の目的のひとつは、伝統的思考を無視して、革命、すなわち共和国の創設は必然的に血なまぐさい出来事になるわけではないということを示すことであった。革命が意味しているのは、まさに新しい始まりであり、彼女が考察しているように、ロムルスによるレムスの殺害以来、このような政治的始まりはあらゆる政治的伝統において暴力と結びついてきた。人間に関する根本的な仮説を秘めている伝説によれば、「人間がもつことのできる兄弟愛がいかなるものであれ、それは兄弟殺しから成長したものであり、人びとが到達しうる政治的組織が何であれ、それは犯罪に起源をもつのである。[40]」しかし、彼女はこのような仮説（彼女は、近年のイスラエル国家の創設にも暴力がともなったことによって、この仮説が裏打ちされたように思われるということを考察しなければならなかったが）を述べることによってこの書物を始めるのであるが、彼女がふたつの革命、アメリカ革命とフランス革命との間で行なった対比はこの伝統的な知恵へ挑戦し、それが誤っていることを示すためのものである。アメリカの事例が示しているのは、成功した革命、すなわち共和国創設の成功は、革命的独裁の創造的暴力によってもたらされたのではなく、自由な人びとの間の合意によってもたらされたのであるということである。[41] フランス革命とそれに続く革命が陥ったテロルは政治的自由の必然的な対価であるとみなされるべきではない。その原因のひとつ、つまり政治的道徳に対する革命家たちの誤った考え方はわれわれの関心にただちに結びつく。

これまで見てきたように、アレントは通常の意味では「マキアヴェリ的」ではない。しかしながら、このことを明確にするということは、政治と道徳に関する彼女の見解を理解するという真の問題にわれわれが直面するということである。というのは、実際のところ、彼女はしばしば、そして敬意に満ちた言葉でマキアヴェリを引用しているからである。なるほど彼女は、マキアヴェリは一般的に誤解されているのであると主張している。[42] しかし、なぜ彼女はマキアヴェリを引用するのであろうか。つまるところ、なぜ彼女は同情、慈悲、善、良心を批判しようとして事態を混乱させたのであろうか。彼女の読者の憤慨は理解できる。というのも彼女の用いている語彙が誤解を生むものであることは間違いないからである。それにもかかわらず、もし彼女の思考の連鎖を追えば、同情やそのほかのものに対する彼女の酷評は、軽率な思い違いといったものではないし、とくに深淵の縁を見過ごした人間の許し難い思い違いなどではないということがわかると思う。反対に、それらは全体主義に対する、またその再現をいかに防止するかという問題に対する継続的な取り組みの不可欠の部分なのである。われわれは彼女の返答は、政治におけるより高い道徳的基準を要求するであろうと期待できたかもしれない。[43] ただし、ジェローム・コーンの言葉を引けば、「アレントの著作に道徳的倫理的定式を見いだそうとしても、何も見つけることはできないだろう」[44]ということではあるが。しかし、批評家たちを驚かすアレントのこれらの文章は、全体主義に対するまさにこの期待された返答についての彼女の長い熟考の一部として読まれなければならない。

ある意味では、政治におけるより厳しい原則の主張は、まさに彼女の狙っていた事柄であった。しかし、彼女がその問題について考察をめぐらしたとき、彼女はそこには多くの複雑な状況があるということに気づいた。というのは、ひとつには、しばしば「高い道徳的基準」とみなされるものが問題の一部であると彼女には思われたのである。すなわち、革命的伝統がおそろしく悪い方向に進んだ理由のひとつは、その支持者が不適切な動機と基準を政治にもち込もうとしたからなのである。第二に、通常「マキアヴェリズム」として理解されている事柄に対する彼女の非難にもかかわらず、彼女は、マキアヴェリは公的道徳基準と私的道徳基準との関係には避け難い困難があるということを理解していた点でまったく正しいと信じていた。このような複雑な事情を次に検討してみよう。

革命の悲劇

左翼の全体主義を見て、アレントは、もしそれを可能にした間違いのひとつがユートピア的オムレツを作るという希望のために卵を割るという「俗流マキアヴェリズム」であったとするなら、ほかのひとつは、悲しいかな、革命的政治を苦難を被っている人類への強い同情に基づかせようとする試みであったという憂慮すべき結論に至った。この同情こそが指導者や同情者をして行動に駆り立てるのである。このことは、アレントがスターリンの罪を高潔さや心の優しさに帰せしめようとしたということではない。彼女は、同情は「すべての革命の最良の人びとにつきまとい、彼らを動かす動機である」（ちょうどロベスピエールやレーニンやトロツキーのように）[45]と信じていた。また、ブレヒトのような人びとをして誤って革命のための「マキアヴェリ的」戦略を受け入れさせ、さらにスターリンの罪をも擁護させたのは、ほかならぬ同情であると信じてもいた。同情に基づいて政治を行なおうとすることの危険性はフランス革命において見ることができたし、アメリカの建国の父たちの心の相対的な無情さは、いまのわれわれをぞっとさせるものではあるが[46]、政治的な観点からすれば決して悪いものではないと彼女には思われた。しかし、ロベスピエールがルソーの著作から学んだ同情はいかにしてテロルの一因となったのであろうか。どのようなつながりがあるのであろうか。

アレントの議論を理解するためには、彼女が真の同情、つまり「他人の災難に、まるでそれが伝染病であるかのように、襲われ苦しむこと」[47]に対してはいかなる侮辱も意図していないという点を理解することが重要である。『革命について』のなかでこのテーマを扱っているのがメルヴィルのビリー・バッドやドストエフスキーの大審問官をめぐる議論であるが、そこで彼女は同情をイエスやビリー・バッドにおいて見られるものであるとし、かつそれを個人的な関係においてはまったく賞賛すべきものであるとしている。彼女の議論が関心をもっているのは同情の善なる性質の否定ではなく、それが直接的な、対面的な個人関係の外側に出てきて、それが政治に関わった場合に何が起こるかということである。彼女の主張は、同情は愛や（のちに見るように）純粋な善などと同じく本質的に非政治的な現象であるということである。同情は苦難を受けている特定の個人に対する情熱的な共感であり、決して一般化できるものではない。さらに同情は、それを感じている人を対話や議論にではなく、直接的行動に出るよう促すものである。「同情は距離、すなわち人びとの間にある世界の空間を消し去ってしまうがゆえに、そしてその空間にこそ政治的事柄、すなわち人間事象の全領域が位置づけられるのであってみれば、同情は政治的には無意味なものであり、なんらの重要性をももたないのである。」[48]

もし同情が本質的に非政治的なものであるならば、そしてさらにもし（われわれが想定しなければならないように）それがつねに存在し続けているのであれば、なぜそれはフランス革命のときに突然政治を混乱させ始めたのか。アレントの答えは、他人とともに苦しむ感情を喜んで感じ、鍛え上げ、一般化し、そして何よりもそれについて語ることは可能であるということをルソーが発見して以来、同情は革命的政治を変形され倒錯した形態に投げ込んでしまったというのである。アレントによれば、ルソーが行なったことは同情という「情念」を彼女が「憐れみ」（pity）と呼ぶ「感情」へと変形したことである。特定の苦難者に対する直接的な共感である同情（compassion）と違って、憐れみには際限がない。それは不幸を食い物にし、権力追求の口実にし、また残酷さの言い訳にすることによって、まったく想像上の無数の不幸を呑み込み、それを養分とすることができるのである。ロベスピエールの「憐れみとテロル」の結合について考察するさいに、アレントは国民公会に対する請願、「憐れみによって、人間への愛によって、非人間的であれ」を引用している。彼女の主眼は、ロベスピエールとジャコバン派の人びとは真性の同情を装いながら、うわべだけの憐れみを示すことに夢中になっている偽善者たちであるということを言いたいのではない。そうではなく、たんに個人的な感情を公的な舞台で示すことはそれらをゆがめることになるということである。そもそもロベスピエールの感情がいかに真性のものであっても、「彼の同情は、彼がそれをもはや特定の苦難者に向けたり、特定の人に集中させたりすることができないような公開の場に持ち出した時点で憐れみとなったのである(49)」。

ロベスピエールのような、こういった一般化された憐れみに感化された人びとは、彼らの政策の犠牲者に対する同情は感じなくなってしまっていたようであった。そしてなぜこれほど多くの犠牲者がいたのかという理由のひとつは、自らの感情や動機という「人間の心」という「闇」に属する事柄に誇りをもっていた革命の人びとが、他人の動機に対しては容易に疑い深くなったということである。彼らは彼ら自身の感情を公的に示すことにおいて競争しながらもほかのすべての人びとには偽善しか見いださなかったのである。アレントが結論づけるには、不幸にも真性の感情は倒錯することなしに公的光のなかに立つことはできない、したがって「善を公的に示そうとするあらゆる努力は、政治の舞台に犯罪や犯罪的行為を招くだけである」。[50]

アレントを読むときにしばしば見られるように、ここでの彼女の思考の複雑性を過小評価するのは容易である。彼女は苦難者に対する真の同情は賞賛されるべきものではないと言っているのではない。また、憐れみの危険性について彼女が言っていることは、原理は政治においては場違いであるということを含んでいるのではない。逆に、彼女の主眼は、憐れみについての問題は、それが原理ではなく不幸な人びとを襲う感情、「感傷」であるということである。それに代わるもの、すなわち共和主義の真の原理は、決して冷酷さではなく、彼女が他者との「連帯」と呼ぶものである。これが私的で個人的な同情に対する公的で政治的な感情である。「連帯」は「慎重に、またいわば冷静に、抑圧され、搾取されている人びととの利益の共同体」を確立する。[51] その折り、連帯は彼らを感情の対象としてではなく、人間の尊厳の対等の共有者とみなすのである。ここで重要なのは、アレントは直接的な体験から、「不幸な人びと」の一人になる、あるいは迫害され苦難を被っている人びとの仲間になるということがどういうことであるかを知っていたということである。彼女は真正の同情には感謝しながらも憐れみという保護者的態度（patronage）には憤慨し、連帯に含まれているところの敬意を強く求めた。戦争中、彼女がユダヤ人亡命者であったとき、彼女はユダヤ軍の創設を訴えたが、それはそのことによってユダヤ人がたんなる犠牲者ではなく対等の立場での戦闘員となり、同情ではなく正義を求めることができるようにであった。[52]

アレントは、憐れみという感情と比べて、感情よりも人間の尊厳のような一般的な理念に関わる連帯の原理は、「冷たく抽象的に見えるかもしれない」ということは認めている。[53] しかしこれは実際には長所である。というのは連帯に鼓舞された人びとは、現実から情念の無限の海へと連れ去られることがないからである。また連帯は不幸な人びとにだけ向けられるのでもない。それはすべての人類に適用される原理である。[54] 彼女の主張を繰り返すなら、このことは心の冷たさを意味しているのではない。同情は彼女にとって、苦難を受けている人に直面した品位ある人びとの適切な反応であり、最も急進的な人びとを動かす情念である。彼女が主張しているのは、たんに、政治は一般化を含むものであるということ、そして政治を一般化された感情に基礎づけようと試みることは危険であるということである。[55] 一般化された人間性というのは、すべての人びととの連帯の原理を意味する。この原理こそ、彼女がドレフュス事件に対するクレマンソーの反応のなかに見いだし賞賛したものである。言い換えれば、「憐れみ」に対する彼女の批判は政治から高度に理想的な原理を追放しようという試みではないのである。

このような誤解は、アレントの言葉の用い方、つまり、読者にそれとして注意を促すことなしに、言葉を特殊な意味で用いるという習慣に原因がある。彼女が用いている用語の多くと同じように、「原理」は彼女にとって特殊な意味がある。これらの意味を調べれば、彼女が言わんとしていることをよりよく把握することができるであろう。「原理」という用語の彼女の使い方は、むろん彼女自身の目的に沿って彼の用法を改造したり拡大したりしているのであるが、とくにモンテスキューに負うところが多い。一九五〇年代初頭、彼女が「マルクス主義の全体主義的諸要素」について考えていたとき、『法の精神』についてじっくりと考察をめぐらせており、モンテスキューから引き出した観念は政治と道徳についての彼女の思考における重要な要素となっている。われわれはすでに、専制に対する防御として習慣、習俗しかなく堅固な法構造がない社会の危険性についてのモンテスキューの警告をいかに彼女が援用したかを見てきた。のちにはまた、当局によって言い渡される命令としてではなく、「関係」としての法というモンテスキューの考え方がいかに彼女にとって重要であるかを検討する。しかしここでわれわれに関係するのは、彼女はモンテスキューが政体の分類において設けている政体の「本性」と「原理」の区別に影響を受けているということである。「徳」は共和政の原理であり「名誉」は君主政の、「恐怖」は専制政の原理である。言い換えると、政治システムは構造だけでなく、「運動原理ないしは指導原理（構造を行為に変換することによって構造を動かすもの）[56]」をもっている。

『法の精神』における「原理」は、そこに参加している人びとの行為を呼び起こすことによって政体の類型を特徴づける。換言すれば、原理とは動的なものであり、アレントは政治的行為の動態に関する彼女の増大する感覚を明確にするためにモンテスキューの用語を援用し拡大したのである。というのは、彼女の政治思想の中心には、人間は自由であるという主張があるからである。人間は自動機械ではない。彼らは予言可能な行動だけに限定されているのでもないし、彼らの行動は目標のための手段追求という観念によって埋め尽くされているのでもない。人間は、何か新しいこと、予告できないことを始めるという意味で活動する能力をもっているのである。そしてこうした活動は理論的規則の実際的適用として理解できるものではない。[57] そうではなくそれは「原理」によって呼び起こされ特徴づけられているのである。

　このことによってアレントが意味しているのは、たとえば「約束は守られるべきである」といった叙述可能な理論的公理などではない。というのは、彼女のいう意味での「原理」とは知的な構築物などではないからである。「原理が明らかになるのは活動をとおしてのみであって、活動が続いている間は原理も世界に示されるが、活動が終われば原理も消滅する。[58]」原理とは抽象的なものではなく、きわめて一般的なものであり、活動を予言するものではなくそれを呼び起こすものである。原理は人びとが活動する仕方に関係しており、とりわけ活動を始める方法、つまり後の行為の原理を打ち立てる「原理（始原）」（principium）に関連している。したがってアメリカ革命の人びとが彼らの企て、それは暴力のうちに行なわれたのではなく、「相互の約束と共同の審議という内的に関連した原理[59]」によって鼓舞されたのであるが、その企てに乗り出した仕方というのは、安定した共和国の創設においてきわめて重要であった。アレントはさまざまなところで、政治的活動を鼓舞する広範な原理に、必ずしもそれらすべてを賞賛しているわけではないが、言及している。「連帯」についてはすでに触れた。「公的あるいは政治的自由と公的あるいは政治的幸福[60]」の原理は十八世紀の革命時に現われた。そのほかの原理は、「忠誠、名誉、徳、信念[61]」、さらには「恐怖、不信、嫌悪」(62)を含んでいる。ひとつの原理に基づいて活動することはひとつの法に従うことと同じではない。法は活動の限界をなす壁である。それに対して原理は動的で活動を呼び起こすものである。(63)

アレントはモンテスキューの用語を援用し拡大したのであるが、それはそうすることによって彼女は、人間の自由は理論的に確立された公理の実際的適用を超えるものであるということをはっきりと示そうとしたのである。しかし、わたしは彼女の道徳的懐疑の深さには別の理由もあると考える。読者はしばしばアレントを理解しようとするさいに困難を経験する。なぜなら読者のほうは宗教的哲学的伝統によって影響を受けているので、われわれが経験する全世界は道徳的に一貫しているということを当然のこととみなすからである。意識的であろうとなかろうと、彼らは、すべての道徳的現象は同一の基底的な現実の現われに違いないということ、そしてすべての真性の道徳的経験は矛盾しないはずであるということを当然と考える傾向にある。しかし、アレントの出発点となる世界(cosmos)は、多くの異なった、異質の断片へと分裂してしまっている。(64)彼女の個人的な宗教的信念が何であれ、彼女は宗教的権威はもはや存在せず、哲学がその場所を占めることもできないということを確信していた。こうした状況で、道徳的ニヒリズムの危険性はきわめて大きい。しかし彼女にはそれは不可避のこととは思われなかった。われわれが見るように、マルクスの知的先駆者の探求から、一九五〇年代に行き着いた「権威」の研究によって彼女は、概念および制度としての権威はひとつの始まりを(ローマの政治的経験に)もっていたのであり、二十世紀に終焉を迎えたという認識をもった。これが意味したのは、権威的な伝統と規則なしに管理することはきわめて困難であるが、人間は以前はこれを行なっていたということである。「われわれの西欧的意味での権威は存在しない時代があった。われわれは権威なき時代に生きている。(65)」

ポスト・ニーチェ的、ポスト・ナチ的近代性の危機に対して「神は死んだ」、したがって「すべては許される」という絶望的結論でもって反応するかわりに、アレントは活動と判断力は、宗教、伝統、権威の偉大な西欧的三位一体の確立以前でも可能であった、同様の人間的能力はこの三位一体の崩壊後でも依然として利用可能であるはずであるという事実に力を得た。彼女の立場は用心深い人間主義のひとつである。人間の世界の外側に絶対的基準などありえないにもかかわらず、これは必ずしもわれわれを絶望的な状況に置くものではない。なぜなら、基準と判断力はそれ自体人間的なものであるからである。われわれが基準と判断力を必要とする理由は、われわれが自由であるからであり、われわれが必要とする基準と判断力はこの自由自体において見いだされるであろうからである。[66]

もし、われわれは何をなすべきで、何をなさざるべきかを規定したいかなる規則も上から与えられないのであれば、どのような道徳的手段をわれわれはもっているであろうか。アレントによれば、きわめて多くのものがある。ただしどれひとつ絶対的に頼れるというものはないし、それらの間にはつねに両立不可能性がありうる。[67] われわれは論理的推論によって道徳的規則を確立することはできないが、判断力を発展させることはできる。活動は既存の公理のたんなる適用ではないのと同様、規則的で予言可能な行為などでもまったくない。自由な活動は原理によって呼び起こされるのである。[68] 絶対的、超人間的な基準の不在においてはわれわれが物事を正しく理解する保障はまったくないという反論に対して、アレントはそのような保障がないという点には賛成する。[69] われわれがしがみつくべき「手すり」はない。われわれは外部から与えられる規則なしに、活動し判断しなければならない立場にある。[70]

むろん、われわれは公的行為を規制するために法律というかたちでの形式的な規則を必要としてはいる。しかしこれらは活動の境界線を定めるために合意によって形成された人為的規則である。これらの機能は活動を鼓舞するというよりは制限することである。活動を鼓舞するのは原理であり、原理と法はときとして衝突することもある。このことは彼女の未公刊の論文「全体主義の本質について」において議論されているが、ここでアレントは、はじめに、法と原理の間のありうべき衝突を公的、私的生活の区別に結びつけており、この公私の区別は、「自分の妻が死に瀕しているために交通規則を破った男から、アンティゴネーの中心的テーマまであらゆる領域に及んでいる」[71]。しかしアレントの立場を、法―原理、公的―私的、政治―道徳、といった整然とした対称的な区別に要約することができるという希望は誤っている。私的で個人的な活動だけが原理によって呼び起こされる道徳的行為ではない。そこには政治的活動もあるが、それは原理の不在によってではなく、あるいはまた、異なった原理（たとえば、忠誠は政治的活動も私的活動も鼓舞するが）によって呼び起こされたということによってでは必ずしもなく、たんに道徳的関与の方向によってのみ私的活動と区別される。つまり私的関係の方に向かっていたアンティゴネーのようにではなく、ローザ・ルクセンブルク[72]やリンカーン[73]のように、公的世界に向かうことによってである。

道徳的一貫性を保障するためにあらかじめ組み込まれた全世界的道徳性などないということを前提とすれば、真正の道徳的経験の間の衝突は不可避であるし、またさまざまな状況において生じうる。とくに政治に関する問題は、それはマキアヴェリがなぜいくつかの点でまったく正しいのかという理由でもあるが、人間的経験において手に入れることができる最もすばらしい道徳的事例は、政治の内実をなし、ポスト全体主義の時代においてとくに切実な公的世界への関心からわれわれを遠ざけてしまうということである。

『革命について』のなかで、アレントは同情をめぐる議論や私的関係においてのみ真正でありうる経験に基づいて公的生活を導くことの不可能性をめぐる議論との関連で、前記のような問題にふれている。しかし彼女は、フランス革命の人びとは政治における善と悪の問題の深さを知らなかった、と言う。というのは、彼らの「善」の概念は同情を超えておらず、悪の理解も利己主義を超えていなかったからである。彼女は、フランス革命を説明し、さらにそれをこえて革命の人びとは「悲劇的で自己破壊的な企て」[74]に乗り出したということを示す洞察をもったものとして、ふたつの文学作品、『ビリー・バッド』と『カラマーゾフの兄弟』を取り上げている。メルヴィルとドストエフスキーがともに示していることは、アレントによれば、最も純粋なもの、最も真正な善は政治の問題を解決することはできないということである。ドストエフスキーのイエスは大審問官の雄弁な憐れみを暴くことはできるが、しかし沈黙と接吻をもって彼に答えることができるのみである。ビリー・バッドの口ごもったような無垢さは悪に対して殴打でもって答えることはできるが、「永続的制度」[75]を樹立することはできないし、世間的な事柄を行なうのはヴィア船長に任せなければならないのである。このように、アレントは、マキアヴェリは深淵な真実を知っていたと本当に信じていた。政治的悪に対する答えは個人的な善を陶冶することではない。というのは個人的な善は本質的に無世界的であるからであり、政治が引き起こす問題は善そのものでは解決できないからである。そこでこの難問のふたつの側面、すなわち個人的な善と政治的な責任についてのアレントの見解を、まずは前者からより子細に検討しよう。

個人的な善

西欧的伝統の廃虚のなかに全体主義が残した足跡を追いかけながら道徳について考えるさいに[76]、制度化された道徳がいかに脆弱であろうと、なにがしかの個人的な良心は悪をなすのを防いでくれたし、驚くべき善性をもった人も依然としていたということはアレントにとって明らかであった[77]。全体主義の潮流が周りを取り囲んだときでも確固として善であり続ける人というのは多くはなかったが、しかし彼らがそうできたのは、明らかに宗教的制度や哲学的体系から規定された道徳的規則によってではなく、こうした規則が（複雑で混乱した仕方で）伝えられてきたそもそもの道徳的経験によってである[78]。というのは、西欧的伝統の核心には、アレントがしばしば比較する二人の指導的な人物に遡りうる、ふたつの異なった基本的な道徳的経験があるとアレントは信じていたからである。個人的道徳は政治的悪に対して十分な保障にはなりえないというアレントの確信にもかかわらず、ソクラテスとイエスに対する彼女の敬意を見誤ることはできない。これらのふたつの異なった個人的卓越性についてのアレントの長いあいだの思索は、思想のすりきれた伝統を越えて思想が生まれた真の経験に帰りたいという彼女の望みだけでなく、哲学と政治の間の緊張について、そしてキリスト教精神とギリシア文化との関係についての考察に関連している。

そこで個人的道徳的経験のふたつの源泉についてのアレントの考察を検討し、その源泉が道徳と政治に関する彼女の見解をよりよく理解する助けとなるかどうか検討しよう。

ソクラテス——哲学と人格的高潔さ

アレントの「思考と道徳的諸問題」[79]と題された講義は、ソクラテスを世俗的良心の発見者として位置づける彼女の見方を明確に示す論述を含んでいる。この講義の冒頭で、彼女は議論をアイヒマン裁判に結びつけたが、それはアイヒマンの明らかな「思考不可能性」は、彼女がソクラテスにまで辿っていく哲学的考察と道徳的判断とのありうべき関係について警告を発しているからである。[80]彼女の中心的な主張は、ソクラテスが発見したように、またアレントが不断に主張したように、思考の本質は終わりのない自分自身との「内的対話」であるので、精神の生活は道徳的含蓄をもっているということである。こうした含蓄は、彼女自身強調しているように、多少逆説的な性質をもっている。というのは、思考は、人が人間事象の世界から個人の精神の内部へと退却したときのみ可能であるが、まさにその事実はいかなる活動にとっても最良の基盤ではないからである。[81]さらに彼女は、思考過程から道徳的規則のような確固たる結論を引き出そうとするプラトン以来の哲学者の努力にもかかわらず、精神の内的対話は何も生み出していないし、また絶え間ない疑問によって、受容されている規則を掘り崩してしまう可能性は大きいと強く主張した。にもかかわらず、彼女が思うに、自分自身との内的対話を行なっているというたんなる事実でも、その人の行動に限界を設定することはありうる。ソクラテスが不正をなすよりも不正を被るほうがよいと述べたとき、彼は、彼自身の精神内部での対話において彼自身とともに生きているという事実に基づいて述べたのである。ある状況において、犠牲者は犯罪者よりも居心地のいい仲間である。言い換えると、「意識」は「良心」へと直接的に変容する。[82] アイヒマンに戻れば、彼にはいかなる内的対話も欠けていたがゆえに、思考という習慣に伴う個人的良心をもっていない人は時代の潮流に何の疑問もなく流されるか、アイヒマンのような官僚的役割を果たすようにという、ぞっとするような要求をロボットのような正確さで果たしていくかであろうと、アレントは確信していた。

したがって、純粋に世俗的良心、つまり自覚的であるがゆえに自分自身の行為とともに生きている人の良心は、ある程度までナチス・ドイツのような極端な環境にあっても政治的悪を防ぐことができるのである。『精神の生活』においてアレントは、こうした状況を説明するためにヤスパースの「限界状況」[83]という用語を借用した。しかしソクラテス的良心は極端な政治的悪へのかかわりを防ぐことができる一方、またアイヒマンの事例がその正反対、すなわち考えないことの危険性をはっきりと示している一方で、アレントは良心が全体主義によって提起された政治的問題への回答でありうるとは言っていない。その効果はあまりに個人的で消極的であるので、政治的解決策を提起することはできない。[84] このような人格的高潔さは政治的悪へのかかわりを防ぐことはできるかもしれないが、しかしそれは公的世界への結びつきが十分強いわけではないので、積極的な政治的活動へ人を促すようには思えないとアレントは主張していた。アレントは、彼女の批判者を激怒させるような言い方で、良心は自我とその高潔さと関連しており、世界とは結びついていないと断言した。われわれはあとで「利己主義」の問題を取り上げよう。しかしここで明らかであるのは、彼女の主張は善い人間と善い市民との間の違いに関わっているということである。ソクラテス的意味での善き人間とは悪をなすことを避けるという問題であるのに対して、善き市民とは公的世界への責任を共有するということを意味する。[85] 彼女はこのことを一九六八年のシンポジウムのために書かれた「集合的責任」に関する論文で明確に述べている。

人間の行為の道徳的考慮の中心には自我の問題がある。行為の政治的考慮の中心には世界がある。もし道徳的命令から宗教的含蓄や起源を取り去ったら、ソクラテス的立場が残るであろう。いわく、不正をなすよりも不正を被る方がよい。……このソクラテス的命題に対する政治的答えは、次のようなものである。世界において重要なことは不正がないことである。……誰が不正を被っているかを気にしてはならない。不正を防ぐことが君の義務である。(86)

これはアレントが繰り返し述べていたメッセージである。彼女のこのメッセージに緊迫性を与えているのは、善良な人びとは全体主義の憎むべき悪に参加するよりはその犠牲者となるが、善き市民だけがそれを最初の段階で防ぐことができるということである。まったく同様に、彼女が世界への責任をもつという政治的義務について考察するさいに、いったん全体主義がしかるべき位置を占めれば、市民権が占める場所はないであろうし、残された人格的高潔さをできるだけ保ち、そこへ引きこもることができうるせいぜいのことであると認識している。「独裁下における個人の責任」と題するラジオトークにおいて、彼女は次のように言う。

わたしが思うに、世界に対する責任とは第一義的に政治的なものですが、政治的責任とはつねに少なくとも最小限の政治的権力を必要とするので、そのような責任は引き受けられないという極限的な状況が存在することを認めなければなりません。無力であること、つまり完全な権力喪失というのは、根拠のある言い分ではあるのです。(87)

彼女が強調しているのは、極限的な状況においてのみ、政治から個人的高潔さへのこのような引きこもりは間違いなく適切なものであるということであり、彼女は、市民たることの義務についての全体的なメッセージがそれによって弱められるべきではないと願っていた。「道徳的行為の究極的基準としての自我は政治的には一種の緊急処置である。」[88] ソクラテス的道徳についての彼女の考察は、彼女の著作をつうじて流れている一連の思考の一部であり、哲学と政治の間の緊張、われわれが後の章で検討する精神の生活と世界における生活との間の緊張に関わっている。良心は、それが「自我」に関わるがゆえに非政治的であるという、彼女のやっかいな主張を取り上げるまえに、ソクラテスと世俗的良心についての彼女の考察から離れて、道徳的経験のパラダイムとして彼女が承認しているもう一人の人物、すなわちイエスについて彼女が言わんとすることを見ていこう。

イエスと純粋な善

ここで議論すべき第一の点は、アレントがイエスは神の化身ではなく個性的で並外れた人間であるという、イエスについての「脱神話化」された見方を当然のこととして考えていたということである。急進的な神学者に囲まれて若い時期を過ごし、イエスを「偉大な哲学者」に含めたカール・ヤスパースに深く影響された彼女にとって、この点は議論の余地のないものであった。[89] 彼女は、イエスは伝統的キリスト教のなかでは誤解されていると考えていたが、このような見方は、イエスを、同じく自らの哲学的後継者〔であるプラトン〕によって裏切られていると彼女が考えたソクラテスと照応させるという彼女の関心を強めた。この二人は巨大な影響をもった伝統の先頭に立っている。ソクラテスの死が西欧哲学に対してもっている意味はイエスの死が西欧の宗教に対してもっている意味と同じである。しかしそれぞれの伝統において確立されたのは、創始者が教えたものとは違っていた。ソクラテスは知の探求を愛したが、誰も実際に知を所有しているとは思わなかった。しかし、彼の死に由来するプラトン以来の伝統は、人間に絶対的知識を与えることによって人間を無知とたんなる意見から救うと称した。[90] イエスは、善き行為の実行を愛したが、誰も真に善でありうるとは信じていなかった。[91] しかし彼の死に由来する教会は罪からの救済を提供した。

したがって、アレントが「善」について語るとき、イエス本人と主流のキリスト教の伝統との間のこのような暗黙の区別を念頭におくべきであるし、また彼女が「善」によって理解している事柄が、日常的な品位の基準はいうにおよばず、通常のキリスト教的基準もはるかに越えているということを理解すべきである。彼女が語っている善はイエスによって実践され説かれた、きわめて骨の折れる生活様式である。たとえば、隣人を自分自身のごとく愛するだけでなく、敵をも愛すべしということが要求されるのである。[92] しかしアレントの見るところ、イエスの善において最も困難な側面は、それが要求する完全な自己忘却である。これはソクラテス的良心をもはるかに超えている。ソクラテス的良心の場合は、自分自身とともに自覚的に生き、自らの人格的高潔さを保つことが重要である。イエスによって説かれた善行への愛は自意識とは両立せず、逆に極端な自己忘却、たとえば「汝の左手がなしたことを右手に知らしめるな」ということが要求されるのである。アレントの言葉でいえば、「善はそれがその本人によってさえ認識されていないときにのみ存在しうる。自分はよいことをしていると考えたものはもはや善ではありえない。せいぜい社会の有益な構成員であるか教会の従順な構成員である」。[93] 彼女はしばしば、善を真に愛するがゆえに思索者の内的対話を行なうことができない者の根源的孤独について考察をめぐらせた。彼女のいう善とはキリスト教徒のなかにあってさえ極端で例外的な現象である。彼女がときおり示唆したのは、イエスが設定した無我の超人的な基準は逆効果であるということである。というのは、彼の基準は、彼の追随者をしてあまりに彼ら自身の欠点を強く自覚せしめるために、イエスの教えを罪からの救済の教義に変え、善や神の愛ではなく自らの魂の状態にばかり気を取られるようにしたからである。したがってキリスト教は、アレントの著作においてはふたつの異なった形態で現われる。すなわちあるときは無我の典型として、またあるときは信者自身の個人的救済に第一義的に関心をもった内向的な宗教として現われるのである。(94)

真のキリスト教的善へのアレントの態度はソクラテス的な真の哲学的思考への態度と同様に両義的であった。彼女が善に対して敵対的であったと述べることは、彼女が思考に対して敵対的であったと述べるのと同様に誤解であるが、彼女は善や思考がもつ政治の世界との緊張関係についても、また対応関係についても気づいていた。彼女のソクラテス的良心についての考察が、精神の生活と公的世界との、ときに補完的でときに敵対的な関係についての長い熟考のなかにあるように、善についての彼女の考察もキリスト教と古典古代の伝統の政治的含蓄についての広範な考察のなかにある。彼女はしばしばギリシア人の無批判な賞賛者として考えられているが、しかしこれは、われわれが見てきたように、あまりに単純な判断である。彼女が十分自覚していたように、彼女は自身の政治的見解の重要な要素を古典古代ではなくユダヤ・キリスト教的伝統に負っている。最も基本的なところでは、個的人間の神聖性への信念は、これは強制収容所と同じく奴隷状態にも対立するものであるが、ギリシア的価値体系ではなく、人間は神の被造物であるという宗教的信念からきている。近代において広く見られる宗教的信念の喪失を考慮して、彼女はこの基本的確信がなんらかの宗教的権威に依拠するとは信じていなかったが、またそれが要求する人間の権利は政治的制度のみが保障しうると確信していたが、それにもかかわらず、彼女は近代の人文主義的共和主義がキリスト教に負っていることについて認識していた。(95)

すでに検討したように、アレントは政治的に啓発的で活動の本質と結びついた多くの洞察をイエスに帰している。とりわけ人間は「奇跡」を行なう(すなわちまったく予測不可能なことを行なう)力をもっているという洞察、また人間は過去の活動を取り消し、許しという力によって新しい始まりを始めることができるという洞察である。とはいえ、彼女は、この領域におけるイエスの発見は、彼女が政治的に無意味であるとした「宗教的文脈において」なされたということについては同意している。[96] ある意味では、彼女は古典古代の政治的経験に学んだのと同じく、キリスト教にも学んだことをはっきりと認めている。彼女の態度が両義的であるのは、キリスト教の政治的に有意味なあらゆる側面は、政治に対する深い敵意をともなっている、世界に対する根本的な拒否に結びついているからである。初期のキリスト教徒にとって、世界は「砂漠」であり、[97] 来たるべき真の生活の準備をする労苦の場であった。一方、パウロがキリスト教を現世からの救済の教義へと転回する以前においてさえ、[98] 純粋な善のイエス自身による真の実践は政治とは両立しえないものであった。

世界の終わりが差し迫っているという初期キリスト教徒の信念以上に問題となるものがある。その問題とは、アレントが指摘したように、政治は不可避的に公的であるということである。これは公的舞台で活動する個人を開示することを可能にし、また不可避にもする。しかし、善は、もしそれが見られれば消滅してしまうので永久に隠されたままである。[99] それを公的生活の光のもとにもたらそうとする試みは、同情と純粋な心の政治というフランス革命の人びとの試みと同様に、堕落と偽善に至るだけであろう。善は公的な形態を取り得ない。またそれは公的世界への責任と両立しないので政治にとっては明白に危険なのである。晩年のアレントが述べたように、イエスはいかに行為するかということをほかの誰よりもよく知っていた。しかし現世の諸制度については何も知らなかった。[100] 実際には、驚くべき権威と耐久性をもった制度はイエスの生涯と死を踏まえて、ローマ的な観点から制度を理解していたローマ市民の手によって樹立された。しかし、そのことはイエスの精神がつねに破壊的なまでに反制度的であることを否定するものではない。アレントはカトリック教会内部において、あらゆる予想に反して、純粋にイエスのような人物であるロンカルリが教皇ヨハネ二十三世となり、第二ヴァティカン公会議を招集し、イエスの真の後継者は世俗の制度に対していかに破壊的であったかを証明したとき、いささかの毀傷の喜び（Shadenfreude）をもった。[101] 言い換えると、純

粋な善は、政治制度はいうにおよばず、宗教的制度とさえまったく両立しないのである。(102)

一九六三年以降のいくつかの未公刊の講義において、アレントはキリスト教的善の無世界的性質とマキアヴェリに関する周知の主張を繰り返すことによって、善は「あらゆる行為のなかで最も反政治的なものである。しかしその重要性を誰が否定するだろうか」(103)と述べている。言い換えると、彼女は「同情を非難する」ことが目的であって、それ以上に「善」を侮辱するつもりはなかったのである。その代わり、彼女が試みたことは道徳的経験内部にある真の緊張を指摘することであった。そのさい彼女は、自ら目撃した政治的悪を防ぐ必要性をつねに考えていた。全体主義に対する答えは、キリストの模倣ではありえない。なぜなら、真のキリスト教徒たちは強制収容所のなかでも信じられないくらいの神聖な死を遂げていったのであるが、彼らはあまりに無世界的であったので収容所が作られるのを防ぐために効果のあることを行なうことができなかったからである。したがって彼女は、われわれが避け難く共有している公的世界への責任を果たす義務を不断に強調したのであるし、(104)またそれゆえ世界への関心と自我の道徳的高潔さへの関心との間の彼女の区別は誤解されてきたのであった。彼女は良心を自己利益の一形態にすぎないとしてその信憑性を失わせようとしていると多くの人が、彼女の最も尊敬されている批評者も含めて信じているので、われわれは「市民的不服従」に関する論文において展開された、この問題についての最も包括的な議論に注目してみなければならない。(105)

この論文は最初一九七〇年に公刊されたが、その後『共和国の危機』(邦題『暴力について』)に収められた。この論文における彼女の目的は、合衆国における公民権運動やヴェトナム反戦デモにおいて実践された市民的不服従はすぐれて政治的活動であり、公的利益をめぐってともに活動する市民たちの問題であると論ずることであった。ここでの彼女の議論は彼女のしばしば繰り返される関心に属している。すなわち、合衆国においてさえも、十八世紀に正当な共和主義原理に基づいて樹立された国家、生活の公的次元は忘れ去られ、政治は私的利益の相互作用として理解されるようになった。彼女の指摘によれば、このテーマに関する最も最近の議論では、市民的不服従は個人的な良心的反対というモデルから理解されている。これは奴隷制を容認する政府に対して人頭税を払うのを拒否したソロー以来のアメリカの伝統において最もよく知られたものである。彼女が認めるように、個人的良心についての議論の親しみやすさによって、市民的不服従に関わっている人びとのことを、柔軟な良心をもった私的個人の集合として考えるのが当然のようになってしまう。しかし彼女は、彼らは公共精神をもった市民であり、彼らの共和国の誤った行動に対して責任を果たし、公的な不同意の権利を行使することによって合衆国憲法の精神を行動に移しているのであると主張したいと思っている。

アレントが明示しているように、ソローはこの種の公的原理に立ってはいなかった。「彼は法に対する市民として、の道徳的関係に立って議論したのではなく、個人的な良心と良心の道徳的義務に立脚して議論したのであった」[106]。不正をなすよりも不正を被る方がよいと信じていたソクラテスのように、ソローは不正に関わることを拒否し、たとえ世界が滅ぶとも正義を行なわしめよという古い金言を受け入れることをよしとしていた。これは「善良な人間」の立場ではあるが、政治的な活動と選択は、それらを複雑にする別の次元をもっている。その次元とはすなわち「世界」への関心である。つまり共和国そのものとその存続および公的利益への関心である。「善良な市民」の立場の複雑さはリンカーンによって典型化されたが、その最優先の目的は、「たとえ奴隷解放闘争のなかにあってさえ、彼が一八六二年に書いているように、〈連邦を救うことであって、奴隷制を救ったり破壊したりすることではなかった。〉」言い換えると、リンカーンにとっては個人的良心の要求のうえに「公務上の義務」の要求が重ねられているのである。アレントが「良心は非政治的」[107]であり、それは「個人的自我とその高潔さ」に関心をもっているのであると言うとき、彼女は良心的な人びとは他者の幸福に無関心という意味で「利己的」であると言おうとしたのではない。結局、彼女の最良の範例はソローであり、彼は奴隷制のなかで苦難を被っている人びとに関心を寄せていた。彼女が意図した対比は、自我とほかの人びととの間の対比ではなく、一方における個人的良心の要求と他方における公的世界への責任という対比である。

とくにその論文のなかでアレントが第一に関心をもったのは世俗的でソクラテス的な良心であり、キリスト教的善と政治との間の衝突によって引き起こされる問題は議論していない。しかしながら、彼女によれば、良心は神の声であるというキリスト教的伝統は、良心と良心が対立し、その間を調停するものが何もないような個人主義的状況にさらにアナーキーな要素を付け加える。明白な権威と極端な主観性とのこの結びつきは、良心についての不安のもうひとつの理由である。アドルフ・アイヒマンの良心の働きは、明らかにヒトラーの「ユダヤ人問題の最終的解決」を徹底的に遂行するようアイヒマンに命じ、そして戦争の終わり頃、計画の遂行がつまずいたときには衝撃と罪悪感を覚えさせたのであるが、アレントはそのような彼の良心を検討したあと、「確かな良心の声をよりどころとすることはわれわれの世紀の中心的な道徳的、法的、政治的現象に留意することを故意に拒否するということである」[108]と述べている。自分の魂の内奥《プライバシー》にある良心の声に耳を傾けることは、政治にとって信頼できる導きではない。彼女の主張は、合衆国において市民的不服従に関わっている人びとは、こうしたこととは異なるなにものかを表現しているのであるということ、そして個人的道徳的義務と重なるとともに道徳判断の問題を複雑にするもうひとつ別の一連の義務に答えているのであるということである。この一連の義務とは、市民が他者とともに集合的に責任があるところの公的世界に対してもつ義務である。すなわち各人の個人的な良心の内部においてではなく、他者との自由な討議においてのみ決定されうるような義務である。

アレントが全体主義の分析から出発しマキアヴェリを支持する立場に至ったことは、一見したところではきわめて異常なことであったので、誤解は驚くべきことではなかった。それにもかかわらず、たとえ曲がりくねって薄暗い道ではあっても、一方から他方へと至る彼女の道筋は連続的であり理解可能であるということは繰り返し述べておかなければならない。ナチズムやスターリニズムによって代表される政治的悪の深淵に直面したとき、自然で単純な反応は、政治がそれによって導かれるところの絶対的道徳的規則を発見し、二度とこの規則を踏みはずすことがないよう決心することであったであろう。問題は、アレントが理解したように、このような規則はどこにも、教会にもないということであった。全体主義のあと、混乱を整理している世代はこのような頼るべき「手すり」をもっておらず、彼らは道徳的政治的経験の西欧的伝統の残されたものの光のなかで、ありもしない確実性を要求することもなく、最善を尽くさなければならない。(109) 根源悪からしり込みする人びとにとって最も大きな誘惑は、道徳性が比較的明確な個人的な関係へと退却し、それを政治的手本とすることである。(110) しかし自我と自分の隣人に関わる個人的な道徳は全体主義を防ぐことができる唯一のものである政治的制度を確立し維持することへの関心をもちえないがゆえに、私的な経験を公表し一般化しようとすることは悲惨なことになりうる。こうした政治的制度はそれら自身の関与を要求し、ときとして個人的な道徳の要求とは衝突することもある。最終的にアレントをマキアヴェリの思想圏に導いたものは、個人的な道徳は政治自体のまさに本質から生じるディレンマを解決できないという彼女の確信である。われわれが次に検討しなければならないのは、このようなディレンマである。

政治的責任と道徳的ディレンマ

アレントの師であり友人でもあるカール・ヤスパースは、彼の尊敬する恩師であるマックス・ウェーバーの思想に彼女があまり注意を払わないのを残念がっていた。それにもかかわらず、彼女はウェーバーの「職業としての政治」における政治と道徳のディレンマについての古典的な議論は疑いもなく知っていたし、またウェーバーもマキアヴェりの、自分の魂よりも国を愛せよという金言を好んで引用していたということも知っていた。[111] ウェーバーにとって道徳的ディレンマの源は、あらゆる政治の核心に暴力があるという事実である。ある意味では、アレントの立場は完全に異なっている。というのはのちに検討するように、彼女は真の政治は統治ではなく言論としての活動である、支配ではなく合意と同意こそが共和国を創設する、暴力ではなく共同の活動こそが権力を作り出すと主張することによって、「現実主義」のドイツ的伝統に対して挑んでいたからである。伝統的見方からすれば、ここには政治の本質についての非軍事的な「ソフトな」見方がある。とはいうものの、彼女の見方がウェーバーよりも近代自由主義に近いということはない。人間の経験においていま現在まで政治と暴力がつねに絡み合ってきたということは彼女にとって明らかであったばかりでなく、二十世紀半ばに生きている者にとっても明白なことであり、歴史的にもよく知られていることである。さらに適切なことには、彼女は進歩を信じておらず、近代的な公衆のうすうす自覚されている仮定、すなわち繁栄と啓蒙の増大とともに、強制収容所や核兵器から犯罪率の上昇や国際テロリズムにまで至る逆行にもかかわらず、われわれは暴力がない世界に向かって動いているという仮定は共有していなかった。逆に、彼女は、暴力はときとして有利な状況においては政治の外側に止めておくことができるものではあるが、人間の条件の一部であるということを当然とみなしていた。[112]

政治的暴力の最も顕著な側面はいうまでもなく戦争である。反ナチズムの戦争を正義の戦争の非常に明白な事例だと考えてきた多くの人びとと同様に、アレントが平和主義者ではなかったことは明らかである。ヒトラーに対する戦争に参加するためにユダヤ軍の創設を主張する一方で、同じ観点から彼女は自らを防衛しない人民は生ける屍にすぎないと宣言するに至っている。[113] 核兵器の出現は、問題に異なった様相を付け加えた。二十年後、アレントは、戦争と政治に対して核爆弾がもつ意味について考察したとき、「戦争問題」は「多年の間」心の背後にあったと述べた。[114] これは簡単に答えられる問題ではないと彼女は見ていた。というのは、政治的暴力はわきへやられたとしても、まったくなくなることはありえないからである。ヒロシマの余波のなかで全面戦争について思索をめぐらせながら、アレントは自由な政治を考案したギリシア人は同時にトロイの破壊という、二十世紀にまで伝わる絶滅の政治の事例をも作ったということを認めた。さらにギリシア人の対外政策の稀に見る残酷さは都市国家の自由に由来するものであり、支配の人間的であまり搾取的ではない方法での実践はギリシア人の経験にはなかったということにも言及していた。[115]

同様に、ギリシアのポリスにおいて実践された言論による非暴力の政治は、どの程度奴隷制という前政治的暴力を前提とし、かつそのような暴力によって汚されていたのであるかということについても気づいていた。[116]以前には絶えざる私的な暴力にさらされていた人びと、つまり女性と労働者の扱いが近代社会において顕著に進歩したということは、彼女には暴力の根絶ではなく、それが私的生活から公的生活へと移動したという問題であると思われた。制裁権を独占した近代国家は、それ自身の領域の平和を前例のないほどに保っていた。しかし同時に、近代国家は暴力の手段を発達させ、それはもし近代国家が家長の所有物であり続けたなら決して到達できなかったであろう程度にまで至っていた。[117]

したがって、政治と善の緊張関係についてのアレントの考察の背後には、暴力の不可避性への深い信念があった。それは第一次世界大戦の余波のなかで、また平和主義と革命的千年王国の主張の真っただなかで職業としての政治について考察したウェーバーと同じくらい深いものであった。アレントの時代には、政治における暴力の規模は途方もないものであったので、「世界は悪魔によって支配されている」[118]というキリスト教的結論を引き出し、自分の手からそれを洗い落としたいという気持ちは非常に強かった。とりわけアレントのように初期キリスト教に親しんでいる者にはそうであった。こうしたことにもかかわらず、彼女は、たとえその抵抗が罪を犯すものであっても政治的悪に対して抵抗する義務があるということはまったく疑わなかった。[119]「悪はその本性によって自己破壊的である」と信じていたカントと異なり、アレントは「悪は、人びとが悪を犯してでもそれに抵抗しなければどんどん広がっていくであろう」というマキアヴェリに同意していた。[120] 彼女はインドにおけるガンディーの非暴力抵抗を大いに賞賛していたが、しかしこれがヒトラーやスターリンなどの冷酷な敵に対しても有効だとは思っていなかった。[121] そこで彼女は、フランスのレジスタンス[122]やヒトラーの暗殺計画を、こうした行為に含まれる道徳的ディレンマは認めながらも、賞賛した。とくに困難な問題は、特定の政治的状況を避けるのが義務であるのはいつで、罪を犯してでも加担すべきなのはいつかという問題である。「われわれは最近の経験から、有害な政府への活動的でときとして英雄的な抵抗は、まったく罪にかかわらない人たちからではなく、それに関わる男たちや女たちから生まれるということを知っている。[123]」

　政治についての真正の道徳的ディレンマを承認することは、すでに検討したように、アレントの嫌悪した通俗的な「マキアヴェリ的政治観」の支持に至るわけではない。彼女はつねに、あらゆる手段はよい大義によって許されるという考えに反対し、また国家は道徳を超えたそれ自身の法則によって発展するという国家理性《シュターツレゾン》という観念のドイツ的伝統にも共感を覚えなかった。[124] 彼女は、彼女特有の「マキアヴェリ的政治観」と彼女が非難するそれとの違いを読者が理解するのがいかに困難であるのかということはわかっていなかったようである。[125]

　わたしが思うに、ここでの問題はわれわれが最も親しんでいる道徳的帰結主義、とくに政治においてきわめて異なったふたつの主張を区別しないということである。すなわち（a）ある行為を振り返ったとき、それは結果によって判断されるべきである。（b）なすべきことを決定するとき、最もよい結果をもたらす行為を選択すべきである。これらの主張は対称的であると見えるかもしれないが、実際には非常に異なっている。なぜなら、（a）の場合の判断はすでに知っている事柄に基づいているのに対して、（b）の場合の決定はまったく推測でしかない予想に基づいているからである。たとえば、戦争について振り返って、それが正しい戦争であったかどうかを考えたとき、結局のところ、それがもたらした害悪が、それが正そうとした悪に見合っているかどうかについて合理的に論争できるかもしれない。しかし初期の段階で戦争を行なうという決定を下す政治家はそのような情報をもたないし、もち得ない。情報に基づいた予想による彼らの最良の努力は蓋然性が高いので誤っていると証明することはできない。このような明白な点は政治理論においては不思議と無視されている。おそらくそれは政治を制御された「作る」という観点から考え、「活動」の真の不確かさという観点から考えない傾向によってそうなっているのであろう。とにかく、複数の人びとの間での活動の本質に関するアレントの考察は、彼らの決定の便益と費用を比較する決定作成者の能力に関してなんらの幻想も与えなかった。困難な選択は政治においては不可避であった。しかし彼女が反対したのは、不必要な道徳的危険を犯すことによって神の役割を果たそうとする衝動であった。もっともな大義、あるいはよい結果のたんなる希望はいまここでの悪の行為を正当化するには不十分である。彼女のいう意味でのマキアヴェリズムは、悪が不可避であるような状況に人が捕えられたときにのみ適切なものとなる。そして彼女がそれについて書いたのは、彼女自身がそのような状況にきわめて近かったからである。

　彼女は、マキアヴェリ的選択は多くの政治的状況においては不可避であると信じていたが、この種の信念は犯罪を言い逃れするためや罪の重荷を負う人びとをロマン化するために誤って用いられることもあるということにも鋭く気づいていた。[126]「独裁下における個人の責任」という講話のなかで、彼女は幾人かのかつてのナチの官僚は戦後も同じ言葉を用いて、彼らが職場にとどまっていたのはより悪いことが起きないようにするためであったと主張し、そのことを、私的生活に退去し、そして元ナチの人なら言うであろうが、「すべての責任を逃れ、自分自身のこと、つまり自らの大事な魂の救済のみを考えていた」人びとと対照させた。彼女がここで元ナチのものであるとしている論旨は危険なまでに彼女自身の立場に近いように思われる。しかしさらに彼女は、その主張が彼らの状況に対していかに不適切であるかについて指摘している。このような主張を行なう権利をもつためには、関係者は、結局のところ、彼らが体制に反対して行なった試みを示すことができなければならない。元ナチの人びとが繰り返し主張したことは、ふたつの悪に直面したとき、人は責任を逃れ選択することを拒否するよりは、より少ない悪を選択しなければならないということであった。ナチ時代のドイツで起こった事柄をより少ない悪と呼ぶことは、かなり興味深いというコメントは別にして、アレントはこの種の議論の危険性は「より少ない悪を選んだ人びとは、自分たちは悪を選んだのであるということをすぐに忘れてしまう点である」と応じている。彼女の結論は極端な政治的状況においてきちんと振る舞うということは、規則やスローガンには還元できるようなものではないということである。われわれは、「カテゴリーや公式を適用する代わりに思考し判断することを始める」ことができるのみである。[127]

ここで引用した一節における「判断」の強調は、政治に対する「道徳的」アプローチを彼女が拒否する理由のひとつを理解するのに役立つ。この拒否は、道徳的アプローチが一般的な規則や固定的な基準の適用を意味する場合はとくにそうである。彼女にとって、厳格な公式に偏狭に固執することは政治のディレンマに対する適切な応答ではないということは明らかであった。われわれができる最良のことはわれわれが置かれた状況に基づいて判断することであり、われわれの判断がふさわしくない公理や規則によって歪められないようにすることである。[128] 二十世紀の危機の経験は「われわれの判断を誤りなく確定してくれるような一般的な基準はない、そして個別的な状況をなんらかの確かさをもって包摂する一般的な規則もない」、その結果、「われわれはこうしたものの支えなしで考え、判断し、活動しなければならないという単純な事実[129]」を教えてくれる。

政治的悪に対する政治的防壁

アレントの思想の複雑な曲折をできるだけ跡づけようとするわれわれの試みは、ときおり彼女に向けられる無責任という非難を払拭することにはなったかもしれないが、しかし彼女の世界観は古典的に実存主義的であるという印象を与えたかもしれない。人間の苦境は逃れられない悲劇である。人間は、世界に投げ入れられ、「自由の刑へと処せられており」、しかも到達すべきところに到達できない。彼を導く規則はないし、行動しても有罪、しなくても有罪である。明らかに、アレントはハイデガーとヤスパース、また彼らを越えてキルケゴールとニーチェに負うところがあるが、それは彼女の思考全体に見られることであった。この擬似実存主義的立場は、われわれが生きていかなければならない無世界性という「砂漠」についての一九五〇年代以来の未公刊の論考にとくに顕著である。この「砂漠」のなかには芸術、哲学、個人的関係という「オアシス」がいまだ残っている、しかしわれわれはそこに永久に逃げ込もうとしてはならない、そうすることは砂漠の砂をこれらのオアシスのなかにもち込むことになる、と彼女は言う。そのかわりにわれわれが必要としていることは、疑惑と不確かさに耐える不屈の精神を含む「忍耐」である。「砂漠のなかで生きていく情熱をもち続けられる人だけが、あらゆる活動の根源にある勇気を自分自身のなかにもっていると信頼できる。[130]」

それにもかかわらず、もしアレントの思想が実存主義的であるなら、それは（レヴィスおよびサンドラ・ヒンチマンの言葉を借りれば）「政治化された実存主義」である。[131]二十世紀において人間であることは、途方もない荒れ地に投げ入れられることである、という実存主義的な感覚とならんで、ふたつの互いに関連している確信がアレントの思想にとくに政治的な色彩を与えている。ひとつは、人間の苦境は人間は孤独ではなく複数であるという彼女の強烈な感覚である。死を前にした人間の孤独に焦点を当てているハイデガーとは違い、[132]アレントから見た人間の条件の最も重要な特徴は、他者とともにある世界への誕生である。したがって人間は孤独ではなく、人類のほかの人びととともに地球を共有しているのである。ナチス・ドイツにおいて人間が互いになしたことを考えれば、これは祝辞の理由にはならないように思われるかもしれない。しかし『全体主義の起源』の初版においてでさえ、アレントは人間の複数性を祝福すべきことであり、救済の源であると確信している。初版の最終頁で、この複数性という条件に感謝し、

「一人の人間ではなく複数の人間が地上に住んでいるという……無上の幸福」を承認するように求めている。この書物は、全体主義を生き残り絶望しきっている人びとに対して彼女が向けた新約聖書からの引用で締めくくられている。すなわち「汝自身を傷つけてはならない。われらはともにここにいるからである」[133]。

しかしながら、彼女の思想をとくに政治的にしているものは、たんに人間の複数性についての彼女の感覚だけではない。さらに、全体主義に対して複数性がもっている含蓄ととりえは、暗黒に対して身を寄せ合っている人びとの個人的な関係にではなく[134]、複数性が与えてくれるもっと野心的な可能性のなかにある。つまり政治的な活動を行ない、協力して、人間が住み、荒廃から保護してくれる政治的構造を打ち立て、守るという可能性である。全体主義によって人間は道徳的確実性のない状態になり、「人間の共同体の新しい基盤」[135]が必要となった。しかし、『全体主義の起源』において漠然と姿を現わし、その後の著作、とくに『革命について』で展開されたアレントの主張によれば、このような基盤を規定しうる絶対的道徳的規則は存在しないが、また個人的道徳的経験の最も真正のものでさえもそれを提供することはできないが、にもかかわらず、健全な人間的共存のための基盤と全体主義に対する保護は複数性という基本的な人間の条件自体のなかに見いだされうるというものであった。つまりわれわれは、われわれに似ていることもあれば似ていないこともある他人とともに地球を共有しているという事実を受け入れることである。「権利樹立のための唯一の所与的条件は人間の複数性という条件である。諸権利が存在するのは、われわれがほかの人びととともにこの地上に住んでいるからである。」[136]これは、このような諸権利の樹立に関して自動的ななにものかが存在するといっているのではない。その樹立は人間の複数性に依拠している、すなわち諸権利を具体化するための公的制度を樹立することによって、ともに活動し、諸権利を相互に保障しあう人間に依拠しているのである[137]。

強制収容所が示したのは、人間はときとして根源的な悪をなすことがあるので、刑罰は不十分でしかないし、許しは不可能であるということであったが[138]、しかしこうした状況を除けば、人間の複数性は正常な政治のための基礎を提供しうるふたつの基本的な能力を提供しているようにアレントには思われた。ひとつは過去を許し、再び始める能力であり、もうひとつは未来のための約束をなしそれを守る能力である。許しについて指摘しておくべきことは、これは復讐に代わるものであるということ、したがって人間事象が容易に捕われる自動的な行為と反動の連鎖[139]を断ち切り、きれいに水に流し新たに始めることを可能にするということである。彼女がためらわず認めたように、イエスは彼に従うものたちの閉じた共同体のなかで許しのもっている可能性を発見し、それを宗教的な言葉で表現した。キリスト教のなかでは、許しを可能にするのは愛である。愛は完全に無世界的であり、政治の原理ではない。しかしながら、許しとは過去の誤った行為を断ち切り新たに始めるための意志であるが、アレントはそのような許しにとって愛は必要なものではないと述べている。必要なのは、相互の尊敬である。彼女はこれを「親密さと密接さを欠いた一種の〈友情〉であり、世界の空間がわれわれの間に置いた距離をもって人格を尊重することである[140]」と表現している。

この尊敬が承認されるところでは、人間の複数性は最も強力な政治的資源である約束を可能にする。アレントは人間の合意する能力、相互に約束する能力、および信念をもち続けるという基本的な政治的原理[141]に従って活動することによって、人間事象の荒海のなかで「予測可能性という島[142]」を樹立する能力をとくに強調している。この点に関して彼女は、個人としての人間は「自由の刑へと処せられている」というサルトルに賛成であった。『人間の条件』で述べているように、「自らを頼ることができないこと、あるいは自分自身を完全に信じることができないことは、……人間が自由に対して支払う代償である。[143]」しかし彼女の理論を実存主義から区別し、とりわけ政治的にしているのは、彼女の次のような発見である。すなわち個人の衝動と意図がいかに予測不可能で信頼できないものであろうと、人びとの間に横たわる世界において形成される合意は、この「人間の心の暗闇」を取り払い、もっと永続的で信頼しうるなにものか、つまり人びとが住まい、彼らの権利を承認し、彼らを互いから守ることができる法律と制度を樹立することができるという発見である。

合意のうえに打ち立てられたこれらの「永続的制度」の重要性は、『革命について』の主要なテーマのひとつである。アメリカ憲法は、その欠陥がなんであれ、[144]彼女にとってはこうした「永続的制度」の、あるいは「自由が住まうことができる家」[145]の成功した事例であった。そしてこれは制作の「マキアヴェリ的」過程である暴力によってではなく合意によって樹立されたのであるが、その方法はすでにピルグリム・ファーザーズがアメリカへの到着にさいして誓い合った「メイフラワーの誓約」に予示されている。[146]

われわれは次章において共和国の創設についての彼女の考察を検討するが、ここで言及した複数件の強調が示しているのは、人間は自分たちの間に制度の世界を樹立するためには、個人として善である必要はないということである。道徳主義者はいつも人びとをその動機と意図において純粋にすることによって善なるものにしようとしてきたし、また政治改革者は政治的正義に至る道は心の変化、あるいは「新しい人間性」のなかにあると考えてきた。しかしアレントは、人間の複数性が合意を結び法律や制度を樹立することを可能にするのであって、人間の心の「暗闇」に分け入る必要もなく、またそれを変えるという虚しい希望をもつ必要もないと主張した。アメリカの建国の父たちは人間の善や人間の本性の完全性を信じていなかったが、政治の真の約束は理解していた。すなわち「一人でいる人間をも信頼できるのは、単一の人間ではなく複数の人間がこの地上に住んでおり彼らの間に世界を形成しているという事実のうちにある。人間性の落とし穴から人びとを救うのは人間のこの世界性である。[147]」ここには、たとえ悪魔であっても、もし彼らが合理的であったら、正しい共和国を樹立することができるというカントの言葉がこだましている。このテキストに関するアレントの注釈によると「政治をよりよくするためには、人間の道徳的回心などは必要でもなく要求もされておらず、期待もされていない[148]」のである。

彼女が政治と道徳の間に一線を画そうとする主な理由のひとつは、個人の魂の内部で生じている事柄から注意を引き離し、個々人の外部で、彼らの間で生じている事柄を強調するためである。つまり、意志より制度を、[149]動機より行為を強調するためである。これは、善と「偉大さ」を区別する理由のひとつでもある。栄光と善の対比について彼女がマキアヴェリを引用するのは、善は（われわれが先に見たように）公開されればその真の性質を破壊されてしまうために、公的な光のもとにさらすことができないものであるということをいうためである。しかしながら彼女は、悪い行為でも栄光に満ちているということはとくに否定している。[150] われわれは『人間の条件』の一節、すなわちアテナイ人は「彼らの善行と悪行の……永遠の記憶」を残したというペリクレスの自慢を賞賛して引用している一節を読むときにはこのことを念頭に置いておかねばならない。おそらくこの一節はほかのどこよりも困惑や嫌悪の情を引き起こすものであろう。アレントは次のように解説する。すなわち「人間的行動に関しては、ギリシア人はほかの全ての文明化した民族と同様に、一方では動機や意図を、他方では目的や結果を考慮に入れ、「道徳的基準」にしたがって判断したが、そのような人間的行動とは異なって、活動を判断できるのは偉大さという基準のみである。なぜなら一般に受け入れられていることを打ち破り、異常なものに到達することこそが活動の本性だからである」。この文脈では、強調点は主に公的世界に現われる現実の行為とその行為の背後にあって隠れたままのいきさつと結果との対比に置かれている。「偉大さは演じることそのもののうちにのみあり、動機や結果にあるのではない。[151]」

「偉大さ」と「栄光」は近代社会にはまったくなじみのない概念であるので、われわれはこれらをどのように用いたらよいかがわからず当惑してしまう。しかしながら、アレントはこうした問題に対するアテナイ人の態度を支持することだけを意図していたと考えるのは賢明ではなかろう。彼女の未公刊の論文では、ペリクレスについてさきに引用したものよりもっと批判的で長い議論が含まれている。一九六九年にニュー・スクール・フォー・ソーシャル・リサーチで行なわれた「哲学と政治――政治哲学とは何か」についての何回かの講義において、彼女はギリシアのポリスについて、それは市民たちが自らを不死のものにするために創設した組織であるという解釈を繰り返しているが、しかし栄光の探求が実際的に意味するものは、アテナイがすべてのギリシア人を支配しようとする熱望であったと指摘している。「卓越性への情念からは支配への情熱が生まれる。」そしてとくにペリクレスは「悪しき行為」の栄光に訴えることにおいて、「権力の傲慢」に取りつかれていた。[152] 興味深いことに、アレントはペリクレスの見解と政治に関する別のアテナイ的理解とを対比させている。後者は立法者ソロンのものであるが、彼はいかなる国家（city）も悪行への報いを逃れることはできないと主張していた。ペリクレスとソロンの違いは、「いかなる犠牲を払ってでも卓越性を求めるか、それともそれを限界内におくか」であると彼女は述べている。[153] 偉大さと栄光についての彼女の判断をわれわれが確認しうる比較的に近代的な事例のひとつは、いうまでもなくアメリカ建国の父たちのそれであろう。彼らは相対的に悪行と非妥協的であった。

アレントが建国の父たちと自由な人びとの間の合意がもつ権力について熟考したとき、彼女が思い当たった論点のひとつは、人間は複数で存在しているがために、悪に対して個人的善以上に信頼できる一連の防壁、すなわち共同して活動することによって彼ら自身の間に樹立される制度をもつことができるのであるということであった。しかし複数性のもつ意味が、ひとつには、われわれは政治においては世界に現われる活動と制度に注意を向けるべきであって人間の心の暗闇に隠されている感情や動機にではないということであれば、第二の意味は、そうした世界の制度は不可欠であるということである。もし人びとが全体主義の復活という危険から守られるべきであれば、彼らは法によって保障された権利の堅固な構造をもった住処を必要としている。そして、憲法は不断に更新される同意によって支持されなければ一片の紙切れにすぎないので、市民はこうした制度の重要性を理解しなければならないし、彼らの共和国についての対話を私的利益以上に価値あるものとみなすよう心がけなければならない。

政治における個人的道徳についてのアレントの用心深さは、共和国の制度は途方もなく貴重であり驚くほど脆いというより一般的な確信からきている。ソローが、個人はたとえその代償が共和国の崩壊であっても自らの良心に従わなければならないと述べたのは、彼にしてみればまことにもっともなことであった。[154] アレントはこのような見解を共有することはできなかった。なぜなら共和国はいかに容易に崩壊しうるか、そのあとに来るものがいかに悪いものであるかを経験によって知っていたからである。しかしながら、政治における良心の役割に異議を唱えることによって、彼女は無原則な活動を要求しているのではなく、公的原理によって呼び起こされる活動を要求したのである。彼女自身のヒーローやヒロインはこの原理のために闘った人たちである。ドレフュス事件の立役者《ヒーロー》たち、すなわちベルナール・ラザールは「公平な法のための闘士」[155]であったし、クレマンソーは「正義、自由、政治的徳（civic virtue）などの『抽象的』理念」[156]の擁護者であった。ジュダ・マグネスはパレスチナにおけるユダヤ人とアラブ人のために正義を求めた。[157]ローザ・ルクセンブルクは正義と政治的自由のために闘った。まさにアレントはこうしたヒーローたちの「道徳的」関与について語っているのである。[158]一九七二年のある研究会において、こうしたことは政治と「善」を分離する彼女のマキアヴェリ的観点とどう関係しているのかという疑問が出されたが、それに対して彼女は重要な区別は、ある人が——この場合ローザ・ルクセンブルクだが——個人としての善であることに関心があるのか、それとも世界とそこにおける不正とに関心があるのかということであると述べた。「決定的なことはわたしたちの意欲を掻き立てるものが明確に世界に向かっているのか、それとも自分自身に、つまり自分の魂に向かっているのかということです。」[159]ここでの基準は当該行為が外向きか内向きかということであり、あるいはその関心が私的な利益や個人的な良心によって支配されていない公的なものであるかどうかである。

　彼女の批判者の多くは、公的原理と私的良心とを区別しようとする彼女の試みは無益であると反論するであろう。なぜなら、こうした原理は彼らが支持する諸制度を古いものにしてしまうに違いないからであり、また個人的道徳と同じ権威の源泉——その源泉が何であろうと——から生じてくるに違いないからである。しかしこれこそ、人間の複数性に関するアレントの考察が否定するに至った、まさにそのことである。次章において「権威」に関する彼女の考察を検討するさいにも見ることになるが、彼女は政治的制度は、宗教的であれ哲学的であれ道徳的であれ、絶対的外部からその権威を引き出す必要はないと信じるようになった（こうした絶対的なものがない世界における快適さというメッセージである）。他方で、権威自体は本質的に政治的であり、人びとの活動と合意に依拠している。

この点において、アレントは再びモンテスキューに着想を得ている。西欧の伝統では、法はより高い権威から下される命令とみなされてきたが、アレントは起源となったローマの法（lex）という言葉を「つながり」や「関係」を意味するものとして読み、そして政治思想家のなかでモンテスキューだけがこの言葉の古代ローマ的意味をよみがえらせ、法を「関係」（rapports）として定義したのである、と述べている。このことの重要性は、「関係」や「つながり」は対等な人びとの間で存在しうるのであって、なんらかの上位の権威を含むものではないということである。法の基礎は神への服従ではなく、人びとの合意のうちにある。[160]

ナチス・ドイツにおける習慣的行為という意味での「道徳」の崩壊から思索の旅を始め、そして法や市民という堅固な支えのない習慣だけに依拠した社会の脆さについてのモンテスキューの警告を引用し、彼女が辿り着いた結論は、政治的合意は崩壊した道徳的確実性に代わるものを提供するだけでなく、（伝統的な優先順位とは逆になるが）新しい道徳的確実性が作られる基礎ともなるということである。一九六六年に発表された短いが大変興味深い論考である「近代社会の危機に関する見解」において、彼女は、われわれはいかなる一般的規則ももっておらず、それなしでやっていかなければならないという確信を繰り返し述べている。次の文章を検討してみよう。

道徳的真実は、……科学的陳述の強制的有効性よりも合意の有効性に似ている。合意は、最終的には自明のものとなる、それ自身の行為基準をもった習俗、道徳、習慣となったとき、万人の行為を決定する。……わたしは個人的には、前例、すなわち伝統と権威の助けがない現実に直面した混乱から新しい行為基準が生まれてくるであろうということを疑わない。[161]

この新しい基準は、語ることによって、あるいは決定を行なうことによって、さらには「地上の諸民族間と同様にわれわれ自身の間での新しい合意――これはやがて習慣や規則、基準となって、道徳と呼ばれるものに結実していくが――」という手段によって生じうる。

アレントの政治的反基礎づけ主義（antifoundationalism）[162]に対する支持は人権の分野における現代的展開に見いだされるであろう。人権という観念は、人間の活動によらず「自然と自然の神」によって与えられた自然権に対する十八世紀的信念から生じている。二十世紀が始まるころには神は退却してしまっており、「激しく血みどろの自然」を残しただけであるが、それは最も強いものの権利とは別のいかなる権利をも与えてくれなかった。人間の平等と権利の所持は事実ではなく意見となった。そしてそれに応じて無視された。しかし全体主義という破局のあと、古い観念が新しいかたちをとって現われた。事態の収拾を図っている人びとは、彼らは人間がその権利を究極的に否定される世界で生きていくことは欲しないということを確信し、一九四八年十二月に国際連合によって採択された世界人権宣言に合意した。これを空虚なレトリック以上のものではないとしてしりぞけるのは容易である。しかし、次第に明らかになったことは、ともかくも世界のいくつかの地域において、政治的行為者間の対話がたんなる対話以上のものになっていく過程である。うまくいったときにはその対話は人権のヨーロッパ裁判所のような現実の制度となろうし、より試験的な場合では、一九八〇年代にチェコの反体制の人びとが訴えたヘルシンキ協定のように、政治的効果の点でより限定的な政治的合意に至ることもある。さらにもっと一般的に穏健な場合は、人権という名のもとに政治的圧力が専制政府に対して加えられる公的空間の形成へと至ることもある。ある孤高の思想家によって考えられたときにはたんなる主観的なものでしかないひとつの「意見」や「選好」[163]が客観的な何ものかに変わるのは、複数の政治家や市民たちの対話と行為からなる公的空間にそれが現われるからである。

結論

ジョージ・ケイティブによれば、アレントは政治から愛、善、良心、同情、憐れみを、したがって「道徳的抑制の大部分」を排除しようとしたが、それは彼女の「開示的言論としての政治的活動の唯一最高の達成に対するひたむきなこだわり」[164]のためである。本章でわたしは、アレントは政治の「理想的概念」から出発しなかったということ、そして善やそのほかのものを、それらがこの理想に合わないという理由で排除はしなかったということを示そうとした。そうではなく、彼女は全体主義の経験から出発し、それから守ってくれるものを見いだそうとしたり、またその困難さや複雑さについて考察したりしたのである。こうした困難さや複雑さのいくつかは全体主義そのもののおそるべき両義性から生じている。すなわち全体主義は右翼、左翼、いずれの側においても現われたという事実である。ナチズムと直面した初期の段階で、彼女は、伝統的な道徳は政治的悪に対する障壁ではなかったということがわかった。個人的道徳は、ソクラテスの良心やイエスの善などの真正の形態をもっている場合は、個人が政治的悪に従うことを阻止することがたしかにできたかもしれないが、しかし全体主義が生じるのを防ぐほど公的事象に関わっているわけではない。唯一の適切な回答は政治的なそれである、と彼女は結論づけている。すなわち万人の平等な権利に基づいた共和国を打ち立て、維持しようという市民の合意である。

フランス革命以来ずっと、彼女がナチズムに対抗して掲げようとした諸理念は左翼の領分であったが、こちらのほうの政治的立場における全体主義の登場は、彼女に対して、革命的伝統そのものの落とし穴についての考察を余儀なくした。オムレツを作るためには卵を割らねばならないというマキアヴェリ的計算は、スターリンのテロルにおいてネメシス〔応分の罰〕を受け取った。その一方で、多くの人をこうした悪に関わらせた、不幸な人びとに対する同情はすでにフランス革命のときに現われており、個人的な感情に基づく政治がいかに崩壊していくかということをテロルというかたちで示した。こうした感情の政治に対抗して、アレントが主張したのは、政治は原理によって呼び起こされるべきであるということ、しかし原理に基づいた活動は個人的道徳とは異なっているということ、なぜなら後者は公的世界にではなく、私的な個人の関係あるいは個人の自分自身への関係に関心をもっているからであるということであった。彼女の主張はたしかに困難がないわけではなかった。しかしその主張が受けるべき反論は通常言われているようなものではない。彼女は実際、良心を拒否したり同情をはねつけたりしているのではない。いわんや道徳のない政治の追求が全体主義の危険性をもつということを無視しているのではない。もっと見込みのある批判は、彼女が道徳を拒否しているというものではなく、彼女の政治的勧告は彼女が認める以上の道徳的関与に依拠しているというものである。ここでの議論を締めくくるにあたって、この反論を一瞥しておこう。

『人間の条件』における活動に関する議論の最後で、アレントは政治はそれ自身の一種の道徳をもっており、それは複数の人間間の活動という条件から生まれてくると示唆している。

> 道徳というのはたんに社会的習慣《モーレス》を総計しただけのものではない。言い換えると、道徳とは伝統によって固められ合意によって有効なものとされている、行動の習慣と基準以上のものである。……少なくとも政治的には、すすんで許し許され、約束をなしそれを守ることによって活動の巨大な危険性に対抗するという善意以外になんの支えもない。このような道徳律は、外部から活動に適用されたものではない。つまり、何か活動以上に高いと考えられている能力や活動の範囲を越えたところにある経験から与えられるものではない。そうではなくこのような道徳律は、活動と言論によって他者とともに生きていこうとする意志から直接的に生じるのである。[165]

さて、もしこれが、われわれは人間の複数性という事実から「約束は守られるべし」あるいは「ともにいる人間たちは敬意をもって扱われなければならない」という政治的格率を引き出しうるということを意味するとすれば、それは大いに疑わしいであろう。複数性というたんなる事実は、それ自体でこのような格率を基礎づけることはできない。ほかの人びともわれわれとともにこの地上を共有しているという観察によって、なかには他者をだましたり搾取したり、あるいは抹殺したりして餌食にしてやろうとする者もいるであろう。こうしたことはまさに、政治的行為者が到達した実際的結論である。[166] 複数性それ自体は、平等な権利を含むものではない。それではアレントは、政治の外部から全人類の平等な価値に関する道徳的絶対性をこっそりもち込んだのであろうか。

人間の平等性についてのアレントの確信は、おそらく政治の外側、つまり宗教にその基礎をもっていた。しかしこれは、彼女は宗教的に基礎づけられた道徳的絶対性を彼女の政治的思考にこっそりもち込んだということを意味しているのではない。[167] 問題は、(この点は彼女の実存主義的先駆者にもいえることであるが) アレントは彼女自身の主張に確信をもっていたし、それとまったく同時にいかなる個人的確信も政治に対しては権威的ではありえないということにも確信をもっていたということである。こうした確信は主観的なものであるが、そのことはここでの問題にとってこの確信が容易なものになるということではなく、そうした確信は権威的道徳的規則を生み出すために容易に一般化されえないということを意味している。たしかに彼女は平等な人間の価値と人権という理念を信奉したかもしれないが、この理念が人間の複数性から説明されたり、引き出されたりしうるものであるとは考えていなかった。

これは、彼女が『革命について』のなかで議論している問題である。建国の父たちは創設のための権威の源泉を求めたのであるが、彼女はこの本のなかでこのことについて考察をめぐらせている。彼女は独立宣言の次の言葉、「われらは真理が自明であると信じる。すなわちすべての人間は平等に造られ……」云々という言葉が自ら秘密をもらしているると指摘している。ジェファーソンは彼の主張に自明の合理的真理という威厳を与えることによって、その主張を強化しようとしたのであるが、しかし彼は人間の平等は実際には合理的演繹がもつ抗しがたい確信をもつものではないということをよく知っていたので、「われらはこれらの真理を信じる……」とつけ加え、彼らの権威が自明の真理にではなく、それを主張している人びとの合意のうちにあるということを示したのである。[168] 別のところで彼女はこのことをもっと明確に指摘している。いわく、幾世紀にもおよぶ道徳的発展ののちにジェファーソンが人間の平等は自明の真理であると主張できるようになったのであるが、「このことは、また、実際にはひとつの合意なのである。[169]」

わたしは本章を通じて、政治と道徳についてのアレントの考察を推し進めたのは、彼女の時代における政治的悪の経験であると強調してきた。しかし、彼女の考察は実践的な結論を何かもたらしたであろうか。彼女はしばしば思考の、終わりがなく結論というものもない性質について語っており、政治思想家が政治的活動者に対して何をなすべきかを教えることができるという考えをはっきりと否定しているので、[170] 理論と実践の統一という観念は彼女には無縁のものであったということははっきりしている。それにもかかわらず、彼女の考察は理論的な演繹という意味ではなく警告と勧告という方法で実践的な含蓄をもっているのである。彼女の著作は政治的な動機、とくに憐れみなどの動機がもつ危険性に対する警告とある種の政治的方向性をもった政治的状況、たとえば、私的良心によって導かれた政治的状況がもつ欠点などへの警告を含んでいる。暗黙のうちにではあるが、それらは活動の原理、たとえば勇気、連帯、平等への愛を強調している。他方、明示的にはアレントの著作が含む警告は、われわれは他者と地球を共有しているということを承認するという点での合意に基づく共和主義的政治システムの創設を主張している。しかしアレントはこうした強調が事物の本性から、あるいは人間の複数性という事実からでさえ導き出されるとは信じていない。人間の複数性について彼女が想起させようとしていることは、むしろ次のような訴えのなかにある。

いまわれわれは、二十世紀の後半にさしかかったところで、われわれにルールを与えてくれる権威を失っており、そして死の収容所と水素爆弾の影におびえている。誰もわれわれはすべて人権をもっているということを論理的に説明することはできない。しかし強制収容所と水爆が示しているのは、もしわれわれが地球を他者と共有しているということに合意しなければ何が起こるかということである。われわれには他者と平和的に共存しようとしなければならない理由がある。そしてわれわれの複数性と政治的活動のための能力は、これが行なわれるべき方法を教えてくれている。われわれはこれを達成するために聖人になる必要はない。道徳革命を待つ必要もない。われわれの感情と動機は人間の心の闇に隠されたままが最もよい。必要なことは政治的問題に対する政治的解決にわれわれが参加すべきであるということである。われわれはすすんで他者と合意し、それを守り、またわれわれが相互に保障する権利を守るための永続的制度を樹立し、そして市民としてわれわれの間にある公的世界を維持・発展させるよう全力を尽くさなければならない。

第六章　新しい共和主義

共和主義への道

全体主義についての研究から始まったアレントの考察はさまざまな方向に展開していったが、彼女の思考の複数の流れをひとつにまとめるのは共通の起源のみではない。これらの思想の流れは、ループのように同じ地点から出発し、異なった道を通ったあと、再び出会い、そしてそれらはひとつに収斂していくのであるが、その収斂していく先にあるのは、彼女が際立った特徴を与えた共和主義である。われわれはこの結論に至る三つの異なった道筋を検討してきた。第一にアレントは全体主義、マルクス主義、そして近代社会における「自然的なものの不自然な成長」について考察することによって、人間は自らが増大させ解き放った自動的な諸力によって一掃される危険性のうちにあるということ、そしてこのような諸力に対する防壁を差し迫って必要としているということ、すなわち法が全体主義的な運動法則ではなく、人びとがその内側に住むことができる防御柵となって永続的な制度の世界を形成しなければならないということを示唆した。

野蛮に対する文明化された政治の再構築という議論に加えて、われわれは人間の条件と伝統的政治思想の欠陥についてのもうひとつ別の思想の流れを辿ってきた。この流れもまた全体主義によってきっかけを与えられたのであるが、われわれは、アレントが伝統的な想定に反して、人間は複数に造られた存在であり、行為し自らを開示することを欲するとともに、そのための現われの政治的空間を必要とするのであるという主張をどのように行なっているかを検討した。

道徳と政治についての考察を行なっている別の筋道を取り上げることによって、われわれはアレントの結論、すなわち全体主義の恐怖に対する回答は、それがいかに高尚であろうと、個人的道徳のなかにはなく、複数の個人の間の空間に打ち立てられ、積極的な合意によって維持される世界の制度のみが「人間の心の闇」からわれわれを救済しうるのであるという結論を見た。

これらすべての思想的系譜が収斂していく地点は、共和主義的政治制度のもつ大きな価値と緊急の必要性に対するアレントの確信である。「共和主義的」というのは彼女独自のという意味でもあるが、しかしこれは政治思想の古典的共和主義の伝統に深く負ってもいる。しかし、なぜ全体主義に対する彼女の反応はこのような難解な解決策へと至ったのか、と問われるかもしれない。[1] なぜ単純に西欧の自由民主主義の価値を支持するだけではなかったのか。答えの一部は、現代の多くの批判者たちが気づいているような、自由民主主義におけるタイプの相違に関係している。この点はベンジャミン・バーバーによって次のように辛辣に要約されている。すなわち「自由民主主義は民主主義の〈弱い〉理論である。その民主主義的価値は、打算的で暫定的、かつ選択的で条件つきの手段であり、その手段は個人的で私的な目的のために使われるのである。こうした不安定な基礎からでは、市民権《シティズンシップ》や参加や公共善、あるいは市民的徳についての確固たる理論はまったく期待できない[2]」。しかし、アレントが自由民主主義に対して信頼を置こうとしない理由はこれよりもさらに深い。というのは、バーバーやその他の多くの人びとは、現存する民主主義の理論と実践について厳しい批判的見解をもちながらも、同時に改革の可能性について楽観的であることが可能であると考えるのに対して、アレントの批判は人間事象の世界についてのさらに深い悲観的な見通しと不可分に関連しているからである。政治についての彼女の全政治観は全体主義によって特徴づけられているが、彼女はその全体主義の種子は近代そのものに深く根を張っていると信じるようになっていた。さらに、彼女の政治的経験とともに思想的背景や教育によっても彼女は古代に特徴的な生の悲劇的な意識に強い親近感を得ていた。したがって、彼女が向かった共和主義が古典的共和主義のひとつであったのは驚くべきことではない。

　この思想の系譜は、近年学問的な注目をますます集めているものであるが、[3] 彼女が執筆していた当時ははやっておらず、また（君主支配が歴史的に圧倒的に優勢であったという観点から見て）つねに少数派の伝統に属するものであった。これはローマ（ギリシアの先駆者もいるが）に起源をもち、中世の都市国家からマキアヴェリを経てハリントン、モンテスキュー、ルソー、トクヴィルへと受け継がれたのである。同様にアメリカの建国の父たちやフランス革命の人びと、そしてアレントのヒーローであるクレマンソーやローザ・ルクセンブルクらへも受け継がれているのはいうまでもない。アレントは政治「哲学者」と「政治的経験から書き、政治のために書く」[4] 政治的「著述家」とを好んで区別した。そして支配的伝統は彼女にとっては哲学者の伝統（歪みもともなっているが）であると思われるのに対し、その多くが共和主義者である「著述家」たちは政治について多くを教えてくれるように彼女には思われた。

　われわれは、アレントのいう共和主義が、彼女が受け継いだどのモデルとも異なっていたということ、たとえば、彼女は軍事的勇気や詳細な制度には、彼女の先行者のような関心はもっておらず、自由討論のほうにより関心をもっていたということを、順を追って明らかにしていこう。ただそれでも彼女が親近感をもっていた伝統の特徴から述べるのは意味のあることである。古典的伝統における「共和国」は、支配者に従属せず、市民の共通の所有物、つまり「公共のもの」であるという意味において自由な国家である。したがって、絶対的最終的権力としての主権という観念はこの伝統には無縁なものである。この伝統は、混合し調和した政治システムの精緻なモデルを育んでいた。同様に共和国は、権力をもっている人間はすべて法に従い、また法は個人的な縁故を無視して公平に適用されるというふたつの意味で、「人ではなく法による統治」であった。生来の忠誠心を公的義務に捧げたブルータスは、共和国の典型的なヒーローである。

共和国という小世界において（合衆国の創設までは往々にして小規模であるということが自明のこととして考えられていたが）市民は恣意的権力からの自由を享受し、それは公共の事柄に対して責任を負うということがもつ尊厳と結びついていた。共和主義の文献は、「徳」という公的精神すなわち公共の事業へ参画することの重要性をいたるところで強調している。この精神は、市民がブルータスを見習うようになることができ、血縁よりも国家（city）を優先することができるようになるがゆえに重要であるというだけでなく、共和国が生きているものとして可視化されるのはつねに窮地に陥ったときであるために重要なのである。十八世紀の終わりまで、共和主義的伝統にはこの世の最後が迫っているという哀感が満ちていたが、これは歴史的経験に照らして共和主義的自由はまれでしかも絶望的に脆いという明白な事実に深く影響されていた。歴史が示すところによれば、人類の通常の政治的状態は無政府か専制かである。これらはあらゆる社会が自然と向かう状態である。しかしながらときおり、状況が許せば、英雄的な人びとが自由のための小さな安息地をつくり、不可避的な崩壊に逆らってしばらくの間これを守ることが可能である。このような自由の国家は自然と歴史に反して続いていく。それは外部からきた王と内部からの腐敗によって脅かされ、遅かれ早かれ倒れるであろう。ルソーが「スパルタやローマでさえ滅んだのであれば、いかなる国家が永続することを望み得ようか」と問うたとき[5]、彼はたんに伝統からいって当たり前のことを述べていたにすぎない。

したがって古典的共和主義者にとって、政治的自由とは自然や歴史によって与えられるものではない。ふたつの名高い事例が樹立された物理的空間——ヴェネツィアとオランダはともに海によって守られている[6]——のように、共和国は大いなる努力でもって、それを呑み込もうと脅かす自然と歴史の諸力に対する強い防壁を作り守ることによってのみ樹立され、犠牲をいとわぬ一途な奉仕によってのみ維持されるのである。この犠牲についてはマキアヴェリがはっきりと述べている。彼は、自由は市民が私的な利益と忠誠のみならず自らの魂にも優先して人為的な世界を愛するときにのみ可能であると述べているのである。したがって、古典的な形態での共和主義には、生の悲劇的な理解と英雄的な価値尺度とが深く浸透しているのである。

共和主義のこうした悲劇的英雄的傾向は、ふたつの現象によって政治的自由は容易に手に入り、また不可避でもあると思われたことの結果として、十九世紀には大部分が忘れ去られた。第一の現象は、自由は大規模な単位においても、また戦闘態勢をとった都市での英雄的愛国心がなくても享受しうるということを証明したように思われるアメリカの例である。第二の現象は、アメリカの事例も貢献したところであるが、不可避的進歩への十九世紀的信念である。この信念によれば、政治体の運命は市民の活動と徳によって決定されるのではなく、社会的歴史的諸力によって決定されるのであり、これは（直線的であろうと弁証法的であろうと）すべての人類を自由へと導くのである。これらふたつの現象はあいまって次のような仮定、すなわち政治的自由はやがて標準的なものになり、もはや例外ではなくなるというものである。言い換えると、政治的自由は達成することも維持することも容易であり英雄的犠牲はなんら要求せず、そして歴史は自由の側に立っているので、ひとたび勝ち取れば、自由は永続的なものであるという仮定である。

アレントはこうした自由主義的仮定は決して共有しなかった。(7) 彼女の政治観は古典的共和主義の伝統を背景としてこそよりよく理解しうる。彼女のような破滅的な経験や実存主義的背景をもっている人にとって、この伝統の英雄的理念が魅力的であることは容易に見て取れることである。たとえ人はともかくも死ぬ運命にあるとしても、少なくとも抵抗し尊厳をもって死ぬことはできる。(8) もし人が二十世紀中葉の砂漠のなかに投げ出され、ナチズムやスターリニズム、原子爆弾や「自然なものの不自然な成長」を表わす社会的発展などの形態で圧倒的な困難に直面したとしても、人は時代の潮流に抵抗しうるし、彼らを脅かす過程に屈服することを拒否しうるという共和主義のメッセージには大きな慰めを見いだすことができよう。彼女の見方からすれば、戦後の最も励まされる出来事は偉大なる失敗、すなわち一九五六年のハンガリー革命である。結果は一種の人間主義であるが、これは陽気で自信に満ちた啓蒙主義の人間主義とはまったく異なった、人間の条件の限界についての悲劇的感覚によって鍛えられた厳しい人間主義である。(9)

この種の雰囲気および古典的共和主義のいくつかの側面に引きつけられるこうした理由は二十世紀前半のヨーロッパのほかの多くの人びとにも共有されていた。すなわちここには明らかに第一次世界大戦後の「前線世代」の雰囲気と通じるものがあるのである。この世代に見られる態度のうちのいくつかは知識人をしてファシズムへと導いた。それはリベラリズムの拒否、落ち着きのない行動主義、指導者の「英雄的」価値と栄光の追求、同胞愛とスパルタ的自己犠牲の理想化、そして古代的軍国主義の復活である。実存主義と古典的共和主義の結合は容易にファシズムへと至る。これはアレントもよく自覚していた。しかしこの魅惑的な混合について彼女が行なったことは、ファシズムからもリベラリズムからもまったく異なった方向でこれを発展させたことである。本質的な相違として強調されるべきは人間の複数性である。われわれはこれが『人間の条件』において展開されているのを見てきた。また、この複数性は混じり合っている実存主義的要素と古典的要素との双方を変えている。われわれは複数であるがゆえに、政治における活動は孤独なヒーローの問題ではなく対等者の相互行為の問題である。われわれが複数であるがゆえに、最もカリスマ的な指導者でさえも、本質的に共同の企てである事柄を指導するという以上のことはできない。われわれが複数であるがゆえに、人間はその個体性が戦場におけるスパルタ的同胞愛のなかで失われるときではなく、公的な舞台の上で固有のアイデンティティが開示されるときにこそ最も栄光に満ちているのである。

人間の複数性と彼らの間の政治的空間のこの強調はアレントの政治思想の最も大きな特徴である。『人間の条件』(10)を補完するはずであった未完の「政治学入門」では「人間の複数性のさまざまな様式とそれらに対応した制度」に彼女は関心を払っている。しかしながら、特徴的なことであるが、アレントはこの複数性の強調を独創的な洞察として示すことはせず、そのかわり過去という深海へ「真珠採り」に向かい、彼女が主張していることがプラトンによる歪みをまぬがれた西欧政治の核心に位置する人間的複数性の真の経験であるということを発見している。そこで、彼女は人間の複数性と政治的空間を説明するために政治的概念を再考しているが、そのことを検討するまえに、真の政治的経験を発見しようとする彼女の試みに注目してみよう。一九五〇年代に彼女が真の政治を発見しようとしたときモンテスキューに関する考察が大いに助けとなっている。たったいま引用した「政治学入門」の説明では、『法の精神』から意図的に影響された言葉で、「政府の形態、原理、活動様式という古い問題の再検討を行なう」ことを提案すると彼女は述べている。われわれが彼女の特徴的な共和主義をよりよく理解できるのは、こうしたいくつかの考察を検討してからであろうが、とくに一九五三年にプリンストン大学のクリスチャン・ガウス・セミナーで行なった「カール・マルクスと西欧政治思想の伝統」という講義での考察を取り上げよう。[11]

複数性と政治的経験

モンテスキューは、哲学者ではなくまた共和主義の伝統にともかくも足跡を留めているが、プラトン的遺産の偏見から免れることに際立って成功しているように、アレントには思われた。彼の著作にあるヒントについて考察しさらに精緻化することによって、彼女は彼を政治の根本にある基底的な経験の発見者としている。それは、自由な政治に見られる、支配ではなく他者との相互行為という経験である。[12] プラトン以来哲学者は、政治は支配に関わっていると主張してきた。もちろん、良い支配者は悪い支配者と異なり、法に従って支配すると付け加えてはいるが。しかしモンテスキューが法と多様な政治体制について考えるようになったとき、彼は（アレントによると）この伝統的モデルは異常なほど固定的なモデルであると気づいた。法は活動を限界づける。しかし、では何が活動を開始させ、そしてそれを多様な種類の政治において多様な方向を取るように導くのか。モンテスキューは三つの異なった動力源としての原理、すなわち徳、名誉、恐怖を前提としておくのであるが、アレントが主張するには、モンテスキューはそのさいに、政治の根底に横たわっている人間の複数性という基底的経験を指摘しているのである。

複数性の経験は平等と卓越性の経験である。われわれはすべて人間であると同時に個人個人別々である。その結果として、われわれの複数性を尊重しうるふたつの異なった政治様式がある。ひとつは——モンテスキューの用語でいえば、共和主義的「徳」である——平等を最大化するもので、ほかのひとつは——モンテスキューのいう「名誉」である——卓越性のための機会を最大化するものである。[13] しかし複数性にはもうひとつの反政治的ではあるが完全に真正な側面があり、これは「恐怖」というかたちで現われる。モンテスキューによれば専制はこれに基づいている。というのはいかなる個人でも自分が孤独でかつ無力であり、共同の活動が対処できない状況にあるときは、人間の複数性は脅威となり、「たった一人の人間がそのほかの圧倒的多数の人びとに対峙しているのである」。[14]

アレントは、政治体を動かす原理についてのモンテスキューの分類の背後に人間的複数性の諸側面を発見しようと試みたが、そのさいに、一人による支配、少数者による支配、多数者による支配というように、支配者の数によって政体を分類するという伝統的哲学的分類の背後には、多少の変化はともなっているが、モンテスキューと同様の経験が見いだされると主張している。古代の哲学者は支配というカテゴリーを政治に押しつけることにしたが、アリストテレスが認めたように、これは政治の逸脱、すなわち僭主政、寡頭政、民主政においてのみ有効である。アリストテレスの純粋な政治形態、すなわち王政、貴族政、ポリティアは支配権ではなく、人びとが政治において彼らの複数性を表現する異なった様式であり、それぞれが複数性の多様な基底的経験に対応しているのである。したがって、専制に対する「王政」はトロイ戦争のように偉大な企てにおけるリーダーシップを意味する。これは例外的な事象であり、始まり（さきに「活動」について検討したさいに見たように）という意味での活動能力に対応している。「貴族政」は寡頭政に対立しているが、富裕階級の支配を意味しているのではなく、すべての市民が仲間の間での卓越性を求めていたアテナイ・モデルの政治的闘技場を意味している。これは、ちょうどモンテスキューがいうところの君主制において「名誉」を第一義的な関心としていた貴族に似ている。民主制に対立するところの「ポリテイア」は多数者の支配を意味しているのではなく、「徳」によって活力を与えられるモンテスキューの「共和国」のようなものである。それはローマによって最もよく例示されているように、「対等者の間での仲間意識がもたらす溢れんばかりの喜び」[15]に基づいた政治体である。真の王政が永続的制度をもたない一時的な出来事であるのに対して、貴族政とポリテイアは市民の活動を囲い込み、限界づける法という枠組みを必要としている。

したがって、哲学的伝統が「政体」と呼ぶものは実際には統治者の形態ではなく、三つの「異なってはいるが、相互に排他的ではない共存の様式」である。この三つは、「混合政体」という共和主義的伝統に見られるように結合しうるが、このことが意味しているのは、人間が互いに生きているかぎりにおいて、そして複数性のうちに生きているかぎりにおいて彼らを特徴づける三つの基本的特徴の結合ないし統合にすぎない。それは「平等への愛」と……「卓越への愛」との結合であり、両者は活動の「最高の」機能、すなわち活動は始まりであり、誰も一人では活動できないという経験のうちに統合されている。[16]

支配ではなく複数性に基づくこうした古代の基底的な政治的経験について、プラトン以来の哲学者たちは統治者の観念を押しつけてきたが、それはアレントによれば非政治的源泉から引き出されてきたものであり、真の政治の破壊である。彼女自身の政治思想は、人間の複数性を考慮に入れ、政治を複数の人間のあいだの空間に生じるなにものかとして認識するような仕方で、伝統的概念を再考することによって、古代の共和主義的経験を救済し明確化する試みとして考えられる。

この再考は『人間の条件』における人間の諸能力の分析のうえで行なわれているが、ここで彼女は複数性に基づく活動とほかのふたつの非政治的行為形態である労働、仕事とを対比していた。彼女の共和主義についての見方を考察するためにわれわれはこの二重の対比を想起すべきである。というのは、アレント的意味での自由な共和国は、労働というカテゴリーに要約されるところの、人間生活の自然で生物学的な側面からは生まれえないが、しかしそれは「仕事」という行為によって「作られる」なにものかという性質を抜きにしては考えられないものでもあるからである。このことは重要である。なぜならハリントンなどの多くの共和主義的思想家は自由な政治というものを一定の計画に従って構築されるものとして考えてきたからである。(17) アレントは、共和国は法と制度からなる憲法構造をまさに必要とするということには強く同意するが、これは彼女の議論の焦点ではない。彼女が望んでいるのは伝統的思考の誤った強調を正し、自由な政治というのは自然のものではなく人為的なものであり、かつ制作者によって作られるものではなく複数の人間の間に現われるものであるということを強調することである。

したがって、彼女の議論の焦点は複数の人びとのあいだにある空間においてなにが生じるかということである。彼女の用語は新しいが、彼女は、自分が明確にしようとしている経験はきわめて古いと（正しいこともあるし、誤っていることもあるが）信じていた。共和主義者はつねに権力は支配者に属しているという考えに反対してきたし、またつねに政治をすべての市民に関わる「公的事柄」として語ってきた。アレントは複数の人びとの間に横たわる公的空間とこの空間の内部で生じる事柄という観点からこのことを明らかにしようとしたのである。では、このような観点から「権力」、「同意」、「権威」という概念について再考するときになにがどのようになっているかについて検討してみよう。

複数性と政治的概念――権力

『全体主義の起源』においてアレントはきわめて伝統的な用語で権力について書いていた。すなわち権力を暴力に結びつけ、ホッブズ（彼は孤立した個人の私的利益に没頭していたが）を権力の古典的な哲学者として取り上げていた。[18]権力という主題を扱った彼女の円熟期の著作における基本的な主張が現われるのは、一九五〇年代初め、モンテスキューについての省察の過程においてであると思われる。すなわち権力は個人が所有できるようなものではなく、また個人の力を結合した総和でさえない。そうではなく、人びとが共同して活動するとき「人びとの間から生じてくる」ものである。[19]「共同で」活動する人間は、彼らが個々人としてもっている力からすればきわめて不釣り合いなほどの潜在力を彼ら自身の間に発見する。

アレントは苦労して権力と暴力とを区別し、さらに両者は対立していると主張しようとさえしている。彼女も同意するように、それらは実際にはたいていの場合結合しているが、それぞれの固有の性質は、純粋な事例が生じたときには、まったく異なっていると見ることができる。[20]群集を支配している一人の機関銃の射撃手は、暴力は複数性ではなく武器に依拠しているということを示しているが、他方、インドにおけるガンディーの運動のような非公式で非暴力の活動やナチ占領期における最終的解決に対するデンマーク人の非暴力抵抗のような事例において、アレントが[21]「権力と暴力の関係を扱うすべての政治学課程において学ばれる必要がある」[22]と考える物語が最も明確に見られる。ポーランドにおける「連帯」の登場は、これは彼女の死後に起こったことであるが、彼女が語っていた現象の典型的事例である。すなわち偉大な権力は、以前は無力だった個々人が非暴力的に結集することによって無から生まれるのである。

非公式で非暴力的な権力という純粋な事例に関する限り、アレントの言っていることを理解し彼女の分析の長所を認めることは容易である。しかし「政治権力」というより伝統的な事例にいかに彼女の理論を適用するかというのはさほど明確ではない。彼女も認めるように、統治は通常、権力と暴力（と権威であるが、これについてはまたのちに立ち返る）に関わっているからである。一般的にいえば、彼女の主張では、「政府は本質的に組織化され、制度化された権力である(23)」。たとえばアメリカ革命の間、全植民地での人びとの共同の活動は連邦憲法において頂点を迎える同意のネットワークによって維持され守られる権力を草の根から生み出した(24)。これが意味するのは、憲法を、権力を保持している支配者に対して限界を設定する発明物として見るのではなく、核心は権力を保持しているさまざまな団体を結合させ調和させることによって人民の権力を組織し、安定させ、維持することだということである。アレントによれば、建国の父たちも彼らの指導者であるモンテスキューも連邦システムの抑制と均衡《チェック・アンド・バランス》が複合性と関連性に欠けるシステムよりもより多くの権力をもった政治体を生み出すということを理解していた(25)。

　アレントの分析がもっているきわめて重要な意味合いは、支配者たちが権力を行使しうる限りにおいて、彼らは民衆の支持に依拠してのみそうしているのであり、また政治体を維持するために共同して活動し続けようとする彼らの臣民の意志に依拠してそうしているのである。「すべての政治的制度は権力の明示であり物質化である。人民の生きた権力がその制度を支持するのをやめれば、ただちにそれは生気を失い崩壊する(26)。」彼女がしばしば主張しているところによると、暴力は人民を孤立させ彼らが共同して活動することを禁じることによって権力を破壊することができるが、暴力は権力の代替物を提供することはできない。それゆえ、専制は無能を生み出すのである(27)。このような見方は、統治とは命令と正当な強制力の問題であるという伝統的な見方に対する修正としては疑いもなく健全であるが、しかしこうした見方が、強制力をきわめて大量に、また首尾よく使用した全体主義体制についての研究者によって提起されたというのはいささか奇妙なことである。実際アレントは自らの主張を緩和している。たとえば、統治においては権力と暴力は通常結びついているので、人民のなかのひとつの集団――おそらく秘密警察のような――の積極的な支持があると、政府は暴力によってほかの人びとを支配することができるようになる、ということに彼女は同意している。[28] また、古代のポリスにおいて支配者が彼らの奴隷を強制してほかの国家との殲滅戦に従事させることができたのは、市民の自由な連合によって生み出された人民の権力にほかならないということをアレントは承認している。[29] 真の権力は賞賛に値する目的のみのために使用されうるというのは、アレントの主張するところではない。にもかかわらず、彼女が主張するのは、統治における暴力が増えれば、権力は減少するということであり、また全体主義の頂点は、人民が完全に原子化され、そしてテロリズムが独裁者自身の支持者に対してさえも行使されるとき、麻痺し無能力に至る。[30]

　権力と暴力を概念的に分離しようとするアレントの主張は、共和主義的伝統という文脈においてはとくに驚くべきことである。というのは、（アレント自身は主張していないのであるが）共和主義的伝統というのは圧倒的に軍事的な伝統であるからである。この伝統は、軍事的な勇気をもつがゆえに自由であり、彼らの愛国主義と公共精神は武装した同胞の団体精神であったというローマ人やスパルタ人らの記憶を抱き続けているのである。[31]『革命について』において、彼女は戦場での連帯という現象について実際に議論しているが、彼女は決してこれを（ルソーのようには）市民のモデルとしてみなしているわけではない。彼女は同胞のための自己犠牲という経験においては前面に出てくるのは、政治的団結ではなく、生物学的な種、言い換えれば、「われわれ自身の死はわれわれの属している集団の潜在的な不死性と一体である」[32] という感覚であると述べている。のちに見るように、シティズンシップについての彼女の理解はこの種の原始的な兄弟愛とはまったく異なっており、ほかの点で見られる共和主義的な思考と同様に、人間の複数性と人びととの間の空間という概念に依拠している。

　初期の共和主義的伝統へより密接に連なっている彼女の分析に含まれていたひとつの意味は、彼女が「主権」という観念を拒否しているということである。[33] この観念は十七世紀以来西欧の政治思想においてはきわめて影響力のある観念であったが、どんな政治体にも最終的な結論を下す究極の権威というものがある。主権は、ホッブズによって最も明確に表現され、ルソーによって民主化され、そしてフランス革命の過程において王から国民へと移された。[34] しかしこうした政治思想家や政治的行為者は、モンテスキューや建国の父たちと同様に、権力を命令ではなく協力の果実として理解しており、主権とは何の関係ももっていない。彼らの例を検討することによって、アレントは唯一の主権者の手中にある全能という幻想と、人間が共同して活動することによって生まれる権力とを区別しようと努力したのである。

主権が政治においてなんらかのリアリティをもっているのは、それが共同の活動と相互の信頼から生まれているからであると彼女は主張している。人間集団が相互の約束によって結合しているところでは、彼らの権力はとても大きく、彼らはいまここで権力を行使しうるだけでなく、将来において生じる事柄に対しても支配することができる。これは人間事象の世界においては、いかなる個人ももちえないものである。支配権とは非人間的材料を扱うときにのみ利用可能である。しかし「もし活動と人間事象の領域における主権と、制作とものの世界における支配とが同じ関係ならば」、その相違は、仕事を行なう人間が材料を支配できるのは、彼がその材料とだけともにあり、他者の干渉は受けないときのみであるが、人間事象に対する支配は、たとえどのようなことがあっても、「結合した多数者」のみがなしうるということである。[35]

自　由

（アレントによる政治的概念の再検討において）ちょうど権力が複数の人びとの間から生まれるものであり、単一の支配者に属している想像上の「主権」とはなんの関係もないように、自由もまた自己決定ではなく複数の存在者間の相互行為において現われるものである。政治における自由ということで意味しているものを説明するために、アレントはその自由を、それとしばしば混同される（と彼女が考える）ほかの多くの現象と区別しなければならなかった。はじめに、自由は「解放」と同じものではない。[36] 主人の支配に服している人間は、明らかに自由ではない。また、最も過酷な専制、つまり恐るべき貧困を被っている人間も、同じく自由ではない。肉体的必要と他の人びとの束縛からの解放は、したがって、自由の本質的な前提条件であるが、それはまだほんの第一歩にすぎない。自由自体は、別のなにものかなのである。[37] また、政治的自由（political freedom）は市民的自由（civil liberty）、つまり宗教的自由や公平な裁判を受ける権利など、それによって市民の私的生活の周りに保護壁をめぐらす恩恵とも混同されてはならない。[38] 市民的自由とは本質的に私的な事柄であるのに対して、政治的自由とは本質的に公的なもの——アレントは、これこそが真に公的なものであるとみなしている——であり、公的事柄への参加の問題である。

この点に関しては、政治思想における通常の区別に慣れた読者もアレントの概念に戸惑うことはないだろう。われわれは慣れ親しんだ領域にいて、「消極的自由」と「積極的自由」との古典的対比を別の角度から見ているように思うかもしれない。しかし、われわれはアレントの「政治的自由」を、ルソー的伝統において理解された「積極的自由」、つまり一般意志によってわれわれ自身を支配しているときに自由なのであるという自由と同一視することについては慎重でなければならない。というのは、この考え方の問題点は、アレントが指摘したように、本質的に非政治的であるという点である。それは人間の複数性を考慮にいれていないことである。それはちょうど唯一全能の支配者を想定し、現実の政治権力の複数性とは両立しない主権という観念が政治においては不適当であるのと同様である。「一般意志」による自己決定は政治的複数性という現実を避けているのである。[39] したがって、自由についてのアレントの理解は「消極的」な自由主義と同様に「積極的自由」のよく知られた伝統においてもしっくりと収まらないのである。

もちろん、ある意味では、彼女が属している伝統は古典的共和主義の伝統であり、その伝統にとって、自由とはつねに公的なものであって、彼ら自身の公共の事柄（res publica）に気を配っている市民たちによって保持され享受されるのである。しかし彼女が自分の探求を過去からの経験を発見し明確化することとして提起してはいても、[40] 彼女の自由の理解はきわめて近代的な要素、つまり人間の自発性に関する実存主義的またはカント的な前提を含んでいるのである。[41] 自由の観念に対する彼女の特徴的なアプローチは次のように記述できる。すなわち彼女は、各個人の前途につねに横たわっている開かれた未来という実存主義的感覚を、共通の自由を守るために互いに協力している市民という古典的共和主義のイメージに接合しようとしたのである。しかし彼女はおそらくこのような定式化に対しては、それは彼女が人びとの間の空間を考慮にいれた概念を明確化することで克服しようとした孤立した個人と固い集合性の対立をたんに繰り返すだけであるとして反対するだろう。自由についての彼女の著作は、通常よりも曖昧である。おそらくそれは部分的には、これらのテーマが「活動」という概念と密接に関連しているからであろう。『人間の条件』を扱った章で見たように、彼女は非常に長い間この概念と取り組んできた。しかしながら、彼女が言わんとするところを理解するための最良の手がかりは、人間の複数性をアレントは最優先しているということを心に留めておくことである。

アレントが権力について考えたとき、個人が自分自身でもっている力と人びとが世界のなかでともに活動するときにのみ生み出され行使されうる現実の権力とを区別したことをわれわれは検討してきた。自由についての彼女の思想の核心にあるのは、われわれが個人としてもっている能力とわれわれの間にある「感覚で捉えられうる世界のリアリティ」[42] としての自由の完全なリアリティとの同様の区別である。自由の芽、つまりそこから自由が成長してくる根源はすべての人間がもっている能力であり、すべての企てと創造の背後にある「真に始める能力」である。しかしこの真に人間的な自発性、「個人としての人間」がもっている「始める能力」は前政治的である。[43] それは、万人によって見られうる「日常の現実」を生み出したときのみ、語の完全な意味での自由となる。そして政治とは、アレントにとって、「自由がその姿を現わし、リアリティとなる場[44]」なのである。

もし個人の自発性が自由の根源にあるとしたら、なぜこの自由は政治において具体化されなければならないのであろうか。アレントによると、その答えは人間の複数性という条件にある。つまり、個人が何事かをなそうとするとき、その人は他者の協力を必要としているということである。政治的自由とは「わたしはできるということがもつひとつの特性であって、わたしは意志するということではない[45]」。それは現実にさまざまな事柄をなすこと、つまり「以前には存在していなかったことを存在せしめる自由[46]」を行使することであり、それはまた他者と協力し企てを遂行する権力を他者とともに生み出すことを意味している（これが、アレントがたんに抑圧的な暴力から権力を区別することに関心をもった理由である）。われわれがこの種の企てに従事しているとき、自発性に対するわれわれの個人的能力は、完全に明示的な「自由であるという状態[47]」において頂点に達する。

このことは、われわれがアムネスティ・インターナショナルのような自発的結社のことを考えたとき、アレントが理解していたことを知る助けとなる。こうした組織の根本には、以前には存在していなかった何事かを始める能力がすべての個人に具わっているということが前提としてある。しかし何か新しいことを世界にもたらすような共同の活動は、アレントがいったように、世界のリアリティとして自由を現実に経験することを可能とするものである。彼女自身の自由のパラダイムが可視化されたものは、いうまでもなく革命である。たとえば彼女の時代の失敗したハンガリー革命や二世紀前の成功したアメリカ革命などである。というのは、革命とは「新しさに対する人間の能力を新しく経験したということ[48]」であったからである。それは過去とそこから連なる予測可能な帰結の連鎖を打ち破り、他者とともに活動することによって新しい始まりを世界にもたらす人間の能力を示している。

自発性と新しいものをもたらすことのこうした強調は、アレントの考える共和主義的自由にとって決定的であるとともに特徴的でもある。自由主義的個人主義に批判的で、私的な観点ではなく公的な観点から自由を理解しようとする多くの理論家は、自由を集合的な決定作成、つまりすでに設定されている議題について決定を行なうことへの参加として考える傾向がある。アレントの自由概念の重要な点は、それがあらかじめ定められた選択肢から選択する能力だけではなく、仲間の助けを借りて、まったく新しい可能性をもたらす能力を強調していることである。彼女が強調するのは、人間の自由の「奇跡的」な性質である。[49] つまり予想される出来事の連鎖を打ち破り、まったく予測不可能なことをなす能力を強調するのである。そしてこの種の新しさは永続せず、さらに活動自身が自動的に進む過程を開始し、人間事象を絶えず行政へと硬直化していくがゆえに、世界における状態としての自由は「新しい始まりがすでに始められた事柄の流れのなかに割り込んでくる[50]」ところでのみ持続するのである。この「自由であるという状態」は、それが生み出されてくる根源としての純粋の自発性はすべての人間がもち、全体主義だけが破壊することができた能力であるにもかかわらず、きわめて稀であるとアレントは述べている。それにもかかわらず、彼女は、共同的なダイナミズムというこのまれな条件でのみ、自由は「世界の出来事におけるリアリティとしてもっている本来の資質[51]」を達成することができると信じていた。

アレントは、人びとが動的な協力関係へと絶えず連帯していく条件として自由を見ているが、それはトクヴィルのアメリカにおけるデモクラシーの素描を否応なく想起させる。トクヴィル（モンテスキューとともにアレントが最も賞賛した政治的著述家の一人である）は十九世紀のアメリカ市民たちの多忙な活動を描写していたが、彼らは何らかの主張を行なうために絶えず集団を形成しているように思われた。[52] しかしながら、もしわれわれが十九世紀アメリカをアレントのいう自由の範例として考えるとすれば、困難な問題に直面する。もし自由が創造的な想像力を世界のリアリティへと変換し、新しい物事を存在せしめ、彼らの企図を実現するために共同して活動する人民を意味しているとすれば、トクヴィルのアメリカは政治の世界においてだけでなく、驚くべきことであるが、アレントが必然（必要）の領域であると考えた経済的領域における範例をも提供していることになる。というのも、この英雄的時代における開拓移民や企業家のほかに誰が企業家精神をよりよく示し得たであろうか。人間の世界にこれまで存在したこともないものをもたらすために仲間とともに活動することは、それこそ開拓者精神そのものであり、新しい諸州が創設され連邦への加入を認められたということにおいてと同様に、企業が無から立ち上げられたということにおいて最もよく例証されるものであった。このように考えてくると、なぜアレントは経済的世界における企てにほとんど注意を払わず、政治における類似の現象に多くの注意を払ったのか疑問が残る。[53]

　これを説明するのは、部分的には、すでに見たように、アレントの「社会」概念の価値を損なっている経済への全般的無関心にあることは疑いない。それにもかかわらず、彼女の立場は単純に無知や偏見のせいにされるべきではない。そもそも、『全体主義の起源』において彼女は企業家的行為について議論していた。すなわち企業家の第一人者たるセシル・ローズの行為である。彼は「膨張こそすべてである」[54]と言い、経済的事業として帝国主義的征服を追求した人物である。この文脈でアレントは、帝国主義は経済的事業であり真に政治的な企てではない、なぜならそれは安定した政治体の創設と維持ではなく無限の膨張過程に関心をもっているからであると主張した。

　言い換えると、彼女は経済的事業と政治的活動との間に区別を立てようとしているのである。後者は、共和国という安定した共通世界に関心をもつとともに重要視するのであり、さらにそこでの自由な活動の力学は共有された公的領域の制度によって囲い込まれているのである。経済的事業は、たしかに自発性や協力的活動を示しているし、人間の世界に新しい物事をもたらすのであるが、そうであるがゆえに、ちょうど公民権運動がそうであったように、ゼネラルモーターズの設立によって自由は世界の現実と化すように思われる。しかし、ゼネラルモーターズにとってよいものは、安定した共和国としての合衆国にとってよいものと同じではない。そして生産手段の永続的革新をともなった経済的事業はある種の世界が安定して存在しているということを直接的に脅かす。[55]アレント的意味での自由にとって、暗黙の条件のひとつは、人間の自発性と協力関係によって生み出された大きな権力は、メルヴィルを引用して彼女が「永続的制度」と呼ぶ[56]ものの範囲内で行使されるということである。言い換えると、立憲的制度によって守られた公的空間の内部において行使されるということであるが、この立憲制度は市民の公的な参加によって支持されている。こうした参加の本質は何かというのが、同意についての彼女の考察が関心を示しているものである。この同意とは、人びとの間で生じるものとしての政治という彼女の空間的政治観の文脈において特別の意味を与えられているもうひとつの政治概念である。

同意

『革命について』および「市民的不服従」という論文のなかでアレントは、統治はある種の契約の上に立脚しているという思想のさまざまな形態について議論しており、同時に政治的人間の真の複数性を認識している統治と認識していない統治とを区別している。十七世紀においては、彼女の説明によると、三種類の異なった原始契約が、この三つの混合形態も含めて考えられていた。第一の契約は、聖書のなかに記録され清教徒《ピューリタン》によって再締結された、人間と神との間の不平等契約である。第二は、アレントが社会契約の「垂直版」と呼んだものがある。この契約においては、各個人は自分の私的利益を保護してもらう見返りに服従するということを主権者に同意する。最後に、ただひとつの真の政治的合意である社会契約の「水平版」がある。これは社会を形成するために相互に拘束しあっている個人間の協調である。[57]第二の契約の描写としてホッブズの理論を読み、第三のものとしてロックのそれを読むという彼女の読みが正しいかどうかは別にして[58]、アレントにとって重要なことは、同意が複数の個人間の関係を考慮に入れた仕方で理解されているかどうかである。彼女がとくに関心をもっていた区別は、「孤立した個人が行なう同意という行為」と「相互の約束という行為」の間の区別である。後者は、アメリカ独立宣言の言葉でいえば、「互いの現前で[59]」締結されたものである。というのは、「拘束と約束、結合と契約」は「権力が存在し続ける手段」であり、政治体の基盤を形成する手段でもあるからである。したがって彼女は、「活動の文法とは、活動は人間の複数性を必要とする唯一の人間的能力であるということであり、権力のシンタックスとは、権力は人びとが互いに関係し合う世界的／現世的な介在空間にのみ適合する唯一の人間的性質であるということである。」両者は「約束をなし守ることによる創設という行為において結合する[60]」。

アレントは『革命について』を書いたとき、アメリカの制度を基盤としたこの種の複数者間の同意を発見し、その十年後に公民権運動やヴェトナム反戦運動との関連で市民的不服従の問題を考えたときもう一度この同意に近づいた。彼女は、法律家は個々の法律違反者を扱うのに慣れているので、市民的不服従もそのアナロジーで理解しがちであるということ、あるいは少なくとも、個々人が彼らの私的な確信にしたがって良心的に反抗しているという問題として理解する傾向にあることがわかった。アレントは、それとは反対に、市民的不服従を、公的関心をもった市民たちの集団による政治的活動の一現象であると捉えた。そしてそれを持続的同意の上に基礎づけられた政治体という文脈に位置づけている。彼女が主張するには、同意とはアメリカ憲法の「精神」である。それは支配されることに個々人が同意しているという「垂直的」意味においてではなく、また各人は自らによって支配されているというルソー的自己中心的な意味においてではさらにない。それは、共和国の国制に対する相互の合意、すなわち「公的利益に関わるあらゆる問題における積極的支持と持続的参加[61]」という「水平的」な意味においてである。

同意についてのこのような考え方は十七世紀の先駆者たちと同じくたんなるフィクションでしかないという反論を

予期して、彼女はいかなる人間社会も次のような意味において暗黙の同意を含んでいるということを述べている。すなわち、誰も人間の共同体に迎え入れられることなしに、幼年期から成人期まで生き延びることはできない、そして生き延びるということは社会の掟を受け入れるという暗黙の義務を含んでいるのである。しかしながら、ここでいう「暗黙の」同意とは必ずしも「自発的」なものではないし、アメリカのように、反対意見が法的にも実際的にも可能である共同体においてそうであるにすぎない。「反対意見は同意を含んでおり、また自由な統治の証明である。反対意見をもつかもしれないということを知っているものは、異議のないときには同意するということも知っている。[62]」アレントは、このことは特定の法や政策への同意を意味するのではなく、すべての市民が権力を共有できる憲法への同意を意味するのみであるとしている。したがって自由な統治が依拠しているのは、共通の事柄について責任を共有している多数の個人をひとつにまとめる、一種の相互義務である。共通の事柄に影響をもつ自発的結社の形成や市民的不服従でさえもこのような共有された責任の一部なのである。

同意、権力、責任のこうしたつながりは、アメリカのような共和国においてはとくに密接であるようにアレントには思われたが、より満足度が低い政治システムにはこれがまったく欠落しているとも思われなかった。ナチス・ドイツの行なったことは自分たちの問題ではないと感じている「非政治的」ドイツ人を見て、アレントは、われわれは自分が属している政治的共同体の行為に対する責任を誰も逃れることはできないと強く主張しようとした。[63]専制支配の臣下ですらこの責任を逃れることはできないのである。すでに見たように、彼女の権力理解によると、ある体制が行使する権力はその臣下の行為、とくに命令を遂行しようとする意志によってその体制に与えられるのである。命令に従う以外は何もしなかった完璧な官僚であるアイヒマンに対して彼女自身の判決を言い渡したさいに、アレントは「政治は子どもの遊び場ではない。政治においては支持と服従は同じである[64]」と述べた。専制の極端なケースにおいて、個人は完全に無力であるので公的世界に対する責任は消滅するということにはアレントも同意しているが、しか

し政治的自由の欠如は自動的に政治的責任を免除するものではないということは強く主張していた。(65)

相互の同意はアレントにとって政治権力の核心に位置するものである。しかしアレントが暴力以上に権力と同一視できないと特徴づけた権威はどうか。宗教が政治から分離され、かつ全体主義を経験した後の世界において政治的権威の基盤を発見するという問題に彼女は長年にわたって非常に多くの思索を行なった。

権威

「権威とは何か」と題する論文の冒頭で、アレントはこの問題の探求は過去時制にした方が賢明であったろうと述べている。純粋な権威が近代社会から完全に消え去ったので、この用語自体は理解されなくなってしまったのである。(66)たとえば、いま「権威主義的」体制と呼ばれているものは通常は暴力に依拠しているが、真の権威主義的政府に服従するのは力や説得によるのではなく、階層秩序の頂点にその政府が位置するからである。この意味(たとえばローマ・カトリックの教皇の位置によって例示されるが)での権威は西欧の伝統においては政治を超越し外部から正当性を与えられたものとして理解されてきたが、世俗化と伝統的宗教の凋落によって政治から消滅してしまったように見える。この点についてのアレントの考察はその本質と起源についての探求のみではなく伝統自体によって隠された政治的起源にまで溯ることによって人間の複数性を考慮に入れる政治思想を考え直そうという彼女の企てにつながっている。

彼女の主張の第一点は、幾世紀にもわたる西欧の伝統が「権威」と考えていたある特定の関係と制度は決して普遍的な現象ではなく、ある特定の時代と場所、つまり古代ローマにおいて生まれたものであったということである。彼女によれば、それはギリシア人にはまったく知られていなかった。彼らは自由な市民とポリスの関係や奴隷に対する主人の専制的支配や僭主の暴力については精通していたが、「人びとが自由であるまま服従するということを意味する」権威については知らなかった。[67] このような正当な支配者の地位という概念は、アレントによると、プラトンやアリストテレスが手探りで進もうとしていたものであった。しかしギリシアの経験にはそれのモデルになるようなものはなかった。権威の源泉――言葉、概念、基底的経験――はギリシア人にではなくローマ人にあり、それはローマ人たちが彼らの国家の聖なる基礎とみなした敬虔さのうちにある。権威、すなわち auctoritas は（アレントによると）

augere すなわち、増大するという言葉からきているが、権威をもっていた人びとは元老院で、彼らは伝統によって保有された。[68]ローマの最初の創設につながっており、それを増大させ受け渡すという義務を負っていた人びとは元老院で、伝統、宗教、権威の「ローマ的三位一体」はすべてのローマ人を聖なる過去へとつないだが、このような伝統に基盤をもつ権威は元老院によって保有され、それは人民によって保有されている権力とははっきりと区別されていた。

したがって、アレントによれば、権威とはその起源において特定の政治的行為、つまりローマの創設から引き出された政治的現象であった。しかしながらこれが西欧の政治思想の伝統に組み入れられる過程で、いささか奇妙な変容を被った。この変容はローマ人があらゆる表現の先駆者への敬意をもって、知的問題における権威としてギリシア哲学を採用したときに始まった。プラトンとアリストテレスは懐疑的ギリシア人によってはかつて与えられなかったほどの聖なる地位を獲得し、地上の物事を判断する見えない基準についてのプラトンの観念は権威の観念の一部となった。かくして、かなり顕著な変容があったとはいえ、ローマ精神はキリスト教に接合されたが、そのことによって根本的に反政治的で反制度的な精神的運動はカトリック教会へと変化し、そこにおいて宗教、伝統、権威というローマ的概念は発展の頂点を迎えた。このような変化の正味の効果は、権威をローマ人にはまったく知られていなかったものに変えたことである。すなわち政治を超越し外部からそれに正当性を与えるようなものへと変えたのである。というのは、権威を引き継いだ制度は教会であって政治体ではなかったからであり、その一方で、キリスト教神学とプラトン哲学の結合は権威の政治的起源を覆い隠し曖昧にした。それに代わって、権威は、プラトンのイデア的基準であろうとキリスト教の神の命令であろうと超越的源泉に起源をもつものとして考えられるようになった。[69] アレントが見たように、これらふたつの権威の源泉の問題は、それらが政治の外側にあり、「関係から構成されているがゆえに、あらゆるものが相対的な領域に絶対的なものを課そうと」することである。[70]

したがって、西欧の伝統において受け継がれてきたのは、政治の領域の外部から政治体に対して与えられたものとしての権威という理解である。アレントは『革命について』において、アメリカの建国の父たちは彼らの新しい共和国的制度をこの種の外部の権威——それが独立宣言にある擬似プラトン的な「自明の真理」であろうと、天国と地獄という超自然的制裁をともなった神的立法者への宗教的信仰であろうと——に繋ぎ止めることに腐心した。いずれの場合でも彼らの実定法は正当化されるためにより高い法による支えが必要であるということは明らかであった。[71]

政治的複数性という観点から政治的概念を再考しようとするアレント自身による試みは、この種の基礎づけ主義(foudationalism)に対立している。彼女の戦略のひとつは、ローマの伝統のプラトン的およびキリスト教的変容を越えて遡り、ギリシア人もローマ人も実際には彼らの法を正当化するのに政治の外部の源泉が必要であるとは思っていなかったということを示すことである。ギリシア人とローマ人は法をまったく異なって理解していたが、しかし両者とも権威の超越的源泉との関係よりも人民との関係の方に関心をもっていた。ギリシア語におけるノモスは自然的なものではなく人工的なものを意味しており、人間の諸活動を枠づけて制限する境界、すなわち人間事象の絶え間ない流れのなかに安定性を提供するものであった。[72] ローマの法(lex)はまったく異なって、現世的で空間的であった。これはもともと関係、すなわち異なった当事者間の合意ないしは連合を意味した。西欧の伝統においては、モンテスキューだけが「関係」として法を記述することによってローマ的概念を理解し復活させた。[73]

アレントも認めたように、法を表わす古代の概念のおのおのはそれ自身の強みと弱みをもっている。[74] しかし両者に共通しているのは法を、神的命令や自然法によって正当化される必要のない純粋に人的制度として理解している点である。しかし、神的命令や自然法といった痕跡は、自然に内在した宇宙的法という観念についてのプラトン以前のギリシア思想にさえも存在するということをアレントは認めている。この観念は哲学者にとって魅力のあるものであって、自然法についての西欧的観念の先駆けのひとつとなった。しかし、彼女が論じるところによると、自然全体に内在すると想定されている法はわれわれが法を必要としている目的、すなわち人間の間に関係と境界を確立しようという目的にとってはなんの役にも立たない。自然法という理念の欠点は、最終的には全体主義において明らかになったと彼女には思われた。[75] 全体主義においてはテロルは闘争と破壊の自然法として想定されているものに服従させるために用いられたのである。普遍法についての西欧の思考におけるもうひとつの筋道は、(それがより政治的である分)より健全であるとアレントには思われたのであるが、それはローマの法学者の万民法(ius gentium)という観念である。すなわち大多数の法は規則の異なる多くの都市間の関係を構築する過程で形成されるという考え方である。[76] 言い換えると、自然法が政治の外側に、あるいは上に秩序を想定するのに対して、国際法は人びとの間の空間という政治の領域における合意によって形成されるものである。

政治思想の西欧の伝統は法を主権をもった権威から降りてくる命令として考えるようにわれわれを習慣づけてきた。これに対してアレントは人間の間の政治的空間の特質として法を考えるように促している。[77] モンテスキューによって示されたように、いったん法がこのような空間的観点から捉えられるようになると、権威の絶対的源泉、つまり「より高い」法を見いだすという哲学的問題は消滅し、同意を生み出すという実際的政治的問題がそれに取って替わる。[78] 国際協定のように、法がその権威を引き出すのは、単純に、それを生み出した公衆の参画《パブリック・コミットメント》からである。したがって、法の権威に関するかぎり、アレントは、伝統的意味における権威の喪失に当てるべき救済策は原理的にはあるということを主張している。その救済策とは人間の政治的複数性である。

アメリカ憲法によって急速に獲得された権威は、アレントが示唆するように、創設という行為から生まれた。それで相互の同意によって構成された団体にすでに結集していた人びとはともに集まり新しい政治制度を確立することに合意したのである。制度は人びとの間の空間に生じ、人びとがそれを確立することに同意したときには権威もまた同時に携えるのである。[79] 彼女が認めたように、建国の父たち自身はこのことにあまりはっきりとは気づいてなかったが、というのも、彼らは彼らがつくっている諸制度を支える権威の超越的源泉を必要としていると信じていたからであるが、[80] それでも彼らは自分たち自身を創設者として考えていた。それはあたかも彼らはローマ的精神と非常によく共鳴しあっていたので、「新しい政治体における権威の創設となるのは、創設の行為それ自体であって、不死の立法者や自明の真理、あるいはそのほかの超越的、超日常的源泉ではない」ということを理解することができたかのようである。始まりの行為それ自体に対する敬虔な畏れや、新しい政治体の創設において自由を行使している人民の途方もなく大きな出来事は憲法にその最も神聖な地位を与えた。アレントは「初めに行為ありき」[81] という『ファウスト』の一節を引用できたかもしれない。しかし、もしそうすれば、彼女は実存主義の個人主義的雰囲気を好み、政治における偉大な行為は孤立した英雄の業績ではなく「共同で」行為する複数の人びとのそれであるということを強調したくなかったということになろう。それにもかかわらず、新しい始まりをなす人間の自由を強調しようとすることに伴う実存主義的雰囲気は、真の歴史的経験の再発見であると称しているもののなかに近代の人間主義を定着させようと試みるさいに彼女自身が設定した問題へ注意を向けさせる。この問題について考察するさいに、のちにわれわれが見るように、彼女は非本来性についての実存主義的観念に暗黙のうちに近づいている。

人間は超越的権威に依存していない、彼らは人びとの間に横たわる砂漠に人間的世界を樹立することによって、[82] 彼ら自身の法と制度を創造できるしまたしなければならないという観念は心地よいものであるが、人間の自由と責任を強調しているがゆえに同時に悩ましくもある。人間が彼らの自由を承認するのを避けようとする仕方に注目してきた多くの実存主義的思想家と同様に、アレントもまた、世界構築という重大な活動に直接関わった人びとでさえ、それを行なったときに「自由の深淵」を覗くのを懸命に避けようとしていたということを述べている。(83) これには正当な政治的理由があるのかもしれない。というのは、問題は「多少とも完全な恣意性をともなっているということは、始まりのまさに本質であるからである。(84)」さらに、そしてとくにもしこの始まりが新しい国家の制作という観点から理解されたなら、この恣意性は犯罪と暴力の恐ろしい可能性を含んでいるであろう。(85) とにかく、建国の父たちが新しい政治体を樹立するさいにローマに目を向け教訓を求めたとき、彼らが見いだしたのは、ローマ人自身が始まりの問題を避け、彼らの創設をトロイの復興として理解することによってロムルスの兄弟殺しという暴力の問題を脇に置いたということである。言い換えると、政治において新しいことを始めるという彼ら自身の経験は顕示されるというよりは隠されたのである。(86)

アレントは、政治的活動のもつ潜在力について最も直接的に知っていたまさにその人びとが、彼らがその活動をみたときそれを革新として認識しようとしなかったというやっかいな問題について長いあいだ考察した。ウェルギリウスの『アエネイス』において完全に再現されているトロイの再興というローマの神話のほかに、彼女は同じ詩の第四牧歌において始まりよりも復興を同じように好む傾向を見いだした。そこでは子どもの誕生は生まれ変わりについての熟考をもって祝われている。(87) 彼女は、この問題についての最後の考察において、つまり『精神の生活』において、政治を復活として循環的に理解することのみならず黄金時代の観念である、あらゆる政治的活動が起こらない「サタンの王国」という観念がローマの思考に浸透しているということを指摘した。マルクスの共産主義社会の展望のなかにこの黄金時代の観念が復活しているということは、人びとは自分たちの政治的活動の能力を認識し表現するということをいかに嫌がるかということのもうひとつの証拠である。(88)

政治においてともに活動し彼らの間に安定した世界を築くという人間の能力についてのアレントの主張は、したがって、この能力は、たとえそれについての政治的経験をもっていたローマ人や建国の父たちのような人びとによってさえも一度も完全に概念化されたことがないという認識を伴っている。せいぜい、彼ら自身の自由の場当たり的な暗示があるくらいである。アレントはこのような暗示のひとつをローマ人の、たんに再興だけではなく誕生自体に対する関心のなかに見て取っている。とくにアウグスティヌスの「始まりがあらんがために人間は造られた」という言葉にそれは表われている。もうひとつの例を彼女は、ウェルギリウスの一節を建国の父たちが修正している点において発見している。すなわち彼らは「時代の新秩序」へと変更し、彼らは新しい始まりを行なっているということを暗に承認したのである。(89)

しかしながら、アレントが彼らに代わって明確にする必要があると感じたことは、新たに始める人間の能力は始まりに固有の恣意性のゆえに非難される必要はないし、新しい政治体を創設する活動は制作やそれに伴う暴力と混同される必要はないという見解である。人びとが活動し始めるとき、彼らの活動はそれに活力を与えている原理を示すが、アメリカ革命において明示された原理は「相互の約束と共同の審議」という原理であった。(90) アレントは次のようにいう。ともに活動することによって複数の人びとは、権力と権威を確立することができることもあり、そのとき彼らが市民として安らぐことができ、また自由を行使することもできる公的世界を樹立しうるのである。(91)

市民であることと公的空間

市民であることは特別の尊厳と特別の義務を課すという考え方は古典的共和主義の伝統の中心テーマのひとつであ

る。臣民とは異なり、市民は公的事象（res publica）への参加者であり、公的問題への責任を共有している。そのようなものとして市民は、たとえ深刻な個人的犠牲を伴う場合でも彼自身の私的関心よりも公的関心を優先することが期待されている。共和主義的想像力は二千年の間、ローマ共和国建国の父であるブルータスという畏敬すべき人物に取りつかれてきた。自らの政治的継承者に対する彼の献身は、たとえば彼自身の息子たちが追放された王を復位させようと企んだとき、彼は執政官として彼らの処刑を命じたほどである。ブルータスはフランス革命の演説者たちによってしばしば引き合いに出された。これらの演説者たちの案内人でありまた着想の源泉でもあるルソーは、共和主義的愛国主義の個人的犠牲というものにとくに惹かれていた。『エミール』の冒頭近くで、ルソーは個人的人間としての生と市民としての生との間にとくに区別を設けている。その折り、後者においては個人的・私的利益は政治体の公的生活よりも下位に置かれるということを強調している。彼は、息子五人が戦っている戦場から戻ってきた伝達係りと会ったスパルタの母の話を語っている。彼女は真っ青な顔をして知らせを聞いた。彼女の息子は全員死亡したが、スパルタは勝利した。ひるむことなく、彼女は神殿に急ぎ、感謝をささげた。「これこそが市民であった」とルソーは言う。(92)

市民であるということのアレントの理解はこのような共和主義的伝統に明確につながっている。しかし重要な相違もある。それは祖国のために戦い死ぬということを決して強調しないということだけでなく、市民の複数性と彼らの間の空間の強調という新しい広く知られた強調点があるということである。あたかもスパルタの堅固な結束が開かれその真っただなかに、アテナイ的なアゴラのための、あるいは建国の父たちが議会を開くための空間が作られたかのようである。反個人主義的で疑似全体主義的雰囲気はルソーの多くの読者を混乱させ、またファシズムのいくつかの側面において復活したのであるが、アレントの市民概念はこのような雰囲気をもっていなかった。(93) 市民であることと個人であることとのアレント的結合にとっての鍵は、彼女の公的空間という概念のなかにある。

それにもかかわらず、アレントは、彼女の時代の破局が少なくとも部分的には公共精神の欠如に遡ることができると思われるために、市民の義務を強調するという点において、共和主義的先行者と同様に頑固である。(94) 共和国の市民は彼らが受け継いだ公的世界に対して責任をもち、それを受け渡す義務について、また必要なときには彼らが私的個人としてもっている利益よりも公的世界の利益を優先する義務があるということを自覚しなければならない。というのは、優先順位をめぐるこの紛争は避けられうるということが期待できないからである。公的利益とは啓蒙された自己利益であるということにしてこれを避けようとする試みは、アレントにとって次の点を見落としているように思われた。すなわち、われわれの間にある公的世界はそれ自身の利益をもつという点である。(95) とくに、彼女がのちの論文「公的権利と私的利益」において指摘したように、ここにはまったく異なった時間軸がある。われわれが受け継ぎ受け渡す公的世界は長期的利益をもつのに対して、死すべき人間の私的利益とは必然的に短期的で、生命過程から強要されるものである。(96)

このような対立の最も劇的な事例はもちろん、祖国のために戦場で死ねという召集であり、古典的共和主義者が非常に強調したところのものである。アレントが私的生活よりも公的生活を優先するのが市民の義務であると強調し、卓越した政治的徳としての勇気について語ったとき、(97) 彼女はたしかに、一九五六年の失敗を宿命づけられていたとはいえ栄光に満ちた共和国防衛においてソヴィエト戦車部隊に立ち向かったハンガリー市民のような愛国者を心に留めていたに違いない。しかし（「公的権利と私的利益」についての論文においては）彼女は生命を犠牲にする可能性についてさらりと言及しているとはいえ、市民の活動を示すために彼女が選択したのは、とうてい劇的とはいえない例、すなわち陪審員の仕事である。陪審員の仕事は、個人的な観点からは非常に迷惑なものであるが、私的利益の増進とはなんの関係もない。そうではなく、陪審員は公平な正義において公的利益を共有し、それに仕えるのである。(98)

この事例の選択はアレントによる共和主義の再解釈の性質を表わしている。戦場において個体性を喪失するかわりに、市民であるということは公的利益の問題をめぐる議論の公的舞台への参加というイメージを呼び起こす。私的利益の犠牲ということが単一の団体に個人が埋没することを意味するルソー的共和主義とは明確に異なって、[99]アレントの公的世界は個々の人間の間にある公的空間である。そこでは個々人は移動し、語り、活動することができるのである。このことが意味するのは、市民が私的生活から公的生活へ移動するとき、彼は自分の個体性を捨てるのではないということである。その代わり、「市民となることによって彼は私的生活に加えて第二の生活を受け取るのであり[100]」、この「第二の生活」とは実際により多元的で開かれており、彼が背後に残してきた私的生活に比べて、抑圧的な全員一致が要求されたりしないのである。

アレントは共和主義的伝統に学んでいるという点ではルソーと同様であるが、しばしば彼の立場とは反対の立場に立つことで自分の見解を精緻化したので、この二人の思想家を対比することは彼女の立場の特徴を取り出すのに助けとなろう。[101]いかにして人びとは自由であるままともに生きることができるであろうかという問題への解決策を探求するさいに、ルソーは一般意志という観念を思いついた。これは、アレントが見たように、多数者を単一の人格へと変換するものである。[102]問題は、この観念はまさにそれが解決しようとした問題、つまり「単一の人間ではなく、複数の人びとが地上に生き、世界に住んでいる」という事実を避けるものであるということである。アレントによれば、ルソーはすべての個人を一者へとまとめる図式を構築することで、人間の複数性に直面するのを避けているのである。それゆえたとえば政治的義務の問題は、「わたしとわたし自身の間の関係」へと還元されてしまうのである。[103]

これとは対照的に、アレントにとって、政治の出発点はわれわれが複数の存在であるということであり、政治的制度の基盤となっている同意の偉大な徳は、それが個々人の間の空間を橋渡しするものであり、それを消し去ろうとするのではないということである。たとえば、契約についての核心はこの空間的性質にある。個々人の間に同意されたなにものかがあるということは、一方の当事者の意志だけでは廃止できない。それは当事者たちの外側にあるいは間に世界的な実在を引き受けるので、彼らの意志に反して彼らを義務づけ、したがってまた彼らの心変わりの可能性に抗して彼らの未来を保証するのである。アレントは、ルソーは彼の書物を『社会契約論』と名づけたが、彼が意志の主権を強調したことは、彼が決して契約の本質について本当は考えていなかったということを示していると述べている。(104)

彼女の立場とルソーのそれとの相違は、市民は共通の意志によってではなく共通の世界によって、つまり共通の世界の制度を共有することによって結合するのであるということによって要約できる。これは、ルソーの理想国家や彼が着想を与えたそのほかの多くのラディカルなユートピア構想においてよりも、個々人間により個人的で知的な空間を残すという非常に重要な含意がある。一般意志論のさまざまな変奏とは対照的に、人びとが自由と平等という観点から共存するために、同じようになったり、同じように考えたりする必要はまったくないとアレントは主張している。共和国の市民を結びつけるのは、彼が同じ公的空間に住んでおり、共通の関心をもち、規則について知り、共和国の維持に責任をもち、もし彼らの意見が異なったときには実際的な妥協を行なうという事実である。たとえば、このようにして結合している市民たちは多数決を、意見の相違を解決する技術的な手段としてのみ用い、多数の決定を結合して一体化した人民の神託とするようなことはない。(105)

ひとつの声で語る単一の「人民」を創出するために、政治の理論と実践においてなされたさまざまな試みは、アレントにしてみれば、人間の複数性が最も包括的に現われる舞台としての政治の本質を完全に理解しそこなっているということを暴露している。全員一致というのは決してありうることではないし、また望ましいことでもない。彼女は、全員一致への願望と、あらゆる合理的人間は公的問題に関して同じように考えるはずであるという長らく信じられてきた信念は、反政治的な哲学的伝統の支配によって政治的思考のなかに引き起こされた歪みであると信じていた。全員一致が出現する限りにおいて、それは彼女には危険な兆候、すなわち人民が考えることを止める兆候であると思われた。「大衆の全員一致は同意の結果ではなく、ファシズムと病的興奮の表現である。[106]」合理的な人びとが彼らに共通の事柄に関して知性を働かせるとき、彼らが異なった観点から共通の事柄を見て、異なった意見を形成するというのは当然である。[107]

こうした異なった意見というのは、単一の真理を守るために脇にやられるべき恣意的で主観的な現象であると見られるべきではない。というのは、共通の世界を共有している人民のなかにこのような異なった意見が出てくるときには、彼らは当該の問題のさまざまな側面を明らかにしているからである。アレントは、意見を表わす古代ギリシアの言葉であるドクサは、ドケイ・モイ（dokei moi）、すなわち「それはわたしにはこう見える[108]」という言葉から引き出されており、これは人間が異なれば同じ世界を見る角度も異なるという事実を反映している。したがって、市民の間の公的空間が提供しているものは、共通の事柄に関して語ることによってさまざまな観点の間を動き回る機会なのである。[109]他者の現前を前提としたこの種の継続的な語りと思考は、アレントはカントの『判断力批判』から用語を借りて、「拡大した思考様式[110]」と呼んだものを市民が発展させることを可能にし、また彼らにリアリティを把握する機会を提供するのである。もちろんそれは哲学者の単一の観点においてではなく、「すぐれて政治的な洞察[111]」である多面的共通感覚においてである。この種の政治的思考は、「真に多面的であり、いわばあちこちに流動的である」。そして「特定の問題があらゆる面から、ありうべきすべての観点から、それが人間の理解力の完全なる光によって満たされ、見透かされるものになるまで開示される[112]」過程を、その政治的思考は生み出すのである。

したがって、政治と哲学の関心は対立するというアレントの懸念にもかかわらず（この懸念については次章で解明する）、豊かな知的便益というのは他者との公的空間の共有から得られるはずであると信じていた。共通感覚のほかに、意見の交換が判断力を可能にするのであるが、これがアレントの書かれざる『精神の生活』第三部の主題である。[113]これは、他者と世界を共有すること（これは自分自身の世界に生きている全体主義的観念主義者か偏執狂患者の狂気の論理の対極にある）から生じるリアリティの多面性をしっかりと把握することを要求する能力である。[114] これは不偏不党性の基礎ともなる。友も敵も公平に扱うということはギリシアの詩人や歴史家にとくに顕著であった性質であったし、またアレントが考えていたように、「大部分は、互いに語り合う市民からなっているポリスの生活の長い間の経験」[115] によってのみ可能となる。公共圏を他者と共有することから生じる、より捉えにくい知的利点は、これは哲学的理想である合理的全員一致を批判したレッシング論においてアレントが明確にしようとしたものであるが、共通の事柄についての継続的対話は世界を「人間化する」、すなわち人びとが友情という観点から共有する場所にするということである。[116]

市民が彼らのさまざまな観点を継続的に共有し、彼らの対話の過程で意見を発展させるこの公的空間について考えながら、アレントは自由な言論なしに自由な思想は不可能であると主張した。[117] したがって、知的な次元においてさえ、私的生活から市民生活への移動はたんなる自己犠牲の問題ではなく、より豊かな報酬がある公共圏へ入っていくことである。

もちろんこのほかに、市民は自由を公的に現わす、つまり「活動において見えるようにする」[118] ことができる。というのは、政治を私的利益追求のためのたんなる手段と捉えることによって、公的事象に参加することの無上の喜びをほとんど完全に見えなくしてしまったというのが、政治哲学の伝統に対するアレントの反論のひとつであったからである。結果として、アメリカの建国の父たちやフランス・レジスタンスの一員のように、危機の時代にこのような喜びを経験した人びとは、このような経験を表現する言葉がないことに気づいた。[119] にもかかわらず、アレントは、市民であることのこのような喜びは、隠れるための私的空間ではなく、君主からの「公的自由」という、活動するための公的空間を要求した十八世紀フランスのフィロゾーフたちには知られていたはずであると主張した。[120] この自由をすでに享受していたアメリカ植民地において、これは「公的幸福」として知られており、またこの自由は「公的領域に接近する市民の権利、すなわち公的権力を共有しているということにある」[121]。
したがって、アレントは、私的利益を犠牲にしなければならないという共和主義的テーマについて繰り返し述べているが、それは、この犠牲は「公的なもの」に対する責任を積極的に共有することに伴う幸福によって十分報いられるという主張によって補われる。[122] アレントが公的活動の価値を極端に強調していることは、「非政治的」ドイツ人と伝統的にあまり政治的ではないユダヤ人に対して、彼女は市民権に伴う義務を思い出させようと試みているという文脈で読まれるべきである。

古典的共和主義の伝統においては、市民であるということは非常に骨の折れる生活様式としてつねに現われていたので、共和国というのはまれであったというのは不思議ではない。もし市民が彼らの共和国を守るために超人的な「徳」を必要としているのであれば、通常の「堕落した」有限な人間が臣民であることに甘んじるというのは驚くべきことではない。しかしながら、すでに見たように、アレントが理解したような意味で市民であることはスパルタ的どころか、明らかにもっと価値のあるものであるが、しかし、共和主義的伝統のなかにいる悲観論者と同様に、彼女は、人類のうちきわめて少数の者しかその能力をもっていないと思っていた。市民の公的生活についての彼女の見方に対して、なぜきわめて少数の人びとしか言論と活動の機会に恵まれた生活様式に惹かれないのかという疑問が生じる。

この疑問に対してアレントは三種類の回答を準備している。すなわち、西欧の哲学的伝統に説明を見いだすか、社会的条件に見いだすか、それともアメリカのような健全な政治構造がもつ憲法上の欠陥に見いだすかである。第一の点において、すでに見たように、政治的思考の伝統はその始まりから、政治的経験を無視し抑圧したプラトンのような哲学者の反政治的偏見によって支配されてきたと主張している。政治思想の語彙全体がこのような哲学的偏見によって歪められているので、将来、市民になる世代が政治の本質と可能性について気がつくということは決してない。

他方で公的言論と活動の喜びを偶然に再発見した人びとでさえ、彼らの経験を明瞭に表現し伝える言葉を見いだすことには非常な困難を感じた。(123) アレント自身の政治思想の最も野心的な目的は、この欠陥を矯正することであった。

しかしながら、プラトンの「霧のような精神」(124) によって生み出された哲学的幻想に当惑するということは、市民であることを無視するということを十分説明するものではなかった。アレントが見たように、また彼女は『革命について』のなかで記述しようとしているが、悲劇は、十八世紀の、アメリカ革命とフランス革命の過程で人びとが偶然に公的自由を発見し、哲学伝統の歪みから自らを解放した瞬間に、まさにその瞬間に、社会的要因の登場によって彼らの注意が再び市民であるということからそれてしまったということである。共和主義に対するこの社会的脅威にはふたつの側面があった。ひとつはフランス革命の経験によって示され、いまひとつは革命後のアメリカによって示されている。

フランス革命を破壊したのは「社会問題」であった――すなわちたんなる生の事実としてではなく政治的問題としての貧困の登場であった。フランス革命の人びとが公的自由を最初に味わい、公的言論と活動のための永続的空間を樹立する憲法を作成しようとしたとき、旧い体制に対する彼らの反乱には経済的に切迫した不満をもった、貧困で空腹の人民の群れが動員された。ひとたび、絶望的な貧困者の必要が公衆の目に曝され、敬意をもって扱われれば、それらは（生と死の問題として）自由な国制の樹立に関わる政治的問題よりもはるかに重要な問題であるように見えることになる。

この経験は、アレントには、歓迎されざる多くの真理を明瞭にしているように思われた。それらのひとつは、餓死の危機にあることはつねに人類の多くにとっての条件であったがゆえに、少数者にとっての政治的自由は、文明のほかの側面と同様に、過去においては奴隷や農奴の労働から余剰価値を搾取する暴力的抑圧によってのみ可能とあったということである。(125) フランス革命とそれに続く諸革命によって決定的に示されたいまひとつの論点は、革命は社会問題を重要課題として設定したが、それを解決することはできなかったということである。政治的手段によって貧困を解決しようとする試みは、いかに善意のものであっても、より多くの暴力に至るだけである。経済成長のみが目的を達することができる。[126] しかし偉大な革命の結果として、自由への熱望はもはや一部の者にとどまるものではなくなった。平等は、よかれあしかれ、政治的重要課題である。これが意味するものは、政治的自由はいまや大衆の貧困がなくなることによってのみ可能となるということである。したがって世界の多くの、おそらくほとんどの国は共和主義的政治システムを実現するには妥当な場所ではない。[127] 革命の同時代的経験は、アレントにとって、この点を証明すると思われた。ハンガリー革命は、アメリカ革命以来、「パン、貧困、社会秩序の問題がなんの役割も果たさず、人びとは自由のためだけに闘ったという意味で完全に政治的であった」（と、アレントは信じていた）唯一の革命であった。しかしこのような社会問題の無視は、共産党体制によって前もって練り上げられた変化によってのみ可能となったのである。革命が大衆の貧困と経済的後退という条件において発生するところではどこでも、たとえばキューバのように、フランス革命の悲劇が繰り返されるだけである。虐げられた人びとの解放という不思議な高揚感は、専制体制へと容赦なく変容していったのである。[128]

ある意味では、「必要（必然性）からの解放は、その緊急性ゆえに、つねに自由の樹立に対して優先される」[129] というアレントの認識は、共和主義の長期的展望についての悲観的見方の根拠であるとは思われないかもしれない。「〈公的幸福〉は……贅沢品である。それは生命過程の前提条件が満たされたのちにはじめて可能となるような付加的幸福である」[130] としても、技術的な発展によって、貧困は原理的に克服しうるということ、そして「自由が必然性という暗礁に乗り上げてしまうのは、もはや不可避的な事柄ではない」[131] ということが明らかになっている。不幸にも、経済成長は政治にとってよくもあり悪くもあると彼女には思われた。というのは、貧困の克服を可能にするまさにその技術的経済的発展がそれ自体近代的物質主義を表わし、また『人間の条件』において跡づけられたように、ほかのすべての人間諸活動から生産と消費へと強調点が移動したことを表わしているからである。とくに合衆国は、フランス革命を暗礁に乗り上げさせた絶望的貧困を免れた結果、消費に専念する社会の最も進んだ事例となった。フランス革命のモッブがあまりにも貧しくて市民になれなかったとしたら、他方で近代的アメリカ人は富の追求に心底没頭したとアレントは考えた（これは「奢侈と堕落」に対する古典的共和主義の非難を想起させる）。「必要が満たされた人びとにのみ自由は到来するというのも真実なら、欲望に専心して生きている人びとに自由はやってこないというのも同様に真実である。[132]」

したがって、社会的諸条件が貧困であっても豊かであっても、それは歪んだ哲学的伝統と結びついて人びとを市民であることとの喜びから遠ざけている。このことは、アレントが現代の合衆国における公共精神の可能性について、ときどき述べていたように悲観的であるということではない。彼女がアメリカに到着したときに、最初に驚いたのは、そしてこれは彼女がヨーロッパの友人たちに説明するのに苦労した点であるが、アメリカ社会とアメリカの政治との対照である。言い換えると、一方では、彼女の洗練されたヨーロッパ的趣味からすると、アメリカの大衆のぞっとするような消費至上主義があり、他方では、普通の人びとが進んで公的事柄になんらかの程度で関わろうとしているのである。彼女は生涯を通じて、アメリカは世界で最も自由な国であるという確信をもち続けた。[133] しかしながら、彼女を心配させたのは、合衆国の立憲体制には、アメリカ人は消費者であると同時に市民でもあるということを思い起こさせるものがほとんどないということである。ジェファーソンにとってと同様に、アレントにとっても、「危険は、全権力が、人民に私人としての資格において与えられている一方で、市民としての資格における人民のための空間が確立されていない点にあった[134]」。というのは、もし個人が秘密選挙における投票権を与えられていても、公的問題について他者と議論するための公的舞台《アリーナ》がないとしたら、アメリカの膨大な数の有権者が実際に行なっていること、つまり自分の一票を自分の私的利益を守る手段として、つまり選挙公約の見返りに政治家と取引されるものとして用いるということを、その個人も行なおうとするであろう。したがって代議政治は、アレントには腐敗への不断の誘惑のように思われた。このような点から、われわれは「評議会」からなる参加システムに対する彼女の非常に冷笑された好みを考えてみる必要がある。

参加と評議会

アレントの批判者たちは、彼女には、大衆政党、職業政治家、有権者の経済的利益に訴える選挙運動などの機構を備えた近代の代表制民主主義の機能に対する熱意が顕著に欠如しているということに、しばしば注意を向けてきた。(135) 伝記的には、彼女が自分で述べているように、「政党システムに熱意を感じたこと」(136)は一度もないという事実は、ワイマール期のドイツや戦間期フランスの脆弱なシステムの経験に遡ることができるのは疑いない。『全体主義の起源』において彼女は、政党を全体主義運動と区別していたが、しかし彼女はまた大陸の多党制は、全体主義による奪取にきわめて弱く、せいぜい単一政党的独裁に至るしかないとも述べている。(137) しかし初期の経験は、代表制民主主義に対する彼女の一貫した疑念の説明としては十分ではない。なぜなら彼女は最初から、「アングロ・サクソン」の二大政党制は違うということは認めているからである。われわれが見たように、彼女は『全体主義の起源』のなかで、二大政党制こそがイギリス帝国主義が容易に引き起こしえたであろう全体主義運動からイギリスを救うにさいしての重要な要素であったと論じている。(138)『革命について』のなかでは、集権化された主権に基づく政治システムと分散した権力に基づくそれとの間の基本的な違いを強調することによって、彼女は独裁もヨーロッパの多党制も十把一からげに「不自由」なほうに入れ、それらと正当性をもった野党が分散した権力の一部となっているイギリスやアメリカのシステムとの間の違いを強調した。(139) ではなぜ、彼女はアメリカで実践されているような代表制民主主義について依然として批判的だったのであろうか。

彼女の立場を理解するための第一歩は、その複雑さを承認することである。アレントは、一九六〇年代のマルクーゼの模倣者のような調子で、自由という観点からすればアメリカとソヴィエト連邦との間にはなんの違いもないというようなことは決して言わなかった。それどころか、彼女は、代表制民主主義はイギリスやアメリカで現実に機能しているように、市民的自由を守るという点において効果的であるし、またこれは決して小さなことではないと述べている。制限された政府は、全体主義はいうまでもなく、専制とも大きく異なる。アレントはこの違いを否定したいとは思わなかった。しかしながら、彼女の主張は、私人として市民権の享受は、それがいかにめずらしく価値のあることであっても、共和国の市民であること、および政治的自由を享受していることとは同じではないということである。「なぜなら、一般的にいって、政治的自由とは〈統治参加者であること〉の権利を意味するのであって、そうでなければ何ものをも意味しないからである。」[140]

『革命について』の複雑な議論において、アレントはこのような共和主義的意味における政治的自由を樹立しようとする革命的試みは二種類の、つまり劇的および潜行的な社会的圧力に屈服したと主張した。自由の劇的な崩壊は、もちろん、フランス革命において貧民の大衆が、貧困の政治的解決を要求して政治的舞台を圧倒し、政治的自由も市民的自由も存続しえない専制を引き起こしたときに生じた。アメリカ革命において、このような劇的な社会的圧力はなかった。それで建国の父たちは公的自由の領域を取り囲む憲法体制を確立するのに成功したのである。しかし、ここにおいてさえ、政治的領域と社会的領域との間の微妙な緊張があったとアレントには思われた。というのは、共和主義的諸制度からなる公的領域は樹立されたが、多くの市民は依然として実際にはこの外側に置かれていたからである。「公的幸福」が革命の過程において再発見されたが、しかし革命が終わったあと、その精神はいかにして保持されることができるのか。

彼らの演説や著作についてのアレントの解釈によれば、これはロベスピエールとジェファーソンの双方をそれぞれの仕方で心配させた問題である。彼女がロベスピエールに見いだしたのは、革命が、公的生活が市民的自由の行使のなかに解消していくかもしれないというおそれを招くような結末を迎えることへの嫌悪であり、またジェファーソンにおいても、憲法それ自体が政治的活動と革新を窒息させるのではないかという類似したおそれを見いだした。[141] 永久革命という無政府的構想は実行可能でもなければ望ましいものでもないが、しかしそれは、共和主義的企てに固有の別の難問を示しているようにアレントには思われた。というのは、たとえ「社会的」拡散が避けられたとしても、「革命精神」それ自体は、実際にはバランスをとることが容易ではないふたつの側面をもっている。ひとつは「始める能力を高揚した気分で自覚すること」であり、もうひとつは堅固で永続的な政治体を創設することへの関心である。問題はいかにして安定した制度と自由な活動を結びつけるかである。[142]

　このような企てがきわめて困難であるということを考えると、アメリカ共和国は顕著な成功例であるとアレントは考えた。それは住民に市民的自由を与えたばかりではなく、同時に公的自由が原則的に享受しうる公的領域として二百年間存在し続けたのである。[143] しかしながら問題は、もし普通の市民が、ヴェトナム反戦デモの参加者がそうしたように、[144] 集会を開く市民的権利を行使しなければ、彼らは公的自由を享受する機会を失い、公的自由は政治家だけのものとなってしまうであろう。政党と選挙のシステムは市民の利益を効果的に表出するであろうが、しかしそれは彼らを公的世界の参加者にはしなかった。[145]

　アレントが反対したのは全体としてのアメリカ民主主義ではなく、このような政党による代表制であった。憲法の全体的枠組みに対するアレントの賞賛は非常に大きなものがあり、またヴェトナム反戦デモのように、市民権の数多くの行使によって彼女は、カール・ヤスパースに書き送ったように、アメリカはおそらく共和主義的政治が実現する機会をもっている世界唯一の国であろうと感じたのである。[146] 一九六六年のヴェトナム問題に関する上院外交委員会でのテレビ放映された公聴会を見て、このようなことはほかの国では想像もできないと彼女は論評し、またテレビもこのようにして用いるのであれば、大衆民主主義の新しい手段となるであろうとさえ考えた[147]。しかし、ある問題についてはアメリカ市民は彼らの意見を公的議論において形成しようとし、ときには公的事柄について行動しようとするのであるが、これは非公式に起きるのみであり、制度的構築物の保護もないのである。その代わり、市民と政府をつなぐ通常の制度は選挙による代表というシステムであり、これは人びとが積極的に市民として考え、行動するように促すものではない。したがって、市民と政府をつなぐ媒介的制度として異なった種類のものの可能性に対する彼女の関心は、政党ではなく連邦化した「評議会」へと向かうのである[148]。

アレントはこの「評議会」制度に対して、彼女も認めたように、「ロマンティックな共感」[149]をもっていたのであるが、もちろんその制度は彼女の発明物というわけではない。それは、彼女も言うように、革命における草の根活動の過程で繰り返し萌芽的に現われたものである。一九五六年のハンガリー革命においてこのような政治制度が束の間ではあるが現われたことによって、彼女はこれを実現可能なものとみなしたのである[150]。それぞれの場合において、運動は、それが何かを樹立する前に破壊するのであるが、しかしこれは彼女には、政党システムに代わる真の選択肢であると思われた。少なくともそれは革命的経験に深く根を下ろしていると思われたのである。フランス革命の間においてさえ、自発的に形成された人民の諸団体がジャコバンと対立するようになった。彼らの目的は革命の指導者に対して、社会的経済的要求を満たすように圧力をかけることであったが、同時に彼らは、中央集権と職業的政党政治家に対して市民権と権力移譲の主張を行なったのである[151]。

とくに驚くべき事柄であると思われるのは、人民組織について、その思想を伝えるべきいかなる理論もないまま、類似の草の根組織が革命のたびごとに、たとえばフランスの一八七〇年の革命、一九〇五年と一九一七年のロシア革命、一九一八年から一九一九年のドイツ革命、また一九五六年のハンガリー革命などにおいて自発的に生まれてきたことである。それは政党やイデオロギー的運動としてではなく、人びとが共通の事柄について議論し行動できるような公的空間としてである。彼女は、これらは「秩序の組織であるとともに活動の組織」でもあったと注意深く強調している。[152] われわれは、「参加」に熱狂する者とは異なって、アレントが少なくとも、無定型な無政府主義や「体制離脱」[153]に惹かれたのではないということは理解すべきであろう。反対に、彼女はそれぞれの場合において、評議会はその可能性を展開する前に押し潰されてしまったのではあるが、評議会が一貫して示していたのは、連邦制と下の評議会から上の評議会へ代表を送るピラミッド構造をもった制度であり、それによって代表について政党という手段にかわる実践的選択肢を形成しうると主張したのである。[154]

彼女の目に映ったこのような制度の長所は、市民たちが彼らの地域の評議会を通じて政治に直接参加できることであり、代表は、イデオロギー的な政党的序列ではなく個人の資質によって次のレヴェルに選ばれるのであり、また無関心な選挙民を私的利益の約束で買収している選挙制度は回避されるであろう。彼女は、階層的評議会がどうやって議会と調和するのかについては明確にしていないが、明らかに信じていることは、この種のシステムは、彼女がアメリカ憲法において価値をおく権力の分割と調和が下降的に広がることであり、共和国への人民の支持を動員することによってより大きな権力を生み出すことができるということである。国際政治というレヴェルでは、このような徹底した連邦制的内部構造をもった国家は、主権を失わないようにいつも用心している中央集権国家よりも平和的な相互取引がより容易であると彼女は考えていた。[155]

アレントが繰り返し「評議会」制度に言及していることで、彼女にとってこの理念が重要であるということがはっきりと示されている。ただ、予見しうる将来においてこれが実際的可能性をもつと考えていたかどうかは確かではない。『革命について』における彼女の説明は改革の提案のようにも読めるが、ほかのところでは彼女はもっと慎重である。急進的な聴衆を前にしたある討論会において、評議会の可能性を示しながら、それらはつねに消え去ってきたということを彼女は聴衆に想起させ、なぜそうなったかということを問う必要があると付け加えた。彼女は、直接民主主義のこうした形態が現代アメリカの統合力を失った諸都市においてなんらかの有意性をもつのかどうかを疑いだしたのである。[156] さらに別の場で（一九七〇年のアーデルベルト・ライフとのインタヴューのなかで）、彼女はこのようなシステムがどこかで樹立される可能性は「仮にあるとしても、非常に低い。そしておそらく、結局は、次の革命の結果としてでしょう[157]」という見解を示した。もし彼女がもっと長く生きて一九八九年の東欧の諸革命を見ていたら、普通の市民が協同して活動し権力と自由を生み出したのを見て大いに感動したことは確かであろうが、同時にそれが政党システムに変容した速さには絶望したであろう。多党制の復活の要求は一九五六年のハンガリーにおいてなされたが、彼女はこれを一党独裁への自動的な反動であり、評議会に比肩しうるほどまじめな政治的発案ではないとしてしりぞけた。[158]

多くのアレントの読者にとってこの領域での彼女の見解は当惑を覚えさせるものであり、政治のリアリズムを強調する者にはきわめて非現実的な主張である。[159] 理念としてでさえも、彼女が述べているモデルは、われわれが先の章で彼女の「社会」という概念との関連で注意した経済観によって致命的な打撃を受けている。集合的な生命過程への対策という点における資本主義と社会主義の収斂についての彼女の仮説のみが彼女のふたつの信念、すなわち豊かな社会における経済問題は本質的に論争の余地のないものであり、したがって非政治的であるということ、および彼女のいう評議会は、職業的行政官が行なう経済的決定の外側で存続し、社会の物質的な富は政治的な議題にのせずに管理されるべきものとなるという彼女の信念を説明しうるのである。[160]

しかしながら、多くの読者を当惑させる彼女のいう「評議会」制度の特徴は、リアリズムの欠如からではなく、参加を熱心に主張する人びとが避ける傾向にある問題に正面から立ち向かったからである。というのはつまり、現行の代表制がわれわれの大多数に適合しているのは、われわれが市民であるということを欲していないからである。われわれわれは、われわれの私的生活が乱されずに続くことを欲しているのであり、われわれの物質的欲求は、われわれの投票を貪欲に求めている政治家によって面倒をみてもらうのである。直接民主主義の制度においては、会議に出席しない人びとに何が起きるであろうか。この問題に対してアレントはあきれるほど鈍感である。「公的問題に関心をもたない人は誰でも、彼なしで行なわれる決定に満足しなければならない。[161]」言い換えると、政党と総選挙という制度の終焉は、普通選挙権の終焉をも意味するであろう。なぜなら、全員が地域の評議会に参加する機会をもつであろうが、出席していない人びとは、彼らのいないときに行なわれた決定に満足しなければならないからである。市民《シトワイアン》であろうとする人びとは参加しうる人びとである。「ブルジョア」や「労働者」で満足している人びとは除外されるであろう。アレントの評議会制度の主張は、（参加主義者が他愛もなく望んだような）「エリート主義」を取り除くものではなく、職業的政治家というエリートに代わって、もしほかの市民から人格的に信頼されたならいかなる市民もなりうる真の政治的エリートが登場するということである。[162]

彼女の主張は、部分的には、活動と政治的意見の形成は公的空間においてのみ生じ得るものであるがゆえに、実際に討論に参加し、決定に加わるということの代わりになるものはないという実際的な主張である。[163]これは、区切られた投票ブースのなかで印をつけるのと同じことではない。[164]しかしながら、疑いもなく、彼女の普通選挙権に対する疑問は大量に存在する通常の投票者の不信感によっても影響されていた。この不信感というのは、ヒトラーの登場を目の当たりにしたり、アメリカ合衆国におけるマッカーシズムを目撃したり、あるいは共和主義的原理についてなんらかの理解ないしは関心をもっている市民はきわめてまれではないかと思っているユダヤ人にはそれほど驚くべきことではない。『革命について』のなかで彼女は、政治における「エリート」の継続的登場の根幹には、「必然という周囲の大洋から自分たちが住むことになった自由の島を守るという……少数者の激しい要求」があったであろう、「と同時に、自分たちのことをかまわない人びとの運命を気にかける人びとに自動的に降りかかってくる責任[165]」があったであろうと示唆した。

彼女がこのような主張をしている『革命について』の最後の頁の、とくに暗く悩み深い調子は、この時期に彼女が考察し書き残したアイヒマン裁判とおそらくつながっているであろう。多数の凡人たちが専制支配に喜んでついていき事態をますます悪くするということについては、多くの証拠がいつでも提示できる。しかしながらアレントの「エリート主義」にはこれ以上のものがある。これは二十世紀的大衆についての彼女の経験の単純な結果として見るべきではない。というのは、それは平等と政治についての思考、とくに平等な市民の共和主義的原理と近代社会の要求とを調停するという問題についての複雑で長期にわたる思考の連鎖のなかに位置しているからである。

市民権と平等

アレントが読者にしばしば想起させたように、平等とは共和主義的政治の基本原理のひとつである。仲間の間を動くという経験は（自分自身と彼らとを区別しようとする今日的経験とともに）、アレントが基本的な政治システムの根底に横たわっていると考え、モンテスキューが『法の精神』において明確にしたような根本的政治的経験である。彼女は「徳」を古典的共和主義者の心にとっては平等への愛と同様に重要なものであると解釈した。平等への愛とは、「世界のなかで一人ではない喜び」をつねに祝福することである。「というのは対等者のなかにいるときにのみ、わたしは一人ではないからである。」[166] しかしこの平等は、ギリシア時代以来、共和国の自由な市民が享受してきたのであるが、それは特殊に政治的な平等であり、万人が生まれながらにして平等であるという近代的な自由主義的理念とはなんの関係もない。アレントは、平等のこのふたつの異なった概念は真っ正面から対立するものであるとさえ主張している。なぜなら、共和主義的平等の全体的な主張は、生まれながらにして不平等な人びとは、彼らが共有している人工的な法と制度からなるポリスの人工的世界においてこそ平等になりうるというものであった。[167] 権力や自由と同様に、共和主義的平等は個人が自分だけでもちうるものではない。それは同じ政治的世界に住む市民の間の政治的空間の特徴なのである。[168]

古典的共和主義の平等は、自然な環境ではなく人工的政治的構築物であるだけでなく、その適用範囲も厳しく限られている。第一に、それは公的領域においてのみ適用され、私的生活における平等にはなんの含意もない。第二に、市民に対してのみ適用されるが、彼らは共和国の住民のなかでは伝統的に少数派であった。彼らが平等な自由を享受するということは、物質的な面での苦労を担わざるをえない労働者や女性たちと彼らとの間の不平等に依拠していた。[169] 第三に、共和主義的平等はつねに特定の国家の市民にのみ適用されてきたのであって、人類全体に対してではない。政治的原理は全体としての人類に適用されるべきであるという理念は、すぐれて近代的な革新なのであるとアレントは考えた。[170]

古典的共和主義の伝統に着想を得た多くの近代の政治思想家は、市民権の歴史的限定についてのこうした論点は疑いもなく承認するであろうが、しかし少数者の権利であったものを全人類に拡大することによって、共和主義を更新し修正することを提案するであろう。アレントの立場を特徴づけているのは（そして彼女の本のなかの多くの文章が読者を心配させるのは）、このような計画に重大な疑問を抱いているということである。アレントから見れば、平等な共和主義的市民権を拡大するのは決して容易ではなかった。生まれながらの平等ということに対する一般的な近代的信念によってこの計画がより容易になるということはなかった。それどころかむしろ問題点を曖昧にする傾向があった。

万人の平等の自由に対する近代的要求は、アレントの見解によれば、フランス革命の遺産のひとつである。[171] これは貧民が歴史の舞台に行為者として最初に登場した歴史的瞬間の、もはや後戻りできない結果なのである。神の前の平等というキリスト教的信念はたしかにこの近代的信念の発展に寄与したが、決定的ではなかった。というのは、キリスト教はほぼ二千年の間、政治的平等に対する最低限の要求以上のものをなさないで続いてきたからである[172]。より適切にいえば、経済的発展は労働の地位の上昇を伴っていたが、それは以前は嫌悪されていた労働者に新しい尊厳を与えるものであった[173]。

その原因がなんであれ、十九世紀初期以来の近代政治は平等の自由を確立するという重大な目的をもっていた。それは二、三の小さな共和国における限定された市民集団に対してだけでなく、全人類、全階級、全人種に対してである。アレントが読者に提示しようとした第一の点は、これは畏敬の念を起こさせる仕事であるということである。人間の平等は前提事項ではなく企てであり、たとえどのようなことがあっても、政治的手段によってしか確立できないものであるということである。彼女の見解では、自由主義的政治理論は、われわれは生まれながらにして自由であるということをあまりにしばしば語ったがために、かえって自由は政治的手段によってしか確立しえないということを理解するのが困難になった。しかしこのよくある仮説は絶望的に誤っているとアレントは考えた。われわれがすべて人間に生まれるという事実は、それ自体として政治的権利や政治的地位を与えるものではない。自然の地位についてのさまざまな自由主義的理論によって、政治的共同体の外側にいる人びとは平等の自然権をもっているとわれわれは信じさせられている。しかし『全体主義の起源』において、アレントは彼女の読者をして、第一次世界大戦の終結にさいして国家をもたない大量の人びとの状態に目を向けさせた。彼らは政治的共同体の外にいて、人間であるという以外のすべてのものを奪われたまま、ある意味では「自然状態」へと突き戻された人びとなのである。平等の自然権という観点から幾世紀も考えながら成長してきたヨーロッパ人たちの間でさえ、これらの人びとはなんらの政治的立場ももっていないということが明らかとなった。「世界は裸の抽象的人間には神聖なものは何もないということがわかった。」というのは、「人間であるという以外のすべてを失った人は、ほかの人びとが彼を仲間として扱うことを可能にするまさにその資格を失ったと思われる」[174]からである。アレントは同じ教訓を、アフリカの「自然のままの」人間に出遭ったときのヨーロッパ人の反応の仕方についての驚くべき考察のなかではっきりと述べている。「自然状態」のなかで生活していた人びとの権利の自然的平等性を承認するどころか、ヨーロッパ人は自分たちは殺人を犯しているのであるという意識もなしに彼らを虐殺したのである。

重要な点は、権利の平等性はわれわれが自然から与えられるものではなく、政治的企てとして実現されるべきものであり、「人間的目的の平等性」[175]であるということである。「平等とは、……与えられるものではなく正義の原理によって導かれる人間的組織の結果なのである。われわれは平等なものとして生まれるのではない。われわれは、相互に平等の権利を保障するという決定に基づいた集団の構成員として平等になるのである。われわれの政治生活は、われわれは組織によって平等を創出しうるという仮説に基づいている。[176]」孤立した都市国家における少数の市民たちにとってさえ、政治的平等を作り出すことは困難なことであった。人類の平等を目指すのはあまりに大きな企てであり、傲慢といってもよい。[177]

これはアレントにとって刺激的な企てでもあり、正義の原理によって要求されるものであると認識することが重要である。[178]彼女を、平等の政治的権利を万人に認めることとの反対者として捉えるのは誤りである。たしかに彼女はこの企ての問題点や危険性に直面して楽観的ではなかったので、そういう誤解は容易に生じやすいのではあるが。[179]というのは、彼女は、普遍的平等の要求は、十九世紀初期以来、近代人を政治的に未知の海へと導いてきたということを強調している。このような要求はそれまでの政治的思考とは完全に断絶することを意味した。それは王による支配という支配的な伝統とだけではなく、市民がほかの人びとを支配するのを当然視しながらも市民の平等な自由を祝福した共和主義的伝統とも断絶したのである。[180]彼女が恐れたのは、この問題に対する最も安易で最もありそうな解決策というのは、人びとが、誰に対しても自由が認められない労働者の社会において共通の肉体的必要に基づいて「平等化」される、平等な不自由の状態であるということであった。マルクス主義についての彼女の考察を見たさいに検討したように、彼女は、プロレタリアートを解放するという問題と取り組むマルクスの試みは、実際的には、動物的「人類」[181]の生命過程を解放しようとする計画、それはよくて官僚的無能へと至り、悪くするとスターリニズムへと至るような計画になったと信じていた。近代の代議制民主主義は、普通選挙権を自分たちの物質的生活に没頭している人びとにも与えているが、それはむろん、スターリニズムよりは好ましいが、しかし依然として、その社会はすべての人が同じになり、誰も自由ではない社会であるという危険性をもっていると彼女には思われたのである。[182]

なぜなら同じであるということは平等とは異なるからである。後者は、同じではない人びとが共通の政治的世界——これは利益や意見の違い、宗教や民族の違い、そして真の個体性といったものの違いなど、彼らの相違のための空間である——を共有することによって平等化されるという、ひとつの政治的状態である。しかしながら同じであるということと平等であるということの区別は、実際の政治においては容易に維持し続けられるものではない。そしてアレントの心配のひとつは、このふたつを混同してしまった結果、平等という理念によって人びとがあらゆる相違、とくに生得的で変更不可能であるような人種的相違に対して安易に敵意を抱くようになりうるということであったが、この心配はほかの相違が取り除かれたときにさらに顕著になった。[183]

『全体主義の起源』のなかで最も強烈で痛ましい記述は、ボーア人とほかのヨーロッパ人が、自分たちとはまったく異なって見え、そしてきわめて原始的な生活をしていたアフリカ原住民はそれでも彼らと同じ人間であるという事実を認めるようになるまでの困難を表現している。人種主義とは、その起源において「想像力や理解を越えた何か異質なもののぞっとするような経験[184]」への応答であったとアレントは言う。しかし民族的相違は、とにかくいったん人びとが相互に知り合えたら容易に共存していけると考える自由主義者に対して、彼女は、たんに異質なものの衝撃が問題なのではないと主張した。数世紀の間さまざまな民族が入り交じって住んでいた東ヨーロッパにおける人種主義の訴えについて語りながら、彼女は「人びとが相互に知り合えば合うほど、彼らはほかの民族を自分たちの対等者として承認したくなくなり、人類という理念からますます後ずさりするのである」[185]と述べている。

全人類に平等の権利を認めるということは、事実、自然に反する。これは平等への異議申し立てではない。というのは、これまで何度も繰り返し見てきたように、アレントは、「自然」が人類に対して基準を規定しているとは考えておらず、文明は自然に対する抵抗において構築されるし、されなければならないという人間中心的見解をとっていたからである。しかしながら、このことが意味するのは、文明の残余と同じく、平等は容易には実現されないし、大変なコストがかかるということである。とくに、最も完璧な政治的平等も、最も抑圧的な社会的同質性もともに人間の肉体的相違を変えることはできないどころか、その人種的相違を政治的議題にのせることによって、その相違を際立たせるだけかもしれない。したがって、自然について明確にするとともに平等の市民権の限界についても明確にすることは、彼女にはとくに重要であると思われた。

まさにこのような思考の流れに照らして、われわれは、アメリカ南部における学校の人種隔離制度撤廃をめぐる論争へ介入して書いた彼女の悪名高く、またしばしば誤解されている論文を読むべきである。その論文、つまり「リトルロックについての考察」[186]において彼女は人種統合を強制する連邦政府の介入に反対することによって、リベラル派の友人たちを驚かせた。この論文で彼女が訴えようとしたのは、平等な市民権と社会的同質性とを区別することであり、その区別は一九四〇年代以来彼女の思想に現われている「市民」と「ブルジョア」の区別と軌を一にしているのである。共和国の政治的世界における権利の平等は、アメリカの政治システムの基本原理であるとアレントは言う。したがって、すべての市民がその人種にかかわりなく投票権（南部ではしばしば黒人には認められていない）などの政治的権利と、望む結婚をする権利などの私的権利（これは南部諸州における人種間結婚禁止法によって侵されているが）を保証するというのは、根本的重要性をもっている。このような立憲的権利が危機に瀕しているところでは、連邦当局は介入しうるし、またすべきである。同様に、学校その他の施設の人種差別撤廃を禁止している法律は、すべての市民に対して平等の法という原理に反しており、明らかに憲法違反であるとアレントには思われた。しかしながら、平等の法というこの枠組みのなかで、社会的平等性を強制しようとすることは危険なまでに愚かしいことであると彼女には思われたのである。黒人と白人は相互に結婚することを法によって禁じられるべきではない。しかし彼らは法によってそれを強制されるべきではない。同じように、異なった人種の子供たちは人種が混合した学校に登校することを法によって禁止されるべきではないが、法によってそれを強制されるべきでもないのである。

教育の選択が人種差別と闘う争点となったことは、それが子供たちを戦線に押し出すがゆえに、彼女を傷つけた。しかし、社会的相違を克服しようとするあらゆる試みは不毛であり、危険であると彼女には思われたのである。危険であるというのは、ひとつには、共和国の根底にある人民の同意に対してそれが緊張を強いるからであり、もうひとつには（ワイマール共和国でのユダヤ人を想い起こしながら）、たとえ黒人が社会的平等を達成したとしても、これは人種的緊張を取り除くというよりはさらにそれを先鋭化させるものではないかと考えたからである。あらゆる相違を消し去ろうとする危険なまでに傲慢な試みは、政治的領域における平等な市民という、困難ではあっても達成可能な理念を容易に危険にさらすことになる。先の章でも見たように、「人間の条件」について書くさいの彼女の目的のひとつが、政治的人間は、決定論とすべては可能であるという信念との間の狭く危険な航路を進んでいかなければならないということを明確にすることであった。

共同体、国民、共和国

複数の個人の間の空間を可能にする真の政治的平等とたんなる同一性とを区別しようとするアレントの関心は、もうひとつ別の重要な含意をもっている。すなわち、彼女が理解するところの共和国は、共同体のことではないし、まして国民のことではないということである。「政治的なもの」（われわれがこれまで検討してきたもの）に対比されるものとしての「社会的なもの」という概念に注目するという逆方向の関心は、彼女の思想においてあまり明示的ではないが、一貫している区別、すなわち市民権と共同体というもうひとつの区別を曖昧にする傾向にある。彼女が用いている「社会」という用語は、ゲマインシャフトに対立するものとしてのゲゼルシャフトを意味しているのではないし、また「人為的」近代個人主義と「自然な」暖かい共同体とのよく知られた対立とはなんの関係もない。反対に、「社会」とはアレントにとっては「自然なものの不自然な成長」を表わしているので、このような対比は不可能であるうえ、彼女は自然な「共同体」と擬似的に自然な「社会」とを相互に連続したものとして扱う傾向にある。彼女の近代社会への嫌悪は伝統的共同体へのノスタルジーを意味しているのではない。また政治と「社会的なもの」を区別するさいに、彼女は政治と共同体的なものとを区別してもいるのである。

実際的にこのことが意味するのは、共和国の市民によって共有された人為的な公的空間は、人種や民族、宗教などの自然な共同体に基づくのではない、あるいはこれらの共同体とは一致しないということである。アレントの共和主義は、政治的正当性は国民国家にあるという近代的前提に真っ向から異議を唱えているのである。市民と共同体のこの分離の源泉は彼女の個人史のなかに見いだされるであろうが、それはナショナリズムの分析によって支持されるし、また彼女の共和主義的思考の多くの側面と関連をもっている。

最初にアレントをして市民権と民族的アイデンティティとの違いに気づかせたのは、個人的経験である。というのは、ナチの政権奪取を生き延びたドイツ・ユダヤ人は誰でも初めドイツ市民だったが、その後、法的市民権は血と土という民族的共同体に属していない人にとっては無意味であるということを発見したからである。しかしながら、多くのユダヤ人がこの経験から引き出した結論は、彼女のものとはまったく異なっていた。ドイツの民族共同体《フォルクスゲマインシャフト》に属していない人びとは市民としてのいかなる権利も、たとえ生きる権利さえもたないということを目の当たりにしたことによって、彼らは、市民的権利と民族的共同体とは不可分であり、彼ら自身の民族国家においてのみ彼らは安全を確保しうるというシオニスト的信念に自然に行き着いた。

アレントはこのような結論は引き出さず、「ドイツ的霊感を吹き込まれたナショナリズム」(187)を無批判に採用する多くのシオニストを非難した。彼女が政治的市民権と民族的ないしは宗教的共同体とを同一視する誘惑に抵抗することは比較的容易であったのは疑いないことである。なぜなら彼女自身がユダヤ人共同体の構成員であるということ自体が多少曖昧であったからである。ナチの迫害という現実を前にして、彼女は自分自身をユダヤ人として同定するしか選択肢がないと感じたのであるが(188)、このような同定を行なうさいに彼女はユダヤ人の歴史と政治に情熱的な関心を抱いた。しかしながら、彼女自身がほとんど同化した文化的背景から出てきたように、ナチズムがなければ、彼女がユダヤ人として生まれたということが、彼女にとってドイツ文化ほどの意味をもたなかったのにはほとんど疑いない(189)。ユダヤ人であることと闘い、その闘いがアレントを強く引きつけたラーヘル・ファルンハーゲンのように、アレントは自分の意志を越えたアイデンティティを受け入れ、それに感謝もしたが(190)、しかしそれは共同体的帰属とは別の問題であった。彼女のアイヒマンに関する書物が仲間のユダヤ人を怒らせたとき、そしてゲルショム・ショーレムが、彼らにとくに不快感を与えたのは、その本の心ない口調と「ユダヤ民族への愛の欠如」であると指摘したとき、彼女は、自分は決してユダヤ人やそのほかのいかなる集団に対しても「愛」を感じたことはないし、愛は個人間の問題であって政治からは排除するのがよいと答えた(191)。ドイツ国民の構成員であることを否定されたあと、アレントはアメリカで迫害からのみならず、政治における共同体的な共同性への圧力からの亡命を発見した。彼女は大いなる解放感をもって、アメリカは政治的一体性と国民的同一性とを結びつけるヨーロッパ的意味での国民国家ではないということを発見した。この国において、多くのさまざまな民族集団がナショナリズムの偉大な時代に先行する憲法によってひとつになっているために、「同化という代償を支払うことなしに市民となる自由」[192]を享受することが可能であった。ブルジョアにならずに市民となりうるのみでなく、いかなる包括的な民族的な同一化も避けることができるのである。イタリア系アメリカ人やポーランド系アメリカ人やアイルランド系アメリカ人やその他すべての人びとのなかにあって、ユダヤ系アメリカ人であることは、ユダヤ系ドイツ人であることがそうであったようには問題ではなかった。人種問題が未解決であるにもかかわらず、民族的多様性と平等な市民権とを和解させるのにアメリカが成功したということは、国民国家に対する現実的選択肢があるということを示しているように思われた。[193]

アレント自身の経験が市民権の非共同体的概念を指し示しているということは疑いないとしても、彼女の立場は、政治的力としてのナショナリズムの高度に批判的な分析によって支えられている。われわれが見たように、『全体主義の起源』において、彼女はふたつの異なった種類のナショナリズムを確認し、フランスのような確立した国民国家に特徴的な比較的文明化したナショナリズムと東ヨーロッパの帝国のなかで不満をもった集団の「種族的ナショナリズム」とを区別した。彼女によると、「種族的ナショナリズム」は根無し草的大衆を動員する基盤を提供し、ナチ・イデオロギーの直接的な先行形態であるのだが、それは国民的性格とアイデンティティは先天的なものでありすでに決定されていると想定するために人種主義と同種のものである。ある特定の「魂」を継承するがゆえに、ポーランド人はポーランド人であり、ドイツ人はドイツ人なのである。彼が明確な共同体に属しているかどうか、あるいは特定の文化的遺産をもっているかどうかには関係ない。[194]

この種の「種族的ナショナリズム」は、西ヨーロッパの成熟した国民国家に特徴的な国民性の感覚とは大きく異なっている。しかし、フランスのように、彼らの先人によって樹立された共通世界への責任を共有した真の国民でさえ、国民国家の理念に含まれる矛盾を逃れることはできなかった。これらの矛盾は国民国家誕生のとき、すなわち「フランス革命が人権宣言と国民主権とを結びつけたときに」[195]現われたのである。二十世紀において、民族的少数者集団は自分たちが二級市民であり、亡命者であり、あるいは絶滅収容所の住人であることがわかったとき、問題の深さが明らかとなった。皮肉にも人権と呼ばれるものを享受するために、各人はある国家の市民とならねばならなかった。しかしもし利用可能な国家が国民国家であれば、多くの、また増大しつつある少数者集団は市民権から排除され、したがって人権を否定されるのである。[196]

アレントは、国民国家はどんなによくても、政治的問題を解決するよりもより多く作り出すものであると結論づけたばかりではなく、あまり妥当ではないが、一九四〇年代に彼女は、国民国家の時代は終わり、未来は連邦制であろうと帝国であろうと、非民族的政治形態とともにあると結論づけた。[197]ナチズムに直面したフランスの崩壊・分裂、東ヨーロッパにおけるソヴィエト帝国の形成、西ヨーロッパにおけるヨーロッパ統一に向けた戦後の動き、こうした事柄が生じた十年の間、彼女の期待はまったくの不当なものというわけではなかった。ナショナリズムがヨーロッパにおいて復活し、世界に拡大する一方で、[198]彼女のように、このような見方をもち続けることは、直面した現実を見ようとする彼女の決意を裏切るような歓迎されざる証拠を無視する能力を示している。きわめて奇妙なことであるが、このことは彼女が、政治における民族的忠誠の力はローザ・ルクセンブルクによって過小評価されてきたということに注目しなかったということではない。ローザは（アレントのように）ユダヤ人であり、多言語を話し、「言語障壁の重大性を決してよく理解していなかった」[199]。

しかし、ナショナリズムの持続的力をより現実的に評価しても、彼女は国民国家を近代世界における政治的正当性のモデルとして受け入れようとはしなかったであろう。逆に、ナショナリズムが少数者の権利に対してもつ危険性についての彼女のなまなましい理解は、イスラエルという実例において示したように、それに対してより強く反対せしめたであろう。パレスチナにおけるユダヤ人郷土の建設は、新しい始まりに対する人間の能力の証明であったが、彼女はこれを強い批判的な関心をもって見ていたが、関係者に影響力を行使しようとする彼女の試みは失敗した。[200] 完全なシオニスト的企てがありそうにもないということは、パレスチナへユダヤ人が入植するという「不自然さ」を含めて、「必然性への盲目的信頼のうえに成長した世代」と彼女が呼んだ者にはきわめて不快なことに思われたが、彼女にとっては、実際には、その「人間的重要性[201]」を強調するように思われた。しかしながら、彼女の熱意は、ヨーロッパの戦前期の国家をモデルとした主権をもったユダヤ人の国民国家に対するシオニスト的運動のほうへは広がっていかなかった。戦争中、彼女は、ユダヤ人移住者によってパレスチナに建てられた避難所はユダヤ人とアラブ人との協力によってのみ維持できると論じた。もしユダヤ人がアラブの隣人たちと戦い、勝利したなら（当時はありそうもなかったが）その結果は自己破壊的なものとなろう。「〈勝利した〉ユダヤ人は敵意に満ちたアラブの人びとに囲まれて生きていくであろうが、つねに脅かされた境界線の枠内に閉じ込められ、ほかのすべての関心も活動も埋もれてしまうほどの物理的自己防衛に没頭するであろう。[202]」政治的正当性にとって必要なのは、民族的一体性ではなく、アメリカにおけるように、平等な市民権なのである。

国民的規模の共同体に対する熱望をアレントはもたなかったが、これに加えて彼女はより小規模な同胞愛も同様に嫌悪していた。このことは、一九六〇年代と七〇年代に彼女の仲間であると考えていた人びとの多くと彼女を分かつものであった。活動的な市民性と政治参加に対する彼女自身の熱望は、当時の参加主義者のほとんどの文献とまったく論調が異なっていた。当時の文献は共同体的なるもの、すなわち温かさや真正性、自然性へのロマン主義的な欲求に動かされていた。仮面をぬぎ、完全に他者と意思疎通し、自発的であり、すべてを外に出すことができるような小規模な同胞愛へのこのような希求ほどアレント的でないものはない。リチャード・セネットは、このような運動に対する批判において、「親密性という近代的なイデオロギー」を批判し、「温かさこそわれわれの神である」といったとき、アレントの立場に非常に近い見解を表明した。セネットは温かさへのこの近代的希求と洗練、形式性、気品の十八世紀的理念とを対比させたが、この理念は、親密性よりも儀礼的関係において見知らぬ者同士が出会う十八世紀的都市の風景によって象徴される。[203] そしてこれは、まさにアレントの見方でもあった。私的生活における温かさ、親密性、自然性に価値をおく一方、彼女は血族や親密性の自然な紐帯よりもほかの市民との思慮深く、公平な連帯を重んじる形式的で人為的な公的領域の重要性を主張した。ここでは人びとの活動の方が彼らの感情よりも重要であり、人びとが身を引いて物事を考え、冷静に、客観的に判断できるように、人びとの間には十分な空間があるのである。

この主題は彼女の著作には繰り返し現われるのであるが、そしてとくに『革命について』のなかで顕著なのであるが、これについての最も明示的な議論は彼女が一九五九年にレッシング賞を受賞したときに行なった演説「暗い時代の人間性」のなかに現われている。彼女はここで、世界を照らし出す公的領域がないナチズム下のような「暗い時代」においては、あるいは公的領域から締め出されているユダヤ人のような人びとの間では、人びとが「密着して動き、公的領域のみが投げかけうる光に代わるものを親密性の温かさのうちに探す」とき、特別に温かい人間性が発達するであろうと認めている。しかしながら、この温かい人間性は「世界性」を犠牲にしてもたらされるのであり、それは「つねに野蛮状態という形態をとる」[204] のである。すべてのものに優先して温かさと親密性とを育むことの危険性とは、人が客観性のような洗練された公的価値を失うということである。これらの価値は人びとが彼らの間に空間をもち、公的領域においてより冷静な関係で出会う人びとの間でのみ成長するのである。

市民の複数性が現われる空間がある公的世界を共有することによって結びついた市民たちの共和国というアレントの概念は、古典的共和主義の伝統の観念とはまったく異なっている。伝統的観念は抑圧的なほど共同体主義的である。ヘーゲルと同じく、アレントは統一性と複数性とが弁証法的に結合している政治理解を明確にしようとしている。また、やはりヘーゲルと同じく、対話における対立する諸契機を統一するものは政治的制度の具体的制度である。しかしながら、このような類似した目的は、アレントにとって、人間が作り、住み、将来の世代に渡すことができる公的世界は理性の現われであるということを示してはいない。逆に、合理的あるいは必然的であるどころか、公的世界はきわめて偶然的な事象であり、特定の人びとの活動と合意から生まれ、それが存続するということに対する持続的な支持に依存している。[205] 共和国について考えながら、アレントは「永続的制度[206]」を樹立する人間の能力についての悲観的見方と、人類の新しいおのおのの構成員は、結局のところ、古い世界の廃虚のなかに新しい始まりをなすために他者と結合する能力をもつということに関する楽観的見方の間で、つねに見事なバランスをとっていた。ハンガリー革命が失敗した数年後、彼女はこの複雑な感情を次のように表現した。「革命と自由は、不確実ではあるがわずかに明滅している希望のすべてである。それがなければ将来は暗く脅迫的なものであろう。[207]」

革命と悲劇

これまでアレント的な共和主義を本章で概観するための素材を彼女の論文や草稿の多くに求めてきたが、しかしつまるところ、『革命について』が彼女の最も共和主義的な著作である。これはまた（彼女の予定していた「政治学入門」がないために）『人間の条件』における政治の人間的文脈についての考察と違い、彼女の政治それ自体についての考え方の包括的な叙述に最も近いものであろう。ただこのことは、『革命について』を政治哲学の体系的著作として、あるいは政治的活動の綱領とみなすことができるということをただちに意味しているのではない。この著作はこれらのいずれでもなく、革命についての思索であり、アレントが長年のあいだ心のなかで考え続けてきた一連のテーマと問題を総合したものである。もちろんこれらのテーマと問題は一九五六年のハンガリーでの出来事によって刺激を与えられ、アメリカ革命とフランス革命の対照的な経験に結びつけることによってかたちを与えられたのである。[208]『過去と未来の間』に収録された論文とおなじく、『革命について』は相互に関連した一連の「政治思想における試論」[209]である。そこでアレントは区別を立て、疑問を提示し、問題を確定してはいるが、それらを解決しなければならないとは感じていない。『全体主義の起源』や『人間の条件』のように、あるいはそれらの著作以上に、この著作はひとつの主張というよりは相互に関連したテーマからなるひとつの交響曲である。これらのテーマのほとんどは、アレントの思想のわれわれの検討の過程で吟味されてきたものである。たとえば、「自然なものの不自然な成長」への降伏としての近代という彼女の解釈と、それに対抗する部分である、必然性に対抗し新たに始める人間の能力の再強調や、道徳と政治の緊張に関する彼女の思索と私的感情に基づいて公的生活を行なうことの危険性や、真の政治的経験が政治哲学の伝統によって歪められてきたという彼女の恐れと、よりふさわしい概念的形態においてそれらを明確にしようとする彼女の試みなどである。

とくに『革命について』に特徴的なテーマは、振り返ってみれば、アレントの政治的著作全体に響いている。彼女がその著作を捧げているカール・ヤスパースは、ただちにそのことを見て取り、彼女を喜ばせた。彼がいうには、彼女が提示したのはひとつの悲劇ではあっても、絶望ではなかった。そしてヤスパースのこの指摘に対して、彼女はまさにそれが自分の意図であったと答えたのである。[210]言い換えると、『革命について』の核心部分には、『全体主義の起源』において垣間見ることができ、また『人間の条件』においてより明確にされていた人間の悲劇的なあり方がある。つまり、自然の容赦ない力と人間が自分たちの自由を行使するときに引き起こしがちな混乱状態との間に立つ人間の前に開かれた狭い小道についての見方である。アレントは、革命のパトスを強調し、とくに「革命」という言葉自体によって思い起こされる終わりのない循環的繰り返しとフランス革命が解き放した制御不可能な力との間にある自由が現われた束の間の期間を強調している。

『革命について』におけるフランス革命の象徴的力は、『全体主義の起源』においてそれが彼女にとって意味した事柄のまさに正反対であるのだが、そのことは歴史的出来事をめぐる彼女の考察の方法について多くを教えてくれる。彼女の初期の著作では、これは人間性、すなわち自然の過程に抗し、人間的世界を構築する人間の能力の象徴であった。[211] 彼女がマルクスや労働や生命過程について考察をめぐらせたあと、『革命について』を書く頃までには、その同じ革命は彼女にとって革命の人びとを呑み込み、人間的努力を打ち負かす制御不可能な急流を表わしていた。それゆえ「これは人びとが彼らの偉大さを主張し名誉を立証しようとしはじめたとき、あたかも人間よりも偉大な力が介入してきたかのようであった[212]」。これらふたつの考察のなかで不変のものは、英雄的人間と彼らが立ち向かう圧倒的な力との間の対照である。のちの著作では、人間主義の英雄《ヒーロー》となったのはアメリカの建国の父たちであり、彼らが自然の力に屈したジャコバンに対比された。この建国の父たちの背後には、アレントの人間主義的想像力によると、ピルグリム・ファーザーズが立っていた。彼らは敵意に満ちた荒野に打ち上げられ、相互の信頼の力のみによって自然と野蛮状態を寄せつけない人間の世界を構築しようとしたのである[213]。

　したがって、アレントにとって、革命とは結局のところ、人間の文明のあらゆる企てに内在する英雄主義と悲劇とを提示する舞台である。一方では、近代においては、革命こそ政治的自由、すなわちアメリカの革命の人びとが共和国を創設するさいにそうしたように、過去を打ち破り、新しいものをもたらすために協同して活動する人間的能力の典型的位置（locus classicus）を占めている。他方では、フランス革命やそれに続く革命が示しているように、自由に対する人間の能力を主張しようとするあらゆる試みの、最もありそうな結果は、われわれが必然性に屈したということを残酷にも思い起こさせるということである。人間存在の悲劇的次元のさらに別の側面は、フランス革命の経験を通じて現われてきた。それらのひとつは、政治的自由のすでに知られたすべての事例を含む文明自体が、暴力と搾取の上に打ち建てられているということである。いまひとつのものは、フランスにおける革命の人びとに対してその恐ろしい真実が強要されたとき、社会的正義を樹立しようとする彼らの高貴な努力は、たんに別の悲劇、つまりテロルにおける自由の挫折に至っただけだということである。

革命の経験は、悲劇からの解放を提供するであろうか。アレントが『革命について』において考察した革命と暴力の習慣的な結びつきは、この疑問に否と答えている。われわれが見たように、彼女は、ある人の政治的自由がほかの人の搾取なしに可能であり、英雄的政治は暴力的ではなく、合意と相互の信頼の問題でありえたようなアメリカの経験の解釈に希望を見いだしている。しかしながらこれは容易であったろうと想定することは、人間の状況についての彼女の本質的に悲劇的見方に反することになろう。最も好ましい条件下においてさえ、人間が（アメリカのように）荒野において人間的自由の砦を築くことに成功したとして、それを保存し、のちの世代に受け渡すことができるということには最大級の困難が伴うのである。不利な条件が与えられれば、人間にはほとんど成功の見込みはない。人間にできそうなことは、ハンガリー人がそうしたように、栄光に満ちた失敗であり、不朽の名声を残すことぐらいである。[214]

アレントが最初に政治について考えはじめた状況から考えて、彼女の政治的著作が、人間の状況は悲劇的なものであり、災害が兆しているがゆえに英雄主義が要求されているという感覚によって貫徹されているのは驚くべきことではない。すでに見たように、この雰囲気は、彼女がある程度精神的な先駆者とみなしていた古典的共和主義ときわめて調和的である。しかしながら、これは彼女の読者に対しては問題を引き起こす。読者の多くは人間の生を悲劇的であるとはまったく考えず、むしろアレントが、政治的行為者の問題解決能力に対する横柄な信頼であると考えたものから人間の生を考える。この本能的な楽観主義は読者の多くをして、彼女の著作は参加的ユートピアを推奨することであると想定させてしまう。しかしながら、事実は、活動という人間の能力に対する彼女の強調にもかかわらず、彼女の著作の雰囲気は活動的ではなく、彼女の「新しい共和主義」は政治についての青写真とはみなされるべきではない。彼女が多くのところで明らかにしたように、彼女の自身の見方は回顧的なものであり、結果を作り出すというよりは、理解し、判断し、賛美することを目指している。[215]

人間の悲劇的状況と人間事象における成功には巨大な障害物があるということについての彼女の強い自覚とともに、彼女の見解の別の側面は、実際の行為を導くことを意図した政治理論を提供することを思いとどまらせた。これらのうちのひとつは、活動自体についての彼女の理解である。というのはこれは作るということとは区別され、始める能力をもった複数の存在者の間で進行する事柄として理解されているからである。政治的な青写真から始め、それを実際に適用するという考えは、ばかげたものとなる。しかしもうひとつの決定的な要因は、思考と活動との関係、とくに哲学と政治との容易ならざる関係はそれ自体、彼女が鋭く意識し、長年にわたって考察をめぐらせた問題であるということである。われわれは、彼女の思考におけるこの筋道に繰り返し出会ってきたが、これから、これらの糸をすべて総合して考えてみよう。

第七章　哲学と政治[1]

哲学対政治

ハンナ・アレントは、考えるということは何ひとつ確定的な結果を生み出さない終わりのない過程であり、「ペーネロペーの織物のように、それは前の晩に終わっていたことを毎朝ほどいてしまうのである」と好んで述べた。[2] 一般的に、知的生活についてのこの記述は、アレント自身にはあまりぴったりとは当てはまらないであろう。というのは、すでに見たように、彼女の考察は、彼女が発展させ常時用いた概念と区別の複雑な網の目という形態で結果を残しているからである。しかし、あるひとつの思考の流れが、ペーネロペーの織物の比喩が示しているような移り変わりと不安定性をもった彼女の著作を通じて流れている。それによってわれわれは、思想家が行なっている自分自身との終わりのない内的対話を聞き取ることができるであろう。この内的対話こそアレントが哲学の本質と考えたものである。アレントのなかで展開された対話の主題は、そして彼女の主要な関心事のひとつは、思考と活動、哲学と政治の関係である。[3]

この論点についての彼女の関心の源泉は、ヒトラーの権力掌握に続く彼女自身の経験のなかにある。彼女は、以前は政治にあまり関心のない哲学の学生であったが、ナチズムの衝撃によって公的事柄に対して突如として関心をもつようになったのである。彼女が哲学そのものへと戻る道を見いだしたのは、政治理論という道によってのみであった。これがまさに帰還であったという根拠は、彼女がのちに『精神の生活』としてまとめられたギフォード講義に招待されたあと、旧い友人に宛てた感想のなかに見いだされる。彼女はハンス・ヨナスに、自分は政治学においてできるだけのことはしたと感じている、今後は哲学に忠実でありたいと語っている。[4] 生涯最後の年には、彼女は、公的領域での賞賛にもかかわらず、彼女自身は政治的動物ではなかった、そして哲学を学ぼうという彼女の初期の決心は、「たとえわたしが気づいていなかったとしても、公的なことに加担しないということをすでに含意していた」ということを公言するに至った。というのも、彼女が付け加えていうには、「哲学は孤独な仕事なのです」。[5]

哲学者および市民としての彼女自身の生活が思考と活動とのある種の緊張関係を示唆しているとしても、彼女はもうひとつ別の個人的経験によってそれらの間のより鋭い別の対立の可能性に注目した。一九三三年、アレントとユダヤ人の同胞が亡命か、あるいは危機的な状況にあるとき、彼女の元の恩師かつ恋人であり、彼女にとって哲学的思考の最高峰でもあったマルティン・ハイデガーは公然とナチ党に加入した。[6] 後年アレントがこの時期のことについて、「問題は、われわれの敵が何をするかではない。われわれの友人が何をするかである」[7] と述べている。この経験は、ハイデガーだけが専制への嗜好をもった偉大な哲学者ではなかったという不愉快な事実を彼女に理解させた。非常に少数の卓越した思想家は、彼女が今日きわめて高い評価を与えている共和主義的政治活動に共感をもってきたが、西欧の政治哲学の創始者であるプラトンはハイデガー以上に民主主義に対しては敵対的であった。そこで彼女は次のように問うに至った。すなわち、哲学と政治の間には、それぞれの活動形態の本質に組み込まれた両立不可能性がありうるのであろうか。

彼女の最後の二十五年間の著作には、この問題が表面に出てきている。それ以前には、ハイデガーのナチズム問題についての彼女の説明の仕方およびハイデガーが関わる限りでの哲学と政治との対立問題の解決の仕方は、彼の哲学を彼の政治的態度の水準まで落としてきたように思われる。一九四六年の『パーティザン・レヴュー』誌[8]に発表されたドイツの「実存主義」をめぐる論文において、彼女はハイデガーについて、彼の哲学をヤスパースのそれに比して否定的に論じながら、敵対的で軽蔑的な説明をしていた。ヤスパースは、彼女のもう一人の恩師であり、終始ナチズムに反対していた。この論文は、明示的に政治哲学について議論したのではないが、ヤスパースの思想におけるコミュニケーションと他者に対して開かれてあることを強調しつつ、これと対比して、ハイデガーの哲学は「利己主義」によって特徴づけられるという彼女の主張には明らかな政治的含意がある。さらに彼女は、ヤスパースはより人間的というだけでなく、哲学的にもハイデガーよりも優れていると述べている。明らかに、ヤスパースは政治的にはよりよく行動したが、同時によりよい哲学者であり、それゆえ哲学と政治は調和しているように思われたのである。[9]

われわれはこの主張がどの程度当時の彼女を満足させたのかはわからない。確かなことは、この「実存哲学」をめぐる論文の発表後数年のうちに、彼女は事態をまったく異なって見るようになったということである。彼女のハイデガーに対する敵意は、彼女が一九四九年から五〇年にかけてのヨーロッパ訪問[10]でのハイデガーとの再会までは続かなかった。彼の後年の著作を熱心に読んで、彼女は彼を卓越した哲学的天才であると再認識し[11]、これほどの哲学的深みがいかにしてあのような政治的な愚かさや貧困と共存できたのかという問題に再び直面したのである。

彼女は、晩年になって、哲学と政治[12]、そしてより広く思考と活動の関係について考察したが、その考察によってふたつの異なった方向に彼女は導かれた。最初の方向は、彼女が政治理論における自分の主要な発見のひとつであると考えたであろうものに向かう方向である。しかし別の方向もあり、それは、明白に実り多いというわけではないが、魅力的ではある一連の思考に向かう方向である。本章がとくに関心をもつのは、この第二の、究極的には未解決の思考の流れである。とはいえ、まずはじめに、彼女は哲学と政治の容易ならざる関係に対する感受性によって、プラトン以来の西欧政治哲学の「偉大な伝統」のほとんどは政治の本質と可能性について体系的に誤解させるような影響をもってきたという主張をするようになったという点に注意を向けてみよう。すでに見たように、彼女は全体主義に対するマルクスの関係を明らかにするために、この伝統についての考察に向かうのであるが、一九五〇年代初期の草稿によると、彼女は哲学と政治の古来の緊張関係についてすでに考えていたということがわかる。というのは、彼女の信じるところによると、一般的に哲学は世界の現象に対する「驚き」[13]から発生しているのに対して、政治哲学は哲学の「継子」[14]であり続け、この不承不承の親には人気がないのである。アテナイの民主派によるソクラテスの有罪判決によってプラトンは、哲学者に権力を与えることによって都市国家（city）を哲学者にとって安全なものにしようと夢見ることになるのであるが、その判決以来、政治哲学は他者のなかで活動するという真に政治的な経験に基づくのではなく、哲学者の経験に基づいてきた。哲学者たちは一人で考え、彼が彼の考察から抜け出したときは、理解力のない世間と闘わなければならないのである。言い換えると、政治哲学は政治的行為者の視点からではなく、哲学者の視点から政治を見てきたのである。

アレントによると、このことは多くの不幸な結果をもたらした。政治は地位を下げられ、威厳を失ったのである。ギリシアの市民が求めた不死性は、哲学者がそこに至る道を開いた永遠性と競うことはできなかった。そしてこの永遠性は、〈活動的生活〉のあらゆる側面を、活動とそのほかの行為が混同されてしまうような不評のなかに投げ込んだのである。哲学者の視点からすれば、政治は目的のための手段にすぎず、それ自体として善なるものではない。したがってそれは制作の一形態として、目的を理解している支配者によって最もよく統制されるのであると容易に誤解される。複数の活動者よりも単一の支配者という観念は、複数の意見を圧倒する単一の真理を求める哲学者には当然に性に合っている。政治的には、この見方の大きな欠点は、それが人間の複数性と活動を始める能力についての理解を欠如していることである。しかし哲学者たちは活動の自由についてはほとんど関心をもたなかった。真理をもつことによって、彼らは大衆を説得するのではなく、強制しようとした。つまり、神罰によって大衆を脅すか、知的制裁というより専門的な形態という手段によってか、いずれかの方法で大衆を演繹的推論の狭い道を外れないように強制するのである。[15] その一方で、哲学者たちは自由という決定的な観念を捉えることによって政治の真の理解に最後の一撃を与えたのであるが、彼らはこの自由を、公的世界において動き活動する自由ではなく私的で内的な状態として再解釈したのである。[16]

ソクラテス対プラトン

政治についての伝統的西欧的な理解が哲学的偏見によっていかに歪められてきたかということの説明に関して、アレントがその見方を変えることはなかった。哲学と政治の関係についての彼女の考察が彼女の注意をひとたび方向づけると、彼女は自分の見解を大きくは変えなかった。しかしこうした考察をすることによって、彼女は容易には答えられない疑問にもまた遭遇した。彼女はこの問題について、決まった解決策を見いだすのではなく、さまざまな答えを試みることによって、終生考え続けた。哲学と政治の緊張はどれくらい深いのであろうか。この緊張はソクラテスの死という特殊な出来事から生じ、歴史的偶然によって永続化された不幸な偶発事であり、伝統が崩壊したいま、われわれはこの緊張を過去のものとすることができるのであろうか。あるいはさらに深くなるのであろうか。思考と活動は、哲学と政治の緊張を不可避のものとするような固有の性格があるのであろうか。哲学は、哲学者に強制と専制とに当然に共感を覚えさせるところの絶対的真理の追究と完璧な一貫性の探求なのであろうか。あるいは思考は、哲学者が活動それ自体と同じように結果に束縛されず、また結果を生み出さないような行為を行なっているということなのであろうか。哲学的思考は、プラトンやハイデガーの例が示しているように、本質的に孤独な、世界からの退却においてのみ可能となる反複数的活動なのであろうか。あるいは反対に（ソクラテスやヤスパースの例から考えるように）、哲学は最高の状態にあるときは、公的世界における他者との接触を現実に必要とし、複数性の承認と他者とのコミュニケーションを含意しているのであろうか。そしてもし哲学的思考は世界からの退却を含んでいるとしたら、この退却は共通感覚を破壊し、哲学者を政治的に不的確なものにすることになるのか、あるいはその退却は哲学者を考えない悪から守り、政治的判断力を解放するのであろうか。

アレントの人生の最後の二十五年間には、このような問題群についての考察が彼女の公刊、未公刊の著作につねに現われている。しかし彼女の思想にはふたつの重なり合う位相を確認することができる。ひとつは一九五〇年代初期に、ハイデガーとの再会と関わっており、もうひとつの位相はアイヒマン裁判とそれについての彼女の著作が引き起こした論争に関わっている。

ここでの主題をめぐる考察のより早い時期の位相がハイデガーと関わっていようといまいと、それは疑いもなくマルクスにつながっている。「マルクス主義の全体主義的諸要素」についての研究の過程で、彼女がマルクスを西欧思想の偉大な伝統に関連づけはじめたとき[17]、彼女の前に巨大な、そしていまだ未開拓の領域が広がったのである。一九五〇年代初期以来の公刊された、あるいは未公刊の彼女の著作は驚くほど多くの思考が絡まっているのであるが、それらが収斂していく結節点のひとつは、ソクラテス裁判とそれが西欧の哲学と政治にもつ意味である[18]。この時代の彼女の草稿には、一種の哲学的堕落の神話のスケッチが見いだされる。それは明らかに彼女が魅力を感じたが、それでも確信はもてなかった物語である。

この物語は次のようなものである。古代ギリシアのポリスの時代、学問としての哲学が発明される前、アテナイの市民は思考と活動が結合している生活を送っていた。この根源的な結合はロゴスという言葉によって象徴されている。この言葉は思考とともに言論も意味している。ギリシアの政治はこのロゴスによって導かれており、この意味するとところは、ポリスにおける活動は力ではなく説得によって行なわれるという以上のことである。それはまた、活動が思考を開示し、そして市民がお互いに説得しようとするときに、思考そのものが市民の活動を導いてくれるのは、市民の終わりのない対話においてであるということを意味していた。[19] 市民の間に形成された公的領域において、リアリティは現われることができ、あらゆる側面から見られるのである。[20] そして他方で、この種の政治において、つまり言論に基づき、思考と活動を結合する政治において、人間の複数性と自由は存分に発揮された。対照的に、ひとたび、活動と思考が相互に分離したら、それぞれ、複数性と自由を否定する強制へと退化する傾向にあった。すなわち活動は言論なき暴力へと退化することによって、そして思考は一本道の論理的推論へと退化することによって、人間の複数性と自発性に対して敵対的なものとなったのである。

(アレントによると)ソクラテス的な哲学的思考が発展したのはこのアテナイの公的言論の政治によってであった。というのは、このソクラテス的哲学的思考は政治から分離したり敵対したりせず、逆に公的世界において他者の間を動き回り、彼らの意見を吟味するということを内容としているからである。各人は各人の意見、すなわち世界の彼に対する現われ方を表現する臆見(doxa)をもっているので、異なった立場から共通世界を見ている個々の人びとの数だけ意見があるのである。しかし、のちにプラトンがこのような複数の意見を単一の真理に取って替えようとしたのに対して、ソクラテスはそのような意図はもっていなかった。彼がしようとしたことは、各人にそれぞれの意見を述べるように勇気づけることだけであった。「ソクラテスにとって産婆術は政治的行為であった。すなわち基本的に厳密な平等性に立脚した意見の交換《ギヴ・アンド・テイク》であり、その果実は結果があれやこれやの一般的な真理に達しているかどうかでは計られえない。[21]」ソクラテスは、議論を終わらせる権威的真理を発見することを決して目指さず、友人たちの間で、彼らが共通にもっている世界について語り合うことはそれ自体の価値をもった行為であると考えていた。「ソクラテスは、哲学者の政治的役割は友情の理解に立脚し、支配ということが不必要な共通世界を樹立することを助けることであると信じていたと思われる。[22]」

そして、思考と活動、哲学と政治とが分離したり対立したりしない時代があったと思われる。アレントは、これらの近代におけるこれらの分離は自明のことではなく[23]、さまざまな出来事の結果、つまるところはソクラテスの死の結果なのであるとはっきりと述べている。というのは、ソクラテスの運命はプラトンに政治に対する敵意を抱かせただけではなく、彼の師の哲学的アプローチ全体を疑わせることになったのである。ソクラテス裁判に照らしてみると、大衆に語りかけることの無益さは明らかであった。彼らを説得するかわりに、プラトンは彼らの意見に対して絶対的真理を対置した。それは哲学的思考の孤独においてしか現われないものであるが、それでも論理の力によってであろうと、来たるべき人生のなかで神罰が下る恐れによってであろうと、大衆に対して強制されなければならないのである。[24]

市民の生活対精神の生活

哲学の堕落というこの物語は悲劇のように見えるかもしれないが、その意味するところは、西欧の伝統を苦しめてきた思考と活動の対立は不可避のものではないということである。もしソクラテスが有罪判決を受けなかったらどうであったか。もし彼がその死に反応したプラトンという天才を弟子にもたなければどうであったか。もしギリシアのポリスが哲学者に好都合な崩壊をすでに始めていなければ。もしキリスト教が思考と活動のヒエラルヒーを強化していなければ。つまり、もし状況が違えば、明らかに哲学と政治は分離する必要はなかったのである。アリストテレスに関するアレントの考察のなかには、一見同様の趣旨を指摘しているように見えるものもある。というのは、彼女はアリストテレスの政治哲学ははっきりと反プラトン的であり、また彼はギリシアのポリスの根本的な経験を表現していると指摘しているからである。たとえばプラトンと違って、アリストテレスは活動的生活の価値、自由と政治的言論のつながり、哲学者の知恵と政治家についての特殊政治的理解との違いを正しく評価していた。[25] もしアレントのソクラテスとアリストテレスに関する考察を、ヤスパースやカントなどの哲学者によって実践された政治的思考について彼女が行なった考察に結びつければ、徹底的に反プラトン的な彼女の立場についてありうべき解釈を生み出すことができるであろう。その立場は、どんな伝統的歪みがあろうとも、哲学と政治とはかつては調和していたし、また調和することもありうるということを含意している。

しかしながら、アレントの立場は決して単純ではない。実際、それはまったく単純ではない。それはひとつの主張というのではなく内的対話であり、つねにもうひとつの立場との間を行きつ戻りつしているのである。「哲学と政治」についての初期の講義原稿においてさえ、ソクラテス的な祝福に満ちた状態が描かれ、プラトンやそれに続く哲学はそこから堕落したのであるとされているのであるが、彼女はここで哲学と政治の容易ならざる関係にはもっと別の根本的な理由があるということを認めていた。このようなもっと深い緊張は、ソクラテスの場合においてさえも、そして彼が徹底的に政治的哲学者であったという事実にもかかわらず、現われるのである。というのは、ソクラテスは特定の哲学的真理を所有している専門家であると主張したことはないが、しかしほかの市民とも異なっていた。なぜなら、彼は彼が語りかけたすべての人にもっと一貫性をもって語らせようとしたという意味では、真理に大いに関心をもっていたからである。不可避的に、真理の探究は意見に対して破壊的な効果をもつ傾向にあり、しかるべき位置を与えることなしに意見を掘り崩すのである。[26] そして、もしポリスへの忠誠と真理への忠誠との間の隠れた対立がソクラテスにおいてさえ見られるとしたら、プラトンの場合には、その緊張は強化され理論的な表現を与えられているのである。

アレントは、プラトンの反政治的ユートピアは、ソクラテス裁判がなくても存在したであろう葛藤、つまり哲学者自身の内部で、市民の生活と精神の生活という二種類の経験があり、その間での葛藤を解決しようとする試みを表わしている。ひとたび哲学者が地上の場所から分離した崇高さのなかに存在しうる思考の領域を発見したなら、地上の場所に対する評価もそれに対する責任の感覚も影響を受けざるをえないであろう。ポリスに対するプラトンの個人的な敵意を共有していなかったアリストテレスでさえ、活動に対する哲学的観照の優位を当然のこととみなしていたし、事実上、政治を手段的活動というレヴェルまで下げたのである。[27] プラトンにとって、経験のふたつの局面間の衝突は肉体と魂の闘いとなった。そして魂は自由であるためにはその闘いに勝利しなければならないのである。魂は、自由民が奴隷を支配するように、肉体を支配しなければならず、ひるがえって、この内的支配は、プラトンにとって哲人王による市民の支配のモデルとなる。その類比が想起させるように、アレントは、ポリスに統合された思考と活動の魅力的な像がなぜ維持できないのかということについての別の理由に気づいていた。これらの初期の草稿のいくつかの点で、彼女は奴隷の所有という制度は、実際の事柄において「知ること」と「すること」との間に深淵を開いたということ、そしてギリシア政治の根底に支配という経験を置いたということを認めていた。[28]

したがって、いかに彼女が哲学的思考と政治的活動の間の原初的なソクラテス的調和のイメージに魅力を感じたとしても、彼女は最初から、思考という行為には、哲学者を自由な政治的活動に対して一般的に共感を覚えさせず、専制を好むようにするものがあるということを知っていた。先に検討した「哲学と政治」という講義原稿を書く前でさえ、彼女は哲学と全体主義とのありうべきつながりについて考察していた。このふたつの結びつきは論理的演繹の過程であり、アレントは全体主義をめぐるいくつかの未発表の考察においてこのふたつを結びつけているが、こうした考察は彼女の「イデオロギーとテロル」という論文と同じ思考の流れに属すると思われる。つまり、全体主義的イデオロギーの論理性とその鉄の一貫性を孤独な大衆としての人間に訴えるということについての考察を内包しているような思考である。[29] アレントは、「イデオロギーとテロル」と同様、その草稿のなかで、この見捨てられた「孤独」と「決して孤独なのではなく自分自身と一緒にいる」[30] ということを意味する「一人でいる」状態とを区別しようとしている。にもかかわらず、彼女は、一人でいることは哲学的思考の必要条件であるがゆえに、「哲学者に政治を任すことはできない」[31] と述べている。彼らは、邪魔されずに考えられる状態である平和に対する彼らの欲求によって、彼らは強い政府を好むことになるだけではない。問題はそれよりも深い。というのは、思考への退却によって彼らは、複数の人間に依拠している経験を犠牲にして、一人でいることの経験を強調するようになる。複数性に最も依拠している政治的現象は権力であるが、それは協同で行為する多くの人間によって生み出されるのであり、[32] 一人でいる人間は無権力であるか、独裁者のように、ほかの人間の権力に寄生しているかである。しかしながら、この哲学者と独裁者の歴史的親近性の理由のひとつは、孤独な哲学者たちは「人間の精神そのもののなかにほかの人びとを強制し、権力を生み出す何かが明らかに存在する」[33] ということを発見したのである。その何かとは、すなわち論理の力である。「事実と経験を考慮しないたんなる推論である論理性こそが一人でいることの真の悪徳である。[34]」

ここでのアレントの主張を過度に単純化しないことが重要である。というのは、彼女は哲学者と全体主義を支持している大衆とを同一視しているわけではないからである。彼女が語っているところの、論理の罠にはまるということは「一人でいることの悪徳」である。しかし、それは必然的な結果ではなく、人が一人でいることから孤独へと落ち込んだときに生じる傾向がある事柄である。一人でいること自体は、哲学者が自分自身とともにあるためだけに必要なことではなく、それがためにこそ「彼らは潜在的に他の人びととともにいることができる」のであり、「人類の永遠の問題」[35] を問うことができるのである。一人でいることが孤独へと陥ったり、専制と親近性をもったりというのは、言い換えれば、哲学の一種の職業的危険性である。これらの未発表の考察が示唆しているのは、哲学は政治的危険性をもっているということではあるが、しかし専制を支持することは哲学の当然の帰結というよりはその変形であるということを、これらの考察は含意しているようにも見える。この見解を証明するものは、アレントが一九五七年と五八年に公刊したカール・ヤスパースについてのふたつの論文に見いだされる。それらは温かい賞賛をこめて語られているが、そのなかで彼女は、ヤスパースにとって、真理とはコミュニケーションのなかでのみ現われてくるものであるということ、したがって思考は「人びとの間で行なわれる一種の実践であって、自ら選択して一人でいる個人の行為ではない」[36]と述べている。なぜなら、ヤスパースの思考は世界と他者に密接に関連しており、「政治的であらざるをえない」[37]とアレントは述べている。

これらふたつの論文を読むと、ヤスパースは「一人でいることに抵抗した唯一の哲学者であり」[38]、アレントにとって、哲学のあるべき姿のモデルであったという印象をもつであろう。しかしながら、一九四六年の「実存哲学」についての論文のように、これらの論文は深く読まれなければならない。想起しておくべきは、とりわけこのような祝辞のために書かれた場合には、アレントには恩師であり親友である人への忠誠を表現しようという動機があったということである。より重要なのは、ヤスパースの死後書かれた『精神の生活』における見解の修正は、すでにそれに先立つこと二十年前に彼女が「近年のヨーロッパ哲学における政治への関心」[39]という講演（公刊はされなかったが）を執筆したときに現われていたものである。というのは、彼女はこの一九五四年の講演において、哲学の中心的特徴としてのヤスパースのコミュニケーションの強調は「真の政治的経験」に立ち返るものであり、思考でもあり言論でもあった、古代ギリシアのロゴスを思い出させるものであるということは認めるが、にもかかわらず、彼の「コミュニケーション」の哲学の政治的有意性にいくつか疑問を表明している。というのは、コミュニケーションは「その根源を公的・政治的領域ではなく、我と汝という個人的な出会いにもっているからであり、このような純粋な対話の関係はほかの誰よりも一人でいるときの対話である思考の根本的経験に近いからである。同様に、それはわれわれの平均的日常生活におけるいかなる関係よりも特に政治的とはいえない経験を含んでいるのである」[40]。二十年後、『精神の生活』において彼女は、ヤスパースをとくに参照しながら、ある例外的状況下では思考の内的対話は友人を含むまで拡大しうるとはいえ、それは政治のパラダイムとはなりえない、なぜなら「それは真の活動する複数であるわれわれには到達しえないからである」[41]と断定的に述べている。結果的に（アレントの一九五四年の政治とヨーロッパ哲学についての講演に戻れば）、ヤスパースは「政治哲学のほとんど全歴史を通じて悩ませている問題」[42]を解決することに成功していない。その問題とは、哲学は一人でいる人間に関わるものであり、政治は複数でいる人間に関わるものであるということである。[43]

この一九五四年の草稿の最も大きな特徴は、この困難から逃れる道をわれわれに示しうる哲学者は、誰あろう、マルティン・ハイデガーであるという（奇妙とはいえないが）驚くべき指摘である。すでに見たように、アレントが彼女の「実存哲学」についての論文において「エゴイズム」の哲学者としてしりぞけたこのナチの同調者が、いまや複数者による政治について考えるための案内役として現われているのである。この意外な賞賛の正当化として、アレントはハイデガーの「世界」という概念（これは、すでに検討したように、彼女が自分自身のまったく異なった概念を打ち立てるための基盤をなしている）と、彼が人間を「人」としてではなく「死すべき者」として語ることによって、人間の複数性を承認するということについて示しているヒントを指摘している。アレント自身は「ハイデガーは決して彼の主張の含意を明らかにはしなかった」[44]ということは認めているので、彼女は、彼が選んだその政治的同調者から彼を救出しようという強い情熱を露わにしながら、自分自身の政治哲学を彼の著作に読み込んだということはありうるように見える。これらすべてのことは、論文の最初の草稿においてより明確であって、最終版では「示唆」[45]といったほうがよいところまで削られたという事実は、そうしたい気持ちに対する抑制が勝ったということを示しており、そしてこれがこの論文がなぜ公刊されなかったかということを説明するものであろう。アレントはこの論文を締めくくるにあたって、哲学と政治の関係を作り直す新しい政治哲学のための議題を、ハイデガーの「世界」概念やヤスパースの新しい真理観だけでなく、フランス実存主義における行動の新しい強調にも言及しながら、練り上げている。結局、真の政治哲学は人間事象の領域での驚きに基づかなければならない。そしてアレントは、おそらく書いたばかりの計画を引き受けるだけの資質が彼女自身にあるかどうかという疑いにつきまとわれながら、一人でいる哲学者はこの課題に対して「とりわけ準備がない」と述べている。[47]

そこで、まとめると、一九五〇年代以来の初期の考察には哲学のもつ政治的含意についてふたつの選択的見方があり、それはプラトン対ソクラテス、ハイデガー対ヤスパースという哲学者の対比と連動している。アレントがプラトンやハイデガーに焦点を当てているとき、彼女は哲学は本来的に一人で行なうものであり、反政治的で、強制に対して親近性をもつのではないかと考える傾向にあるが、他方、ソクラテスやヤスパースに焦点を当てているときは、真の哲学は対話的で、自由な政治と調和的であると信じる傾向にある。しかしながら、彼女はディレンマのそれぞれの側を定式化するとすぐに、それを緩和し、ふたつの側を調整し、ふたつの間での選択を避けることを可能にする方法を見いだそうとする。

真理と政治

哲学と政治とを和解させるという問題は、政治について新たに考えようとするアレントにとって中心的な問題である。『人間の条件』のあと彼女が執筆する計画であった政治理論の著作は、伝統的概念の再検討と公的領域において活動するということについての体系的検討だけに関心をもっていたのではなく、さらに活動と思考、あるいは政治と哲学の関係についての議論にも関心をもっていた。[48] 彼女はこの書物を書くことはなかったが、しかし彼女の注意を引いた出来事のひとつであるアドルフ・アイヒマンの裁判はこうした考察にさらなる動機を与えた。そしてこのような一般的抽象的考察が特定の具体的出来事から生じ得たというまさにその事実が、彼女にとって根本的問題であると思われたものの例示であった。その根本的問題とは、思考する人間がふたつの異なった共通項をもたない経験の領域、つまり世界における生活と精神の生活に参加しているということである。

多くのアレントの読者にとって、この裁判の彼女の論じ方によって引き起こされた問題は政治的問題であった。彼女はどちら側についているのか。彼女はアイヒマンを「凡庸」なものとして描くことによってナチズムを弁護しているのではないか。彼女はユダヤ人指導者の行為のなかにはホロコーストの規模に貢献したものがあると示唆することによって、自分自身の共同体を裏切ったのではないか。しかし、アレントはこのような非難に対して、いやいやながらでも、答える義務を感じてはいたが、(49) 彼女が本当に関心をもった問題は、このような特定の状況から離れて、省察という一般化された環境へと上昇していった。ここにはふたつの思考の流れが有意味なものとしてあるが、そのどちらにおいても、彼女は哲学と政治について悩んだ。ひとつは、政治と真理の関係についてである。真理を語ることはつねに正当であるのか、そしてなぜ論争の過程でかくも多くの嘘が話されたのか。(50) いまひとつは、思考と道徳の関係に関連している。アイヒマンが考える能力を欠いていたということが彼の恐ろしい行為の根本にあるのか。まずは「真理と政治」という論文を見てみよう。

この論文はアイヒマンについての本をめぐる論争を契機として書かれたので、その論争のなかでアレントは記録を改竄したのではないか、また隠しておいたほうがよいものを不実にも暴露したのではないかと非難されたとしても、歴史的事実の問題について真理を語ることとの政治的含意は彼女の第一の関心であったし、真理を語ることと政治的公平性が彼女の最終的な結論であるというのは驚くべきことではない。にもかかわらず、彼女はこのことと、彼女が初期の未発表原稿のなかで複数の意見の間を動く市民の生活と不変の真理の追究のために一人でいようとする哲学者の生活との間に見いだした古代以来の対立とを結びつける。[51] これらの哲学的な真理の語り手は政治的意見の世界から退却するだけではない。政治的意見やそれが表現する自由に対して本質的に敵対的なのである。すなわち「真理はそれ自身の内部に強制の契機をもっており、職業的哲学者（truth-teller）においては嘆かわしいほどに明白な専制的傾向がしばしば見られるのは、その人の性格が悪いのではなく、一種の強制のもとに習慣的に生活していることからくる傾向である。[52]」哲学的真理の絶対的命令に対して孤立して服従することとは対照的に、アレントはこれとはまったく異なった種類の、とくに政治的といってよい思考を描き出している。これは公的世界において仲間と交わり、彼らの観点に注意を向け、カントが美的判断をなすために必要であると考えた「拡大された思考様式」に到達している市民の熟慮である。[53]

アイヒマンの事例は明らかに、こうした問題へのアレントの関心を強めたが、この論文で彼女が行なっている、真理の方向を向いた哲学的思考とむしろ意見と判断に関心をもつ政治的思考との区別は、一九六〇年に最初に出版されたレッシング論において彼女が語ったことの多くを思わせるものである。レッシング論の場合、彼女は、レッシングは意見の多様性に喜びを見いだし、人類が単一で画一的な真理への道を与えられていなかったことを喜んでいたということを指摘して、レッシングの自由と人間性のための思考を賞賛していた。彼女がいうには、彼にとって思考とは世界において他者の間を自由に動く方法のひとつであり、彼は自由を大いに強調していたので、真理そのものによって、あるいは一貫性の要求によってさえも強制されるのを拒否した。[54] 真理を追究するかわりに、あるいは思考から結論を期待するかわりに、彼は共通の事柄について絶え間なく語り合うことを通じて共通世界を人間的なものにするような、終わりのない対話に没頭した。アレントはレッシングについて大いなる共感をもって書き、彼についての考察においてヤスパースの開かれた対話的哲学への賞賛と同じものを聞き取ることは容易である。それはまた「哲学と政治」についての講義で彼女が行なっていたソクラテスの政治的思考についての説明を思い起こさせるものでもある。

したがって、彼女がレッシングが行なっていた思考と哲学とをはっきりと区別していたということを承認することが重要である。「レッシングの思考は、わたしとわたし自身との間で交わされる（プラトン的な）静かな〔＝無言の〕対話ではなく、他者を予期した対話である」。[55] 言い換えると、「哲学と政治」についての論文同様、アレントはふたつの思考を分けているように思われる。ひとつは、共通世界について異なった見解をもっている市民たちの間の対話を志向しているがゆえに真に政治的な思考であり、他方は、孤独で真理を志向しているがゆえに真に哲学的な思考である。そのほかのところでも、思考が収斂するところでは、彼女は政治的「哲学者」と政治的「著述家」とを区別している。それは後者のマキアヴェリやモンテスキューといった人びとは、政治的経験によって執筆を促されたということを意味する。[56]

アレントによる絶対的で立証された真理の探求者という哲学者（「著述家」と対立するものとしての）の性格づけは多くの偉大な歴史的な哲学者によって証明されてきた。しかしながら、彼女の立場の曖昧さのひとつの理由は、アレント自身が哲学の課題と可能性についてまったく異なった概念、すなわち結果や証明なしというヤスパース的哲学観を練り上げてきたことである。[57] すでに見たように、アレントは「近年のヨーロッパの哲学思想における政治への関心」と題する講演において、この新しい、より流動的な哲学概念は哲学と政治の溝を橋渡しするのに助けとなるかもしれないということを示唆した。このことに対する彼女自身の関わりは、ハイデガーが彼ののちの著作で同様の立場を取ったという事実によって強化された。彼の一九二〇年代の代表作『存在と時間』は（アレントが指摘したように）[58] 内容においてきわめて独創的であったが、形式においては伝統的に体系的なものであった。しかし彼女が彼女自身の『精神の生活』を書くようになるころまでには、「思考」の巻に、ハイデガーから引用した、その謙遜さにおいてヤスパースを上回るほどのエピグラフでもって序文をつけることが可能となっていた。

思考とは科学のように知識をもたらすことはしない。
思考とは実際的知恵を作り出すことはしない。
思考とは宇宙のなぞを解いたりはしない。
思考とはわれわれに行為する力を直接与えたりはしない。[59]

目下のわれわれの目的にとって興味深いところは、彼女が哲学的思考と政治的思考との間に設けている区別にそって、彼女がもうひとつ別の区別をしていること、すなわち哲学のふたつの概念を区別しているという点である。ひとつは伝統的概念で、それによると哲学は真の教義を追求するものであり、いまひとつの、ヤスパースや後期ハイデガーに共通している近代的概念によると、哲学とは結果を残したりしない終わりのない運動である。結果として、プラトンによる絶対的真理の追究について数えきれないほど言及しているにもかかわらず、アレントの後期の著作は、これは真に哲学的思考が提供できると期待されるようなことではないという明確な主張を含んでいる。すでに『人間の条件』において、彼女は何も生み出さない「思考」と、体系を構築するために考えることを止めるので、純粋な思考の産物とは呼べない「偉大な哲学的体系」とを区別していた。[60] のちの著作において、彼女はこうした具体化された体系はこれらの思想家の真の思考を表現していないという意味のことを述べている。彼女が言うには、古代以来、「哲学者たちは体系構築を目指すという困った傾向を示しており、彼らが本当に考えたことを明らかにしようとするときには、われわれはしばしば彼らが構築した構造物を解体しなければならない。[61]」ほかのところでも、思想家の手本としてのソクラテス——いかなる教義も教えなかった——について扱った論文のなかで、彼女は、哲学者は自らの論文を「結果を待ち望んでいる多くの人たち[62]」のために書いてきたと述べている。この主題についての彼女の最後の、そして最も完成された著作である、『精神の生活』のなかの「思考」の巻では、真の思考は、いかなる結果も残さない、またつねに「真理」ではなく「意味」に関わる終わりのない過程であるし、これまでもそうであったと明白に主張している。これに対立するプラトンから初期ハイデガーに至るまでの哲学者たちの確信、すなわち哲学、とくに自分たちの哲学は真理を生み出すことができるという確信は「考えること」と「知ること」、とくに数学的確かさと混同した結果生じた当然の誤りとして診断される。「哲学者たちは、科学と日常生活に対して有効な真理の基準を、彼ら自身の尋常ならざる仕事にも適用可能なものとして、つねに受け入れる傾向にあった。」(63)

哲学的思考は真理を提供することはできないという次第に大きくなってくるアレントの信念は、彼女の次のような確信によって補完された。すなわち、彼女の著作には繰り返し出てくることであるが、リアリティに関する最も満足のいく、また最も信頼できる知識は、共通の公共世界を自由に動き回り、対象や争点をあらゆる角度からながめる多数の人びとの複数のパースペクティヴからのみ得られうる。(64) もし、前述のことから言えることであると思われるが、哲学が伝統的に、しかし誤って目指してきたこの種の知識は、実際のところ政治的行為が行なわれるまさにその場所で見いだされるべきであるとすると、哲学と政治の間の大きな亀裂は、原理的には埋められうることになる。

ソクラテスかハイデガーか

すでに見たように、哲学と政治の関係についての、アレントのコメントの多くは、政治的思考のもつ開放性と多元性を、伝統的哲学による強制的真理の探求に対比させている。しかし、真に哲学的思考が政治的議論それ自体と同様に結論がなく、不確定的であるとしたらどうであろうか。プラトンと初期ハイデガーは彼ら自身の活動の本質について誤っており、ソクラテスとヤスパース、そして後期ハイデガーが正しいとしたらどうであろうか。哲学と政治の間の障壁は取り除かれ、新しい調和への道を開くであろうか。ある程度まではアレントはそのことを信じていたように思われる。結局、哲学についての修正された概念は、絶対的真理への道を知っているがゆえに、政治的意見を圧倒する哲人王という古代の夢を掘り崩す。アレントが一九五四年の「近年のヨーロッパ哲学思想における政治への関心」という講演において指摘したように、政治哲学の一新のための条件は、哲学者たちが政治的事柄において特別の知恵をもっているという主張はもはやしないということである。(65) しかしながら、不幸にも、これによってすべての障壁がなくなるわけではない。また真の哲学と、彼女がレッシングに見いだしたような自由な政治的思考との間には、いかなる必然的な相違もないというわけでもない。というのも、後期の著作において彼女は哲学を真理の探究からはっきりと分離しているのであるが、哲学と政治を分かつそれ以外の障壁についてさらに強く主張しているからである。その障壁とは哲学の孤立性である。すなわち哲学は思考する者が世界から退却することを要求するという事実である。(66)『精神の生活』において彼女はこれまでの著作を通じて言ってきたことを再確認した。すなわち思考は、公的事柄から離れ、一人でいる状態で行なわれる、わたしとわたし自身の間の対話であるということである。したがって、政治哲学は依然として自己撞着的な企てであると思われる。つまり、政治哲学者はいかにして哲学を実践しうるほど十分に退却し、また公的活動を理解し賞賛するに十分なだけ公的世界に調子を合わせられるであろうか。

アイヒマン事件によって触発された別の論文、つまり「思考と道徳的考察」(67)という明晰な思索において、アレントは思考と世界との間の溝を埋めるべく独創的な方法を試みた。アイヒマンの悪しき行為と彼のまったくの無思考性との間の明白なつながりについて考察することによって、彼女は思考にはつまるところ実際的有用性というものがあるということ、また思考する者の世界からの退却は最終的には活動へと立ち返るということを示唆した。ソクラテスによって範を示された思考の内面の対話は権威的回答を与えたり、何をなすべきかについて教えたりすることはできないが、そこには消極的なものではあるが、危機の時代においては意味をもちうる一定の含意というものがある。ひとつには、(すでに見たように)思考という内面の対話においてはともにいるのは自分自身のみであるというあり方は、意識だけでなく良心をも活性化し、われわれのなしうることに限界を設定する。というのも人は自分の行為を完全に意識しながらずっと自分自身とともに生きていかなければならないからである。繰り返すと、思考はあらゆる確実さを疑問に付すがゆえに、思考する者は群集とともに放浪することはできないし、また一般的に受け入れられている意見を吟味もなしに採用することもできない。最も積極的にいえば(アレントはこの論文ではそこまで示唆しているわけではないが)、思考は「人間の精神的能力のなかで最も政治的な能力である判断力」を解放する。正しいことと誤っていることとを判断する能力は、「切迫したまれな瞬間においては」[68]決定的に重要である。

こうした考察が意味するところは、もしアイヒマンに反省的思考の能力があれば、彼は決してナチにはならなかったであろうというものであろう。精神の生活は彼をナチに対して守ってくれたはずであった。哲学と政治を結びつけようとして思考する者にとって、これは心地よい結論であろう。しかし、これはアレントが安んじていられるようなものではほとんどない。というのは、ただちに反論が返ってくるのが明らかであるからである。すなわち一九三三年という切迫した状況において、最も深い思考はハイデガーをナチズム支持から、少なくともしばらくの間は、救出できなかったのである。アレントはこの矛盾には直接は言及していないが、「思考と道徳的考察」と同じ年に出版されたハイデガーの八十歳の誕生日を祝う別の論文において、思考する者が世界から退去するということから引き出される実践的含意についてまったく異なる説明を彼女がしているということは明白である。もし思考が可能であるなら、世界からの退却が必要であるということを再び強調しながら、彼女は、あまり考えない思索家はときどき思考の独居状態のなかへ引きこもってしまうのに対して、ハイデガーは思考という「住居」の「居住者」となった稀な人の一人であると述べている。そして、孤独な思考は正しい政治的判断を解放するという「思考と道徳的考慮」での彼女の議論と対照的に、ハイデガーについての論文においては、それが思索者の共通感覚を弱め、世界における生活能力を奪うことは十分ありうると示唆している。彼女は、天空を凝視して井戸に落ちたタ一レスは、痛みの代償として笑われたこと、またプラトンは僭主を哲人王に変えることを試みるという不合理な企てに乗り出したということ、さらにハイデガーもまたヒトラーに支持を与えるために彼の考察から抜け出たとき、世界の情勢を完全に見損なっていたということを思い起こさせている。[69]

ソクラテスかハイデガーか。どちらが哲学的思考のもつ政治的含意にとってよりよいモデルか。これらふたつの論文が一九七一年という同じ年に書かれたという事実は、アレントの心のなかではまだ対話が続いていたということを明らかに示している。したがって、同じ時期の作品である『カント政治哲学の講義』を読むことはとりわけ興味深い。というのも、アレントはカントを、専制ではなく共和国に共感をもつという実際的意味においても、また哲学自体に含まれている事柄について孤立的ではなく政治的概念をもっているという理論的意味においても、自由な政治と調和していると言いうる疑問の余地なく偉大な哲学者を見いだしうると信じていたからである。アレントによると、カントは「思索者にとって仲間は不可欠である」[70]と考えていたし、思考自体は一人でいる状態でのみなされうるが、コミュニケーションの自由と他者の洞察を組み込むことによって各人の精神を拡大することができるようにする、各人の思考を公的に交換する自由なしには、それは実効的にはなされえないと考えていた。[71]カントの批判的思考は「各人の理性の公的使用」[72]にかかっており、権威や一般に容認された仮定を疑問に付し、[73]公平な判断を可能にすることによって公的生活へフィードバックする。彼女のカントについての説明は、彼の同時代の自由な思索家であるレッシングについての彼女の描き方を強く想起させるが、重要な相違もある。レッシングの思考は完全に政治的であり、彼は哲学者ではないが、カントについては誰も哲学者という呼び名を否定することはできない。したがって、われわれは、政治と哲学との関係についての考察の果てにアレントが、カントにおいてそれらが和解しているということをついに見いだし、真に政治的な哲学者のモデルとしてカントを捉えたと、考えるような気にさせられる。

しかし、アレントについていつものことだが、問題は単純ではない。ひとつには、彼女の明白な解決策は、非合理とは言わないまでも、かなり選択的なカントの解釈という方法によってのみ到達されているということがある。講義のなかで彼女は『判断力批判』のなかにカントの「書かれざる政治哲学」[74]があると主張し、彼のもっと明白に政治的な著作はあっさりとしりぞけている。むろん、彼の道徳哲学のもつ厳格に教条的な特徴については、彼女は別のところで「非人間的」[75]であると決めつけていたが、このような特徴は当面無視している。さらに、たとえ彼女がカントを、哲学と政治の和解が可能になるような方法で再解釈しうるとしても、このことは彼女が賞賛していたほかの多くの哲学者、すなわちプラトン、スピノザ、ニーチェ、ハイデガーらの反政治的なスタンスを変更するものではない。

『精神の生活』において、彼女はこの問題に再び直面した。第一巻「思考」の主要なテーマは、精神の生活とわれわれが生きている現われの世界とのあいだの適合性の奇妙な欠如である。考えるために、われわれはこの世界から、われわれが自分自身とだけいる不可視で無時間的な領域へ退却しなければならないが、哲学の歴史においてこの退却は死と類似したものとして受け止められることがしばしばである。[76]アレントが明確にしているのは、この退却は世界に対して注意深くあるという態度を犠牲にしてなされるということであり、それは「思考と共通感覚との城壁内の戦い」[77]を意味しているということを語っている。そしてもし第一巻が思考と行為との内的緊張を示唆しているとしても、「意志」という、より実践的な活動形態について扱う第二巻においても、このギャップはまったく埋められない。というのは、ここでの主要なテーマが自発的に意志し、世界に新しい始まりをもたらすという哲学者によって不思議と無視されていた人間の能力であるからである。無視されてきた理由のひとつには、アレントによると、意識的活動としての意志は、キリスト教の時代まで発見されないままであったということである。[78]しかし、いまひとつの理由は、「思考する我の経験と意志する我の経験との間の基本的な争い」[79]の結果であるかもしれないと彼女は示唆している。ドゥンス・スコトゥスという稀な例外はあるが、哲学者は意志という活動に含まれている偶然性に対して居心地の悪さを感じてきた。そして必然性への信念こそがもっと性に合っていると感じたのである。[80] もう一度繰り返すと、思考と行為、哲学と政治は対立しているのである。

アレントは書かれざる第三巻においてこの容易には解消しないディレンマに再び挑戦しようとしていたように思われる。そして、ひとつは孤立的で反政治的な純粋に哲学的思考であり、他方は世界と内在的に関連した判断力という、二種類の異なった反省的思考の区別に基づいて哲学と政治との暫定協定を思い描いていたということはありうる。判断力論の意図されていた内容について考えると、『精神の生活』の書かれざる第三巻は、向こう見ずな企てである。にもかかわらず、アレントの死後、草稿を編集したメアリー・マッカーシーと『カント政治哲学の講義』を編集したロナルド・ベイナーは、カントについての講義はこの第三巻の基礎となったであろうということは十分ありうると論じていた。[81] もしそうなら、公的生活から刺激を受け取り、また世界へフィードバックすることによって、哲学とは区別される反省的思考の一形態を描くことはとりわけ重要なことであったといえるだろう。ベイナーが指摘するように、アレントの判断力への関心は時とともに変化しているというのは示唆的である。彼女は判断力について、それは実践的な政治的活動の一部であると、初期の著作において述べていたが、それを精神の生活の一部としこの最後の著作のなかに含めた。「彼女が判断力について考えれば考えるほど、彼女はそれを活動者に対置される、〈公的精神はもっているが〉孤立した観照者の特権とみなす傾向が強くなった。[82]」哲学と政治の間の緊張についこの彼女の長期にわたる考察について検討してきた事柄に照らしてみれば、彼女の強調の移動の背後にある動機のひとつは、哲学とは異なり、政治に対して本質的に敵対的ではない考察形態の探求であるといってよいであろう。しかしながら、もしこれが理由なら、それは物語に皮肉なひねりを利かせることになろう。というのは、哲学から政治へのこの新しい橋は、活動から思考へという彼女自身の焦点の変化という犠牲の上に築かれているからである。ロナルド・ベイナーがいうように、「判断力は〈活動的生活〉(vita activa) と〈観照的生活〉(vita contemplative) とのあいだの緊張〔アレントの全著作に見られる二元論）のうちにある。[83]」

ここでアレントの哲学と政治についての一貫した考察を要約するとすれば、彼女はなんらかの進展をしたといえるであろうか。ペーネロペーの織物のなかに、彼女が関わっていた絶え間ない解きほぐしを逃れて残っている部分があるであろうか。われわれは、残っていると答えなければならない。しかしその断片の多くの端は結ばれていない状態である。すでに見たように、彼女は一九五〇年代を通じて、哲学と政治の関係について、ふたつの選択肢があると考えていた。第一は、プラトンと『存在と時間』のハイデガーとナチのシンパと結びついており、哲学的卓越性は政治における専制への共感という代償を払ってのみ、獲得しうるのであるということを示唆している。というのは、哲学者の孤立と真理の探求は彼をして、複数性と自由に対して敵対的たらしめるからである。第二は、ソクラテスとヤスパースに結びついており、これは第一とは反対に、真の哲学は対話的であり、排他的真理の方向を向いているのではなく、したがって哲学者と自由な政治との歴史的緊張はたんに偶然的なものであるということを示している。アレントは考察の過程で（答えを供給するという哲学の主張を断念するというハイデガーに大いに助けられたが）、第二の立場の方向へ向かって進む途中で、（多くの偉大な哲学者の熱望とは反対に）哲学は真理を確立することも、探求することもできないということを主張することによって、哲学と政治との障壁のひとつを取り除いた。残った障壁、すなわち孤立は取り除くのが、より困難であった。彼女がソクラテスについて考えたとき、哲学的孤立は道徳的、政治的誤りに対する安全装置となるように思われたが、しかし彼女がハイデガーについて考えたとき、この確信は消え失せた。彼女のカントについての考察は、もし彼女が『精神の生活』を全部書くことができたなら、彼女は哲学的思考とはふたつの面をもっており、政治的観点からは良くもあり悪くもあると結論づけたであろう。というのは、政治的観点においては、孤立的思考は政治的に有益な判断力を促進するが、それはまた政治的事象におけるあらゆる共通感覚を思考者から奪ってしまいがちであるからである。ナチ党員ハイデガーの亡霊がアレントの考察につきまとい、彼女は何度も結論をひっくり返し、初めからやり直さなければならなかった。

最後の問題は避けて通ることはできない。すなわち、哲学と政治の緊張をめぐるこうした考察はアレント自身の政治的思考をどこへ導いたのか。彼女は、自分自身が哲学者であるということを慎重に否定しており[84]、ギュンター・ガウスに対しても、彼女自身の目的は哲学的偏見なしに政治を見ることであると語っていた[85]。彼女は自ら政治に関わることで考察を進めてきた政治的思考者と、政治は付随的な関心事でしかない哲学者とを区別したが、それは彼女自身が自らの政治思想をプラトンやヘーゲルではなく、マキアヴェリ、モンテスキュー、バーク、トクヴィルらの伝統に位置づけたいと考えていたということを示している。しかし、問題はそう単純ではない。彼女がしばしば「思考」と「哲学」を互換的に用いているということが重要であり、それは哲学において古典的形態となっている無世界性は、ある程度まではすべての思考に内在しているということを示唆している。彼女は、彼女自身の思考がそれ自体の領域へ逃げ込む傾向にあるということを自覚していた。それは「思考は生きた経験という出来事から生じ、進路を取るための唯一の道標として思考はそのような経験に結びついていなければならない」[86]と主張しているにもかかわらずである。この問題についての彼女の考察のひとつは、一九六〇年のアメリカ政治学会で発表された論文において、思考はそれを促した出来事から飛び立つにもかかわらず、その周りを回りながら、その源泉に結びついたままである[87]。しかしながら、彼女が用いるもうひとつの喩えは、彼女はこちらのほうが気に入っていたようであるが（『過去と未来の間』で述べられ、『精神の生活』でも繰り返されていた）、むしろあまり安心を与えるようなものではなかった。

一九六一年に初版が発行された『過去と未来の間』の序文において、彼女はフランス知識人の経験について考察しているが、それによると、彼らがナチズムに対するレジスタンスに参加したのは、多くの場合、「思考から行動へ逃れる」ためであったのであるが、その行動そのものが彼らを政治思想へ引き戻したのは、彼らの経験を明晰にし、保存するためであったということを彼らは発見したのである。この時点までは、彼女は真の政治思想と政治的経験との間の密接な結びつきについての彼女の立場を繰り返しているように思われる。しかし、彼女は（カフカの寓話についての精緻なコメントにおいて）、このような考えは、人間が考える存在である限り占有することのできる「過去と未来の裂け目」に属していると述べている。そしてここで興味深い点は、人間が従事している思考の連鎖は時間にその特殊な起源をもっており、また過去と未来の圧力によって決定された特定の方向をもっているが、その終わりは無限のかなたにある。[88] すでに見たように、アレントの政治的思考は、特定の出来事から生じ、理念の領域において魅力的な軌道を辿って進んでいく。しかしこれはそれ自身の上に円を描いて帰ってきて、政治の世界を照らし出すような思考なのであろうか。最後の章ではわたしが提示したアレントの思想の再解釈の光に照らして、この問題を考えてみよう。

第八章　結　論

近年アレントの思想への関心が高まっていることはいくつかの兆候からわかる。ここで提示された再解釈が受けいれられる限りでは、この関心も鼓舞されるように思われる。というのは、彼女は一般に思われているよりももっと豊かで、もっと得るところの大きい政治思想家であることが明らかとなったからである。彼女の諸観念は、独創的で繊細なものとして長いあいだ考えられてきたが、さらにきわめて複雑でもあり、相互に連関して大きな思考体系をなしているということが、これまでの章で明らかになった（と思う）。このことはさらなる検討と解釈の展望を提供している。そして彼女をもっと理解すれば、彼女に対してなされてきた判断の多くは再評価されなければならないであろう。

このような再評価は、長期的な仕事であろうし、またここはそれを試みる場所でもない。しかしながら、ここで提示された解釈が意味するところのもの、すなわち、アレントの思想はそれが生じた特定の文脈に引き戻して考えたとき、二十世紀の政治思想における彼女の位置はわれわれが考えてきたよりも、もっと中心に近いということが明らかになる、言い換えると、彼女は周辺的な人物ではなく、もっと広い関心をもたれるべき人物である、ということには注目する価値がある。これはもっと詳しく見なければならない。というのも、このことはいくつかの点でかなり逆説的であるからである。

すべての読者、注釈者は、アレントの政治思想の中心的関心は、政治と政治的活動の再評価であるということには同意してきた。しかしこれが意味するのは、多様に理解されうる。標準的解釈と呼ばれるものによると、彼女による政治の再評価は、ギリシアのポリスの理想化であり、(それと比較して)近代社会に対する低評価という文脈のなかにある。彼女の著作は、近代的政治が扱うほとんどの問題関心を排除したアテナイ流の参加型政治によって満たされるよき生についての理論として読まれてきた。読者は、彼女が参加の利点を擁護するに雄弁であるということに同意する一方で、多くの人は彼女の理論は風変わりで、ユートピア的で、あまりまじめではなく、現実の政治が関心をもつ問題には向いていないと考えてきた。

この印象は、彼女の思想をその真の焦点においてみれば、消えるであろう。彼女の政治的思考は、全体主義についての継続的な考察であるという本来の文脈をひとたび認めれば、なぜ彼女が、豊かな社会の退屈した住人を個人的に満足させるためのひとつの選択肢ではなく、生死に関わる問題として、政治の決定的重要性を主張したのかということを理解することができる。

政治を再評価しようという彼女の主張は多くの異なった側面をもっているが、そのなかには(活動における個々人の開示についての主張に顕著であるが)、広く賞賛されているものもあるが、他方で無視されたり見落とされたりしているものもある。最も切迫しているのは、政治に対するわれわれの責任についての彼女のメッセージである。すなわち、世界を配慮し、われわれの名において行なわれている事柄に対して責任をもつ市民となるべきわれわれの義務についてのメッセージである。われわれはいかにしてこのメッセージを、ホロコーストの犠牲となった非政治的ユダヤ人に対しても、命令を守っただけの完璧な官僚であるアイヒマンに対しても彼女が語ったかについては見てきた。さらに彼女は、たとえばロマン主義の詩人や無世界的哲学者が試みたように、人びとは彼らの注意をより高次のものに向けることによってすでになされた事柄に対する責任を避けるといったことはできないということを主張した。もし彼女が戦前期ドイツの状況における政治的無責任に対する厳しい批判者であったとすれば、自由な政体の恩恵を受けてはいるが、あまりにも私的消費に没頭するあまり、彼らの権力がどのように使われているかに注意が向かないアメリカの市民に彼女が我慢できなかったとしても驚くべきことではない。

政治的責任の前に立たせるということのほかに、政治についてのアレントの再評価のもうひとつの側面は、彼女の全体主義の経験によって促されたものであるが、それは政治的活動についての、可能性も限界も含めて、よりよい理解に対する切迫した必要性への意識である。彼女は、彼女の時代の破局は政治についての混乱した観念によって（それが原因ではないが）容易になったと確信した。このような混乱は、人びとが自分たちがもっている自由な活動への能力を自ら否定してしまうという運命論と、すべては可能である、われわれはこの世界を作り直すことができるという信念へ人びとを導く傲慢さとを含んでいる。全体主義においては、すでに見たように、これらふたつの誤りが結合していたと彼女は信じていたが、しかしひとたびこの誤解を伝統的政治理論にまで遡ってみたとき、彼女は何が政治に期待できて、何ができないのかを明確にしたいと望んだのである。

限界に対する彼女の関心はとくに注目に値する。というのは、彼女は無根拠な活動主義の支持者であるとしばしば考えられているからである。実際、彼女の傲慢の危険性と限界の必要性についての感覚は、彼女の著作につねに見られるテーマである。彼女がいうには、人間はまさに活動しうるし、またすでに生じている過程に介入することもできるし、さらにいまあるものに新しいものをもたらすこともできる。しかしこれらの奇跡的な能力は危険でもある。したがってどのような行為が政治ではない《﹅》かということに自覚的であることは重要である。それは決定論的諸力が働くための場ではないし、また創造的意志の行使のための画布ではない。われわれは歴史を作ることも、世界を作り直すこともできない。われわれは、政治的活動は複数の活動者の間で生じる事柄であるということを記憶する必要がある。これが意味することは、権力と安定性は人びとの合意によって生み出されるが、各人の目的はつねにほかの人びとの自発的行動によって挫折を免れない。

アレントにとって、活動とはそれゆえたんなる恩恵ではなくひとつの問題であり、重要課題である。一方では、それはこれまで政治思想家によって考えられてきたよりももっと多く考えられなければならないものである。すなわち彼女が始めた企てであるが、そこには（彼女なら真っ先に賛成するであろうが）ほかの人びとが続くための空間も十分あるのである。しかしながら結局、それは実践的活動であって、つまり理論的青写真の執行という問題ではなく、勇気と技術と節制とを伴って実践される事柄なのである。

政治についての理論と実践における確かさは、彼女の時代経験に根ざした、近代世界の窮状に対する唯一の解決策は政治的解決策でなければならないという彼女の確信ゆえに、彼女にとってはとくに重要であった。急速な近代化と大量破壊手段に直面して、また伝統と権威の崩壊、基準の喪失とニヒリズムの脅威に直面して、（すでに見たように）彼女は、もし答えが見いだされるとすれば、それは人間の政治的能力のなかに見いだされるであろうと信じた。始める能力と複数性に恵まれることによって、われわれは人間の世界が現出しうるような空間をわれわれの間に形成することができるのである。他者との合意という手段によって、われわれはこの空間の内部に権力と権威とを生み出し、相互に権利を付与し、道徳的生活を守るための安定性をある程度達成することができる。言い換えると、無法の荒野を人間化する可能性をわれわれに与えるのは、政治なのである。

アレントの思考のこの側面がほとんど無視されてきたというのは、驚くべきことではない。破局的な変動の時期とそれが生じる国際的無政府状態に続いて、長い戦後の時代がやってきたが、その時期には国際政治が冷戦によって固定化され、西欧諸国の多くにとっては主権国家内部での国民総生産の配分をめぐる分裂こそが政治が対処すべき問題であると思われた。しかし、最近の世界での出来事は、アレントが明確に表現し、考察しようとした政治現象の神髄にわれわれの注意を向けている。他方で、東欧における軍事侵攻から共産主義の崩壊に至るまでの劇的な出来事において、人間はまったく予期せぬことをなし、確立された制度（国家を含む）を破壊し、すべての確実なもの（国境を含む）をひっくり返す能力をもっているということを示した。他方で、暴力的で解決不可能に見える争いに対して政治的解決策を見いだそうと試みるあらゆる交渉において、われわれは政治的活動のほかの面を見ることができる。すなわち法が橋渡しをしていない溝に橋を架ける能力と、敵を政治的合意に引き込むことによって、争いが力の衝突になるのではなく語り合いになりうるような新しい公的空間を形成する能力である。

もしアレントの政治思想が世界の政治で現在生じている事柄に対して相当の有意性をもっていることが明らかになれば、それは政治的思考における現代の発展とも見合っているであろう。彼女が政治を大いに強調した理由のひとつは、すでに見たように、彼女はこの言葉が用いられるずっと以前から「反基礎づけ主義者」として「手すりのない」思考を行なっており、ローティが「哲学に対するデモクラシーの優位」[2]と呼んだもの、および哲学的権威づけなしに活動する政治的人間の能力について確信をもっていた。政治を再評価するポイントの一部は、彼女にとって、ベンジャミン・バーバーが哲学による政治の「征服」と呼んだものを克服することであった[3]。彼女の思想における「ポストモダン」的側面は、ますます注目を集めているといってよいであろう[4]。

アレントにおける政治の強調をその本来の文脈において見たとき、つまり全体主義についての考察という背景に照らしてみたとき、彼女の思想的特徴のいくつかはさほど困惑させられるものではなくなる。もしわれわれの政治についての暗黙のイメージがイギリスの議会あるいはアメリカの議会であるとすると、アレントが公的に活動し、その行為の記憶を背後に残すことによって可死性を克服するという人間の能力を強調していることは理解が困難であろうが、他方で、彼女が（たとえば）ナチズムに抵抗した人びとや自由のために命をかけた人びとの英雄的行為を想起しているということを理解したなら、彼女のいうところもよくわかるであろう。たとえ彼女の社会経済的問題への否定的態度もこの文脈で読めば、より理解可能であろうし、あまり不快でもないであろう。安全な国境と権利の保障をともなった文明化された国家の存在を当然のものとして考えるイギリスやアメリカの読者にとって、政治への中心的関心の奇妙な回避であるように思われる。しかし、一九四〇年代、五〇年代におけるヨーロッパの政治的課題、すなわち戦争、征服、ジェノサイド、無国籍状態、および同種の大惨事に対比してみると、彼女の態度は少々異なって見える――そしてこのような出来事はその当時でも知られていなかったわけではない。

同様に、彼女が非社会的・経済的用語でもって政治を理解することを強調するのには別の理由もある。すでに見たように、「社会」についての彼女の思考は、「生命過程の解放」を中心として、また全体主義との類似に基づいて構築された風変わりな近代解釈に根ざしている。そしてこのことはわれわれに、ここで提起されている再解釈にはふたつの側面があるということを思い出させてくれる。この文脈にアレントの思想を置くことによって、われわれは政治に対する「ポストモダン」的洞察であると思われる事柄を発見することができるが、しかしそれはまた「大きな物語」(5)に対してきわめて懐疑的な時代の支持を得るとは思えない近代性の物語をわれわれに提供してもいる。もし、わたしがこれまで述べてきたように、アレントの思想すべてが相互連関しているとすると、われわれには逆説が残されているように思われる。

ここにはふたつの逆説が含まれている。ひとつは、読者は、アレントの思想を文脈のなかに位置づけることがそれをよりよく理解しうるものにするとともに、またより一般的に有意なものにもするということを信じるように要請されているということである。懐疑論者は、アレントの注釈者のなかには全体主義についての彼女の著作を棚上げにする人びとがいるが、そのようなことをするのは、彼らが特定の出来事に対する彼女の反応にではなく、彼女の一般的な政治理論に関心をもっているがためにそうするのであると言って反論する。一見したところ、これはまったく合理的であるように思われる。にもかかわらず、わたしは、この伝統的戦略は生産的ではないということを明らかにしようとしてきた。もし（一般的関心をもった理念の追求において）われわれが『人間の条件』から出発したなら、われわれが見いだすのは、魅力的ではあるが、周辺的なものであろう。彼女が政治一般について語らなければならなかった重要な事柄をわれわれが理解するのは、われわれが彼女の思想の根源に立ち返ったときのみであり、この根源は彼女の時代の特定の出来事についての彼女の考察に見いだされるのである。

しかしながらここにはふたつ目の逆説がある。というのは、もしわれわれが彼女の思想をその根源まで遡れば、アレントから非常に多くを学ぶことができるのは確かなのであるが、ナチズムやスターリニズムについての彼女の思考へ立ち返ったときにわれわれが見いだす最初のものは、戸惑いを覚えるものであるということも認められなければならない。すなわち全体主義と近代性についての卓越し、野心的で、またきわめて疑問の多い解釈である。『全体主義の起源』についての批判に直面したとき、彼女の擁護者は、その欠陥が何であれ、この本は実際に経験された現象に異例ともいえるほど忠実であると主張してきた。その本が与えた衝撃は、アレントは実際に起こったことの重大さを公平に扱っているという広範な感情が醸成されるのに大いに寄与した。(6) しかし、このことはいくつかの点では真実なのであるが、そして『全体主義の起源』が精緻な理論を提起しているというのは前に見たとおりであるが、それ自体が「自然的なものの不自然な成長」としての近代という分析ときわめて密接に関連している。彼女の思想のこの全領域は無視されてきており、全体主義、近代性、「社会」の相互連関的な説明は、ここで試みることはできないような再評価を要求する。しかしながら、推測するに、ここで示した再解釈はこうした説明をより理解可能なものにしてはいるが、完全に説得的なものにしているということはありえない。

もし(わたしがこの本で議論したように)アレントのすべての理念が密接に関連しているのであれば、このことは彼女の政治思想の全体が、その出発点である全体主義の理論と浮沈をともにしているということを意味するのであろうか。一見したところ、このような結論は理解できそうであるが、しかしわたしは、読者は本書のこの段階ではこれに対抗したいのではないかと思う。ちょうど政治的経験の根源を古典古代に遡って探求するというアレントの試みがアテナイ民主政の復活を試みることではなく、二十世紀の政治の理解を豊かにするために「真珠」や「珊瑚」[7]を求めて深海に潜る試みであったように、彼女の思想についてのわれわれ自身の研究も、彼女の思想を理解するために彼女の思想的根源へ遡るということと、彼女からわれわれが何を学べるかを考えるために前を向き直すということとの、ふたつの契機を含んでいる。われわれは、もし彼女の思想の相互連関に気づかなければ、彼女の思想を理解することはできないであろうか、しかし政治思想家としての彼女の重要性は彼女の近代についての物語の受容可能性に依拠していると想定する必要はない。

独創的な政治思想家は自らの洞察を、しばしばある種の物語という文脈において練り上げてきたが、これらの洞察の豊かさはこの物語の説得力には依拠していない。ホッブズ、ロック、ルソーは自然状態についてはそれぞれ異なった物語を語ってくれるし、またヘーゲルとマルクスは世界史について異なった物語を語ってくれる。それぞれの場合において、洞察と物語は有機的に関連しているが、しかしわれわれは物語に対する疑問を留保したまま洞察から学ぶことはできる。そしてこのことはアレントにとっても同様である。彼女の全体主義の物語や「自然的なものの不自然な成長」の物語は彼女自身の独特の洞察を展開する不可欠の枠組みを提供しているが、これらの洞察はこのような文脈から離れて一般化することもできる。

西欧思想史上のこうした巨人たちと同列に彼女を語ることは、彼女の知的能力を不当に誇張していることになるであろうか。政治思想史についての一九五五年の講義において、彼女は、過去の重要な政治思想家はそれぞれ「われわれの世界にひとつの言葉を投げ入れ、このひとつの言葉によって世界を増大させた。というのは、彼は彼の時代の決定的に新しい経験に真正面から考え抜いて答えたからである」[8]と述べた。彼女の思想を追求したあと、われわれは彼女の時代の経験に対する彼女自身の返答の過程で、アレントもまたひとつの言葉、すなわち「複数性」という言葉によって世界を「増大させた」と認めなければならないとわたしは考える。彼女の政治思想の最も実りある読み方は、近代性についての彼女の分析を、政治は自分たちのあいだに空間をもった複数の人間のあいだで行なわれるという事実について彼女が言わんとする興味深い事柄にとっての文脈として捉えることであると信じている。

注

略記一覧

HC　*The Human Condition* (Chicago, University of Chicago Press, 1958)
L of M　*The Life of the Mind* (London, Secker and Warburg, 1978) vol. I:*Thinking*; vol. II: *Willing*
MSS　The Arendt Papers in the Library of Congress, Washington DC
OR　On Revolution (Harmondsworth, Penguin, 1973)
OT1　*The Burden of Our Time* (*The Origins of Totalitarianism* のイギリス版題名) (London, Secker and Warburg, 1951)
OT2　*The Origins of Totalitarianism*, 2nd edition (London, Allen and Unwin, 1958)
OT3　*The Origins of Totalitarianism*, 3rd edition (London, Allen and Unwin, 1967)
OT4　*The Origins of Totalitarianism*, paperback edition (London, André Deutsch, 1986)

序文

（1）第一巻のジェローム・コーン編『理解のための論集——一九三〇—一九五四年』*Essays in Understanding, 1930-1954* (New York, 1994) は、ハーコート・ブレイス・ジョヴァノヴィッチ社から出版された（邦題、『アーレント政治思想集成1、2』、齊藤純一・山田正行・矢野久美子訳〔みすず書房、二〇〇二年〕）。ウルズラ・ルッツ編の、アレントの書かれざる『政治学入門』*Einführung in die Politik* のドイツ語草稿も現在入手できる（*Was ist Politik?* Aus dem Nachlass herausgegeben von Ursula Ludz, Piper: Munich, 1993.『政治とは何か』佐藤和夫訳〔岩波書店、二〇〇四年〕）。

第1章

（1）*The Origins of Totalitarianism*, 3rd edition (London, Allen and Unwin, 1967) 341-64.（この版は以下 *OT3* と略記する）V. Havel, 'The Power of Powerless' in Havel et al. (ed. J. Keane), *The Power of the Powerless: Citizens Against the State in Central-Eastern Europe*

(London, Huchinson, 1985) 23-39参照。

（2）たとえば、J. G. A. Pocock, *The Machiavellian Moment: Florentine Political Thought and the Atlantic Republican Tradition* (Princeton, Princeton University Press, 1975).

（3）G. Gaus, *Zur Person: Porträts in Frage und Antwort* (Munich, Deutscher Taschenbuch Verlag, 1965). こう言うさい、アレントは、執筆しなかった思想家であり語り手である夫ハインリッヒ・ブリュヒャーのことを考えていたのかもしれない。エリザベス・ヤング＝ブルーエルの貴重なアレント伝参照、*Hannah Arendt: For Love of the World* (New Haven and London, Yale University Press, 1982) 135.『ハンナ・アーレント伝』荒川幾男他訳（晶文社、一九九九年）一九九頁。

（4）'Remarks' to the American Society of Christian Ethics (1973) MSS Box 70, 011828.

（5）S. Wolin, 'Stopping to Think', *New York Review of Books* (26 October 1978) 16.

（6）*The Life of the Mind*（以下 *L of M* と略記する）vol. I: *Thinking* (London, Secker and Warburg, 1978) 185『精神の生活』（上）佐藤和夫訳（岩波書店、一九九四年）二一四頁。

（7）たとえば、「同情」、「憐れみ」、「連帯」の間の彼女の区別は、かなりの誤解と反論を引き起こしてきた（第五章参照）。

（8）'Hannah Arendt on Hannah Arendt' in M. A. Hill (ed.), *Hannah Arendt: The Recovery of the Public World* (New York, St Martin's Press, 1979) 336.

（9）'Hannah Arendt on Hannah Arendt' 308; 'Action and the "Pursuit of Happiness"' in *Politische Ordnung und menschliche Existenz: Festgabe für Eric Voegelin* (Munich, Beck, 1962) 2, 7, 9-10, 12; 以下を参照、P. Stern and J. Yarbrough, 'Hannah Arendt', *The American Scholar* 47 (Summer 1978) 372; B. Parekh, *Hannah Arendt and the Search for a New Political Philosophy* (London, Macmillan, 1981) 68-72; L. P. and S. K. Hinchman, 'In Heidegger's Shadow: Hannah Arendt's Shadoww: Hannah Arendt's Phenomenological Humanism', *Review of Politics* 46 (April 1984) 183-211.

（10）'Preface: the Gap Between Past and Future', and 'Truth and Politics' 両方とも *Between Past and Future: Eight Exercises in Political Thought* (New York, Viking Press, 1968) 13, 227.『過去と未来の間』引田隆也・齊藤純一訳（みすず書房、一九九四年）一三、三〇九頁。

（11）'Tradition and the Modern Age' in *Between Past and Future* 28.『過去と未来の間』、三五頁、*L of M* I 12.『精神の生活』（上）佐藤和夫訳（岩波書店、一九九四年）、一六頁。

（12）'Walter Benjamin 1892-1940' in *Men in Dark Times* (London, Jonathan Cape, 1970) 205-6.『暗い時代の人々』阿部斉訳（河出書房新社、一九七二年）、二四七―二四八頁。

(13) 恣意性が実際には熟慮されたものだということの証拠としては、'Action and the "Pursuit of Happiness"' 2-3; *L of M* I 212.『精神の生活』(上)、二四三―二四五頁。

(14) アレントが教えていたときに過去の著述家の引用や恣意的解釈を用いたことについての生き生きとした説明については、Stern and Youngbrough, 'Hannah Arendt' 373, 376. 彼女による歴史的資料の使用についてのあまり寛大でない論評については、J. N. Shklar, 'Hannah Arendt as Pariah' *Partisan Review* 50/1 (1983) 67, 69.

(15) 'Hannah Arendt on Hannah Arendt' 338.

(16) 'Action and the "Pursuit of Happiness"' 2; 'Epilogue: Reflections on the Hungarian Revolution', *The Origins of Totalitarianism*, 2nd edition (London, Allen, and Unwin, 1958) 482.

(17) *L of M* I 88.『精神の生活』(上)、一〇三頁。

(18) Young-Bruehl, *Hannah Arendt* 45.『ハンナ・アーレント伝』、八七頁。

(19) S. Kierkegaard, *Concluding Unscientific Postscript*, ed. W. Lowrie (Princeton, Princeton University Press, 1944) 68.

(20) K. Jaspers, 'Philosophical Autobiography' in P. Shilpp (ed.), *The Philosophy of Karl Jaspers* (New York, Tudor, 1957) 31. アレントがヤスパースに負っている点については、L. P. and S. K. Hinchman, 'Existentialism Politicized: Arendt's Debt to Jaspers', *Review of Politics* 533 (1991) 435-68.

(21) K. Jaspers, Philosophy, trans. E. B. Ashton (Chicago, University of Chicago Press, 1969) vol. I 34; Young-Bruehl, *Hannah Arendt* 74.

(22) 'Martin Heidegger at 80' in M. Murray (ed.), *Heidegger and Modern Philosophy* (New Haven, Yale University Press, 1978) 296-8. アレントがハイデガーに負っている点については、Hinchman and Hinchman, 'In Heidegger's Shadow'.

(23) 'Hannah Arendt on Hannah Arendt' 336. Kierkegaard, 'out upon the deep with 70,000 fathoms of water under him', *Stages on Life's Way* (London, Oxford University Press, 1940) 402.

(24) たとえば、Parekh, *Hannah Arendt* xii.

(25) *The Human Condition* (Chicago, University of Chicago Press, 1958) 170-1(この版は以下 *HC* と略記する)。『人間の条件』志水速雄訳〔ちくま学芸文庫〕(筑摩書房、一九九四年)、二六七―二六九頁。

(26) Stern and Yarbrough, 'Hannah Arendt' 375.

(27) たとえば、R. Beiner, 'Hannah Arendt and Leo Strauss: the Uncommenced Dialogue', *Political Theory* 18/2 (May 1990) 251; B.

Crick, 'On Rereading The Origins of Totalitarianism' in Hill, *Hannah Arendt* 43; C. Lefort, *Democracy and Political Theory* (Cambridge, Polity, 1988) 48.

(28) P. Gay, *Weimar Culture: the Outsider as Insider* (London, Secker and Warburg, 1968) 70.

(29) 'Understanding and Politics', *Partisan Review* 20/4 (July-August 1953) 390.

(30) ハイデガーと同様に、である（第四章以下参照）。

(31) 第五章以下参照。

(32) *OT3* 479.

(33) 'Love and Saint Augustine: an Essay in Philosophical Interpretation', translated by E. B. Ashton, MSS Box 66. この草稿にはアレントが一九六〇年代に取りかかっていたが、完成しなかった修正版の冒頭の箇所が含まれている。本書の脈絡では、〇三三一九〇頁を〇三三二九三頁と比較せよ。ヤング・ブルーエルの『ハンナ・アーレント伝』*Hannah Arendt* には、その博士論文の概要が載せられている〔邦訳ではその部分は訳出されていない〕。議論の付いた要約は、P. Boyle, 'Elusive Neighborliness: Hannah Arendt's Interpretation of Saint Augustine' in J. W. Bernauer JH (ed.), *Amor Mundi: Explorarions in the Faith and Thought of Hannah Arendt* (Boston/Dordrecht/Lancaster, Martinus Nijhoff, 1987) 81-113.

(34) Arendt to Jaspers, 7 September 1952, *Hannah Arendt/Karl Jaspers: Briefwechsel 1926-1969*, ed. L. Köhler and H. Saner (Munich, Piper, 1985) 234. 次も参照、Shklar, 'Hannah Arendt as Pariah' 64-77.

(35) Young-Bruehl, *Hannah Arendt* 109; Gaus, *Zur Person* 20.

(36) Gaus, *Zur Person* 21.

(37) Young-Bruehl, *Hannah Arendt* 56.

(38) *Rahel Varnhagen: the Life of a Jewish Woman*, trans. R. and C. Winston (San Diego, Harcourt Brace Jovanovich, 1974) 227. アレントのラーヘルの扱いに関する啓発的な議論については、D. Barnouw, *Visible Spaces: Hannah Arendt and the German-Jewish Experience* (Baltimore and London, Johns Hopkins University Press, 1990) 30-71.

(39) *Rahel Varnhagen* 9-12, 21.

(40) Gaus, *Zur Person* 19-20; Young-Bruehl, *Hannah Arendt* 102-8, 138-9.

(41) Arendt to Jaspers, 29 January 1946, *Briefwechsel* 67. ブリュヒャーは、非常に若かったとき、一九一八—一九年に、ローザ・ルクセンブルクとカール・リープクネヒトに率いられ失敗に終わった、ドイツのスパルタクス団の蜂起に関わり、のちに共産党に入党した。

Young-Bruehl, *Hannah Arendt* 124-8 参照。

（42）'The Jew as Pariah: A Hidden Tradition' (April 1944). アレントのユダヤ人問題についての著作の価値ある収録集である，Ron H. Feldman, *The Jew as Pariah: Jewish Identity and Politics in the Modern Age* (New York, Grove Press, 1978) 76.『パーリアとしてのユダヤ人』寺島俊穂・藤原隆裕宜訳（未來社，一九八九年），四八頁。フェルドマンの序文も参照，'Introduction' 31. アレントはのちにベルナール・ラザールの著作集を編集した（Job's Dungheap, New York, Schocken Books, 1948）。

（43）'Zionism Reconsidered' (1944) in *The Jew as Pariah* 152-3.『パーリアとしてのユダヤ人』，一六七―一六九頁。

（44）Young-Bruehl, *Hannah Arendt* 170-9; *The Jew as Pariah* 33-9. アレントのシオニズム問題についての著作の詳細な議論は，Branouw, *Visible Spaces* 72-134 にある。

（45）フェルドマンの 'Introduction' to *The Jew as Pariah* 20-47 にはこの問題についてのとりわけ有益な議論がある。

（46）'The Jewish State: Fifty Years After' (May 1946), in *The Jew as Pariah* 166-74; 'Imperialism: Road to Suicide', *Commentary* 1 (February 1946) 32-3.

（47）'Franz Kafka: a Revaluation', *Partisan Review* 11/4 (Fall 1944) 416-17.

（48）*The Burden of Our Time* (London, Secker and Warburg, 1951) viii. この版は以下では *OT*1 と略記する。

（49）T. Weiss, 'The Web-For Hannah Arendt' in *The Medium: Poems by Theodore Weiss* (New York, Macmillan, 1965) 40-1 と Arendt to Jaspers, 23 October 1965, *Biefwechsel* 650 参照。

（50）*OT* 3 330.

（51）*OT* 1 vii.

（52）*HC* 7.『人間の条件』，二〇頁〔訳語一部変更〕。アレントは（女性解放運動の多くの側面に共感を示さなかったので）伝統的用語を使い続けた。'persons' とか 'human beings' と語るのが煩わしい場合は，彼女の用例に従うことにする。

（53）'Introduction into Politics'. 第四章以下参照。

（54）たとえば，多様な哲学的伝統へのアレントが負っていることとそれとの相違点については，多くの優れた研究のなかで考察されてきた。たとえば，Parekh, *Hannah Arendt*; Hinchman and Hinchman, 'Existentialism Politicized' と 'In Heidegger's Shadow'; R. Beiner の編集したアレントの『カント政治哲学の講義』浜田義文監訳（法政大学出版局，一九八七年）*Lectures on Kant's Political Philosophy* (Chicago, University of Chicago Press, 1982) 所収の彼自身による「解釈的試論」（'Interpretive Essay'）を参照されたい。

第二章

＊『全体主義の起源』ののちの版は、われわれが次章で議論することになるアレントの議論の展開を組み入れているので、本章でのその著書への引照は通常、*The Burden of Our Time* (London, Secker and Warburg, 1951) としてイギリスで出版され、以下 *OT*1 と略記する第一版による。

（1）‘The Jewish State: Fifty Years After’ (1946),in *The Jew as Pariah: Jewish Identity and Politics in the Modern Age* (New York, Grove Press, 1978) 174.

（2）S. Benhahib, ‘Hannah Arendt and the Redemptive Power of Narrative’, *Social Research* 57/1 (Spring 1990) 173.

（3）‘A Reply’, *Review of Politics* 15 (January 1953) 77-8.

（4）‘A Reply’ 78.

（5）Arendt to Jaspers, 19 November 1948, in *Hannah Arendt/Karl Jaspers: Briefbechsel 1926-1969*, ed. L. Köhler and H. Saner (Munich, Piper, 1985) 158.

（6）バーナード・クリックが指摘しているように、アレントは正当化を試みずにその用語のこのような使用を採り入れた (B. Crick, ‘On Regarding *The Origins of Totalitarianism*’, in M. A. Hill (ed.), *Hannah Arendt: the Recovery of the public World* (New York, St. Martin’s Press, 1979) 29)。

（7）Arendt to Mary Underwood, Houghton Mifflin, 16 August 1946, MSS Box 24. それは実際に基本的には、最終的に出版された本の最初の二部、「反ユダヤ主義」と「帝国主義」から成っていたであろう。だからといって、スターリニズムとの類比を彼女がまったく考えていなかったということではない。彼女は、一九四六年九月に出た書評のなかでスターリンの体制を「全体主義的」とみなすことを明らかにしていたし（‘The Image of Hell’, *Commentary* 2/3 (September 1946)）、一年後ヤスパースに宛てて、その本の第三部は、これまで「全体主義」という副題が付けられているが、ロシアと関係する基本的資料に気づいたところなので、無から始めねばならないと語っている (Arendt to Jaspers, 4 September, *Biefwechsel* 134)。しかし、彼女はしばらくの間その本の最終部も包括的な意味での全体主義よりもむしろナチズムに関わっていると考え続けていたようである。一九四八年二月に彼女は、ホートン・ミフリン社のポール・ブルックスに執筆中の本は「反ユダヤ主義」「帝国主義」「全体主義」という三部構成になっており、「人種主義的な型の全体主義体制としてのナチズム」についての第三部の執筆に取りかかったところだと報告している (13 February 1948, MSS Box 24, 001632)。

（8）その本が出版されたときには、彼女はスターリニズムはナチズムよりもより進んだ全体主義の形態とみなすようになっていた。‘Ideology and Propaganda’ (1950) MSS Box 64, 5; ‘On The Nature of Totalitarianism’ (2nd MS1950) (c. 1952-3) MSS Box 69, 7.

（9）たとえば、Lecture at the Rand School (1948 or 1949) MSS Box 70 参照。次も参照、E. Young-Bruehl, *Hannah Arendt: For Love of the World* (New Haven and London, Yale University Press) 206-11.『ハンナ・アーレント伝』、二八八―二九五頁。

（10）*OT*1 ix.

（11）Karl Jaspers to Heinrich Blücher, 21 July 1952, *Briefwechsel* 222.

（12）アレントがホートン・ミフリン社のメアリー・アンダーウッドに宛てて書いているように、その本は次の四部構成になるはずだった。Ⅰ「政治の嵐の中心へとユダヤ人の辿った道」Ⅱ「国民国家の解体」Ⅲ「膨張と人種」Ⅳ「帝国主義の完成形態」――「人種帝国主義――ナチズム」はその最終章となるはずであった (16 August 1946, MSS Box 24)。

（13）'On the Nature of Totalitarianism' (2nd MS) 6-8.

（14）*OT*1 vii-viii.

（15）'Imperialism' in 'Outlines and Research Memoranda', Box 69.

（16）'Organized Guilt and Universal Responsibility', *Jewish Frontier* (January 1945) 22-3. 'Approaches to the "German Problem"', *Partisan Review* 12/1 (Winter 1945) 94-5, 97.

（17）'Organized Guilt' 23.

（18）たとえば、G. L. Mosse, *The Crisis of German Ideology? Intellectual Origins of the Third Reich* (New York, Grosset and Dunlap, 1964) 参照。

（19）P. Connerton, *The Tragedy of Enlightenment? — an Essay on the Frankfurt School* (Cambridge, Cambridge University Press, 1980). この種の「近代的生活形態の全面的拒絶」に対する説得的な批判については、J. Habermas (trans. F. Lawrence), *The Philosophical Discourse of Modernity* (Cambridge, Polity, 1987) 338 参照。

（20）R. Luxemburg, 'The Junius Pamphlet: the Crisis in the German Social Democracy, February-April 1917' in R. Luxemburg, *The Mass Strike* (New York) 111, 216.

（21）Benhabib, 'Hannah Arendt and the Redemptive Power of Narrative' 171.

（22）いくつかのほかの点と同じようにこの点でも、アレントの思想は、東欧での異議申し立てや革命によって影響を受けた政治思想家に最近好まれるようになってきた思想と適合している (J. Keane, *Democracy and Civil Society* (London, Verso, 1988) 31-4)。

（23）'A Reply' 80.

（24）*OT*1 183.

(25) *OT*1 433.「人間の本性」についてのアレントの見解についての議論は、第四章参照。

(26) このコメントはジョージ・ケイティブの思索に富んだ説明にも当てはまる (G. Kateb, *Hannah Arendt: Politics Conscience, Evil* (Oxford, Martin Robertson, 1984) ch.. 2)。

(27) *OT*1 vii, 374, 414, 433-4.

(28) *OT*1 432.

(29) 'Understanding and Politics', *Partisan Review* 20/4 (july-August 1953) 386; 'A Reply' 83-4.

(30) *OT*1 ix. のちに、とくにアイヒマンという人物に直面したとき、アレントは悪を「根源的」なものとして語ることは、悪にそれが保持していない深みをもっていると信じてしまうことになるという結論に到達した。その代わり、彼女は悪の「凡庸さ」に注目した (*Eichmann in Jerusalem: A Report on the Banality of Evil* (London, Faber, 1963); '"Eichmann in Jerusalem": an Exchange of Letters between Gershom Scholem and Hannah Arendt', *Encounter* (January 1964) 56)。アレントはその当時自分が最初にその言葉を使ったと明らかに考えていたが、カール・ヤスパースは実際にずっと以前にナチスのことをこのような観点から彼女宛ての手紙に書いていた (Jaspers to Arendt, 19 October 1946, *Briefwechsel* 99)。エリザベス・ヤング＝ブルーエルは、アレントはこのような思想変容を遂げたさい、「長い間の悪夢から解放された。彼女はもはや怪物や悪魔が何百万もの殺害を巧みに計画したという考えを抱かずにすむようになった」ということを示唆している (Young-Bruehl, *Hannah Arendt* 367)。しかしながら、本書で提示されたアレントの全体主義論についての解釈が正しいなら、彼女は決して「怪物や悪魔」という視点から考えたことはなかったし、「凡庸さ」と表現することによって、実は、彼女が全体主義の中心にずっと位置づけていた、非人間的な諸力に身を委ねることと人間を動物の種に貶めることをより正確に叙述したのである。

(31) 'A Reply' 83.

(32) *OT*1 414.

(33) *OT*1 426.

(34) *OT*1 426.

(35) *OT*1 428.

(36) *OT*1 426.

(37) *OT*1 432.

(38) 'Ideology and Propaganda' 19-21.

(39) *OT*1 432.
(40) *OT*1 431.
(41) *OT*1 370-4.
(42) *OT*1 337; 'Ideology and Terror: a Novel Form of Government', in *The Origins of Totalitarianism*, 3rd edition (London, Allen and Unwin, 1967) 471. この版は以下 *OT*3 と略記する。
(43) これは、「すべては許される」と同じ意味ではない――幾人かの論評者には失礼かもしれないが（たとえば、S. Dossa, *The Public Realm and the Public Self: the Political Theory of Hannah Arendt* (Walterloo, Wilfred Laurier Press, 1989) 32）。アレントは区別しているが、強調はしていない。しかし、彼女はのちの機会に詳細に述べている（たとえば、*OT*3 440; 'Discussion: The Nature of Totalitarianism' in C. J. Friedrich (ed.), *Totalitarianism* (New York, Grosset and Dunlap, 1964) 228）。
(44) *OT*1 372, 432; 'Ideology and Propaganda' 22-4. この点についてのアレントの思考を解釈する問題についてのより包括的な議論については、M. Canovan, 'Hannah Arendt on Ideology in Totalitarianism' in N. O'Sullivan (ed.), *The Structure of Modern Ideology* (Aldershot, Edward Elgar, 1989) 151-71.
(45) Arendt to Jaspers, 4 March 1951, *Briefwechsel* 202.
(46) 'On the The Nature of Totalitarianism' (2nd MS) 9.
(47) *OT*1 433.『全体主義の起源』を書き終えたあと、マルクスがスターリニズムを可能にするのにどのように役立ったかについて省察し続けたとき、彼女はこの立場をさらに進め、「イデオロギーとテロル」という論文のなかでそれに古典的表現を与えた。それを彼女はその書ののちの版に付け加えた。このことについては次の章で議論する。
(48) *OT*1 433.
(49) 'A Reply' 78.
(50) 彼女は、それを読めば全体がわかることを意図した「包括的な序文」は決して書かなかった (Arendt to Paul Brooks, 13 February 1948, Houghton Mifflin Correspondence 001632)。
(51) 'Imperialism', in 'Outlines and research Memoranda'（強調はカノヴァン）。
(52) 'Outline: The Elements of Shame: Antisemitism - Imperialism - Racism' (1946) MSS Box 69.
(53) *OT*1 viii. 一九六七年に彼女はもう一度全体主義における反ユダヤ主義の位置は本質的であるというよりもむしろ手段的だということを強調した（'Preface to Part One: Antisemitism' (1967), in the paperback edition of *The Origins of Totalitarianism* (London, Andre

Deutsch, 1986) xvi.（この版は以下では *OT*4 と略記する）。次を参照、'Social Science Techniques and the Study of Concentration Camps', *Jewish Social Studies* 12/1 (1950) 53.

（54）Arendt to Paul Brooks, 13 February 1948, Houghton Mifflin Correspondence 001632.

（55）T. Hobbes, *Leviathan*, ed. M. Oakeshott (Oxford, Blackwell, 1960) 64.

（56）彼女が目立って偏見を抱いている対象である (Kateb, *Hannah Arendt* 66-8 参照)。

（57）*OT*1 145.

（58）*OT*1 146.

（59）*OT*1 138.

（60）'Preface to Part Two: Imperialism' *OT*4 xviii.

（61）*OT*1 207-21.

（62）*OT*1 215.

（63）*OT*1 221.

（64）*OT*1 220-1.

（65）*OT*1 144.

（66）*OT*1 79, 261. 'Concerning Minorities', *Contemporary Jewish Record* 7/4 (August 1944) 360-5.

（67）*OT*1 229-31.

（68）*OT*1 14, 17.

（69）*OT*1 275, 287-9.

（70）*OT*1 144. われわれは、アレントが『革命について』を書いたときまでにフランス革命の象徴的な値打ちか肯定的なものから否定的なものに変わっていたことを記す機会があるだろう。文明という人間主義的世界の味方をする代わりに、フランス革命はその世界に対して容易に解き放たれうる野蛮行為の奔流の味方をするようになった。

（71）*OT*1 229.

（72）「世界喪失」と「野蛮状態」については、'On Humanity in Dark Times: Thoughts about Lessing', *Men in Dark Times* (London, Jonathan Cape, 1970) 13; R. H. Feldman, 'Introduction: The Jew as Pariah: the Case of Hannah Arendt (1906-1975)', *The Jew as Pariah* 27, 41-5.

（73）国民国家に対する代案に関するアレントの見解については、第六章以下参照。
（74）*OT*1 419-23.
（75）'We Refugees' (1943) in *The Jew as Pariah*.「われら亡命者」『パーリアとしてのユダヤ人』所収。
（76）*OT*1 284.
（77）*OT*1 290.
（78）*OT*1 296.
（79）*OT*1 298; '"he Rights of Man": What Are They?' *Modern Review* 3/1 (Summer 1949) 33-4.
（80）彼女がこれを第二次世界大戦直後に書いていたとき、彼女はヨーロッパの国民国家と政党制の崩壊は不可逆的だと思っていた（たとえば、'Parties, Movements, and Classes' Partisan Review 12/4 (Fall 1945) 504-13 を参照。その後の経験によっても彼女の考えは変わらなかった（J. N. Shklar, 'Hannah Arendt as Pariah' *Partisan Review* 50/1 (1983) 69）。
（81）*OT*1 183.
（82）'The Political Meaning of Racial Antisemitism' (c. 1946) in 'Outlines and Research Memoranda'.
（83）*OT*1 436.
（84）Kateb, *Hannah Arendt* 61-2.
（85）S. Dossa, 'Human Status and Politics: Hannah Arendt on the Holocaust', *Canadian Journal of Political Science* 13/2 (June 1980) 320-3; Dossa, *The Public Realm and the Public Self* 35. アレントは、疑いもなく同世代の偏見を共有していた (Arendt to Jaspers, 13 April 1961, *Briefwechsel* 471-2)。もし、彼女のいう「原住民」の後裔が彼女の予感にいくつかの点で反するほど、人類に組み入れられた現時点で書いていたとしたら、彼女は違う言葉遣いをしていただろう。とはいえ、彼女が自分が属する民族集団を侮辱することを避けるために大して配慮しなかったことを考えてみると、このことに確信がもてなくなる。
（86）*OT*1 185.
（87）*OT*1 192.
（88）*OT*1 192.
（89）*OT*1 194.
（90）S. K. Hinchman, 'Common Sense and Political Barbarism in the Thought of Hannah Arendt' *Polity* 17/2 (1984) 317-39.
（91）この点についてのアレントの思想の展開の一段階は、彼女の論文 'Imperialism, Nationalism, Chauvinism' *Review of Politics* 7/4

(October 1945) 441-63 において注目することができる。

(92) *OT*1 232.

(93) *OT*1 231.

(94) *OT*1 234.

(95) *OT*1 150.

(96) *OT*1 107, 155.

(97) *OT*1 327. アレントはこの段階で全体主義にとってのブルジョワ的先行形態を見いだすつもりであったのであり、プロレタリア的先行形態ではなかった。のちに見るように、全体主義とマルクス主義とのつながりについてののちの研究によって彼女の立場は変わった。

(98) *OT*1 190.

(99) *OT*1 330.

(100) *OT*1 190.

(101) *OT*1 330.

(102) *OT*1 431; 'Preface to Part One: Antisemitism', 1967, *OT*4 xv; 'A Reply', 81.

(103) 第六章以下参照。

(104) 'Previleged Jews', *Jewish Social Studies* 8/1 (1946) 6.

(105) Mosse, *Crisis of German Ideology* を参照。

(106) 'Preface to Part One: Antisemitism', 1967, *OT*4 xi-xiv.

(107) 'The Political Meaning of Racial Antisemitism'.

(108) 'Preface to Part One: Antisemitism', *OT*4 xv-xvi.

(109) 'The Elements of Shame'. アレントは、序章で「反ユダヤ主義と人種イデオロギーとの間のこの奇妙な類似性」を扱うつもりだったと書き加えている。彼女が行なっていることを読者に説明する彼女の計画の残りのものと同様に、これはまったく実を結ばなかった。

(110) Feldman, 'Introduction', *The Jew as Pariah* 21-37.

(111) 'The Elements of Shame'.

(112) ユダヤ人の「世界喪失」と政治的自覚の欠如については、'Portrait of a Period', (1943) 112, 121; 'The Jew as Pariah: a Hidden Tradition' (1944) 77, 90; 'Jewish History, Revised' (1948) 96-7; and Feldman, 'Introduction' 22-7, 46-7 参照（すべて、*The Jew as Pariah*

に所収)。'Privileged Jews' 4-6, 28-30 も参照。D. Barley, 'Hannah Arendt: Die Judenfrage' *Zeitschrift für Politik* 35/2 (1988) 116-17.

(113) *OT*1 37, 48, 87.

(114) Feldman, 'Introduction', The Jew as Pariah 24-8.

(115) 'Privileged Jews', 7-13.

(116) *OT*1 22-3.

(117) 'Zionism Reconsidered' (1944) 137; 'To Save the Jewish Homeland' (1948) 182; Feldman, 'Introduction' 47(すべて、*The Jew as Pariah* に所収)。

(118) *OT*1 25.

(119) *OT*1 56.

(120) *OT*1 66. ほかの箇所で、アレントは「意識的パーリア」の道を選んだ——そのことは、ベルナール・ラザールのように「反逆者」となることを意味していた——一定のユダヤ人に対する賞賛を明示した('The Jew as Pariah: a Hidden Tradition' 76-8)。当初の計画では、『全体主義の起源』は「パーリアとしてのユダヤ人」に関する章を含むはずだった('The Elements of Shame')。

(121) *OT*1 66.

(122) 'We Refugees' 60.『パーリアとしてのユダヤ人』、二九頁、'Privileged Jews' 28-30; *Rahel Varnhagen: the Life of a Jewish Woman, trans. R. and C. Winston* (San Diego, Harcourt Brace Jovanovich, 1974) 7, 217-18.

(123) *OT*1 71.

(124) *OT*1 87.

(125) *OT*1 91.

(126) *OT*1 95.

(127) *OT*1 106.

(128) *OT*1 117.

(129) *Eichmann in Jerusalem* 8, 104-11, 152-3, 178-81.

(130) *OT*1 242.

(131) 'On the Nature of Totalitarianism' 60 (2nd MS) 7.

(132) 'Ideology and Propaganda' 6.

(133) *OT*1 304.
(134) *OT*1 316.
(135) 'Organized Guilt' 22.
(136) 'Organized Guilt' 23.
(137) *OT*1 331.
(138) 初期の論文でアレントは、この種の個人的無責任さがドイツの特徴だと示唆した。しかし、『全体主義の起源』のなかでは彼女は用心深く、全体主義を特殊ドイツのでなく、ヨーロッパの経験として提示している。'Approaches to the "German Problem"' 93-7; Kateb, *Hannah Arendt* 73-4.
(139) *OT*1 324.
(140) 共通感覚と「世界」との関連については、第四章以下を参照。Hinchman, 'Common Sense and Political Barbarism' も参照のこと。
(141) *OT*1 343.
(142) *OT*1 343.
(143) *OT*1 353.
(144) *OT*1 356, 361.
(145) 'What is Authority?', *Between Past and Future — Eight Exercises in Political Thought* (New York, Viking Press, 1968) 99.『過去と未来の間』、一三四―一三五頁。
(146) *OT*1 369.
(147) *OT*1 371.
(148) *OT*1 373.
(149) *OT*1 375.
(150) Kateb, *Hannah Arendt* 79.
(151) *OT*1 431.
(152) *OT*1 220. 次も参照、Canovan, 'Hannah Arendt on Ideology' 159-61.
(153) *OT*1 403.
(154) *OT*1 409.

(155) *OT*1 411. アイヒマン裁判の証拠を検証したあとで、アレントは全体主義者たちが試みたにもかかわらず、彼らは記憶を完全に消去することに決して成功しなかったし、そのことは圧倒的不利な状況に対して立ち向かう英雄的行為について語りうる物語があるはずだということをいっそう重要だとする結論に達した（*Eichmann in Jerusalem* 212）。

(156) *OT*1 412.

(157) *OT*1 414.

(158) 'The Image of Hell' 292; 'Social Science Techniques and the Study of Concentration Camps' 49-64.

(159) *OT*1 428.

(160) *OT*1 432.

(161)『全体主義の起源』ののちの版は「イデオロギーとテロル」という論文で終わっている。その論文は、ある意味でアレントの全体主義理解を要約しているが、彼女が「わたしが最初の原稿を書き終えたときには保持していなかった、厳密に理論的な性格をもった特定の洞察」と呼んだものを明確化している（'Introduction' (1966) *OT*3 viii）。それらの洞察は、彼女が『全体主義の起源』出版後に取りかかった「マルクス主義の全体主義的諸要素」についての省察の一部であった。「イデオロギーとテロル」は、次の章で見るように、それらの省察の文脈に置いてみると最もよく理解できる。

(162) *OT*1 429.

(163) *OT*1 430.

(164) *OT*1 431.

(165) *OT*1 433.

(166) *OT*1 434.

(167) *OT*1 427.

(168) *OT*1 437.

(169) *OT*1 439.

第三章

(1) R. H. King, 'Endings and Beginnings: Politics in Arendt's Early Thought', *Political Theory* 12/2 (May 1984) 235.

(2) S. J. Whitfield, *Into the Dark: Hannah Arendt and Totalitarianism* (Philadelphia, Temple University Press, 1980) 134, 158-60.

（3）‘Project: Totalitarian Elements in Marxism’ (1951-2) Correspondence with the Guggenheim Foundation, MSS Box 17, 012649.

（4）‘Karl Marx and the Tradition of Western Political Thought’ (first draft, short MS, 1953) MSS Box 64, 3.

（5）‘Project: Totalitarian Elements in Marxism’, 012649.

（6）W. A. Suchting, ‘Marx and Hannah Arendt’s The Human Condition’, *Ethics* 73 (October 1962) 47-55; B. Parekh, ‘Hannah Arendt’s Critique of Marx’ in M. A. Hill (ed.), *Hannah Arendt: The Recovery of the Public World* (New York, St Martin’s Press, 1979) 67-100.

（7）‘“Eichmann in Jerusalem”: an Exchange of Letters between Gershom Scholem and Hannah Arendt’, *Encounter* (January 1964) 53.

（8）たとえば、‘The Jew as Pariah’ (1944) 71, 76, 81; ‘Zionism Reconsidered’ (1945) 140, 152; ‘Peace or Armistice in the Near East’ (1950) 214（すべて、*The Jew as Pariah: Jewish Identity and Politics in the Modern Age* (New York, Grove Press, 1978) に所収）; ‘Christianity and Revolution’, *The Nation* (22 September 1945) 288-9.

（9）*The Burden of Our Time* (London, Secker and Warburg, 1951) 107-17, 189, 310.（この版は、以下では *OT*1 として略記する。）

（10）‘Reflections on Little Rock’, *Dissent* 6/1 (Winter 1959) 46.

（11）‘Privileged Jews’, *Jewish Social Studies* 8/1 (1946) 6, 22; Arendt to Jaspers 25 December 1950, Jaspers to Arendt 7 January 1951, Arendt to Jaspers 4 March 1951, *Hannah Arendt/Karl Jaspers: Briefwechsel 1926-1969*, ed. L. Köhler and H. Saner (Munich, Piper, 1987) 196, 199, 203.

（12）Arendt to Jaspers 13 May 1953, *Briefwechsel* 252.

（13）‘The Ex-Communists’, *Commonweal* 57/24 (20 March 1953) 595-9; *The Human Condition* (Chicago, University of Chicago Press, 1958) 79.『人間の条件』、一三三頁（以下 *HC* と略記する）。

（14）この議論は、わたしが一九七八年に「ハンナ・アレントの政治思想の矛盾」（‘The Contradictions of Hannah Arendt’s Political Thought’ *Political Theory* 6/1 February 1978）という論文のなかで提唱した立場の修正を表わしている。わたしは当時「労働者」と関係するアレントの思想に気づいていたが、彼女の初期の思想における急進的なポピュリスト的要素の重要性を把握していなかったので、彼女の思想が一九五〇年代にどのように変容したかについて誤って解釈していた。

（15）Arendt to H. A. Moe, 29 January 1953, Guggenheim Correspondence 012641.

（16）アレントがトクヴィルについて一九五五年にカリフォルニア大学で講義したとき、彼女は明らかに彼のアプローチと自分のアプローチとの類似性に感動した。彼女の講義ノートにはJ・P・メイヤーのトクヴィルに関する本から非常に強調された引用が含まれている。その本は、トクヴィル自身がどのようにプラトン、マキアヴェリ、バークらを読んだかを記録するとともに、彼が生きた時代を理解しようとしている。「彼は、自分のアメリカ観察の価値を政治的教説の西欧の遺産全体と比べて評価する必要を感じていた。」引用は、J. P. Mayer, *Prophet of the Mass Age: A Study of Alexis de Tocqueville* (London, Dent, 1939) 15, in Arendt's 'Lectures on the History of Political Theory' (1955) MSS Boxes 40-1 024094 から。

(17) N. O'Sullivan, 'Hannah Arendt: Hellenic Nostalgia and Industrial Society' in A. de Crespigny and K. Minogue (eds.), *Contemporary Political Philosophers* (London, Methuen, 1976) 228-51; J. N. Shklar, 'Hannah Arendt as Pariah', *Partisan Review* 50/1 (1983) 71.

(18) *OT*1 vii.

(19) 'Tradition and the Modern Age' in *Between Past and Future: Eight Exercises in Political Thought* (New York, Viking Press, 1968) 28.

(20) 'Preface: the Gap Between Past and Future' in *Between Past and Future: Eight Exercises in Political Thought* 13.『過去と未来の間』、一五頁。S. S. Draenos, 'Thinking Without A ground: Hannah Arendt and the Contemporary Situation of Understanding' in Hill, *Hannah Arendt* 209-24.

(21) 'Tradition and the Modern Age' 25.『過去と未来の間』、三一頁。'What is Authority?'（この論文も *Between Past and Future* 所収）125.『過去と未来の間』、一七〇―一七一頁。

(22) 'Karl Marx and the Modern Age' (2nd draft) section III, 20.

(23) 'What is Authority?' 94.『過去と未来の間』、一二七頁。'Tradition and the Modern Age' 28.『過去と未来の間』、三五頁。

(24) 'Understanding and Politics', *Partisan Review* 29/4 (July-August 1953) 391. アレントが計画していたマルクスに関する本のなかでのこの論文の位置については、彼女のムー宛の手紙を参照 (Arendt to Moe, 29 January 1953, Guggenheim Correspondence 012642) ; E. Young-Bruehl, *Hannah Arendt: For Love of the World* (New Haven, Yale University Press, 1982) 278.

(25) 'Understanding and Politics' 390-1; 'The Great Tradition and the Nature of Totalitarianism' (1953) MSS Box 68, lecture I.

(26) 'Tradition and the Modern Age' 25-39.『過去と未来の間』、三一―四九頁。'Karl Marx and the Tradition' (2nd draft) section I.

(27) 'Tradition and the Modern Age' 21-2.『過去と未来の間』、二八―二九頁〔訳文一部変更〕。

(28) 'Tradition and the Modern Age' 18-21.『過去と未来の間』、二〇―二四頁。

(29) 'The Ex-Communists' 597.

(30) 'Karl Marx and the Tradition' (1st draft, short MS) 3.

(31) 'Project: Totalitarian Elements in Marxism', 012649.

(32) *HC* 79-80.『人間の条件』、一三三―一三五頁。

(33) *HC* 81-5.『人間の条件』、一三五―八頁。

(34) *HC* 98.『人間の条件』、一五四頁。

(35) *HC* 124-5.『人間の条件』、一八四―一八五頁。

(36) *HC* 229.『人間の条件』、三六〇頁。

(37) *HC* 139-44, 228-30.『人間の条件』、二二七―二三四頁、三五九―三六二頁。

(38) 'Religion and Politics', *Confluence* 2/3 (September 1953) 115; 'The Concept of History', *Between Past and Future* 79.『過去と未来の間』、一〇五―一〇六頁。

(39) *HC* 306, 85-8, 101-2.『人間の条件』、四七九、一四〇―一四二、一三七―一三九頁。

(40) *HC* 105-6.『人間の条件』、一六二―一六三頁。'Tradition and the Modern Age' 32.『過去と未来の間』、三九―四〇頁。'Karl Marx and the Tradition' (1st draft, short MS) 3-7.

(41) *HC* 81.『人間の条件』、一三五―一三六頁。

(42) *HC* 89, 45, 116, 255, 313.『人間の条件』、一四二―一四三、六八―六九、一七四、四一一―四一二、四八八頁。*On Revolution* (Harmondsworth, Penguin, 1973) 64.『革命について』志水速雄訳（ちくま学芸文庫、一九九五年）九七頁。以下 *OR* と略記する。

(43) 'The Impact of Marx' (c. 1952-3) MSS Box 68.

(44) 'The Concept of History' 42-8.『人間の条件』、五二―六二頁。

(45) *HC* 296.『人間の条件』、四六六頁。

(46) 'The Concept of History' 42-7, 71-3.『過去と未来の間』、五二―六〇頁。

(47) 'Philosophy and Politics: the Problem of Action and Thought after the French Revolution' (1954) MSS Box 69, 023385; 'The Concept of History' 75.『過去と未来の間』、一〇〇頁。

(48) 'Philosophy and Politics' 02388. これは、個々人の人生についての語りうる物語に対するアレントの強調を表わす文脈の一部である。

(49) *HC* 7.『人間の条件』、二〇頁。

(50) *HC* 116.『人間の条件』、一七四頁〔訳語変更〕。

(51) *OR* 94.『革命について』、一四〇頁。*HC* 46.『人間の条件』、七〇頁。

(52) *HC* 33, 44-7, 89, 116.『人間の条件』、五四―五五、六八―七三、一四二―一四三、一七四頁。

（53）*HC* 47-54, 60.『人間の条件』、七三―八一、八九―九〇頁。
（54）'Philosophy and Politics' 02388.
（55）*HC* 228-9.『人間の条件』、三五七―三五九頁。'Philosophy and Politics' 115.
（56）*OR* 61.『革命について』、九三頁。
（57）'Einleitung: der Sinn von Politik' (c. 1956) MSS Box 60, 002.
（58）B. Cooper, 'Action into Nature: Hannah Arendt's Reflections on Technology' in R. B. Day, R. Beiner and J. Masciulli. (eds.), *Democratic Theory and Technological Society* (New York, M. E. Sharpe, 1988) 316-35 参照。もっとも、クーパーはアレントの思想における技術、全体主義、社会・経済的発展との間のつながりを明らかにしていないが。
（59）*HC* 2-3.『人間の条件』、一二頁。次も参照。*OT*1 434-5, 438.
（60）*HC* 248, 262-3, 268, 284-5, 322-3.『人間の条件』、四〇三、四二〇―四二一、四五〇―四五一、五〇〇―五〇一頁。'The Conquest of Space and the Stature of Man', *Between Past and Future* 278-9.『過去と未来の間』、三七八―三七九頁〔引用はフランツ・カフカ『決定版カフカ全集』第三巻、飛鷹節訳、新潮社、一九七七年、三〇九頁から〕。'The Archimedean Point' *Ingenor* (Spring 1969) 4-9, 24-6.
（61）*HC* 230-2, 323.『人間の条件』、三六二―三六三、五〇二頁。'The Concept of History' 59.『過去と未来の間』、七六―七七頁。
（62）*HC* 230-2, 238.『人間の条件』、三六二―三六三、三七三―三七四頁。
（63）*HC* 274.『人間の条件』、四三七―四三八頁。
（64）*HC* 261.『人間の条件』、四二〇頁。'The Archimedean Point' 24; 'The Conquest of Space' 277.『過去と未来の間』、三七七頁。
（65）*HC* 288.『人間の条件』、四五五頁。
（66）'The Conquest of Space' 277.『過去と未来の間』、三七八頁〔訳文一部変更〕。
（67）'The Concept of History' 87-9.『過去と未来の間』、一一六―一二〇頁。全体主義とテクノロジーとの間の（誇張された）対比についてのここでの強調は、アレント自身によるものである。
（68）'Ideology and Terror' in *The Origins of Totalitarianism*, 3rd edition (London, Allen and Unwin, 1967) 463-72.
（69）*HC* 47; 105-16.『人間の条件』、七二頁、一六一―一七五頁。
（70）*HC* 106.『人間の条件』、一六二頁〔訳文一部変更〕。
（71）*HC* 116.『人間の条件』、一七四―一七五頁。アレントにとって「疎外」とは人間によって構築された「世界」からの疎外である（第四章以下参照）。アレントとマルクスの見解の相違については、以下を参照。J. Ring, 'On Needing both Marx and Arendt: Alienation

and Flight from Inwardness', *Political Theory* 17/3 (August 1989) 432-48; R. S. Beiner, 'Hannah Arendt on Capitalism and Socialism', *Government and Opposition* 25/3 (Summer 1990) 359-70.

(72) *HC* 61-71, 251-2.『人間の条件』、九一―一〇一、四〇七―四〇八頁。次も参照、*OT*1 143-6.

(73) *HC* 255.『人間の条件』、四一一頁。

(74) 'Ideology and Terror' 462-72.

(75) *HC* 116, 321.『人間の条件』、一七四、四九八―四九九頁〔訳文一部変更〕。

(76) *HC* 126.『人間の条件』、一八七―一八八頁〔訳文一部変更〕。近代兵器と生産力の膨張との関連については、'Einleitung: der Sinn von Politik' 025 (b) 参照。

(77) *HC* 47.『人間の条件』、七二頁。以下も参照、'Europe and the Atom Bomb', *Commonweal* 60/24 (17 September 1954) 578; 'The Great Tradition and the Nature of Totalitarianism' 8.

(78) *HC* 46-7, 126, 148-50.『人間の条件』、七一―七二、一八八、二三八―二四〇頁。'Ideology and Terror' 465-6. もしアレントがまだ生きていて生命技術の発展を目の当たりにしていたら、それは疑いもなく彼女の恐れを確証することになっただろう。

(79) *HC* 232.『人間の条件』、三六四頁。

(80) 'Karl Marx and the Modern Age' (2nd draft) section V, 22.

(81) 'Tradition and the Modern Age' 17-40.『人間の条件』、一九―五〇頁。

(82) Arendt to Moe, 29 January 1953, Guggenheim Correspondence 012642 を参照。

(83) S. J. Whitfield, *Into the Dark* 159 を参照。

(84) 'Tradition and the Modern Age' 26-7.『過去と未来の間』、三二―三三頁。'Karl Marx and the Modern Age' (1st draft, short MS) 3-6. アレントのマルクスに関する本の当初の計画は、社会主義とボルシェヴィズム〔共産主義〕に関するセクションを含んでいた。それらのセクションは、マルクス主義がスターリニズムに変形されていった段階のいくつかを指し示すはずだった('Project: Totalitarian Elements in Marxism' 012650; Young-Bruehl, *Hannah Arendt* 276-9 参照)。

(85) 'Karl Marx and the Modern Age' (2nd draft) section V, 32-3. 次も参照、HC 40-5.『人間の条件』、六三―六九頁。

(86) Arendt to Moe, 29 January 1953, Guggenheim Correspondence 012642.

(87) アレントの省察は、一九五二―四年ごろ書かれた草稿で検証できる。たとえば、'On the Nature of Totalitarianism' (two versions), Box 69; 'The Great Tradition and the Nature of Totalitarianism', Box 68; 'Karl Marx and the Tradition' (two drafts), Box 64,

(88) 'Karl Marx and the Tradition' (2nd draft) sections III-IV; OR 186-90.
(89) ズールー族のシャカ王との類似性についての興味深い議論に関しては、J. L. Stanley, 'Is Totalitarianism a new Phenomenon? Reflections on Hannah Arendt's Origins of Totalitarianism', *Review of Politics* 49/2 (Spring 1987) 177-207 参照。
(90) 'Ideology and Terror' 465.
(91) 'Ideology and Terror' 465-6; 次も参照、Arendt to Jaspers, 4 March 1951, *Briefwechsel* 202.
(92) 'Ideology and Terror' 466.
(93) 'Karl Marx and the Tradition' (2nd draft) section IV, 12-13.
(94) 'Ideology and Terror' 467.
(95) たぶん、「徳とテロル」に基づく革命的独裁についてのロベスピエールの説明との暗黙の対比（おそらくそれ自体、一方ではモンテスキューのいう共和国の「原理」、他方では専制政治への言及）という点で、アレントはロベスピエールの演説集を『全体主義の起源』執筆時に読んだのだろう。次を参照、M. Canovan, 'Hannah Arendt on Ideology in Totalitarianism' in N. O'Sullivan, ***The Structure of Modern Ideology*** (Aldershot, Edward Elgar, 1989) 151-71.
(96) 'Ideology and Terror' 471.
(97) 'Ideology and Terror' 473. 次も参照、'On the Nature of Totalitarianism' (2nd draft).
(98) 'Ideology and Terror' 473.
(99) 'Karl Marx and the Tradition' (2nd draft) section III, 33, IV, 1; 'The Great Tradition and the Nature of Totalitarianism' 4. 第六章以下も参照のこと。
(100) 'Ideology and Terror' 475.
(101) 'Ideology and Terror' 477-8.
(102) 'Ideology and Terror' 475.
(103) Arendt to Moe, 29 January 1953, Guggenheim Correspondence 012642.
(104) P. Connerton, The Tragedy of Enlightenment — an Essay on the Frankfurt School (Cambrigde, Cambrigde University Press, 1980) 120.
(105) 'The Concept of History' 80-90.『過去と未来の間』、一〇七—一一一頁。'Religion and Politics' 118.
(106) 'Understanding and Politics' 388.

(107) *HC* 42-5.『人間の条件』、六五―六九頁。
(108) D. Luban, 'Explaining Dark Times: Hannah Arendt's Theory of Theory', Social Research 50/1 (Spring 1983) 215-43; M. A. Hill, 'The Fictions of Mankind and the Stories of Men' in Hill (ed.), Hannah Arendt 275-300; S. Benhahib, 'Hannah Arendt and the Redemptive Power of Narrative', *Social Research* 57/1 (Spring 1990) 167-96.
(109) *HC* 184.『人間の条件』、二九八―二九九頁。
(110) 'Isak Dinesen 1885-1963', *Men in Dark Times* 105.『暗い時代の人々』、一三二頁。次も参照、'Action and the "Pursuit of Happiness"', in *Politische Ordnung und menschliche Existenz: Festgabe für Eric Voegelin* (Munich, Beck, 1962) 2-5, 10.
(111) たとえば、'Philosophy and Politics' 023376; 'Einleitung: der Sinn von Politik' 1-5.
(112) *OR* 49.『革命について』、六八頁。
(113) *OT*1 215-20; 'Ideology and Terror' 465-8.
(114) *HC* 99, 105-6.『人間の条件』、一五四、一六一―一六三頁。比喩《メタファー》に基づいた教説を打ち立てる危険性にアレントが気づいていたことは確かである。'On Violence' in *Crises of the Republic* (New York, Harcourt Brace Jovanovich, 1972) 128.「暴力について」『暴力について』山田正行訳(みすず書房、二〇〇〇年)所収、一一九頁。
(115) *Rahel Varnhagen: the Life of a Jewish Woman* (San Diego, Harcourt Brace Jovanovich, 1974) xv.『ラーヘル・ファルンハーゲン――あるドイツ・ユダヤ女性の生涯』寺島俊穂訳(未來社、一九八五年)、一〇頁。
(116) *OR* 59.『革命について』、八九―九〇頁。
(117) *OR* 232.『革命について』、三七五頁。
(118) 第五章以下を参照。

第四章

(1) アレントに関する前作を執筆しているとき、わたしも共有していた見解である。
(2) Arendt to Thompson, 7 April 1956, Correspondence with the Rockefeller Foundation, MSS Box 20, 013889.
(3) 'Description of Proposal' Rockefeller Correspondence 013872. これは、ほぼ確実に一九五九年に書かれた。エリザベス・ヤング=ブルエール(*Hannah Arendt: For Love of the World* (New Haven, Yale University Press, 1982) 519, n.〔注〕118.『ハンナ・アーレント伝』、六六三頁)は、それが書かれたのは一九五六年だとしているが、これはありえない。というのも、その文書は一九五八年に公刊された著作に言及しているからである。その本は、「人間の複数性のさまざまな様式とそれらに対応する制度」を検討するはずだった。「言い換えれば、わたしは統治形態、それらの原理、活動の様式に関する古くからの問いの再検討を企てようとしている。人間の複数性の観点からは、ほかの人びとと一緒にいること、対等者とともにあること——それが、活動の源となっている——と、思考という活動形態が対応する、自分自身とともにあることという、ふたつの共生の様式がある。それゆえ、この本は活動することと思考することの関係、あるいは哲学と政治の関係の議論で終わるはずである」。アレントは、間歇的に一九五五年以降その本に取り組んでおり、ドイツの出版社、ピパー社から出版の予定であった。そこで提案された関心がマルクスと全体主義についての省察という相互に関連した同じ事柄から発したことは明らかであり、その省察が『人間の条件』を生み出し、アレントが一九五三年に行なった「カール・マルクスと西欧思想の伝統」（'Karl Marx and the Tradition of Western Thought' (2nd draft) MSS Box 64）についての講義のなかで最もよくその複雑さを観察することができる。

（4）彼女がその本に関わることになったのは、一九五九年にプリンストン大学でのアメリカ史学・文明学（Department of American History and Civilization）に招聘され、行なった講義の結果としてであった（Arendt to Jaspers, 17 January 1958, *Hannah Arendt/Karl Jaspers: Briefbechsel 1926-1969* ed. L. Köhler and H. Saner (Munich, Piper, 1985) 377; 393, 406, 411 も参照）。

（5）Young-Bruehl, *Hannah Arendt* 328-9.『ハンナ・アーレント伝』、四三七—四三八頁。

（6）'Karl Marx and the Tradition' (2nd draft) 'Preface' 05, section II 9-19.

（7）'Preface: the Gap Between Past and Future,' *Between Past and Future: Eight Exercises in Political Thought* (New York, Viking Press, 1968) 6.『過去と未来の間』、五頁。*On Revolution* (Harmondsworth, Penguin, 1973) 129, 131.『革命について』、一九五—一九六、二〇一頁。以下 *OR* と略記する。

（8）'Tradition and the Modern Age', *Between Past and Future* 28.『過去と未来の間』、三九頁。次も参照、'Concern with Politics in Recent European Philosophical Thought' (1954) MSS Box 56, 023248-61.

（9）B. Parekh, *Hannah Arendt and the Search for a New Political Philosophy* (London, Macmillan, 1981) 68-9.

（10）Parekh, *Hannah Arendt* 1.

（11）*The Human Condition* (Chicago, University of Chicago Press, 1958) 84.『人間の条件』、一三八頁〔訳文一部変更〕。（以下 HC と略記する。）

（12）*HC* 7.『人間の条件』、一九頁〔訳文一部変更〕。

（13）*The Burden of Our Time* (London, Secker and Warburg, 1951) 434, 以下も参照、438, 296-7.（以下 *OT*1 と略記する。）

(14) 'The Archimedean Point' *Ingenor*(Spring 1969) 25-6.

(15) 'Truth and Politics', *Between Past and Future* 263-4.『過去と未来の間』、三六〇頁。

(16) *HC* 7.『人間の条件』、二〇頁。Young-Bruehl, *Hannah Arendt* 36, 74-5.『ハンナ・アーレント伝』、七五、一二二―一二四頁。A. Kazin, *New York Jew* (London, Secker and Warburg, 1978) 199.

(17) たとえば、*HC* 270.『人間の条件』、四三二頁。次も参照、'Religion and Intellectuals', *Partisan Review* 17 (February 1950) 113-16. 彼女は、宗教を政治的目的のために再生させる試みに決まって冷水を浴びせた(たとえば、'Religion and Intellectuals' 115.)。

(18) *OT*1 438.

(19) この問題に対するアレントのアプローチに対する攻撃としては、G. J. Tolle, *Human Nature Under Fire: The Political Philosophy of Hannah Arendt* (Washington DC, University Press of America, 1982) の随所に。

(20) *HC* 10.『人間の条件』、一〇頁。「政治は人間の本性とはほとんど関係がない。人間本性について妥当する言明はなすことができない……。政治は人間の条件、すなわち人間の本性がどのようなものであれ、またなんであれ(もし人間がそもそも本件をもつとしたらの話だが)、一人の人間ではなく、多くの人間が共に生き、地上に住まうという事実に非常に関係している。人間の複数性という事実がなかったなら、政治は存在しないであろう。そして、この複数性は人間の〈本性〉の性質ではなく、まさしく地上に生きる条件の真髄である」('Authority' (1953) MSS Box 56, 1.)。

(21) *OT*1 432-3. 以下も参照、'Understanding and Politics', *Partisan Review* 20/4 (July-August 1953) 386; 'A Reply' to Eric Voegelin's critical review of Totalitarianism, *Review of Politics* 15 (January 1953) 83-4.

(22) *HC* 5.『人間の条件』、一六頁。「人間がもっている最高の、そしておそらく最も純粋な活動形態」(*HC* 5.『人間の条件』、一六頁〔訳語一部変更〕)である思考は、この段階においては慎重に検討から外されていたが、のちに『精神の生活』としてまとめられる探究のなかで取り上げられた(次も参照、Arendt to Thompson, 31 March 1969, Rockefeller Correspondence 013824.

(23) アレントのアプローチとハイデガーのアプローチとの類似性については、L. P. and S. K. Hinchman, 'In Heidegger's Shadow: Hannah Arendt's Shadow: Hannah Arendt's Phenomenological Humanism', *Review of Politics* 46 (April 1984) 183-211 参照。補足的にヤスパースに負っている点については、L. P. and S. K. Hinchman, 'Existentialism Politicized: Arendt's Debt to Jaspers', *Review of Politics* 53/3 (1991) 435-68 参照。

(24) *HC* 73.『人間の条件』、一〇三頁。人間の活動形態についてのアレントの説明に含まれる時間的意味については、P. Ricoeur, 'Action, Story and History ― On Re-reading The Human Condition', *Salmagundi* 60 (Spring-Summer 1983) 60-72 参照。

(25) 'Love and Saint Augustine: an Essay in Philosophical Interpretation', translated by E. B. Ashton, MSS Box 66, 03300, 03304-5. 次も参照、R. Bultmann, The Understanding of Man and the World in the New Testament and in the Greek world' in *Essays Philosophical and Theological* (London, SCM Press, 1955) 77-81. アレントは、新約聖書の神学をブルトマンのもとで青年期に学んだ (Young-Bruehl, *Hannah Arendt* 61-2.『ハンナ・アーレント伝』、一〇七頁)。

(26) M. Heidegger, *Being and Time*, trans. J. Macquarie and Robinson (London, SCM Press, 1962) 80; 'Building Dwelling Thinking' in M. Heidegger, *Basic Writings*, ed. D. F. Krell (London, Routledge and Kegan Paul, 1978). アレントは、一九五四年の講義の最初の未公刊の草稿と思われるもの ('Concern with Politics in Recent European Philosophical Thought' 14) のなかで〔ハイデガーに〕負っていることを認めた。

(27)『芸術作品の起源』のなかでハイデガーは、「大地」と「世界」を区別し、世界を切り開く芸術について語っている。しかし、保護となる人間世界と自然の非人間的な循環とを区別するアレントのようなパトスを込めてではない。ハイデガーの説明によれば、「歴史的な人間は世界における自らの居住を大地の上へ、また大地の中へ創基する。作品は、或るひとつの世界を創立することにおいて、大地を確立する」(*Basic Writings*, 172. マルティン・ハイデッガー『芸術作品の起源』茅野良男、ハンス・ブロッカルト訳、『杣径』〔ハイデッガー全集第5巻〕(創文社、一九八八年) 所収、四四頁)。

(28) *HC* 134.『人間の条件』、一九七頁。

(29) ナチ的思考のひとつの要素であった自然崇拝の型については、R. A. Pois, *Natural Socialism and Religion of Nature* (London, Croom Helm, 1986).

(30) *HC* 137.『人間の条件』、二二五頁〔訳文一部変更〕。次も参照、*OT*1 192.

(31) *HC* 97.『人間の条件』、一五二頁。次も参照、'On Humanity in Dark Times: Thoughts about Lessing', *Men In Dark Times* (London, Jonathan Cape, 1970) 11.『暗い時代の人々』、二〇—二一頁。

(32) *HC* 137.『人間の条件』、二二五頁。

(33) 'We Refugees' (1943) in *The Jew as Pariah: Jewish Identity and Politics in the Modern Age*, ed. R. H. Feldman (New York, Grove Press, 1978) 55-66.『パーリアとしてのユダヤ人』、九—三〇頁。'Ideology and Terror', *The Origins of Totalitarianism*, 3rd edition (London, Allen and Unwin, 1967) 465-8.

(34) *HC* 52.『人間の条件』、七九頁。

(35) S. K. Hinchman, 'Common Sense and Political Barbarism in the Thought of Hannah Arendt' *Polity* 17/2 (1984) 317-39 を参照。

(36) *HC* 52.『人間の条件』、七八―七九頁〔訳語一部変更〕。
(37) *OT*1 192-4, 'The Crisis in Culture', *Between Past and Future* 210.『過去と未来の間』、二八三頁。*HC* 53, 76, 204, 248.『人間の条件』、七九―八〇、一〇七―一〇八、三二八、四〇三―四〇四頁。
(38) 'On Humanity in Dark Times: Thoughts about Lessing' 13.『暗い時代の人々』、二三頁。
(39) *HC* 95.『人間の条件』、一五〇頁。
(40) *OT*1 229-32 を参照。
(41) 'What is Authority?', *Between Past and Future* 125.『過去と未来の間』、一七〇頁。
(42) *OR* 175, 224-5.『革命について』、二七〇、三六三―三六四頁。
(43) *HC* 167.『人間の条件』、二六三―二六四頁。'Crisis in Culture' 209.『過去と未来の間』、二八一―二八二頁。
(44) 'Crisis in Culture' 209.『過去と未来の間』、二八一頁。
(45) *HC* 132.『人間の条件』、一九三頁。
(46) *HC* 7.『人間の条件』、二〇頁〔訳語一部変更〕。
(47) *HC* 50-2.『人間の条件』、七五―七七頁。
(48) *HC* 55, 204.『人間の条件』、八二―八三、三二八頁。'On Humanity in Dark Times' 24-5.『暗い時代の人々』、三七頁。
(49) Hinchman and Hinchman, 'In Heidegger's Shadow'. アレントのハイデガーとの関係の曖昧さについては、第七章以下を参照。
(50) J. L. Mehta, *The Philosophy of Martin Heidegger* (New York, Harper and Row, 1971) 106-10.
(51) 'Letter on Humanism' (1947) in *Basic Writings* ed. Krell, 210.
(52) 'Building Dwelling Thinking' (1954), *Basic Writings* 332-5.
(53) *Being and Time* 171. 次も参照、M. Heidegger, *Sein und Zeit* (Tübingen, Max Niemeyer Verlag, 1953) 133. ハイデガー『存在と時間』原佑・渡辺二郎訳「世界の名著62」(中央公論社、一九七一年) 二四九頁。
(54) 'On the Essence of Truth' (1943), Basic Writings 127.
(55) *Being and Time* 165.
(56) 'Einleitung: der Sinn von Politik' MSS Box 60, 010, 13, 18-9 (日付は打たれていないが、一九五六年のハンガリー革命のすぐあとに書かれたことは明白である)。次も参照、S. Justman, 'Hannah Arendt and the Idea of Disclosure', *Philosophy and Social Criticism* 4/8 (1982) 407-23.

(57) Parekh, *Hannah Arendt*, ch. 4; Hinchman, 'Common Sense and Political Barbarism' 323-6.

(58) *HC* 57, 199.『人間の条件』、八六、三二〇―三二一頁。

(59) 'Philosophy and Politics: the Problem of Action and Thought after the French Revolution' (1954) MSS Box 69, 023399, 023405; 'Philosophy and Politics' (ed. J. Kohn), *Social Research* 57/1 (Spring 1990) 80, 87.(これは、アレントの一九五四年の草稿の最後の部分である)。

(60) *OT*1 186-92.

(61) *OT*1 414-17.

(62) *OT*1 342, 351-2.

(63) 'Ideology and Terror', 477.

(64) たとえば、ヴェトナム戦争に責任のある政策決定者たちに対する彼女の次の論文における論評を参照('Lying in Politics', Crises of the Republic 18-20.『暴力について』、山田正行訳、みすず書房、二〇〇〇年、一六―一九頁)。次も参照、Hinchman, 'Common Sense and Political Barbarism' 317-39.

(65) Hinchman and Hinchman, 'In Heidegger's Shadow' 317-39.

(66) *HC* 28-37.『人間の条件』、四九―五九頁。

(67) N. O'Sullivan, 'Hannah Arendt: Hellenic Nostalgia and Industrial Society', in A. de Crespigny and K. Minogue (ed.), *Contemporary Political Philosophers* (London, Methuen, 1976) 228-51; J. N. Shklar, 'Hannah Arendt as Pariah' *Partisan Review* 50/1 (1983) 71.

(68) 'The Great Tradition and the Nature of Totalitarianism' (1953) MSS Box 68, 12.

(69) *HC* 31.『人間の条件』、五二―五三頁。

(70) L. H. Mayhew, 'Society' *International Encyclopedia of the Social Sciences*, ed. D. L. Sills (Macmillan, 1968) vol. 14, 577.

(71) Q. Skinner, *The Foundation of Modern Political Thought* (Cambridge, Cambridge University Press, 1978) vol. II, 349-58; K. Dyson, *The State Tradition in Western Europe* (Oxford, Martin Robertson, 1980) 25-44.

(72) サンドラ・ヒンチマンがわたしに指摘してくれたことだが、これはトクヴィルが描いた「民主的な」社会の像に非常に似ている(A. de Tocqueville, *Democracy in America*, trans. H. Reeve (London, Oxford University Press, 1946) 366-70)。

(73) *HC* 29, 34.『人間の条件』、五〇、五五―五六頁。

(74) *HC* 68.『人間の条件』、九六―九七頁。

(75) *HC* 33, 44-5.『人間の条件』、五四―五五、六八―七〇頁。
(76) *HC* 116.『人間の条件』、一七四頁、'Freedom and Politics: A Lecture' *Chicago Review* 14/1 (Spring 1960) 31.
(77) *HC* 40-6.『人間の条件』、六二―七一頁。
(78) *HC* 39-41.『人間の条件』、六一―六四頁、*OT*1 84; *OR* 104-6.『革命について』、一五四―一五七頁、'Crisis in Culture' 199-200.『過去と未来の間』、二六八―二七〇頁。
(79) *OT*1 54-88.
(80)『革命について』のなかの「社会問題」に関する章は、貧民の物質的関心の政治への侵入と貴族の偽善に対する革命家の反応の双方を論じている（*OR* 59-114.『革命について』、八九―一七五頁）。
(81) A. Bloom, *The Closing of the American Mind* (Simon and Schuster, 1987) 157 を参照。
(82) *OT*1 144.
(83) Arendt to Jaspers, 29 January 1946, *Briefwechsel*, 67; 'Lecture at the Rand School' (1948 or 1949) MSS Box 70, 9; 'Europe and America: the Threat of Conformism', *Commonweal* 60/25 (24 September 1954) 607-10. 多くの点と同様に、この点でもアレントはトクヴィルを継承した。
(84) *HC* 40.『人間の条件』、六三頁。
(85) *HC* 44.『人間の条件』、六七―六八頁。次も参照、R. S. Beiner, 'Hannah Arendt on Capitalism and Socialism', *Government and Opposition* 25/3 (Summer 1990) 359-70.
(86) F. A. Hayek, *The Road To Serfdom* (London, Routledge and Kegan Paul, 1944).
(87) G. W. F. Hegel, *Philosophy of Right*, trans. T. M. Knox (Oxford, Oxford University Press, 1942) 122-55.
(88) J. Keane, *Democracy and Civil Society* (London, Verso, 1998); J. Keane (ed.), *Civil Society and the State* (London, Verso, 1988).
(89) たとえば、R. J. Bernstein, 'Rethinking the Social and the Political' in Bernstein, *Philosophical Profiles: Essays in a Pragmatic Mode* (Cambridge, Polity, 1986) 238-59.
(90) *HC* 79.『人間の条件』、一三四頁。
(91) 'Labor, Work, Action' (1964) in J. W. Bernauer SJ (ed.), *Amor Mundi: Explorations in the Faith and Thought of Hannah Arendt* (Boston/Dordrecht/Lancaster, Martinus Nijhoff, 1987) 31-4.
(92) *HC* 98.『人間の条件』、一五四頁。

(93) 'Karl Marx and the Tradition' (1st draft) 1.
(94) *HC* 84, 96, 106, 118.『人間の条件』、一三七、一五一—一五二、一六二—一六三、一七七頁。
(95) 'Labor, Work, Action' 32.
(96) *HC* 106, 108, 134.『人間の条件』、一六二—一六三、一六四—一六五、一九六頁。'Labor, Work, Action' 33.
(97) *HC* 83-4, 119.『人間の条件』、一三七—一三八、一七八頁。
(98) *HC* 105-6.『人間の条件』、一六一—一六三頁。
(99) *HC* 115, 212, 112, 118.『人間の条件』、一七二—一七三、三四〇、一七〇—一七一、一七七頁。
(100) *HC* 100.『人間の条件』、一五五—一五六頁。
(101) *HC* 138.『人間の条件』、二二六—二二七頁。
(102) アレントのカテゴリーを応用するさいの問題については、J. Ring, 'On Needing Both Marx and Arendt: Alienation and the Flight from Inwardness', *Political Theory* 17/3 (August 1989) 439-40.
(103) *HC* 111.『人間の条件』、一六九頁。
(104) *HC* 116.『人間の条件』、一七四頁〔訳語変更〕。
(105) 'Ideology and Terror' 463-8; HC 111-35.『人間の条件』、一六八—二二一頁。
(106) *HC* 133-5.『人間の条件』、一九四—一九八頁。
(107) *HC* 126, 215-19.『人間の条件』、一八九、三四三—三四七頁。
(108) 'Karl Marx and the Tradition' (1st draft, short MS) 8.
(109) アレント・ペーパーズを読む以前の一九七八年に公刊した論文のなかで、わたしはこの思考の流れを「矛盾」として記述したが、これはいまでは誤解を生じやすい単純化だと思う (M. Canovan, 'The Contradictions of Hannah Arendt's Political Thought', *Political Theory*, 1 (February 1978) 5-26)。
(110) 'Revolution and Freedom: a Lecture' in H. Tramer (ed.), *In Zwei Welten: Siegfried Moses zum fünfundsiebzigsten Geburtstag* (Tel Aviv, Bitaon, 1962) 598.
(111) *HC* 7.『人間の条件』、一九—二〇頁。
(112) *HC* 136-9, 168-9.『人間の条件』、二二三—二二七、二六五—二六七頁。
(113) *HC* 139.『人間の条件』、二二八頁。もし農民の生活は自然に近いというローマ的想定を変え、原始的な狩猟収集者の生活を彼女の労働モデルと考えていたなら、彼女は暴力を、仕事ではなく労働に特徴的なものとみなすことになったはずであろう。

(114) *HC* 151-2.『人間の条件』、二四一―二四三頁。

(115) *HC* 212.『人間の条件』、三三九―三四〇頁。'Ideology and Terror', 474-8.

(116) *HC* 154-7.『人間の条件』、二四五―二五一頁。

(117) *HC* 222-8.『人間の条件』、三五〇―三五九頁。

(118) *HC* 7-8.『人間の条件』、二〇―二一頁。

(119) *HC* 176.『人間の条件』、二八八頁。

(120) *HC* 9.『人間の条件』、二一頁。

(121) Parekh, *Hannah Arendt* 114 を参照。

(122) *HC* 175-6.『人間の条件』、二八六―二八七頁。

(123) *HC* 178.『人間の条件』、二九〇頁。たとえば、アメリカ独立宣言は「活動を言葉にあらわす完全な方法である」(*OR* 130.『革命について』、一九九頁)。思考と活動の関係についてのアレントの見解を七章以下で論じるとき、ギリシア人によって理解されたロゴス〔言葉〕はもともと思考と活動を統一した一種の言論であったと彼女が考えていたことを見るだろう。

(124) M. Jay, 'The Political Existentialism of Hannah Arendt' in Jay, *Permanent Exiles: Essays on the Intellectual Migration from Germany to America* (New York, Columbia University Press, 1986) 237-56.(マーティン・ジェイ「ハンナ・アレントの政治的実存主義」竹村喜一郎訳、『永遠の亡命者たち』今村仁司他訳〔新曜社、一九八九年〕、所収、三九八―四三〇頁)。次も参照、Hinchman and Hinchman, 'Existentialism Politicized'.

(125) *HC* 181.『人間の条件』、二九四頁。

(126) *HC* 184-6.『人間の条件』、二九八―三〇三頁。

(127) *HC* 43.『人間の条件』、六七頁。

(128) *HC* 188-92.『人間の条件』、三〇四―三一一頁。

(129) *HC* 191, 232.『人間の条件』、三〇九、三六四―三六五頁。

(130) 'Ideology and Terror' 465.

(131) *HC* 220.『人間の条件』、三四九頁〔訳語一部変更〕。

(132) *HC* 205.『人間の条件』、三二九頁。

(133) *HC* 183.『人間の条件』、二九八頁〔訳語一部変更〕。

(134) *HC* 208.『人間の条件』、三三三―三三四頁。

(135) 「人間は、現われ、自分を表わしたがっているので、政治的存在である」（'Philosophy and Politics: What is Political Philosophy?' (1969) MSS Box 40, 024439.

(136) *HC* 199.『人間の条件』、三二〇頁〔訳語一部変更〕。

(137) *HC* 180.『人間の条件』、二九三頁。

(138) *HC* 197-200, 205.『人間の条件』、三一七―三二二、三二九―三三〇頁。

(139) 懐疑的な見解については、B. Cambell, 'Paradigms Lost: Classical Athenian Politics in Modern Myth', *History of Political Thought* 10/2 (Summer 1989) 189-213.

(140) J. T. Knauer, 'Motive and Goal in Hannah Arendt's Concept of Political Action', *American Political Science Review* 74/3 (September 1980) 722.

(141) *HC* 197-8.『人間の条件』、三一七―三一九頁。

(142) MSS Box 64, two drafts.

(143) 'Karl Marx and the Tradition' (2nd draft) section III, 41.

(144) 'Karl Marx and the Tradition' (1st draft) 2a, 5; (2nd draft) section III 43-4.

(145) 'Concern with Politics' 023248.

(146) 'Karl Marx and the Tradition' (2nd draft) section III, 26, 44.

(147) 'Philosophy and Politics' (1954) 023369.

(148) 'Lectures on the History of Political Theory' (1955) Boxes 40-1, 024084.

(149) 'Introduction into Politics' (1963) MSS Box 41, 023836. この点は『人間の条件』と同じころ書かれた別の草稿のなかで広範に論じられている('Einleitung: der Sinn von Politik' 09)。

(150) 'Philosophy and Politics' (1954) 023401 (*Social Research* (1990) 82); 'Karl Marx and the Tradition' (2nd draft) section III 44.

(151) 'Philosophy and Politics' (1954) 024448.

(152) 'Karl Marx and the Tradition' (2nd draft) section III 23.

(153) Parekh, *Hannah Arendt* 177; Kateb, *Hannah Arendt* 7, 43; P. Fuss, 'Hannah Arendt's Conception of Political Community' in M. A.

Hill (ed.), *Hannah Arendt: The Recovery of the Public World* (New York, St Martin's Press, 1979) 171-2.

(154) 'Freedom and Politics' in A. Hunold (ed.), *Freedom and Serfdom* (Dordrecht, Reidel, 1961) 213-17; 'Einleitung: der Sinn von Politik' 003-4.

(155) 'Concern with Politics' 0233254-023256.

(156) アレントの政治思想をホメロス的諸価値の再構築の試みとして読もうという試みについては、S. Dossa, *The Public Realm and the Public Self: the Political Theory of Hannah Arendt* (Waterloo, Wilfred Laurier University Press, 1989) 36-41 参照。

(157) *HC* 189.『人間の条件』三〇五―三〇六頁。'What is Freedom?' *Between Past and Future* 165.『過去と現在の間』二二四―二二五頁。

(158) *HC* 197.『人間の条件』三一八頁。

(159) *HC* 25.『人間の条件』四六頁〔訳語一部変更〕。

(160) 'Philosophy and Politics' (1954) 023399 (Social Research (1990) 80).

(161) 'Einleitung: der Sinn von Politik' 07.

(162) 'Karl Marx and the Tradition' (2nd draft) section III 41.

(163) 'Philosophy and Politics' (1954) 023365.

(164) 'Philosophy and Politics' (1954) 023401(*Social Research* (1990) 82); 'Karl Marx and the Tradition' (2nd draft) section III 44.

(165)「わたしは、古代ギリシアは好きだが、古代ローマが好きだったことはない」('Hannah Arendt on Hannah Arendt' in Hill, *Hannah Arendt* 330)。次も参照、'On the Human Condition' in A. M. Hilton (ed.), *The Evolving Society* (New York, Institute of Cybernetical Research, 1966) 216.

(166) *OR* 232.『革命について』三七五頁。

(167) 'Epilogue: Reflections on the Hungarian Revolution', *The Origins of Totalitarianism*, 2nd edition (London, George Allen and Unwin, 1958) 480.

(168) 'Epilogue' 496.

(169) 'Epilogue' 500.

(170) 'Epilogue' 482.

(171) 'Epilogue' 482.

(172)『人間の条件』は大部分アレントのシカゴ大学でのウォルグリーン講義から構成されているが、その講義はハンガリー革命勃発前の一九五六年春に行なわれた。
(173) *OR* 34.『革命について』、四六頁。
(174) 'Action and the "Pursuit of Happiness"', in *Politische Ordnung und menschliche Existenz: Festgabe für Eric Voegelin* (Munich, Beck, 1962) 16. 'Freedom and Politics' in Hunold, *Freedom and Serfdom*; 'What is Freedom?' *Between Past and Future*.
(175) Young Bruehl, *Hannah Arendt* 294.『ハンナ・アーレント伝』、三九七頁。
(176) Arendt to Jaspers, 17 January 1958 *Briefwechsel* 377.
(177) *OR* 173.『革命について』、二六七頁。
(178) 'Freedom and Politics' in Hunold, *Freedom and Serfdom* 216-17.
(179) *OR* 84.『革命について』、一二五頁。
(180) *HC* 246.『人間の条件』、三八五頁〔訳語変更〕。
(181) *HC* 236-43.『人間の条件』、三七〇—三八〇頁。
(182) 'On Violence' 152.『暴力について』、一四二頁。
(183) 'Remarks' to the American Society of Christian Ethics (1973) MSS Box 70, 011838.
(184) アメリカ革命に関する同様の問題についてのアレントの省察については、*OR* 232.『革命について』、三七五頁参照。
(185) *Kant's Political Writings*, ed. H. Reiss (Cambridge, Cambridge University Press, 1970) 44.
(186) 'Freedom and Politics' in Hunold, *Freedom and Serfdom* 215-6. 以下も参照、'What is Freedom?' 143-71.『過去と未来の間』、一九三—二三二頁; R. Beiner, 'Action, Natality and Citizenship: Hannah Arendt's Concept of Freedom' in Z. Pelcynski and J. Gray (ed.), *Conceptions of liberty in Political Philosophy* (London, Athlone Press, 1984) 349-75.
(187) *HC* 220-30.『人間の条件』、三四八—三六二頁〔訳語一部変更〕。
(188) *OR* 114.『革命について』、一六九頁〔訳文一部変更〕。
(189) *HC* 6.『人間の条件』、一七頁。次も参照、Ring, 'On Needing Both Marx and Arendt'.
(190) *HC* 61.『人間の条件』、九〇—九一頁。アレントについて論評している者のうち何人かは、世界に足場をもつ財産よりもこの流動資産の所有こそが、何世紀にもわたってユダヤ人の特徴とならざるをえなかったことと、近代の大衆はある程度まで伝統的なユダヤ人の状態を共有していたことを指摘している (R. H. Feldman, 'Introduction' to The Jew as Pariah (New York, Grove Press, 1978) 42; D. Barley,

'Hannah Arendt: Die Judenfrage', *Zeitschrift für Politik* 35/2 (1988) 116.
(191) *HC* 255-7.『人間の条件』、四一一―四一五頁。
(192) *HC* 264.『人間の条件』、四二四頁。
(193) *HC* 274.『人間の条件』、四三七―四三八頁。
(194) *HC* 284.『人間の条件』、四五〇頁〔訳語一部変更〕。
(195) 第七章以下参照。
(196) *HC* 288.『人間の条件』、四三五頁。
(197) *HC* 292.『人間の条件』、四六〇―四六一頁。
(198) *HC* 320.『人間の条件』、四九七頁。
(199) *HC* 307.『人間の条件』、四八一頁。
(200) *HC* 313.『人間の条件』、四八八頁。
(201) *HC* 321.『人間の条件』、四九八頁。
(202) *HC* 322.『人間の条件』、五〇〇頁。
(203) *OT*1 vii.
(204) *HC* 7.『人間の条件』、二〇頁〔訳語一部変更〕。

第五章

(1) G. Kateb, *Hannah Arendt: Politics, Conscience, Evil* (Oxford, Martin Robertson, 1984) 29, 95, 88.
(2) S. Dossa, 'Hannah Arendt on Billy Budd and Robespierre: The Public Realm and the Private Self', *Philosophy and Social Criticism* 9 (Fall/Winter 1982) 316. この領域での彼女の考察がいかに「訳がわからないもの」でまた「不可解」なものであるかについては、S. J. Whitfield, *Into the Dark: Hannah Arendt and Totalitarianism* (Philadelphia, Temple University Press, 1980) 150 を参照。
(3) Kateb, *Hannah Arendt* 28; 以下を参照、B. Parekh, *Hannah Arendt and the Search for a New Political Philosophy* (London, Macmillan, 1981) 1; P. Johnson, *Politics, Innocence and the Limits of Goodness* (London and New York, Routledge, 1988) 153-65.
(4) 'Nightmare and Flight', *Partisan Review* 12/2 (Spring 1945) 259.
(5) 'Some Questions of Moral Philosophy' (1965) MSS Box 40 024585, 024581. 次を参照、J. Kohn, 'Thinking/Acting', *Social Research*

57/1 (Spring 1990) 116.
（6）*Eichmann in Jerusalem: a Report on the Banality of Evil* (London, Faber and Faber, 1963) 134.『イェルサレムのアイヒマン』大久保和郎訳（みすず書房、一九六九年）、一一八頁。'Religion and Politics', *Confluence* 2/3 (September 1953) 125; *The Life of the Mind* (London, Secker and Warnburg, 1978.（以下 *L of M* と略記する）, vol. I 177『精神の生活』（上）、二〇五頁。Arendt in C. J. Friedrich, (ed.), *Totalitarianism* (New York,, Grosset and Dunlap, 1964) 78.
（7）'Some Questions of Moral Philosophy' 024585-6.
（8）*The Burden of Our Time* (London, Secker and Warburg, 1951)（以下 *OT*1 と略記する）434. 次を参照、'On the Nature of Totalitarianism' (1st MS, c, 1952/3) MSS Box 69 1-2. 一九七二年の研究会 (conference) でアレントは、話の途中で次のように述べている。「レーニンはかつて、自分はなぜ刑法が存在すべきなのかわからなかった、なぜなら、ひとたび状況を変えてしまえば、誰でもほかの人びとが罪を犯すのを、ちょうど女性が困っているときには男性は誰でも急いで助けようとするのと同じくらい当然のこととして、禁じるであろうからである、と言いました。言うまでもありませんが、わたしはレーニンのこの例はきわめて十九世紀的であると思いました。このようなことをわれわれはもはや信じていません」('Hannah Arendt on Hannah Arendt' in M. A. Hill (ed.), *Hannah Arendt: the Recovery of the Public World* (New York, St Martin's Press, 1979) 323-4)。
（9）*The Origins of Totalitarianism*, 3rd edition（以下 *OT*3 と略記する）(London, Allen and Unwin, 1967) xxxi, 459.『全体主義の起原3 全体主義』大久保和郎・大島かおり訳（みすず書房、一九七五年）二六六頁、*The Human Condition*（以下 *HC* と略記する）(Chicago, University of Chicago Press, 1958) 241.『人間の条件』三七七頁、*Eichmann in Jerusalem* 23, 231.『イェルサレムのアイヒマン』二〇、二一三頁、E. Young-Bruehl, *Hannah Arendt: For Love of the World* (New Haven, Yale University Press, 1982) 367-77.『ハンナ・アーレント伝』、四八九—五〇四頁）、Whitfield, *Into the Dark*, ch. 7; B. Clarke, 'Beyond "The Banality of Evil"', *British Journal of Political Science* 10 (1980) 417-39; S. Dossa, 'Hannah Arendt on Eichmann: the Public, the Private and Evil', *Review of Politics* 46/2 (April 1984) 163-82. ドッサは、『イェルサレムのアイヒマン』についての批判的文献の多くを参照している。
（10）'Organized Guilt and Universal Responsibility', *Jewish Frontier* (January 1945) 22.
（11）'Understanding and Politics', *Partisan Review*20/4 (July-August 1953) 384-5.
（12）*L of M* I 4.『精神の生活』（上）、六頁。
（13）*Eichmann in Jerusalem* 23.『イェルサレムのアイヒマン』、二〇頁。
（14）*Eichmann in Jerusalem* 134, 93.『イェルサレムのアイヒマン』、一一八、八四頁。

（15）'A Reply' to E. Voegelin's review of *OT1*, *Review of Politics* 15 (January 1953) 82; 'Hannah Arendt on Hannah Arendt' 313-14. アレントはまた全体主義に対する教会の反応の弱さについても指摘している。'Religion and the Intellectuals', *Partisan Review* 17 (February 1950) 115; '"the Deputy": Guilt by Silence?', *New York Herald Tribune Magazine* (23 February 1964) 6-9.

（16）'Religion and Intellectuals' 115. アレント自身の宗教的立場についての興味深いコメントについては、Kohn, 'Thinking/Acting' 133, n. 64 参照。

（17）'Religion and Politics' 125; 以下を参照、'Religion and the Intellectuals' 115; 'What is Authority?' *Between Past and Future: Eight Exercises in Political Thought* (New York, Viking Press, 1968) 133.「権威とは何か」『過去と未来の間』所収、一八一頁、*On Revolution* (Harmondsworth, Penguin 1973)（以下 *OR* と略記する）191.『革命について』、三〇八頁。

（18）'What is Authority?' 128-35.『過去と未来の間』、一七四―一八四頁。

（19）'"The Deputy"' 6.

（20）'Hannah Arendt on Hannah Arendt' 313-14.

（21）'Some Questions of Moral Philosophy' 024564; *L of M* II 34, 118.『精神の生活』（下）、佐藤和夫訳（岩波書店、一九九四年）、四二、一四二―四三頁。

（22）'What is Authority?' 104-15.『過去と未来の間』、一四一―一五六頁。

（23）*Eichmann in Jerusalem*, 44.『イェルサレムのアイヒマン』、三八頁。

（24）*OT3* 465.

（25）*OT1* 439.

（26）*OT1* 106.

（27）'Organized Guilt' 22.

（28）'The Jewish State: Fifty Years After' (1946) in *The Jew As Pariah: Jewish Identity and Politics in the Modern Age*, ed. R. H. Feldman (New York, Grove Press, 1978) 174.

（29）*OT1* 439. 次を参照、'Franz Kafka: A Revolution' *Partisan Review* 11/4 (Fall 1944) 421.

（30）'The Ex-Communists', *Commonweal* 57/24 (20 March 1953) 597.

（31）*OT1* 296.

（32）'The Eggs Speak Up' (c. 1950) MSS Box 57 020906.

(33) 'The Eggs Speak Up' 020914.
(34) 'Philosophy and politics: the Problem of Action and Thought After the French Revolution' (1954) MSS Box 69 023389.
(35) *HC* 228-9.『人間の条件』、三五九―三六〇頁。
(36) 'On Violence' in *Crises of the Republic* (New York, Harcourt Brace Jovanovich, 1972) 177.『暴力について』、一六八頁。
(37) 'The Ex-Communists' 596; 次を参照、Young-Bruehl, *Hannah Arendt* 374.『ハンナ・アーレント伝』、四九九―五〇〇頁。
(38) 'Peace or Armistice in the Near East? (1950) *The Jew as Pariah* 217; 'Magnes, the Conscience of the Jewish People', *Jewish Newsletter* 8/25 (24 November 1952) 3.
(39) 'Philosophy and Politics' (1954) 023374; 'The Eggs Speak Up' 020911; 'The Ex-Communists' 597; 'Some Questions of Moral Philosophy' 024616; 'Hermann Broch: 1886-1951', *Men in Dark Times* (London, Jonathan Cape, 1970) 148.『暗い時代の人々』、一七九頁。まったく異なるアレント解釈については、次を参照、Kateb, *Hannah Arendt* 31.
(40) *OR* 20.『革命について』、二四頁。次を参照、'What is Authority?' 139.『過去と未来の間』、一八九―一九〇頁。
(41) *OR* 213.『革命について』、三四〇頁。次を参照、'What is Authority?' 140.『過去と未来の間』、一九一頁。
(42) 'What is Authority?' 137.『過去と未来の間』、一八六頁。'Lectures on the History of Political Theory' (1955) MSS Boxes 40-1 02425.
(43) Kateb, *Hannah Arendt* 85. 次を参照、'The Eggs Speak Up' 020910.
(44) Kohn, 'Thinking/Acting' 105.
(45) *OR* 71.『革命について』、一〇七頁、――おそらくアレントの夫も含むであろう。
(46) われわれと同様アレントにとっても、ぞっとすることではある。*OR* 84, 95.『革命について』、一二六、一四一頁。
(47) *OR* 85.『革命について』、一二七頁。
(48) *OR* 86.『革命について』、一二八頁。
(49) *OR* 89.『革命について』、一三四頁。
(50) *OR* 98.『革命について』、一四六頁。
(51) *OR* 88.『革命について』、一三三頁。
(52) 'Die Juedische Armee- ein Mittel zur Versoehnung der Voelker' MSS Box 64, 3.
(53) *OR* 89.『革命について』、一三三頁。
(54) 次を参照、'On Humanity in Dark Times: Thoughts about Lessing', *Men in Dark Times* 12-16, 24-5.「暗い時代の人間性――レッシ

ング考」『暗い時代の人々』所収、二二一—二二七頁。

（55）'Political Experiences' (1955) MSS Box 40, 024160 を参照。

（56）'On the Nature of Totalitarianism' (1st MS, 1952-3) MSS Box 69, 20. この論考は、彼女が全体主義の「本性」と「原理」について、モンテスキューから着想を得た枠組みのなかで考察をめぐらせている、「理解と政治」や「イデオロギーとテロル」などと密接に関連している。

（57）Hill, *Hannah Arendt*, 305.

（58）'What is Freedom?', *Between Past and Future*, 152.『過去と未来の間』、二〇六頁。

（59）*OR* 214.『革命について』、三四〇頁。

（60）*OR* 123.『革命について』、一八九頁。

（61）'Nature of Totalitarianism' (1st MS) 23.

（62）'What is Freedom?' 152.『過去と未来の間』、二〇六頁。

（63）'Nature of Totalitarianism' (1st MS) 23-4.

（64）わたしが思うに、これはアレントに道徳的一貫性と政治理論を与えようとするセイラ・ベンハビブの慎重な試みのなかに見いだされる基本的な欠陥である。ベンハビブは、道徳原理は普遍的に有効であり、相互に一貫しているに違いないという想定によってアレントの主張を理解することができなくなっている。Benhabib, 'Judgment and the Moral Foundations of Politics in Arendt's Thought', *Political Theory* 16/1 (February 1988) 29-51 参照。いくつかの点でアレントに密接に関連している道徳的経験についての見方に関しては、Martha Nussbaum の重要な研究、*The Fragility of Goodness: Luck and Ethics in Greek Tragedy and Philosophy* (Cambridge, Cambridge University Press, 1986) 参照。

（65）'Breakdown of Authority' (1953) MSS Box 68 3.

（66）'Understanding and Politics' 391.

（67）*L of M* I 192.『精神の生活』（上）、二二四頁。'Remarks' at a meeting of the American Society of Christian Ethics (1973) MSS Box 70 011835-6.

（68）これが、アレントが上演芸術と比較し、至芸（virtuosity）を強調している理由である。たとえば、次を参照。'What is Freedom?' 153.『過去と未来の間』、二〇六—二〇七頁。

（69）'Hannah Arendt on Hannah Arendt' 313-14.

（70）哲学的基礎づけ主義と対比される政治的創設へのアレントの関心をめぐる最近の興味深い議論については、B. Honig, 'Declarations of Independence: Arendt and Derrida on the Problem of Founding a Republic', *American Political Science Review* 85/1 (March 1991) 97-113を参照。ベンジャミン・バーバーは、アレントにきわめて類似した立場を支持しているが、彼らの共通の基盤には気づいていないようである。たとえば、「政治とは形而上学が失敗したときに人間が行なうところのものである」(B. Barber, *Strong Democracy — Participatory Politics for a New Age* (Berkeley, University of California Press, 1984) 131)。

（71）'Nature of Totalitarianism' (1st MS) 23.

（72）'Hannah Arendt on Hannah Arendt' 311.

（73）'Civil Disobedience' in Crises of the Republic 61.『暴力について』、五六頁。

（74）*OR* 82.『革命について』、一二二頁。

（75）*OR* 84.『革命について』、一二五頁。

（76）'What is Authority?' 94-5.『過去と未来の間』、一二七―一二九頁。

（77）'"The Deputy"' 6.

（78）'Some Questions of Moral Philosophy' 024594.

（79）*Social Research* 38/3 (Fall 1971) 417-46. そのほとんどは *L of M* I 166-93（『精神の生活』（上）、一九二―二二四頁）に収められている。

（80）'Thinking and Moral Considerations' 417-19. しかしながら、アイヒマン裁判は彼女のより深い考察を導いたに違いない。というのは、それ以前の一九五四年には彼女は、最悪の運命とは自分自身との不一致であるというソクラテスの主張に注意を向け、無矛盾律というこの根本原理に、「倫理は、論理と同様に、起源をもっている」と付言しているからである（'Philosophy and Politics' (1954) (023405)）。（この講義の最後の部分は、ジェローム・コーンによって編集され、*Social Research* 57/1 (Spring 1990) 73-103に収められた。p. 87を参照）。

（81）*L of M* I 80-3.『精神の生活』（上）、九四―九八頁。'Martin Heidegger at Eighty' (1971) in M. Murray (ed.), *Heidegger and Modern Philosophy* (New Haven, Yale University Press, 1978) 299-303.

（82）'Thinking and Moral Considerations' 441-4.

（83）*L of M* I 192.『精神の生活』（上）、二二三頁。

（84）'Some Questions of Moral Philosophy' 024607. 次を参照。'Philosophy and Politics: What is Political Philosophy?' (1969) Box 40,

024443（アレントの一九五四年の講義は類似したタイトルが付いているが、これと混同しないようにされたい。

（85）'Thinking and Moral Considerations' 440.

（86）'Collective Responsibility' (1968) in J. W. Bernauer SJ (ed.), *Amor Mundi: Explorations in the Faith and Thought of Hannah Arendt* (Boston/Dordrecht/Lancaster, Martinus Nijhoff, 1987) 47. 次を参照、'Civil Disobedience' 62.『暴力について』、五七頁。

（87）'Personal Responsibility Under Dictatorship', *The Listener* (6 August 1964) 205. 次を参照、'Collective Responsibility' 49.

（88）'Some Questions of Moral Philosophy' 024602.

（89）Young-Bruehl, *Hannah Arendt* 36, 45, 61.『ハンナ・アーレント伝』、七五、八六―八七、一〇六頁。K. Jaspers, *The Great Philosophers* (ed. H. Arendt, London, Hart-Davis, 1962) 74-96.「脱神話的」アプローチを除けば、アレントとヤスパースの解釈の間にはほとんど共通点はない。

（90）'Philosophy and Politics' (1954) 023394-5. (*Social Research* 1990, 73-4).

（91）*HC* 75.『人間の条件』、一〇六頁。

（92）'Some Questions of Moral Philosophy' 024621-2.

（93）*HC* 74.『人間の条件』、一〇五頁。

（94）無私（selflessness）というキリスト教信仰については次を参照。'Some Questions of Moral Philosophy' 04622, 024635. 自分自身の魂へのキリスト教的関心については、'Love and Saint Augustine' (E. B. Ashton 訳) MSS Box 66 033345; 'Collective Responsibility' 46 参照。パウロがキリスト教教義の焦点を移動させた背景については、'Some Questions of Moral Philosophy' 023622-3; *L of M* II 66-72.『精神の生活』（下）、七八―八七頁参照。

（95）'Karl Marx and the Tradition of Western Political Thought' (1st draft) MSS Box 64 1-1a; 'The Eggs Speak Up' 020914.

（96）*HC* 238-47.『人間の条件』、三七三―三八六頁。'What is Freedom?' 167-8.『過去と未来の間』、二二五―二二七頁。

（97）'Love and Saint Augutine' 033301.

（98）'Love and Saint Augutine' 033345.

（99）*HC* 74-8.『人間の条件』一〇四―一一〇頁。

（100）'Remarks' to the American Society of Christian Ethics 011838.

（101）'Remarks' 011832-3.

（102）'Introduction to Politics' (1963) MSS Box 41 023826. 次を参照、*HC* 77.『人間の条件』、一〇九頁。

(103) 'Introduction to Politics' 023826.
(104) 'Collective Responsibility' 45, 50.
(105) たとえば、Kateb, *Hannah Arendt* 96-107.
(106) 'Civil Disobedience' 60.『暴力について』、五四頁。
(107) 'Civil Disobedience' 60-1.『暴力について』、五五頁。
(108) ***Eichmann in Jerusalem*** 132-3.『イェルサレムのアイヒマン』、一一七頁。カトリック的良心の無政府的本質について、またトマス・アクィナスが地獄に落ちた人びとの苦難を見る楽しみを神の祝福を受けた者たちの喜びに加えることを許した良心については、'Remarks' to the American Society for Christian Ethics, 011834 参照。
(109) 'Remarks' 011833-4; 'Hannah Arendt on Hannah Arendt' 313-14; 'The Great Tradition and the Nature of Totalitarianism' (1953) MSS Box 68 13.
(110) 'On Humanity in Dark Times', 11-7.『暗い時代の人々』、二一―二七頁。*L of M* II 200.『精神の生活』(下)、二三八―二四〇頁。
(111) 'Civil Disobedience' 61.『暴力について』、五六頁。*OR* 37, 286.『革命について』五〇、八四頁。Arendt in A. Klein (ed.), *Dissent, Power and Confrontation* (New York, McGraw Hill, 1971) 29; M. Weber 'Politics as a Vocation', From *Max Weber: Essays in Sociology*, ed. H. H. Gerth and C. W. Mills (London, Routledge and Kegan Paul, 1948) 126, 78, 121.
(112) 'On Violence' 110.『暴力について』、一〇二頁。'Hannah Arendt on Hannah Arendt' 334. アレントは核兵器の出現によってもたらされた新しい状況について考察を行なっていた。*OR* 13-18.『革命について』、一四―二一頁参照。'Einleitung: der Sinn von Politik' (c. 1957) MSS Box 60 随所に。彼女のペシミズムあるいはリアリズムについてのさらなる根拠については、自由は、その物質的条件のゆえに世界の広範な地域では期待できないという一九七一年の主張を参照。Klein, *Dissent, Power and Confrontation* 132.
(113) 'Die Juedische Armee' 3. 次を参照、Young-Bruehl, *Hannah Arendt* 171, 173.『ハンナ・アーレント伝』、二四四、二四八頁。この段階でなされていた、正々堂々と闘うことの尊厳と無力な犠牲となることの屈辱という暗黙の対比は、〔フランツ・〕ファノンの『地に呪われたる者』における反植民地的暴力の擁護と類似的である。したがって、(ジャン＝ポール・サルトルと違って) 彼女がファノンの本に対して、それが過激な若者にとって聖書であった時期においても、用心深かったというのは注目に値する。'On Violence' 116, 122-3, 168, 172.『暴力について』、一〇八―一〇九、一一三―一一四、一五八頁の本文および二五〇頁の注、一六二頁を参照。
(114) 'Revolution and Freedom: A Lecture' in H. Tramer (ed.), *In zwei Welten: Siegfried Moses zum fünfundsiebzigsten Geburtstag* (Tel Aviv, Bitaon, 1962) 581.

(115) 'Karl Marx and the Tradition' (2nd draft) section III 46-7.
(116) 'Philosophy and Politics' (1954) 023368; *OR* 114.『革命について』、一六九―一七〇頁。
(117) 'Einleitung: Der Sinn von Politik' 025a-b.
(118) Weber, 'Politics as a Vocation' 123.
(119) 'Collective Responsibility' 46, 48; 'Philosophy and Politics' (1969) 024443.
(120) *Lectures on Kant's Political Philosophy*, ed. R. Beiner (Chicago, University of Chicago Press, 1982) 51.『カント政治哲学の講義』、七五頁。
(121) 'On Violence' 152.『暴力について』、一四二頁。もっとも、「最終的解決」に対するデンマーク人の非暴力抵抗については *Eichmann in Jerusalem* 154.『イェルサレムのアイヒマン』、一三五頁を参照。
(122) 'Preface: the Gap Between Past and Future' *Between Past and Future* 4.『過去と未来の間』、二頁。
(123) 'Collective Responsibility' 48.
(124) 'From Machiavelli to Marx' (1965) MSS Box 39 023458.
(125) 実際、彼女はこの決定的区別を明確にしているが、それは未公刊の講義録において余談として書かれているにすぎない。彼女は、ある政治状況においては、より大きな悪を避けるために悪をなさざるを得ないのかどうかについて考察することによって、この種の実践的ディレンマとよい結末が得られるがゆえに悪をなすことが正当化されるという観念とを明確に区別した。問題は、想定された将来の善が到来するかどうかは決して確信をもてないということである（'Some Questions of Moral Philosophy' 024616）。
(126) ウェーバーの描く真の政治家も、世界の罪を背負っているように見える。これについては、'Politics as a Vocation' 126-8 参照。
(127) 'Personal Responsibility Under Dictatorship' 186.
(128) *Lectures on Kant's Political Philosophy* Part II: 'Interpretive Essay' by R. Beiner,『カント政治哲学の講義』、第二部「解釈的試論」、R. Beiner, *Political Judgment* (London, Methuen, 1983) 11-19. ロナルド・ベイナー『政治的判断力』浜田義文監訳（法政大学出版局、一九八八年）、一五―二七頁を参照。
(129) 'Remarks on "The Crisis Character of Modern Society"', Christianity and Crisis 26/9 (30 May 1966) 113.
(130) 'Lectures on the History of Political Theory' 024090-92.
(131) L. P. and S. K. Hinchman, 'Existentialism Politicized: Arendt's Debt to Jaspers', *Review of Politics* 53/3 (1991) especially 447-9.
(132) たとえば、M. Heidegger, *Sein und Zeit* (Tübingen, Max Niemeyer, 1953) 252.『存在と時間』、四一二―四一三頁。次を参照。*L of*

M I 162.『精神の生活』（上）、一八七頁。

(133) *OT*I 439, quoted from Acts 16: 28.

(134) 'On Humanity in Dark Times' 13.『暗い時代の人々』、二三頁。

(135) *OT*I 436.

(136) *OT*I 437.

(137) アレントの思想においてこのような無視されてきた側面と *Strong Democracy* や *The Conquest of Politics: Liberal Philosophy in Democratic Times* (Princeton, Princeton University Press, 1988) においてベンジャミン・バーバーが精緻化した反基礎づけ主義的政治との間には驚くべき類似性がある。

(138) *HC* 241.『人間の条件』、三七七頁。

(139) *HC* 236-43.『人間の条件』、三七〇—三八〇頁。アレントは、中東における、悪と復讐の容赦ない過程にとらわれた、アラブ人とユダヤ人との関係について考えていたかもしれない。アレントと責任、許しについては、良く考えられた次の論文を参照。R. W. Smith, 'Redemption and Politics', *Political Science Quarterly* 86/2 (June 1971) 205-31.

(140) *HC* 243.『人間の条件』、三七九頁。次を参照、'On Humanity in Dark Times'「暗い時代の人間性——レッシング考」『暗い時代の人々』所収、〔一一—四五頁中〕随所に。

(141) アレントとマキアヴェリの類似性がなんであれ、それは君主に対する二枚舌の指南役ではなくフィレンツェ市民に関わっている。すなわち約束をなし、それを守る意志は「市民の厳密に道徳的な唯一の義務」である（'Civil Disobedience' 92.『暴力について』、八四—八五頁）。

(142) *HC* 244.『人間の条件』、三八二頁。

(143) *HC* 244.『人間の条件』、三八一頁。J. P. Sartre, *Being and Nothingness* (New York, Philosophical Library, 1956) 439.

(144) *OR* 232-9.『革命について』、三七五—三八五頁。

(145) *OR* 35.『革命について』、四七頁。

(146) *OR* 172-6.『革命について』、二六五—二七一頁。

(147) *OR* 96, 175.『革命について』、一四二、二六九頁。

(148) *Lectures on Kant's Philosophy* 17-18.『カント政治哲学の講義』、一九—二〇頁。

(149) フランス革命の人びとがルソーの一般意志に訴えたことと、アメリカ革命の人びとが客観的制度を信頼したこととの対比については、*OR* 76, 157.『革命について』、一一四―一一五、二四四頁参照。
(150) *HC* 77.『人間の条件』、一〇九頁。
(151) *HC* 205-6.『人間の条件』、三二九―三三一頁。
(152) 'Philosophy and Politics' (1969) 024432-5.
(153) 'Philosophy and Politics' (1969) 024437.
(154) 'Civil Disobedience' 61.『暴力について』、五五―五六頁。
(155) *OT*1 120. ペギーを引用して。
(156) *OT*1 110.
(157) Young-Bruehl, *Hannah Arendt* 225-33.『ハンナ・アーレント伝』、三一二―三二二頁。
(158) 'Rosa Luxemburg: 1871-1919', *Men in Dark Times* 50-2.『暗い時代の人々』、六七―七〇頁。'Magnes, the Conscience of the Jewish People' 3; 'Peace or Armistice in the Near East?' 216-17.
(159) 'Hannah Arendt on Hannah Arendt' 311. 彼女は、公民権運動とヴェトナム反戦運動の活動家の学生を賞賛して、彼らは「完全に道徳的動機から活動した」と述べた（'Thought on Politics and Revolution' in *Crises of the Republic* 203）。この「動機」の強調は、特徴的なものではなく、二つの引用はアレント自身のエッセイからではなく、語られた言葉からの引用であるということは重要である。
(160) *OR* 188.『革命について』、三〇三―三〇四頁。アレントは、また法のローマ的概念の欠陥についても議論している（'Einleitung: der Sinn von Politik' 26）。法を人工のものとみなすギリシア的法観念については、*OR* 186-7.『革命について』、三〇一―三〇二頁、'Karl Marx and the Tradition', 2nd draft, section III 参照。
(161) 'Remarks on "The Crises Character of Modern Society"' 113-14.
(162) ベンジャミン・バーバーの「デモクラシーは道徳的根拠がなくても完全に存立しうるであろう。絶対的なものについて合意できない人びとにとって相互行為こそ、道徳的不確実性という問題に対する政治的回答である」（*Strong Democracy* 64）と比較せよ。
(163) 'Truth and Politics' (1967) in *Between Past and Future* 247.『過去と未来の間』、三三六頁。
(164) Kateb, *Hannah Arendt* 28-9.
(165) *HC* 245-6.『人間の条件』、三八三頁。
(166) *Eichmann in Jerusalem* 255-6.『イェルサレムのアイヒマン』、二一五頁。
(167) 'Civil Disobedience' 64-6.『暴力について』、五九―六一頁。

(168) *OR* 192-4.『革命について』三〇九―三一二頁。次を参照、Honig, 'Declarations of Independence' 100-6.
(169) 'Remarks on "The Crises Character of Modern Society"' 113; 次を参照、'Truth and Politics' 247.『過去と未来の間』、三三六頁。
(170) 'Hannah Arendt on Hannah Arendt' 305, 310.

第六章

(1) ジョージ・ケイティブが述べているように、代表制民主主義がなければ、「彼女が恐れたことがますます多く、彼女が賞賛したことがより少なくしかありえないであろう」(G. Kateb, *Hannah Arendt: Politics, Conscience, Evil* (Oxford, Martin Robertson, 1984) 115)。
(2) B. Barber, *Strong Democracy — Participatory Politics for New Age* (Berkeley, University of California Press, 1984) 4.
(3) たとえば、J. G. A. Pocock, *The Machiavellian Moment: Florentine Political Thought and the Atlantic Republican Tradition* (Princeton, Princeton University Press, 1975).
(4) 'From Machiavelli to Marx' (1965) MSS Box 39 023453.
(5) J. J. Rousseau, *The Social Contract*, trans. M. Cranston (Harmondsworth, Penguin, 1968) 134. ルソー『社会契約論』桑原武夫、前川貞次郎訳〔岩波文庫〕(岩波書店、一九五四年)、一二五頁。
(6) On Holland, see S. Schama, *The Embarrassment of Riches* (London, Collins, 1987) 25-50.
(7)「わたしは決して自由主義を信じていない。」'Hannah Arendt on Hannah Arendt' in M. A. Hill (ed.), *Hannah Arendt: The Recovery of the Public World* (New York, St Martin's Press, 1979) 334.
(8) 'Remarks to European Jewry'(日付はないが、しかし第二次世界大戦直後である) MSS Box 68 paragraph 6.
(9) この点でのアレントとカミュの類似性については、N. Jacobson, *Pride and Solace: The Functions and Limits of Political Theory* (New York and London, Methuen 1986) 131; J. C. Issac, 'Arendt, Camus, and Postmodern Politics', *Praxis International* 9/1-2 (April-July 1989) 48-71 参照。
(10) 'Description of Proposal' (1959) Correspondence with the Rockefeller Foundation, MSS Box 20, 013872. 前記、第四章注(3)参照。
(11) 'Walter Benjamin, 1892-1940' (1968) in *Men in Dark Times* (London, Jonathan Cape, 1970) 205-6.
(12) 'Karl Marx and the Tradition of Western Political Thought' (2nd draft, 1953) MSS Box 64, sections III and IV.
(13) 'Karl Marx and the Tradition' (2nd draft) III 33-4. さらに修正され、複雑化されたものとしては、'Lectures on the History of

Political Theory' (1955) MSS Boxes 40-1, 024187-193 参照。
(14) 'Karl Marx and the Tradition' (2nd draft) IV 2.
(15) 'Karl Marx and the Tradition' (2nd draft) III 46.
(16) 'Karl Marx and the Tradition' (2nd draft) III 45-6.
(17) *On Revolution* (Harmondsworth, Penguin, 1973) 207.『革命について』三三〇―三三一頁。以下 *OR* と略記する。
(18) *The Burden of Our Time* (London, Secker and Warburg, 1951) 136-9. 以下 *OT*1 と略記する。
(19) 'On the Nature of Totalitarianism' (2nd MS, c. 1952-3) MSS Box 69, 20a.
(20) 'On Violence' (1970) in *Crises of the Republic* (New York, Harcourt Brace Jovanovich, 1972) 145, 155.『暴力について』一三六、一四五頁。
(21) 'On Violence', 152.『暴力について』一四二頁。
(22) 'Sonning Prize Speech' (1975) MSS Box 70, 013982. *Eichmann in Jerusalem: a Report on the Banality of Evil* (London, Faber and Faber, 1963) 154.『イェルサレムのアイヒマン』一三四頁も参照。
(23) 'On Violence' 150.『暴力について』一四〇頁。
(24) *OR* 175-6.『革命について』二七〇―二七一頁。
(25) *The Human Condition* (Chicago, University of Chicago Press, 1958) 201.『人間の条件』三二四頁。以下 *HC* と略記する。
(26) 'On Violence' 140.『暴力について』一三〇頁。
(27) *HC* 202.『人間の条件』三二六頁。
(28) 'On Violence' 149.『暴力について』一三九頁。
(29) 'On Violence' 149.『暴力について』一三九頁。'Einleitung: der Sinn von Politik' (c. 1957) MSS Box 60, 7.
(30) 'On Violence' 154.『暴力について』一四四頁。
(31) 'Liberating the Pariah: Politics, the Jews, and Hannah Arendt', *Salmagundi* 60 (Spring-Summer 1983) 55 において、レオン・ボートシュタインは、アレントはユダヤの非暴力的伝統に訴えることもできたと指摘している。
(32) 'On Violence' 165.『暴力について』一五五頁。次を参照。Arendt in A. Klein (ed.), *Dissent, Power, and Confrontation* (New York, McGraw Hill, 1971) 10.
(33) 'Freedom and Politics' in A. Hunold (ed.), *Freedom and Serfdom* (Dordrecht, Reidel, 1961) 204.

（34）*OR* 156.『革命について』、二四三頁。

（35）*HC* 245.『人間の条件』、三八三頁。

（36）'What is Freedom?', *Between Past and Future: Eight Exercises in Political Thought* (New York, Viking Press, 1968) 148.『過去と未来の間』、二〇〇頁。*OR* 29.『革命について』三九頁。

（37）アレントはこの二つのギャップは、出エジプト記およびアエネイスにおいて象徴的に述べられていると考えていた。この二つの著作は脱出と新しい創設との間での放浪について記述している（*OR* 205.『革命について』、三二七―三二八頁）。

（38）*OR* 133-4, 218.『革命について』、二〇三―二〇四、三五五―三五六頁。アレントは、しかしながら、左翼による「ブルジョア的自由」の否定に直面したときには、このような権利の重要性を進んで主張している。'Thoughts on Politics and Revolution', *Crises of Republic* 221.『暴力について』、二二九頁参照。

（39）*OR* 76-7.『革命について』、一一四―一一六頁。'What is Freedom?' 163-4.『過去と未来の間』、二二一―二二三頁。

（40）'What is Freedom?' 148, 154, 166.『過去と未来の間』、二〇〇、二〇八、二二五頁。

（41）アレントの思想におけるカント的ルーツについては、次を参照。R. Beiner, 'Action, Natality and Citizenship: Hannah Arendt's Concept of Freedom' in Z. Pelczynski and J. Gray (ed.), Conceptions of Liberty in Political Philosophy (London, Athlone Press, 1984) 349-75. ロナルド・ベイナー「アーレント」齋藤純一訳、Z・A・ペルチンスキー、J・グレイ編『自由論の系譜――政治哲学における自由の観念』飯島昇藏、千葉眞他訳（行人社、一九八七年）所収、四二七―四六〇頁。

（42）*OR* 124.『革命について』、一九〇頁。

（43）'What is Freedom?' 169.『過去と未来の間』、二二九頁。'Freedom and Politics' 214; 'Einleitung: der Sinn von Politik' 09.

（44）'Freedom and Politics' 192, 198.

（45）*The Life of the Mind* (London, Secker and Warburg, 1978),（以下*L of M*として略記する）vol. II, 'Willing' 200.『精神の生活』（下）、二三九頁。

（46）'What is Freedom?' 151.『過去と未来の間』、二〇四頁。

（47）'Freedom and Politics' 215.

（48）*OR* 34.『革命について』、四六頁。

（49）'What is Freedom?' 168.『過去と未来の間』、二二八頁。ベンジャミン・バーバーの「強い民主主義」(strong democracy) の説明は、アレントの思想と多くの類似点をもつのであるが、その彼でさえ、政治における始まりの役割を低く見積もり、選択を高く評価する傾向がある。たとえば、「政治的舞台《アリーナ》」においては、行為について語ることは選択、すなわち熟慮し、決定し、決意することについて語ることである（*Strong Democracy* 126）。しかし、次を参照。R. Battek, 'Spiritual Values, Independent Initiatives and Politics' in V. Havel et al. (ed. J. Keane), *The Power of the Powerless: Citizens Against the State in Central-Eastern Europe* (London, Hutchinson, 1985) 104:「政治は可能性の芸術であるだけでなく、それと同じくらい……可能性の創造である。」

（50）'Freedom and Politics' 215.

（51）'Freedom and Politics' 216.

（52）A. de Tocqueville, *Democracy in America*, trans. H. Reeve (London, Oxford University Press, 1946) ch. 11.

（53）もしアレントが活動、自由、複数性、および同意についての彼女の思想を経済に適用したなら、彼女はアン・ランド（Ayn Rand）の *Atlas Shrugged* (New York, Signet, 1957）に描かれているのと同じような考えを思いついたかもしれない。

（54）*OT*1 124.

（55）*HC* 252-6.『人間の条件』、四〇九―四一五頁。

（56）*OR* 84-6.『革命について』、一二六―一二九頁。

（57）'Civil Disobedience', *Crises of the Republic* 85-7.『暴力について』、七七―八〇頁。

（58）以下を参照。J. Dunn, 'The Concept of "Trust" in the Politics of John Locke' in R. Rorty, J. B. Schneewind and Q. Skinner (eds.), *Philosophy in History* (Cambridge, Cambridge University Press, 1984) 279-301.

（59）*OR* 171.『革命について』、二六四頁。

（60）*OR* 175.『革命について』、二七〇頁。もしアレントが資本主義に対して偏見をもっていなかったら、おそらく株式会社は相互契約によって現世的な実在を創造することのうってつけの例であるということ、そしてそれはアメリカの政治的伝統に対して多大な貢献をなしているということに気づいたかもしれなかった。

（61）'Civil Disobedience' 85.『暴力について』、七七頁。

（62）'Civil Disobedience' 88.『暴力について』、八一頁。（アレントのように）抑圧についての熟考を経て、契約論的思考に至った別の政治理論家の興味深い議論については、Z. Rau, 'The State of Enslavement: The East European Substitute for the State of Nature', *Political Studies* 39/2 (June 1991) 253-69, especially 265 を参照。

（63）'Collective Responsibility' (1968) in J. W. Bernauer SJ (ed.), *Amor Mundi: Explorations in the Faith and Thought of Hannah Arendt* (Boston/Dordrecht/Lancaster, Martinus Nijhoff, 1987) 50. 次を参照。R. H. Feldman's 'Introduction' to *The Jew as Pariah: Jewish*

Identity and Politics in the Modern Age, ed. Feldman (New York, Grove Press, 1978) 33.

（64） *Eichmann in Jerusalem* 255.『イェルサレムのアイヒマン』二一五頁。東欧の共産主義体制が、体制のイデオロギー的虚構に沿って活動していた人びとの共謀によって維持されていた、その方法についてのヴァーツラフ・ハヴェルの分析（*Power of the Powerless*, 23-96）と比較してみよ。

（65） 'Personal Responsibility under Dictatorship', *The Listener* (6 August 1964) 185-205.

（66） 'What is Authority?', *Between Past and Future* 91.『過去と未来の間』、一一三頁。

（67） 'What is Authority?' 106.『過去と未来の間』、一四三頁。

（68） 'What is Authority?' 125.『過去と未来の間』、一七〇頁。

（69） 'What is Authority?' 120-8.『過去と未来の間』、一六三—一七四頁。

（70） 'Breakdown of Authority' (1953) MSS Box 68, paragraph III（強調はアレント）。

（71） *OR* 182-94.『革命について』、二九五—三一二頁。

（72） *OR* 186.『革命について』、三〇一頁。'Karl Marx and the Tradition' (2nd draft) III 26; 'Ideology and Terror', *The Origins of Totalitarianism* 3rd edition (London, Allen and Unwin, 1967) 465.

（73） *OR* 188.『革命について』、三〇四頁。

（74） 'Einleitung: der Sinn von Politik' 21-8.

（75） 'Ideology and Terror' 461-5.

（76） 'Karl Marx and the Tradition' III 26-31.

（77） 'Einleitung: der Sinn von Politik' 28.

（78） *OR* 188.『過去と未来の間』、三〇四頁。

（79） 'Authority' (1953) MSS Box 56, 7. B・ホーニッグによる興味深い議論も参照。'Declarations of Independence: Arendt and Derrida on the Problem of Founding a Republic', *American Political Science Review* 85/1 (March 1991) 97-113.

（80） *OR* 185.『革命について』、二九九—三〇〇頁。

（81） Goethe, *Faust*PartI, trans. P. Wayne (Harmondsworth, Penguin, 1949) 71.

（82） 'Lectures on the History of Political Theory' 1955 024092.

（83） *L of M* II 195.『精神の生活』（下）二三三頁。次を参照、J. G. Gray, 'The Abyss of Freedom — and Hannah Arendt' in Hill, *Hannah*

Arendt 230.

(84) *OR* 206.『革命について』、三二九頁。

(85) *OR* 208.『革命について』、三三二頁。

(86) *L of M* II 216.『精神の生活』(下)、二五七頁。

(87) *OR* 210.『革命について』、三三六頁。

(88) *L of M* II 212-16.『精神の生活』(下)、二五二—二五七頁。

(89) *OR* 212.『革命について』、三三七—三三八頁。

(90) *OR* 214.『革命について』、三四〇頁。

(91) 本節での論点については、R. Burns, 'Hannah Arendt's Constitutional Thought' in Bernaue, *Amor Mundi* 参照。

(92) J.J. Rousseau, *Emile*, trans. B. Foxley (London, Dent, 1911) 8.

(93) 以下を参照。P. Springborg, 'Arendt, Republicanism and Patriarchalism', *History of Political Thought* 10/3 (Autumn 1989) 514; J. G. A. Pocock, 'The Political Limits to Premodern Economics' in J. Dunn (ed.), *The Economic Limits to Modern Politics* (Cambridge, Cambridge University Press, 1990) 132-6.

(94)「フランス革命から第一次世界大戦までのヨーロッパの歴史全体をみたとき、その最も悲劇的な側面は、フランス革命の市民が戦前期のブルジョアへとゆっくりと、しかし確実に変化したことであろう」('Privileged Jews', *Jewish Social Studies* 8/1 (1946) 6)。

(95) 'On Violence' 175.『暴力について』、一六六頁。

(96) 'Public Rights and Private Interests' in M. Mooney and F. Stuber (ed.), *Small Comforts for Hard Times: Humanists on Public Policy* (New York, Columbia University Press, 1977) 106; 'Freedom and Politics' 200.

(97) 'What is Freedom?' 156.『過去と未来の間』、二一〇—二一一頁。

(98) 'Public Rights and Private Interests' 104-5. アレント自身、陪審員を務めたし、また仲間の陪審員や裁判の進め方に感銘を受けている。一九六七年一月一六日付のヤスパース宛ての手紙を参照。*Hannah Arendt/Karl Jaspers: Briefwechsel 1926-1969*, ed. L. Köhler and H. Saner (Munich, Piper, 1985) 700.

(99) Rousseau, *Emile* 7.

(100) 'Public Rights and Private Interests' 103.

(101) さらに拡大した議論として、M. Canovan, 'Arendt, Rousseau and Human Plurality in Politics', *Journal of Politics* 45 (1983) 286-302

を参照。
(102) *OR* 77.『革命について』、一一六頁。
(103) 'Civil Disobedience' 84.『暴力について』、七七頁。
(104) 'From Machiavelli to Marx' 023487-8; *OR* 175.『革命について』、二六九―二七〇頁。ルソーの主張とアレントの主張との間にさまざまな類似点を見いだそうとするルソーの読みについては、Barber, *Strong Democracy*, 随所に、を参照。バーバーはアレントがルソーのものであるとしている共和主義的「総体主義」(totalism)を、アレントに当てはめており、彼女の立場がバーバー自身の立場といかに共通しているかについては気づいていない(*Strong Democracy* 118)。
(105) *OR* 164.『革命について』、二五四頁。
(106) 'To Save the Jewish Homeland' (1948), *The Jew as Pariah* 182.
(107) *OR* 225.『革命について』、三六六頁。
(108) 'The Concept of History', *Between Past and Future* 51.『過去と未来の間』、六六頁。'Karl Marx and the Tradition' (2nd draft) III 25; 'Philosophy and Politics' (ed. J. Kohn) in *Social Research* 57/1 (Spring 1990) 80 ('Philosophy and Politics: the Problem of Action and Thought After the French Revolution' (1954) MSS Box 69, 023399).
(109) 'On Humanity in Dark Times: Thought about Lessing' (1960), *Men in Dark Times* (London, Jonathan Cape, 1970) 24-5.『暗い時代の人々』、三六―三七頁。
(110) 'The Crisis in Culture: Its Social and its Political Significance' 220.『過去と未来の間』、二九八頁。'Truth and Politics' 241.『過去と未来の間』、三二八頁。
(111) 'Philosophy and Politics' (1954) 023402 (*Social Research* (1990) 84). 次を参照、'Einleitung: der Sinn von Politik', 13a.
(112) 'Truth and Politics' 242.『過去と未来の間』、三二九頁。以下を参照、*HC* 57.『人間の条件』、八五―八六頁。*OR* 225-9.『革命について』、三六五―三七一頁。B. Parekh, *Hannah Arendt and the Search for a New Political Philosophy* (London, Macmillan, 1981) 143-9; S. K. Hinchman, 'Common Sense and Political Barbarism in the Thought of Hannah Arendt' *Polity* 17/2 (1984) 325-30.
(113) *L of M* II 242-3, 255-72.『精神の生活』(下)、二六〇―二六一、二七七―三〇〇頁。
(114) 'The Crisis in Culture' 220-3.『過去と未来の間』、二九七―三〇二頁。*Lectures on Kant's Political Philosophy*, ed. R. Beiner (Chicago, University of Chicago Press, 1982).『カント政治哲学の講義』。とくにバイナーによる「解釈的試論」を参照。'Ideology and Terror' 471-8. また、以下も参照、R. J. Bernstein, 'Judging — the Actor and the Spectator' in Bernstein, *Philosophical Profiles: Essays in a Pragmatic*

Mode (Cambridge, Polity, 1986) 228-30（『哲学的プロフィール』）; E. Vollrath, 'Hannah Arendt über Meinung und Urteilkraft' in A. Reif (ed.), *Hannah Arendt: Materialen in ihrem Werk* (Vienna/Munich/Zurich 1979) 85-107.

(115) 'The Concept of History' 51.『過去と未来の間』、六五頁。

(116) 'On Humanity in Dark Times' 24-5.『暗い時代の人々』、三六―三八頁。

(117) 'Revolution and Freedom: A Lecture' in H. Tramer (ed.), *In zwei Welten: Sigfried Moses zum fünfundsiebzigsten Geburtstag* (Tel Aviv, Betaon, 1962) 597; *Lectures on Kant's Political Philosophy*, 39-43.『カント政治哲学の講義』、五五―六二頁。

(118) *OR* 130.『革命について』、一九八頁。

(119) *OR* 129.『革命について』、一九七頁。'Action and "Pursuit of Happiness"', in *Politische Ordnung und menschliche Existenz: Festgabe für Eric Voegelin* (Munich, Beck, 1962) 1-16; 'Preface: the Gap Between Past and Future' *Between Past and Future* 4-6.『過去と未来の間』、二―五頁。

(120) *OR* 124.『革命について』、一九〇頁。次を参照。Beiner, 'Action, Natality and Citizenship' 352-3, 366-8.

(121) *OR* 127.『革命について』、一九四―一九五頁。

(122) 'Public Rights and Private Interests' 106; 'Thoughts on Politics and Revolution' 203.

(123) 'Preface: the Gap Between Past and Future' 5-6.

(124) *OR* 129.『革命について』、一九七頁。

(125) *OR* 114.『革命について』、一六九頁。実際のところ、アレントは古典古代における奴隷制の「暴力的不正」（*HC* 119.『人間の条件』、一七八頁）やアメリカにおける黒人奴隷制の「根本的犯罪性」について気づいていた (Arendt in Klein, *Dissent, Power and Confrontation* 115)。

(126) *OR* 114.『革命について』、一六九頁。'Revolution and Freedom' 594, 598.

(127) 'Revolution and Freedom' 590; Arendt in Klein, *Dissent, Power and Confrontation* 132.

(128) 'Revolution and Freedom' 599. キューバ革命についてのアレントの言及は、『革命について』における社会革命に関する議論よりも、その革命に関わった人びとに対してはるかに同情的である。

(129) 'Revolution and Freedom' 598.

(130) 'Public Rights and Private Interests' 106.

(131) 'Revolution and Freedom' 598.

(132) *OR* 139.『革命について』、二二一頁。

(133) Arendt to Jaspers, 29 January 1946, *Briefwechsel* 66-7; 'Civil Disobedience' 94-102.『暴力について』、八七―九五頁。'Thoughts on Politics and Revolution' 202-3; 'Home to Roost: a Bicentennial Address', *New York Review of Books* (26 June 1975) 3; Arendt in Klein, *Dissent, Power and Confrontation* 216.

(134) *OR* 253.『革命について』、四〇四頁。

(135) 最も包括的な批判はケイティブのそれである。*Hannah Arendt*, ch. 4 参照。

(136) Arendt in Klein, *Dissent, Power and Confrontation* 212.

(137) *OT*1 250-65. 次を参照。*OR* 266.『革命について』、四二二頁。

(138) *OT*1 252-5.

(139) *OR* 267-8.『革命について』、四二四―四二五頁。

(140) *OR* 218, 268.『革命について』、三五六、四二五頁。

(141) *OR* 132-3, 233-4.『革命について』、二〇一―二〇三、三七六―三七八頁。

(142) *OR* 223.『革命について』、三六一―三六二頁。まったく異なったスタイルでこの問題と引き続き格闘したものとしては、R. M. Unger, *False Necessity: Anti-Necessitarian Social Theory in the Service of Radical Democracy* (Cambridge, Cambridge University Press, 1987) を参照。

(143) 'Home to Roost' 3.

(144) 'Public Rights and Private Interests' 104; 'Civil Disobedience' 94-102.『暴力について』、八七―九五頁。

(145) *OR* 269.『革命について』、四二六頁。

(146) Arendt to Jaspers, 26 June 1968, *Briefwechsel* 716; *OR* 138.『革命について』、二〇九―二一〇頁。

(147) Arendt to Jaspers, 19 February 1966, *Briefwechsel* 662.

(148) J. F. Sitton, 'Hannah Arendt's Argument for Council Democracy', *Polity* 20/1 (Fall 1987) 80-100. はるかに具体的な提案については、Barber, *Strong Democracy* 261-311 を参照。

(149) 'Hannah Arendt on Hannah Arendt' in Hill, *Hannah Arendt* 327.「労働」は全体主義に対して責任を負っているとアレントが確信するようになったときに、「評議会制」への熱狂が彼女の公刊された著作において現われてきたというのは偶然ではない。「人民」と「労働運動」に対する彼女の若いころのロマンティックな同情は、多くの左翼が十年遅れてあとを追うことになるが、参加民主主義へと取って替わられた。

(150) ‘Epilogue: Reflections on the Hungarian Revolution’ in *The Origins of Totalitarianism*, 2nd edition (London, Allen and Unwin, 1958) 497-500.

(151) *OR* 245.『革命について』、三九三頁。

(152) *OR* 263.『革命について』、四一七―四一八頁。

(153) ‘Thoughts on Politics and Revolution’ 232.

(154) *OR* 267.『革命について』、四二三―四二四頁。‘Thoughts on Politics and Revolution’ 232 において、彼女は下から起こって「議会」を構成するに至る、このような連邦制について述べている。

(155) ‘Thoughts on Politics and Revolution’ 230.

(156) Arendt in Klein, *Dissent, Power and Confrontation* 218.

(157) ‘Thoughts on Politics and Revolution’ 233.

(158) ‘Epilogue: Reflections on the Hungarian Revolution’ 499.

(159) ただし次を参照。Sitton, ‘Hannah Arendt’s Argument for Council Democracy’. 彼女の主張の奇妙な点のひとつは、直接民主主義の数少ない実際例を提供している、スイスの州（カントン）にほとんど注意を払っていないことである。その答えは、おそらく、彼女自身も不当であると言っていたスイスに対する反感にあると言えるであろう (Arendt to Jaspers, 4 September 1947, *Briefwechsel* 133)。

(160) *OR* 273-4.『革命について』、四三一―四三三頁。‘Hannah Arendt on Hannah Arendt’ 317-19.

(161) ‘Thoughts on Politics and Revolution’ 233.

(162) *OR* 279-80.『革命について』、四四〇―四四一頁。

(163) *OR* 268-9.『革命について』、四二五―四二六頁。Hinchman, ‘Common Sense and Barbarism’ 320-30.

(164) 彼女は、投票についてのベンジャミン・バーバーの露骨な描写、すなわち「(それは) 公衆便所の使用に似ている。われわれは大勢の人びとと一緒に順番に並び、小さな小部屋に入って、一人で、ひそかに用を済ませ、レバーを引いたあと、次の人に部屋を譲り、静かに帰っていくのである」(*Strong Democracy* 188)。

(165) *OR* 276.『革命について』、四三六頁。

(166) ‘Karl Marx and the Tradition’ (2nd draft) III 34; 以下も参照、‘The Great Tradition and the Nature of Totalitarianism’ (1953) MSS Box 68, 4; ‘On the Nature of Totalitarianism’ (1st MS) 26.

(167) *OR* 30-1.『革命について』、四一頁。
(168) 'The Great Tradition and the Nature of Totalitarianism' 4.
(169) *HC* 31.『人間の条件』、五二―五三頁。*OR* 114.『革命について』、一六九頁。'Revolution and Freedom' 590; 'Karl Marx and the Tradition' (1st draft) 19.
(170) 'Karl Marx and the Tradition' (1st draft) 16.
(171) 'Revolution and Freedom' 590; 'Karl Marx and the Tradition' (1st draft) 7.
(172) *HC* 215.『人間の条件』、三四二頁。'Karl Marx and the Tradition' (2nd draft) III 33.
(173) *HC* 41.『人間の条件』、六四頁。'Karl Marx and the Tradition' (1st draft) 7.
(174) *OT*1 296. 次を参照、*OR* 108.『革命について』一六〇―一六一頁。
(175) *OT*1 234.
(176) *OT*1 297.
(177) アレントによれば、世界大に拡大した人間性という新しい感覚のもつ含意のひとつは、われわれは、いまやわれわれ自身の集団に対してだけでなく、人類全般の行為と犯罪に対して集合的責任をもつということである (*OT*1 235-6, 436)。
(178) *OT*1 54, 439; 'Revolution and Freedom' 591.
(179) わたしのアレントに関する前著は、彼女の思想の根源的な人間主義の側面を過小評価していた。
(180) 'Karl Marx and the Tradition' (1st draft) 6-8.
(181) *OR* 62-4.『革命について』、九四―九七頁。
(182) *HC* 130.『人間の条件』、一九二頁。
(183) *OT*1 54.
(184) *OT*1 195.
(185) *OT*1 235.
(186) 'Reflections on Little Rock', Dissent 6/1 (Winter 1959) 45-56. なお、次も参照、'A Reply to Critics', Dissent 6/2 (Spring 1959) 179-81.
(187) 'Zionism Reconsidered' (1944) in The Jew as Pariah 156.『パーリアとしてのユダヤ人』、一七四頁。シオニズムに関するアレントの批判的著作についての詳しい説明については、D. Barnouw, *Visible Spaces: Hannah Arendt and the German-Jewish Experience* (Baltimore

and London, Johns Hopkins University Press 1990) 72-134を参照。

(188) E. Young-Bruehl, *Hannah Arendt: For Love of the World* (New Haven, Yale University Press, 1982) 109.『ハンナ・アーレント伝』、一六七頁。'On Humanity in Dark Times', 18.『暗い時代の人々』、二九頁。

(189) J・N・シュクラーの辛辣ではあるが、有意義な論文、'Hannah Arendt as Pariah' *Partisan Review* 50/1 (1983) 64-77を参照。ほかのユダヤ人に対するアレントの時に驚くような態度については、A. Kazin, *New York Jew* (London, Secker and Warburg, 1978) 203, 218を参照。次も参照。Von D. Barley, 'Hannah Arendt: die Judenfrage', *Zeitschrift für Politik* 35/2 (1988) 113-29.

(190) *Rahel Varnhagen: the Life of a Jewish Woman* (San Diego, Harcourt Brace Jovanovich, 1974) 227; '"Eichmann in Jerusalem": an Exchange of Letters between Gershom Scholem and Hannah Arendt', *Encounter* (January 1964) 53. 晩年近くになってアレントは、「ドイツにさえも属していたいとは決して望まなかった」と講演のなかで述べている('Sonning Prize Speech', 1975, MSS Box 70 013981)。

(191) 'Letters between Scholem and Arendt', 51, 54.

(192) 'Sonning Prize Speech' 013980.

(193) Botstein, 'Liberating the Pariah' 89-93を参照。

(194) *OT*1 226-34.

(195) *OT*1 230.

(196) *OT*1 266-98.

(197) 'Zionism Reconsidered' 161.『パーリアとしてのユダヤ人』、一八三頁。'Approaches to the "German Problem"', *Partisan Review* 12/1 (Winter 1945) 99-100.

(198) 'Nationalstaat und Demokratie' (1963) MSS Box 68 022815. 次を参照。Shklar, 'Hannah Arendt as Pariah', 69.

(199) 'Rosa Luxemburg: 1871-1919 (1966) in *Men in Dark Times* 42.『暗い時代の人々』、五八頁。

(200) *The Jew as Pariah* 所収の論考を参照。ロン・フェルドマンの「序文」は優れている。なお、Barnouw, *Visible Spaces* 101-34も参照。

(201) 'Peace or Armistice in the Near East?' (1950), *The Jew as Pariah* 206.

(202) 'To Save the Jewish Homeland' 187. 次を参照。Botstein, 'Liberating the Pariah' 86-8.

(203) R. Sennett, *The Fall of Public Man* (Cambridge, Cambridge University Press, 1977) 4-13, 255-9.

(204) 'On Humanity in Dark Times' 30, 13.『暗い時代の人々』、四三、一三頁。

(205) ベンジャミン・バーバーの主張はこの問題についてのアレントの立場と非常に近い(*Strong Democracy* xv, 133, 152, 219)。

(206) *OR* 84.『革命について』、一二五頁。

(207) 'Revolution and Freedom' 578.

(208) J. Miller, 'The Pathos of Novelty: Hannah Arendt's Image of Freedom in the Modern World' in Hill, *Hannah Arendt* 177-208 を参照。

(209) 'Preface: the Gap Between Past and Future' 14.『過去と未来の間』、一六頁。

(210) Jaspers to Arendt, 16 May 1963, Arendt to Jaspers, 29 may 1963, *Briefwechsel* 540-3.

(211) *OT*1 144.

(212) *OR* 49.『革命について』、六八頁。

(213) *OR* 167, 173.『革命について』、二五八、二六七頁。アレントはピルグリム・ファーザーズを著しく実存主義的に扱っており、宗教的にはまったく扱っていない。

(214) アレントは、逮捕され処刑されるまでユダヤ人を助けたドイツ軍の一軍曹の（アイヒマン裁判で語られた）物語を報告しながら、この物語はテロルに抗した人びとがいくらかいるということを示しているので、「このような物語がもっと多く語られるだけで、世界はどんなに違ったものになったであろうか」と述べている。「人間的に語れば、この惑星が人間の住処としてふさわしいものであり続けるためには、……これ以上のものは必要ではない」(*Eichmann in Jerusalem* 210-12.『イェルサレムのアイヒマン』、一七九—一八〇頁)。

(215) 'Hannah Arendt on Hannah Arendt' 303-10. アレントに関するわたしの前著は、このような反論を免れない。

第七章

（1）本章は、*Social Research* 57/1 (Spring 1990) を改定したものである。

（2）*The Life of the Mind* (London, Secker and Warburg, 1978)（以下 *L of M* と略記する）vol. I, *Thinking* 88.『精神の生活』（上）、一〇三頁。

（3）ここでの解釈は、アレントは「哲学体系を構築しようとした」というアグネス・ヘラーの主張とは対立する (A. Heller, 'Hannah Arendt on the "Vita Contemplativa"' in G. T. Kaplan and C. S. Kessler, *Hannah Arendt: Thinking, Judging, Freedom* (Sydney, Allen and Unwin, 1989) 152)。

（4）H. Jonas, 'Acting, Knowing, Thinking: Gleaning from Hannah Arendt's Philosophical Work', *Social Research* 44/1 (1977) 27.

（5）'Sonning Prize Speech' (1975) MSS Box 70 013985-6.

（6）この論争的な主題をめぐるより洗練された研究については、V. Farias, *Heidegger and Nazism*, trans. P. Burrell and G. Ricci (Philadelphia, Temple University Press, 1989.『ハイデガーとナチズム』山本尤訳（名古屋大学出版会、一九九〇年）を参照。

（7）E. Young-Bruehl, *Hannah Arendt: For Love of the World* (New Haven, Yale University Press, 1982) 108.『ハンナ・アーレント伝』、一六五頁。

（8）'What is Existenz Philosophy?' *Partisan Review* 13/1 (Winter 1946) 46-56.

（9）アレントとヤスパースの関係については、L. P. and S. K. Hinchman, 'Existentialism Politicized: Arendt's Debt to Jaspers', *Review of Politics* 53/3 (1991) 435-68 を参照。

（10）Young-Bruehl, *Hannah Arendt* 246.『ハンナ・アーレント伝』、三三九頁。次を参照、Arendt to Jaspers, 9 July 1946, 29 September 1949, 4 March 1951 in *Hannah Arendt/Karl Jaspers: Briefwechsel 1926-1969*, ed. L. Köhler and H. Saner (Munich, Piper, 1985) 84, 178, 204.

（11）'Martin Heidegger at Eighty' (1971) in M. Murray (ed.), *Heidegger and Modern Philosophy* (New Haven, Yale University Press, 1978) 293-303. 次を参照、L. P. and S. K. Hinchman, 'In Heidegger's Shadow: Hannah Arendt's Phenomenological Humanism', *Review of Politics* 46 (April 1984) 183-211.

（12）この点に関する二つのまったく異なった講義録がアレントの手稿には存在する。'Philosophy and Politics: The Problem of Action and Thought after the French Revolution' (1954) MSS Box 69 と 'Philosophy and Politics: What is Political Philosophy?' (1969) Box 40 である。一九五四年版の最終節は、J・コーンによって編集され、*Social Research* 57/1 (Spring 1990) 73-103 に発表された。なお、Arendt to Gertrud and Karl Jaspers, 25 December 1950, *Briefwechsel* 196; Arendt to Kenneth Thompson, 31 March 1969, Correspondence with the Rockefeller Foundation, MSS Box 20 013824 も参照。政治と精神の生活との関係は、リー・ブラッドショウ（Leah Bradshaw）の著作、*Acting and Thinking: the Political Thought of Hannah Arendt* (Toronto, University of Toronto Press, 1989) を参照。ブラッドショウによれば、この問題に関するアレントの思想には、「劇的な転換」がある。すなわち、彼女の初期の「政治的」著作と後期の精神の生活への関心との「根源的断絶」である (pp. 7, 68, 100)。アレントの手稿（ブラッドショウはこれに言及していないが）からすれば、このような解釈は支持されない。

（13）*The Human Condition* (Chicago, University of Chicago Press, 1958) 302.『人間の条件』、四七四頁。以下 *HC* と略記する。

（14）'Philosophy and Politics' (1954) 023358. 次を参照、'On the Nature of Totalitarianism' (2nd MS, c. 1952-3) Box 69 19-23; 'Karl Marx and the Tradition of Western Political Thought' (1st draft, 1953) Box 64, 36-end.

(15) 'What is Authority?', *Between Past and Future: Exercises in Political Thought* (New York, Viking Press, 1968) 107-11.『過去と未来の間』、一四五—一五〇頁。

(16) 'What is Freedom?', Between Past and Future 145, 157.『過去と未来の間』、一九六、二〇二頁。B. Parekh, *Hannah Arendt and the Search for a New Political Philosophy* (London, Macmillan, 1981) chs. 1-2.

(17) 一九五三年にアレントは、「カール・マルクスと西欧思想の伝統」と題する講義を行なっている。これについては二通りのかなり異なった草稿が残されているが、ここでの議論にとくに有益なのは最初の草稿である。

(18) たとえば、'Philosophy and Politics' (1954) 023394-8 (*Social Research* (1990) 73-9). 次を参照。Arendt to Jaspers, 1 July 1956 *Briefwechsel* 325-6.

(19) 'Karl Marx and the Tradition' (1st draft) 11-13; 'Philosophy and Politics' (1954) 023361-6; *HC* 27.『人間の条件』、四八頁。

(20) 'Einleitung: der Sinn von Politik' (c. 1957) MSS Box 60, 010, 13 を参照。

(21) 'Philosophy and Politics' (1954) 023400-1 (*Social Research* (1990) 81); 次を参照。'Karl Marx and the Tradition' (1st draft) 30-1.

(22) 'Philosophy and Politics' (1954) 023403 (*Social Research* (1990) 84).

(23) 'Philosophy and Politics' (1954) 023366.

(24) 'What is Authority?', 107-16.『過去と未来の間』、一四五—一五八頁。'Karl Marx and the Tradition' (1st draft) 29-30, 33-4; 'Philosophy and Politics' (1954) 023395-9 (*Social Research* (1990) 73-80).

(25) 'What is Authority?' 116.『過去と未来の間』、一五七—一五八頁。'Karl Marx and the Tradition' (1st draft) 12-13; 'Philosophy and Politics' (1954) 023362-3, 023370, 023401.

(26) 'Philosophy and Politics' (1954) 023408 (Social Research (1990) 90-1).

(27) 'What is Authority?' 115-18.『過去と未来の間』、一五六—一六〇頁。*HC* 196, 230.『人間の条件』、三一六、三六一—三六二頁。'Philosophy and Politics' (1954) 023402 (*Social Research* (1990) 83. *L of M* I 199.『精神の生活』(上)、二二九—二三〇頁も参照。

(28) たとえば、'Philosophy and Politics' (1954) 023368-9. この問題についてのアレントの見解はまったく定まっていないということを示すものとして、一九五五年にカリフォルニア大学で行なった彼女の「政治理論史講義 (Lectures on the History of Political Theory)」のためのノートを参照されたい (MSS Box 41 024084)。ここで彼女は、「古代の哲学は、……ポリスの経験を離れて語っており」、ポリスの生活が、初期のギリシア人の経験とは異なり、活動を鼓舞するものではなかったがゆえに、ほとんど活動には注意をむけていないと述べている。前記、第四章の「活動」を参照。

(29) *The Origins of Totalitarianism* 3rd edition (London, George Allen and Unwin, 1967) 472-8.『全体主義の起原』(3)、三一五―三二四頁。
(30) 'Nature of Totalitarianism' (second MS) 19.
(31) 'Nature of Totalitarianism' (second MS) 19a.
(32) 以下を参照。*HC* 199-203.『人間の条件』、三二一―三二七頁。'On Violence' (1970) in *Crises of the Republic* (New York, Harcourt Brace Jovanovich, 1972) 140-55.『暴力について』、一三〇―一四六頁。
(33) 'Nature of Totalitarianism' (2nd MS) 22.
(34) 'Nature of Totalitarianism' (2nd MS) 17.
(35) 'Nature of Totalitarianism' (2nd MS) 19a.
(36) 'Karl Jaspers: Citizen of the World?' (1957) in *Men in Dark Times* (London, Cape, 1970) 86.『暗い時代の人々』、一〇八頁。次を参照。Hinchman and Hinchman, 'Existentialism Politicized'.
(37) 'Karl Jaspers: a Laudatio' (1958) in *Men in Dark Times* 79.『暗い時代の人々』、一〇〇頁。
(38) 'Karl Jaspers: Citizen of the World?' 86.『暗い時代の人々』、一〇八頁。
(39) 一九五四年のアメリカ政治学会で発表された、三つの連続した草稿が残っている (MSS Box 56)。以下に言及するのは、指示がない場合は最終版である。次を参照。Young-Bruehl, *Hannah Arendt* 281.『ハンナ・アーレント伝』、三八一頁。
(40) 'Concern with Politics' 023258.
(41) アレントとヤスパースとの、直接の、あるいは書簡による長い間の対話は、彼女の戦後期におけるもっとも重要な経験のひとつである。以下を参照。*Briefwechsel*; G. Gaus, *Zur Person: Poträts in Frage und Antwort* (Munich, Deutscher Taschenbuch Verlag, 1965) 29; 'Hannah Arendt on Hannah Arendt' in M. A. Hill (ed.), *Hannah Arendt: the Recovery of the World* (New York, St Martin's Press, 1979) 338-9.
(42) *L of M* II 200.『精神の生活』(下)、二三九頁。
(43) 'Concern with Politics' 023258.
(44) 'Concern with Politics' 023259.
(45) 'Concern with Politics' (1st draft, アレントの手書き原稿と思われるものにこのように記されている) 14-15.
(46) 'Concern with Politics' 023259.

（47）'Concern with Politics' 023260.
（48）『政治学入門』の出版計画（おそらく一九五九年）、ロックフェラー財団との通信文。MSS Box 20 013872.
（49）'"Eichmann in Jerusalem": an Exchange of Letters between Gershom Scholem and Hannah Arendt', *Encounter* (January 1964) 51-6; '"The Formidable Dr Robinson": a Reply', *New York Review of Books* 5/12 (20 January 1966) 26-30.
（50）'Truth and Politics' (1967), reprinted in *Between Past and Future* この論文の由来についての注記付き (p. 227.『過去と未来の間』、三〇九頁）; Gaus, *Zur Person* 26.
（51）'Truth and Politics' 235.『過去と未来の間』、三一八—三一九頁。
（52）'Truth and Politics' 239.『過去と未来の間』、三二四頁。
（53）'Truth and Politics' 241.『過去と未来の間』、三二八頁。
（54）'On Humanity in Dark Times: Thoughts about Lessing', *Men in Dark Times* 8.『暗い時代の人々』一七頁。
（55）'On Humanity in Dark times' 10.『過去と未来の間』、一九頁〔訳語一部変更〕。
（56）'From Machiavelli to Marx' (Course at Cornell University, 1965) MSS Box 39 023453, 023468.
（57）Hinchman and Hinchman, 'Existentialism Politicized' 437, 463.
（58）'What is Existenz Philosophy?' 45.
（59）*L of M* I. 'Martin Heidegger at Eighty' においてアレントは恩師ハイデガーを愛情と尊敬をもって回想しながら、彼を「思索者」、すなわち結論に至ることのない思索の小道を切り開いていく者であると捉え、通常の意味での「哲学」を彼がもっていたかどうかは疑わしいと述べている (p. 296)。
（60）*HC* 170.『人間の条件』、二六八頁。
（61）'Heidegger at Eighty' 298.
（62）'Thinking and Moral Consideration: a Lecture', *Social Research* 38/3 (Fall 1971) 426.
（63）*L of M* I 62.『精神の生活』（上）、七三頁。
（64）*HC* 50, 57.『人間の条件』、七五、八五頁。
（65）'Concern with Politics' 023251.
（66）Lectures on 'Philosophy and Politics: What is Political Philosophy?' (1969) 024429; 024445-6 を参照。アレントのなかに理論と実践の統一を見いだそうとするジェームズ・ナウアー（James Knauer）の試みは、この点についてのアレントの一貫した考察に反する (J. T.

Knauer, 'Hannah Arendt on Judgement, Philosophy and Praxis', *International Studies in Philosophy* 21/3 (1989) 71-83。

（67）1971. 前記、注（62）を参照。

（68）'Thinking and Moral Considerations' 446.

（69）'Heidegger at Eighty' 301-3.

（70）*Lectures on Kant's Political Philosophy*, ed. R. Beiner (Chicago, University of Chicago Press, 1982) 10.『カント政治哲学の講義』、九頁。

（71）*Kant's Political Philosophy* 40, 42.『カント政治哲学の講義』、五五―五六、六一頁。

（72）*Kant's Political Philosophy* 39.『カント政治哲学の講義』、五五頁。

（73）*Kant's Political Philosophy* 38.『カント政治哲学の講義』、五三頁。

（74）*Kant's Political Philosophy* 19, 7.『カント政治哲学の講義』、二三、三頁。以下を参照、P. Riley, 'Hannah Arendt on Kant, Truth and Politics', *Political Studies* 35 (1987) 379-92; R. J. Dostal, 'Judging Human Action: Arendt's Appropriation of Kant', *Review of Metaphysics* 37 (1984) 725-55.

（75）'On Humanity in Dark Times' 27.『暗い時代の人々』、四〇頁。アレントはここでカントとレッシングを対比している。

（76）*L of M* I 78-9, 197.『精神の生活』（上）、九二―九四、二二七―二二八頁。

（77）*L of M* I 80.『精神の生活』（上）、九四頁。

（78）*L of M* II 3, 55, 64.『精神の生活』（下）、五、六五、七六頁。

（79）*L of M* II 4.『精神の生活』（下）、七頁。

（80）*L of M* II 23-38.『精神の生活』（下）、二八―四七頁。Cf. B. Honig, 'Arendt, Identity, and Difference', *Political Theory* 16/1 (February 1988) 77-98.

（81）M. McCarthy, 'Editor's Postface', *L of M* I 219.『精神の生活』（下）、二六〇―二六一頁〔同書の Harcourt Brace Jovanovich 版では Editor's Postface〔編者後書き〕はⅡの巻末に置かれており、件の箇所は二四二頁である〕。R. Beiner, 'Interpretive Essay', *Kant's Political Philosophy* 91.『カント政治哲学の講義』、一三六頁。

（82）Beiner, 'Interpretive Essay' 92.『カント政治哲学の講義』、一三八頁。

（83）Beiner, 'Interpretive Essay' 140.『カント政治哲学の講義』、二一一頁。Cf. R. J. Bernstein, 'Judging ― the Actor and the Spectator' in Bernstein, *Philosophical Profiles: Essays in a Pragmatic Mode* (Cambridge, Polity Press, 1986) 221-37. アレントによる哲学と政治をめ

ぐる考察とベンジャミン・バーバーの論争的書物、*The Conquest of Politics: Liberal Philosophy in Democratic Times* (Princeton, Princeton University Press, 1988) との間には興味深い類似がある。バーバーは、「政治についての思考は、必然的に思考についての思考に至り、われわれが思考について考えれば考えるほど、政治については考えなくなってしまうのである」(p. 3) というとき、アレントにきわめて似ているような印象を与える。アレントと同様に、彼は政治的活動を哲学の基礎づけ主義的な野心から守ろうとしている。しかしながら、彼は自分がいかにアレントと共通点をもっているかということについては気づいていないようだ。なぜなら、（ベイナーによるアレントのカント的読みに依拠して）彼は、アレントをハーバーマスとともに、「ドイツ学派」の一人とみなしているからである (pp. 196-8)。わたしは別のところで、この種の分類は、政治理論に対するアレントのアプローチの卓越した点を見逃すことになると指摘した (M. Canovan, 'A Case of Distorted Communication: a Note on Habermas and Arendt', *Political Theory* 11/1 (February 1983) 105-16)。

（84）*L of M* I 3.『精神の生活』（上）、五頁。

（85）Gaus, *Zur Person* 12.

（86）'Preface: the Gap Between Past and Future', *Between Past and Future* 14.『過去と未来の間』、一六頁。

（87）'Action and the "Pursuit of Happiness"' in *Politische Ordnung und menschliche Existenz: Festgabe für Eric Voegelin* (Munich, Beck, 1962) 2.

（88）'Preface: the Gap Between Past and Future' 12.『過去と未来の間』、一三頁。*L of M* I 202-10.『精神の生活』（上）、二三三—二四一頁。

第八章　結論

（1）'Hannah Arendt on Hannah Arendt' in M. A. Hill (ed.), *Hannah Arendt: the Recovery of the Public World* (New York, St Martin's Press, 1979) 336.

（2）R. Rorty, 'The Priority of Democracy to Philosophy' in M. Peterson and K. Vaughan (ed.), *The Virginia Statute of Religious Freedom: 200 Years After* (Cambridge, Cambridge University Press, 1988) 257-82. 彼らの主張の間には類似点もあるが、決定的に異なっている点もある。アレントにとって、あるいはヨーロッパにおける彼女の世代のすべての人にとって、われわれは自由主義的政治システムを自明のものとみなすのに、その基礎づけについて懸念する必要はないというローティの気楽な想定は、醜悪なまでに非現実的である。アレントは、ヨーロッパの強制収容所で起こったことに対して、アメリカの哲学者ジョン・デューイ（彼はもちろんローティの師の一人である）が示したお気軽な無知に驚いた ('The Ivory Tower of Common Sense', *The Nation* 19 October 1946 447-9)。

（3） B. Barber, *The Conquest of Politics: Liberal Philosophy in Democratic Times* (Princeton, Princeton University Press, 1988).

（4） たとえば、J. C. Isaac, ‘Arendt, Camus, and Postmodern Politics’, *Praxis International* 9/1-2 (April-July 1989) 48-71; B. Honig, ‘Declarations of Independence: Arendt and Derrida on the Problem of Founding a Republic’, *American Political Science Review* 85/1 (March 1991) 97-113 を参照。

（5） J. F. Lyotard, *The Post-Modern Condition: a Report on Knowledge* (Manchester, Manchester University Press, 1984) xxiii. ジャン＝フランソワ・リオタール『ポスト・モダンの条件――知・社会・言語ゲーム』小林康夫訳（書肆風の薔薇、一九八六年）、八頁。

（6） このような印象の頑固さの例としては、A. Heller, ‘An Imaginary Preface to the 1984 Edition of Hannah Arendt’s *The Origins of Totalitarianism*’ in F. Fehér and A. Heller Eastern Left, *Western Left: Totalitarianism, Freedom and Democracy* (Cambridge, Polity, 1987) 243-59 を参照。

（7） ‘Walter Benjamin: 1892-1940’ (1968) in *Men in Dark Times* (London, Jonathan Cape, 1970) 193-206.『暗い時代の人々』、二三二―二四八頁。

（8） ‘Lectures on the History of Political Theory’ (1955) MSS Box 40 023942.

文献目録

アレントの著作

引用した著作のみを掲げる。より詳しいアレントの著作の目録については、E. Young-Bruehl, *Hannah Arendt: For Love of the World* (New Haven, Yale University Press, 1982) 535-47. エリザベス・ヤング＝ブルーエル『ハンナ・アーレント伝』荒川幾男ほか訳（晶文社、一九九九年）viii-xx を参照のこと。

＊邦訳のあるものについては、併記した。（訳者）

著書

（本書で使用した略記については、表題のあとに示してある）

The Origins of Totalitarianism. 異なった資料を収録した、以下のいくつかの版を用いてきた。

The Burden of Our Time（イギリスで出された初版の表題）(London, Secker and Warburg, 1951). (*OT1*)

The Origins of Totalitarianism, 2nd edition (London, Allen and Unwin, 1958) with an 'Epilogue: Reflections on the Hungarian Revolution'. 本書は、「イデオロギーとテロル――新しい統治形態」を収録した第二版である。(*OT2*)

The Origins of Totalitarianism, 3rd edition (London, Allen and Unwin, 1967) with an 'Introduction' dated 1966. (*OT3*)

The Origins of Totalitarianism, paperback edition (London, André Deutsch, 1986) ともに一九六七年に書かれた「第一部反ユダヤ主義の序文」「第二部帝国主義の序文」を含む。(*OT4*)

『全体主義の起原１反ユダヤ主義』大久保和郎訳（みすず書房、一九七二年）、『全体主義の起原２帝国主義』大久保和郎・大島かおり訳（みすず書房、一九七二年）、『全体主義の起原３全体主義』大久保和郎・大島かおり訳（みすず書房、一九七五年）。邦訳はドイツ語版を底本にしている。

The Human Condition (Chicago, University of Chicago Press, 1958) (*HC*)『人間の条件』（中央公論社、一九七三年）。文庫版：〔ちくま学芸文庫〕（筑摩書房、一九九四年）。

Eichmann in Jerusalem: a Report on the Banality of Evil (London, Faber and Faber, 1963)『イェルサレムのアイヒマン』大久保和郎訳（みすず書房、一九六九年）。

On Revolution (Harmondsworth, Penguin, 1973)（初版は一九六三年）(*OR*)『革命について』志水速雄訳（合同出版、一九六八年）、（中央公論社、一九七五年）。文庫版：〔ちくま学芸文庫〕（筑摩書房、一九九五年）。

Between Past and Future — Eight Exercises in Political Thought (New York, Viking Press, 1968) (expanded edition of book originally published in 1961)『歴史の意味——過去と未来の間にⅠ』志水速雄訳（合同出版、一九七〇年）、『文化の危機——過去と未来の間にⅡ』（合同出版、一九七〇年）。『過去と未来の間』引田隆也・斎藤純一訳（みすず書房、一九九四年）。

Men in Dark Times (London, Jonathan Cape, 1970)『暗い時代の人々』阿部斉訳（河出書房新社、一九七二年）。

Crises of the Republic (New York, Harcourt Brace Jovanovich, 1972)『暴力について』高野フミ訳（みすず書房、一九七三年）。『暴力について』山田正行訳（みすず書房、二〇〇〇年）。

Rahel Varnhagen: the Life of a Jewish Woman, trans. R. and C. Winston (San Diego, Harcourt Brace Jovanovich, 1974) (originally published 1957)『ラーヘル・ファルンハーゲン——あるドイツ・ユダヤ女性の生涯』寺島俊穂訳（未來社、一九八五年）。『ラーエル・ファルンハーゲン——ドイツ・ロマン派のあるユダヤ女性の伝記』大島かおり訳（みすず書房、一九九九年）。邦訳はドイツ語版から。

The Life of the Mind (New York, Harcourt Brace Jovanovich, 1978) vol. I: *Thinking*; vol. II: *Willing* (*L of M*)『精神の生活』（上・下）佐藤和夫訳（岩波書店、一九九四年）。

The Jew as Pariah: Jewish Identity and Politics in the Modern Age, ed. R. H. Feldman (New York, Grove Press, 1978)『パーリアとしてのユダヤ人』寺島俊穂・藤原隆裕宜訳（未來社、一九八九年）。邦訳は部分訳。

Lectures on Kant's Political Philosophy, ed. R. Beiner (Chicago, University of Chicago Press, 1982) ロナルド・ベイナー編『カント政治哲学の講義』浜田義文監訳（法政大学出版局、一九八七年）。

Hannah Arendt/Karl Jaspers: Briefwechsel 1926-1969, ed. L. Köhler and H. Saner (Munich, Piper, 1985)

論文

（初版の公刊年はカッコ内に示してある。）

‘We Refugees’ (1943) in *The Jew as Pariah*「われら亡命者」『パーリアとしてのユダヤ人』所収。
‘Portrait of a Period’ (1943) in *The Jew as Pariah*
‘Concerning Minorities’, *Contemporary Jewish Record* 7/4 (August 1944) 353-68
‘Franz Kafka: a Revaluation’, *Partisan Review* 11/4 (Fall 1944) 412-22.「フランツ・カフカ　再評価――没後二〇周年に」、J・コーン編『アーレント政治思想集成１　組織的な罪と普遍的な責任』齊藤純一・山田正行・矢野久美子訳（みすず書房、二〇〇二年）所収。
‘The Jew as Pariah: a Hidden Tradition’ (1944) in *The Jew as Pariah*「隠された伝統」『パーリアとしてのユダヤ人』所収。邦訳はドイツ語版から。
‘Zionism Reconsidered’ (1944) in *The Jew as Pariah*「シオニズム再考」『パーリアとしてのユダヤ人』所収。
‘Approaches to the “German Problem”’, *Partisan Review* 12/1 (Winter 1945) 93-106.「「ドイツ問題」へのアプローチ」『アーレント政治思想集成１』所収。
‘Organized Guilt and Universal Responsibility’, *Jewish Frontier* (January 1945) 19-23.「組織的な罪と普遍的な責任」『アーレント政治思想集成１』所収。
‘Nightmare and Flight’, *Partisan Review*, 12/2 (Spring 1945) 259-60.「悪夢と逃避」『アーレント政治思想集成１』所収。
‘Parties, Movements, and Classes’ *Partisan Review* 12/4 (Fall 1945) 504-13
‘Christianity and Revolution’, *The Nation* (22 September 1945) 288-9.「キリスト教と革命」『アーレント政治思想集成１』所収。
‘Imperialism, Nationalism. Chauvinism’ *Review of Politics* 7/4 (October 1945) 441-63
‘Imperialism: Road to Suicide’, *Commentary* 1 (February 1946) 27-35
‘The Image of Hell’, *Commentary* 2/3 (September 1946) 291-95.「地獄絵図」『アーレント政治思想集成１』所収。
‘The Ivory Tower of Common Sense’. *The Nation* (19 October 1946) 447-9.「コモン・センスの象牙の塔」『アーレント政治思想集成１』所収。
‘What is Existenz Philosophy?’ *Partisan Review* 13/1 (Winter 1946) 34-56.「実存哲学とは何か」『アーレント政治思想集成１』所収。
‘Privileged Jews’, *Jewish Social Studies* 8/1 (1946) 3-30
‘The Jewish State: Fifty Years After’ (1946) in *The Jew as Pariah*
‘Jewish History, Revised’ (1948) in *The Jew as Pariah*

'To Save the Jewish Homeland' (1948) in *The Jew as Pariah*

'"The Rights of Man": What Are They?' *Modern Review* 3/1 (Summer 1949) 21-37

'Peace or Armistice in the Near East?' (1950) in *The Jew as Pariah*

'Religion and the Intellectuals: a Symposium', *Partisan Review* 17 (February 1950) 113-16.「宗教と知識人」、J・コーン編『アーレント政治思想集成2　理解と政治』齊藤純一・山田正行・矢野久美子訳（みすず書房、二〇〇二年）所収

'The Aftermath of Nazi Rule', *Commentary* 10 (October 1950) 324-53.「ナチ支配の余波——ドイツからの報告」『アーレント政治思想集成2』所収。

'Social Science Techniques and the Study of Concentration Camps', *Jewish Social Studies* 12/1 (1950) 49-64.「社会科学のテクニックと強制収容所の研究」『アーレント政治思想集成2』所収。

'Magnes, the Conscience of the Jewish People', *Jewish Newsletter* 8/25 (24 November 1952) 3

'Ideology and Terror: a Novel Form of Government' (1953) (*OT*3 から引用)「イデオロギーとテロル——新しい統治形式」『全体主義の起原3 全体主義』所収。

'Understanding and Politics', *Partisan Review* 20/4 (July-August 1953) 377-92.「理解と政治（理解することの難しさ）」『アーレント政治思想集成2』所収。

'A Reply' to Eric Voegelin's review of *OT*1, *Review of Politics* 15 (January 1953) 76-84.「エリック・フェーゲリンへの返答」『アーレント政治思想集成2』所収。

'The Ex-Communists', *Commonweal* 57/24 (20 March 1953) 595-9.「元共産党員」『アーレント政治思想集成2』所収。

'Religion and Politics', *Confluence* 2/3 (September 1953) 105-26.「宗教と政治」『アーレント政治思想集成2』所収。

'Discussion: the Nature of Totalitarianism' (conference in 1953) in C. J. Friedrich (ed.), *Totalitarianism* (New York, Grosset and Dunlap, 1964)

'Europe and the Atom Bomb', *Commonweal* 60/24 (17 September 1954) 578-80.「ヨーロッパと原子爆弾」『アーレント政治思想集成2』所収。

'Europe and America: the Threat of Conformism', *Commonweal* 60/25 (24 September 1954) 607-10.

'Philosophy and Politics' (lectures from 1954, ed. J. Kohn) *Social Research* 57/1 (Spring 1990) 73-103.「哲学と政治」千葉眞訳『現代思想』一九九七年七月号、八八—一一〇頁。

'Tradition and the Modern Age' (1954) in *Between Past and Future*「伝統と近代」『過去と未来の間』所収。
'Hermann Broch: 1886-1951' (1955) in *Men in Dark Times*「ヘルマン・ブロッホ　一八八六—一九五一」阿部斉訳『暗い時代の人々』所収。
'What is Authority?' (1956 and 1958) in *Between Past and Future*「権威とは何か」『過去と未来の間』所収。
'Karl Jaspers: Citizen of the World?' (1957) in *Men in Dark Times*「カール・ヤスパース　世界国家の市民?」『暗い時代の人々』所収。
'The Concept of History' (1957 and 1958) in *Between Past and Future*「歴史の概念——古代と近代」『過去と未来の間』所収。
'Karl Jaspers: a Laudatio' (1958) in *Men in Dark Times*「カール・ヤスパース　賞賛の辞」『暗い時代の人々』所収。
'Epilogue: Reflections on the Hungarian Revolution' (1958) in *OT*2
'Reflections on Little Rock', *Dissent* 6/1 (Winter 1959) 45-56
'A Reply to Critics', *Dissent* 6/2 (Spring 1959) 179-81
'On Humanity in Dark Times: Thoughts about Lessing' (1960) *Men in Dark Times*「暗い時代の人間性　レッシング考」『暗い時代の人々』所収。
'Freedom and Politics: a Lecture', *Chicago Review* 14/1 (Spring 1960) 28-46
'Freedom and Politics' in A. Hunold (ed.), *Freedom and Serfdom* (Dordrecht, Reidel, 1961) 191-217.
（以上二つの論文の間には、またこれらのいずれかと『過去と未来の間』所収の「自由とは何か」との間にも、小さいが、重大な差異がある。）
'Action and the "Pursuit of Happiness"' in *Politische Ordnung und menschliche Existenz: Festgabe für Eric Voegelin* (Munich, Beck, 1962) 1-16
'Revolution and Freedom: a Lecture' in H. Tramer (ed.), *In zwei Welten: Siegfried Moses zum fünfundsiebzigsten Geburtstag* (Tel Aviv, Bitaon, 1962) 578-600
'The Conquest of Space and the Stature of Man' (1963) in *Between Past and Future*「宇宙空間の征服と人間の身の丈」『過去と未来の間』所収。
'Labor, Work, Action' (lecture from 1964) in J. W. Bernauer SJ (ed.), *Amor Mundi: Explorations in the Faith and Thought of Hannah Arendt* (Boston/Dordrecht/Lancaster, Martinus Nijhoff, 1987) 29-42
'"Eichmann in Jerusalem": an Exchange of Letters between Gershom Scholem and Hannah Arendt', *Encounter* (January 1964) 51-6. ゲ

ルショーム・ショーレム＋ハンナ・アーレント「イェルサレムのアイヒマン――ゲルショーム・ショーレム／ハンナ・アーレント往復書簡」矢野久美子訳『現代思想』一九九七年七月号、六四―七七頁。

'"The Deputy": Guilt by Silence?', *New York Herald Tribune Magazine* (23 February 1964) 6-9

'Personal Responsibility under Dictatorship', *The Listener* (6 August 1964) 185-205

'Angelo Giuseppe Roncalli: a Christian on St Peter's Chair from 1958 to 1963' (1965) in *Men in Dark Times* 「アンジェロ・ジュゼッペ・ロンカーリ　ローマ教皇ヨハネス二三世」『暗い時代の人々』所収。

'Was bleibt? Es bleibt die Muttersprache', interview with Arendt in G. Gaus, *Zur Person: Portraits in Frage und Antwort* (Munich, Deutscher Taschenbuch Verlag, 1965) 11-30.「「何が残った？　母語が残った」――ギュンター・ガウスとの対話」『アーレント政治思想集成1』所収。

'"The Formidable Dr Robinson": a Reply', *New York Review of Books* 5/12 (20 January 1966) 26-30

'Remarks on "The Crisis Character of Modern Society"', *Christianity and Crisis* 26/9 (30 May 1966) 112-14

'On the Human Condition' in A. M. Hilton (ed.), *The Evolving Society* (New York, Institute of Cybernetical Research, 1966) 213-19

'Rosa Luxemburg: 1871-1919' (1966) in *Men in Dark Times* 「ローザ・ルクセンブルク　一八七一―一九一九」『暗い時代の人々』所収。

'Truth and Politics' (1967) in *Between Past and Future* 「真理と政治」『過去と未来の間』所収。

'Walter Benjamin: 1892-1940' (1968) in *Men in Dark Times* 「ヴァルター・ベンヤミン　一八九二―一九四〇」『暗い時代の人々』所収。

'Isak Dinesen: 1885-1963' (1968) in *Men in Dark Times* 「アイザック・ディネセン　一八八五―一九六三」『暗い時代の人々』所収。

'Collective Responsibility' (contribution to symposium, 1968) in J. W. Bernauer SJ (ed.), *Amor Mundi: Explorations in the Faith and Thought of Hannah Arendt* (Boston/Dordrecht/Lancaster, Martinus Nijhoff, 1987) 43-50.「集団の責任」大川正彦訳『現代思想』一九九七年七月号、七八―八七頁。

'The Archimedean Point', *Ingenor* (Spring 1969) 4-9, 24-6

'On Violence' (1970) in *Crises of the Republic* 「暴力について」『暴力について』所収。

'Civil Disobedience' (1970) in *Crises of the Republic* 「市民的不服従」『暴力について』所収。

'Martin Heidegger at Eighty' (1971) in M. Murray (ed.). *Heidegger and Modern Philosophy* (New Haven, Yale University Press, 1978) 293-303

'Thoughts on Politics and Revolution' (report of an interview with A. Reif in 1970) in *Crises of the Republic* 「政治と革命についての考

察——ひとつの註釈」『暴力について』所収。
'Lying in Politics' (1971) in *Crises of the Republic*「政治における嘘——国防総省秘密報告書《ペンタゴン・ペーパーズ》についての省察」『暴力について』所収。
'Thinking and Moral Considerations: a Lecture', *Social Research* 38/3 (Fall 1971) 417-46 (largely incorporated in L of M I 166-93)
Contributions to discussion in A. Klein (ed.), *Dissent, Power, and Confrontation* (New York, McGraw Hill, 1971)
'Hannah Arendt on Hannah Arendt' (report of a conference in 1972) in M. A. Hill (ed.), *Hannah Arendt: the Recovery of the Public World* (New York, St Martin's Press, 1979) 301-39
'Home to Roost: a Bicentennial Address', *New York Review of Books* (26 June 1975) 3-6.「建国二百年によせて——アメリカの反省」川上洋一訳『世界』一九七五年十一月号、二二九—二三八頁。
'Public Rights and Private Interests' in M. Mooney and F. Stuber (eds.), *Small Comforts for Hard Times: Humanists on Public Policy* (New York, Columbia University Press, 1977) 103-8

未公刊の文書

以下は、ワシントンにある米国議会図書館所蔵のアレント・ペーパーズのなかにある。それらは、ボックス・ナンバーで確認され、図書館によって押印された頁数で引用箇所を示してある。そのような頁数が付いていない場合は、アレント自身の付けた頁数を使ってきた。（アレント・ペーパーズの選集は、ジェローム・コーンによって出版に向けて編集中である。）

Correspondence with the Guggenheim Memorial Foundation, Box 17
Correspondence with Houghton Mifflin (publishers), Box 24
Correspondence with the Rockefeller Foundation, Box 20
'Die Juedische Armee — ein Mittel zur Versoehnung der Voelker'（日付はないが、第二次世界大戦中に書かれた）, Box 64
'Remarks to European Jewry'（日付はないが、第二次世界大戦直後に書かれた）, Box 68
'Imperialism' (probably 1946) in 'Outlines and Research Memoranda', Box 69
'The Political Meaning of Racial Anti-Semitism' (probably 1946) in 'Outlines and Research Memoranda', Box 69
'Outline: the Elements of Shame: Antisemitism - Imperialism - Racism' (probably 1946) in 'Outlines and Research Memoranda', Box 69
Lecture at the Rand School (1948 or 1949), Box 70.「ランドスクール講義」『アーレント政治思想集成2』所収。

'Ideology and Propaganda' (1950), Box 64
'The Eggs Speak Up' (c. 1950), Box 57.「卵は声を挙げる」『アーレント政治思想集成2』所収。
'Project: Totalitarian Elements in Marxism' (c. 1951-2) in Guggenheim Correspondence, Box 17
'On the Nature of Totalitarianism' (two versions) (c. 1952-3), Box 69「全体主義の本性について——理解のための試論」『アーレント政治思想集成2』所収。
'The Impact of Marx' (c. 1952-3), Box 68
'The Great Tradition and the Nature of Totalitarianism' (1953), Box 68
'Karl Marx and the Tradition of Western Political Thought' (two drafts) (1953), Box 64. 佐藤和夫編『カール・マルクスと西欧政治思想の伝統』アーレント研究会訳（大月書店、二〇〇二年）。
'Authority' (1953), Box 56
'Breakdown of Authority' (1953) Box 68
'Concern with Politics in Recent European Philosophical Thought' (three versions) (1954), Box 56.「近年のヨーロッパ哲学思想における政治への関心」『アーレント政治思想集成2』所収。
'Philosophy and Politics: the Problem of Action and Thought after the French Revolution' (1954), Box 69. この講義の最後の部分はジェ ローム・コーンによって編集され、『ソーシャル・リサーチ』誌に公刊された。*Social Research* 57/1 (Spring 1990`, 73-103.（この講義は、同じような表題を付けた、左記の一九六九年の連続講義とはまったく違う点に注意されたい。）
'Political Experiences' (1955). Box 40
'Lectures on the History of Political Theory' (1955), Boxes 40-1
'Description of Proposal' for book to be entitled 'Introduction into Politics' (probably 1959: see chapter 4 note 3 above), Rockefeller Correspondence, Box 20
'Einleitung: der Sinn von Politik' (c. 1957). Box 60
'Introduction into Politics' (1963), Box 41
'Nationalstaat und Demokratie' (1963), Box 68 V
'Some Questions of Moral Philosophy' (1965), Box 40
'From Machiavelli to Marx' (1965), Box 39

‘Love and Saint Augustine: an Essay in Philosophical Interpretation’（アレントの博士論文 *Der Liebesbegnff bei Augustin* (Berlin, J. Springer, 1929) の翻訳。訳者は、E・B・アシュトンで、傍注が付いており、アレントが一部改訂した、一九六六年頃の版）, MSS Box 66.『アウグスティヌスの愛の概念』千葉眞訳（みすず書房、二〇〇二年）。邦訳はドイツ語版から。
‘Philosophy and Politics: What is Political Philosophy?’ (1969). Box 40
‘Remarks’ to the American Society of Christian Ethics (1973), Box 70
‘Sonning Prize Speech’ (1975), Box 70

第二次文献

Barber, B., *Strong Democracy — Participatory Politics for a New Age* (Berkeley, University of California Press, 1984)
The Conquest of Politics: Liberal Philosophy in Democratic Times (Princeton, Princeton University Press, 1988)
Barley. D., ‘Hannah Arendt: die Judenfrage’, *Zeitschrift für Politik* 35/2 (1988) 113-29.
Barnouw. D., *Visible Spaces: Hannah Arendt and the German-Jewish Experience* (Baltimore and London, Johns Hopkins University Press, 1990)
Battek, R., ‘Spiritual Values, Independent Initiatives and Politics’ in V. Havel et al. (ed. J. Keane), *The Power of the Powerless: Citizens Against the State in Central-Eastern Europe* (London, Hutchinson, 1985) 97-109
Beiner, R., ‘Interpretive Essay’ in H. Arend, *Lectures on Kant’s Political Philosophy*, ed. R. Beiner (Chicago, University of Chicago Press. 1982) 89-1 56. ロナルド・ベイナー「解釈的試論」『カント政治哲学の講義』所収。
Political Judgment (London, Methuen, 1983)
‘Action, Natality and Citizenship: Hannah Arendt’s Concept of Freedom’ in Z. Pelczynski and J. Gray (eds.), *Conceptions of Liberty in Political Philosophy* (London, Athlone Press, 1984) 349-75
‘Hannah Arendt and Leo Strauss: the Uncommenced Dialogue’, *Political Theory* 18/2 (May 1990) 238-54
Beiner, R. S., ‘Hannah Arendt on Capitalism and Socialism’, *Government and Opposition* 25/3 (Summer 1990) 359-70
Benhabib, S., ‘Judgment and the Moral Foundations of Politics in Arendt’s Thought’, *Political Theory* 16/1 (February 1988) 29-51

'Hannah Arendt and the Redemptive Power of Narrative', *Social Research* 57/1 (Spring 1990) 167-96
Bernauer SJ, J. W. (ed.). *Amor Mundi: Explorations in the Faith and Thought of Hannah Arendt* (Boston/Dordrecht/Lancaster, Martinus Nijhoff, 1987)
Bernstein, R. J., 'Judging - the Actor and the Spectator' in Bernstein, *Philosophical Profiles: Essays in a Pragmatic Mode* (Cambridge, Polity, 1986) 221-37
'Rethinking the Social and the Political' in Bernstein, *Philosophical Profiles: Essays in a Pragmatic Mode* (Cambridge, Polity, 1986)
Bloom, A., *The Closing of the American Mind* (Simon and Schuster, 1987) アラン・ブルーム『アメリカン・マインドの終焉——文化と教育の危機』菅野盾樹訳（みすず書房、一九八八年）。
Botstein, L., 'Liberating the Pariah: Politics, the Jews, and Hannah Arendt', *Salmagundi* 60 (Spring-Summer 1983) 73-106
Boyle SJ, P., 'Elusive Neighborliness: Hannah Arendt's Interpretation of Saint Augustine' in J. W. Bernauer SJ (ed.), *Amor Mundi: Explorations in the Faith and Thought of Hannah Arendt* (Boston/Dordrecht/Lancaster, Martinus Nijhoff, 1987) 81-113
Bradshaw, L., *Acting and Thinking: the Political Thought of Hannah Arendt* (Toronto, University of Toronto Press, 1989)
Bultmann, R., 'The Understanding of Man and the World in the New Testament and in the Greek World' in Bultmann, *Essays Philosophical and Theological*, trans. J. C. G. Greig (London, SCM Press, 1955)
Burns, R., 'Hannah Arendt's Constitutional Thought' in J. W. Bernauer SJ (ed.), *Amor Mundi: Explorations in the Faith and Thought of Hannah Arendt* (Boston/Dordrecht/Lancaster, Martinus Nijhoff, 1987) 157-85
Campbell, B., 'Paradigms Lost: Classical Athenian Politics in Modern Myth', *History of Political Thought* 10/2 (Summer 1989) 189-213
Canovan, M., 'The Contradictions of Hannah Arendt's Political Thought'. *Political Theory* 6/1 (February 1978) 5-26
'A Case of Distorted Communication: a Note on Habermas and Arendt', *Political Theory* 11/1 (February 1983) 105-16
'Arendt, Rousseau and Human Plurality in Politics', *Journal of Politics* 45 (1983) 286-302
'Hannah Arendt on Ideology in Totalitarianism' in N. O'Sullivan (ed.), *The Structure of Modern Ideology* (Aldershot, Edward Elgar, 1989) 151-71
'Socrates or Heidegger? Hannah Arendt's Reflections on Philosophy and Politics', *Social Research* 57/1 (Spring 1990) 135-65
Clarke, B., 'Beyond "The Banality of Evil"', *British Journal of Political Science* 10 (1980) 417-39
Connerton, P., *The Tragedy of Enlightenment — an Essay on the Frankfurt School* (Cambridg, Cambridge University Press, 1980)

Cooper, B., 'Action into Nature: Hannah Arendt's Reflections on Technology' in R. B. Day, R. Beiner and J. Masciulli (eds.), *Democratic Theory and Technological Society* (New York, M. E. Sharpe, 1988) 316-35

Crick. B., 'On Rereading The Origins of Totalitarianism' in M. A. Hill (ed.), *Hannah Arendt: the Recovery ofthe Public World* (New York, St Martin's Press, 1979) 27-7

Dossa, S., 'Human Status and Politics: Hannah Arendt on the Holocaust', *Canadian Journal of Political Science* 13/2 (June 1980) 309-23

'Hannah Arendt on Billy Budd and Robespierre: the Public Realm and the Private Self', *Philosophy and Social Criticism* 9 (Fall/Winter 1982) 306-18

'Hannah Arendt on Eichmann: the Public, the Private and Evil', *Review of Politics* 46/2 (April 1984) 163-82

The Public Realm and the Public Self: the Political Theory of Hannah Arendt (Waterloo, Wilfred Laurier University Press, 1989)

Dostal, R. J., 'Judging Human Action: Arendt's Appropriation of Kant', *Review of Metaphysics* 37 (June 1984) 725-55

Draenos, S. S., 'Thinking Without a Ground: Hannah Arendt and the Contemporary Situation of Understanding' in M. A. Hill (ed.), *Hannah Arendt: the Recovery of the Public World* (New York, St Martin's Press, 1979) 209-24

Dunn, J., 'The Concept of 'Trust' in the Politics of John Locke' in R. Rorty, J. B. Schneewind and Q. Skinner (ed.), *Philosophy in History* (Cambridge, Cambridge University Press, 1984) 279-301

Dyson, K., *The State Tradition in Western Europe* (Oxford, Martin Robertson, 1980)

Farias. V., *Heidegger and Nazism* trans. P. Burrell and G. Ricci (Philadelphia, Temple University Press, 1989). ヴィクトル・ファリアス『ハイデガーとナチズム』山本尤訳（名古屋大学出版会、一九九〇年）。邦訳はフランス語版を元にし、ドイツ語版を参照にしてなされている。

Feldman. R. H., 'Introduction: the Jew as Pariah: the Case of Hannah Arendt (1906-1975)' in Arendt, *The Jew as Pariah: Jewish Identity and Politics in the Modern Age* (New York, Grove Press, 1978) 15-52

Friedrich, C. J. (ed.), *Totalitarianism* (New York, Grosset and Dunlap, 1964)

Fuss, P., 'Hannah Arendt's Conception of Political Community' in M. A. Hill (ed.), *Hannah Arendt, the Recovery of the Public World* (New York, St Martin's Press, 1979) 157-76

Gaus, G., *Zur Person: Porträts in Frage und Antwort* (Munich, Deutscher Taschenbuch Verlag, 1965)

Gay, P., *Weimar Culture: the Outsider as Insider* (London, Secker and Warburg, 1968) ピーター・ゲイ『ワイマール文化』亀嶋庸一訳（み

すず書房、一九九九年)。

Gray, J. G., 'The Abyss of Freedom - and Hannah Arendt' in M. A. Hill (ed.), *Hannah Arendt: the Recovery of the Public World* (New York, St Martin's Press, 1979) 225-4

Habermas, J. (trans. F. Lawrence), *The Philosophical Discourse of Modernity* (Cambridge, Polity, 1987) ユルゲン・ハーバマス『近代の哲学的ディスクルス』(1、2) 三島憲一ほか訳 (岩波書店、一九九〇年)。邦訳はドイツ語版から。

Havel, V., 'The Power of the Powerless' in Havel et al. (ed. J. Keane), *The Power of the Powerless: Citizens Against the State in Central-Eastern Europe* (London, Hutchinson, 1985) 23-96

Hayek, F. A., *The Road to Serfdom* (London, Routledge and Kegan Paul), 1944. F・A・ハイエク『隷従への道——全体主義と自由』〔改版〕一谷藤一郎・一谷映理子訳 (東京創元社、一九九二年)。

Hegel. G. W. F., *Philosophy of Right*, trans. T. M. Knox (Oxford, Oxford University Press, 1942) ヘーゲル『法哲学講義』長谷川宏訳 (作品社、二〇〇〇年)。邦訳はドイツ語版から。

Heidegger, M., *Sein und Zeit* (Tübingen, Max Niemeyer Verlag, 1953) ハイデガー『存在と時間』原佑・渡辺二郎訳「世界の名著62」(中央公論社、一九七一年)。ハイデッガー『有と時』〔ハイデッガー全集第2巻〕辻村公一、ハルムート・ブッナー訳 (創文社、一九九七年)。

Being and Time, trans. J. Macquarrie and E. Robinson (London, SCM Press, 1962)

An Introduction to Metaphysics, trans. R. Manheim (New Haven, Yale University Press, 1959) ハイデッガー『形而上学入門』〔ハイデッガー全集第40巻〕岩田靖夫、ハルムート・ブッナー訳 (創文社、二〇〇〇年)。邦訳はドイツ語版から。

Basic Writings, ed. D. F. Krell (London, Routledge and Kegan Paul, 1978)

Heller, A., 'An Imaginary Preface to the 1984 Edition of Hannah Arendt's *The Origins of Totalitarianism*' in F. Fehér and A. Heller, *Eastern Left, Western Left: Totalitarianism, Freedom and Democracy* (Cambridge, Polity, 1987) 243-59

'Hannah Arendt on the "Vita Contemplativa"' in G. T. Kaplan and C. S. Kessler (eds.), *Hannah Arendt: Thinking, Judging, Freedom* (Sydney, Allen and Unwin, 1989) 144-59

Hill, M. A., 'The Fictions of Mankind and the Stories of Men', in Hill (ed.). *Hannah Arendt: the Recovery of the Public World* (New York, St Martin's Press, 1979) 275-300;

(ed.), *Hannah Arendt: the Recovery of the Public World* (New York, St Martin's Press, 1979)

Hinchman, L. P. and S. K., 'In Heidegger's Shadow: Hannah Arendt's Phenomenological Humanism', *Review of Politics* 46 (April 1984) 183-211

'Existentialism Politicized: Arendt's Debt to Jaspers', *Review of Politics* 53/3 (Summer 1991) 435-68

Hinchman, S. K., 'Common Sense and Political Barbarism in the Theory of Hannah Arendt', *Polity* 17/2 (1984) 317-39

Hobbes, T., *Leviathan*, ed. M. Oakeshott (Oxford, Blackwell, 1960) ホッブズ『リヴァイアサン』水田洋・田中浩訳〔世界の大思想13〕(河出書房新社、一九七〇年)

Honig, B., 'Arendt. Identity, and Difference', *Political Theory* 16/1 (February 1 988) 77-98

'Declarations of Independence: Arendt and Derrida on the Problem of Founding a Republic', *American Political Science Review* 85/1 (March 1991) 97-113

Isaac, J. C., 'Arendt, Camus, and Postmodern Politics', *Praxis International* 9/1-2 (April-July 1989) 48-71

Jacobson, N., *Pride and Solace: the Functions and Limits of Political Theory* (New York and London, Methuen, 1986)

Jaspers. K., 'Philosophical Autobiography' in P. Schilpp (ed.), *The Philosophy of Karl Jaspers* (New York, Tudor, 1957) カール・ヤスパース『哲学的自伝』〔ヤスパース選集第14巻〕重田英世訳(理想社、一九六五年)。邦訳はドイツ語版から。

The Great Philosophers, ed. H. Arendt (Londo, Hart-Davis, 1962)

Philosophy, trans. E. B. Ashton (Chicago, University of Chicago Press, 1969) カール・ヤスパース『哲学的世界定位』〔哲学Ⅰ〕武藤光朗訳(創文社、一九六四年)、『実存開明』〔哲学Ⅲ〕草薙正夫・信太正三訳(創文社、一九六四年)、『形而上学』〔哲学Ⅲ〕鈴木三郎訳(創文社、一九六九年)。邦訳はドイツ語版から。

Jay, M., 'The Political Existentialism of Hannah Arendt' in Jay, *Permanent Exiles: Essays on the Intellectual Migration from Germany to America* (New York, Columbia University Press, 1986) 237-56. マーティン・ジェイ「ハンナ・アレントの政治的実存主義」竹村喜一郎訳、『永遠の亡命者たち』今村仁司ほか訳(新曜社、一九八九年)所収、三九八―四三〇頁。

Johnson, P., *Politics, Innocence and the Limits of Goodness* (London and New York, Routledge, 1988)

Jonas, H., 'Acting, Knowing, Thinking: Gleanings from Hannah Arendt's Philosophical Work', *Social Research* 44/1 (1977) 2-43

Justman, S., 'Hannah Arendt and the Idea of Disclosure', *Philosophy and Social Criticism* 4/8 (1982) 407-23

Kant, I., *Kant's Political Writings*, ed. H. Reiss (Cambridge, Cambridge University Press, 1970)

Kateb, G., *Hannah Arendt: Politics, Conscience, Evil* (Oxford, Martin Robertson, 1984)

Kazin, A., *New York Jew* (London, Secker and Warburg, 1978) アルフレッド・ケイジン『ニューヨークのユダヤ人たち——ある文学の回想一九四〇～六〇』（I、II）大津栄一郎・筒井正明訳（岩波書店、一九八七年）。

Keane, J., *Democracy and Civil Society* (London, Verso, 1988)

(ed.), *Civil Society and the State* (London, Verso, 1988)

Kierkegaard, S., *Stages on Life's Way* (London, Oxford University Press, 1940)

Concluding Unscientific Postscript, ed. W. Lowrie (Princeton, Princeton University Press, 1944)

King, R. H., 'Endings and Beginnings: Politics in Arendt's Early Thought', *Political Theory* 12/2 (May 1984) 235-51

Klein, A. (ed.), *Dissent, Power, and Confrontation* (New York, McGraw Hill, 1971)

Knauer, J. T., 'Motive and Goal in Hannah Arendt's Concept of Political Action' *American Political Science Review* 74/3 (September 1980) 721-33

'Hannah Arendt on Judgement, Philosophy and Praxis', *International Studies in Philosophy* 21/3 (1989) 71-83

Kohn, J., 'Thinking/Acting', *Social Research* 57/1 (Spring 1990) 105-34

Lefort, C., Democracy and Political Theory (Cambridge, Polity, 1988)

Luban, D., 'Explaining Dark Times: Hannah Arendt's Theory of Theory', *Social Research* 50/1 (Spring 1983) 215-48

Luxemburg, R., 'The Junius Pamphlet: the Crisis in the German Social Democracy,February-April 1917' in R. Luxemburg, *The Mass Strike* (New York 1971)

Lyotard, J. F., *The Post-Modern Condition: a Report on Knowledge* (Manchester, Manchester University Press, 1984)

McCarthy, M., 'Editor's Postface' in H. Arendt, *The Life of the Mind* (London, Secker and Warburg, 1978) vol. I, *Thinking*, 217-30.「編者あとがき」『精神の生活』（下）所収、二五九—二七五頁。

Mayer, J. P., *Prophet of the Mass Age: a Study of Alexis de Tocqueville* (London, Dent, 1939)

Mayhew, L. H., 'Society', *International Encyclopedia of the Social Sciences*, ed. D. L. Sills (Macmillan, 1968) vol. 14, 577-86

Mehta, J. L., *The Philosophy of Martin Heidegger* (New York, Harper and Row, 1971)

Miller, J., 'The Pathos of Novelty: Hannah Arendt's Image of Freedom in the Modern World' in M. A. Hill (ed.), *Hannah Arendt: the Recovery of the Public World* (New York, St Martin's Press, 1979) 177-208

Mooney, M. and Stuber, F. (ed.), 'Small Comforts for Hard Times,' *Humanists on Public Policy* (New York, Columbia University Press,

1977)
Mosse, G. L., *The Crisis of German Ideology — Intellectual Origins of the Third Reich* (New York, Grosset and Dunlap, 1964)
Nussbaum. M. C., *The Fragility of Goodness: Luck and Ethics in Greek Tragedy and Philosophy* (Cambridge, Cambridge University Press, 1986)
O'Sullivan, N., 'Hannah Arendt: Hellenic Nostalgia and Industrial Society' in A. de Crespigny and K. Minogue (eds.), *Contemporary Political Philosophers* (London. Methuen, 1976) 228-51. ノエル・オサリヴァン「ハンナ・アレント——ギリシャ的郷愁と工業社会」阿部斉訳、クレスピニー／マイノウグ編『現代の政治哲学者』（南窓社、一九七七年）所収、二七四—二九九頁。
Parekh, B., 'Hannah Arendt's Critique of Marx' in M. A. Hill (ed.), *Hannah Arendt: the Recovery of the Public World* (New York, St Martin's Press, 1979) 67-100
Hannah Arendt and the Search for a New Political Philosophy (London, Macmillan, 1981)
Pocock, J. G. A., *The Machiavellian Moment: Florentine Political Thought and the Atlantic Republican Tradition* (Princeton, Princeton University Press, 1975)
'The Political Limits to Premodern Economics', in J. Dunn (ed.), *The Economic Limits to Modern Politics* (Cambridge, Cambridge University Press, 1990) 121-41
Pois, R. A., *National Socialism and the Religion of Nature* (London, Croom Helm, 1986)
Rand, A., *Atlas Shrugged* (New York. Signet, 1957)
Rau, Z., 'The State of Enslavement: the East European Substitute for the State of Nature', *Political Studies* 39/2 (June 1991) 253-9
Ricoeur, P., 'Action. Story and History - On Re-reading *The Human Condition*', *Salmagundi* 60 (Spring-Summer 1983) 60-72
Riley, P., 'Hannah Arendt on Kant, Truth and Politics', *Political Studies* 35 (1987) 379-92
Ring, J., 'On Needing Both Marx and Arendt: Alienation and the Flight from Inwardness', *Political Theory* 17/3 (August 1989) 432-48
Rorty, R., 'The Priority of Democracy to Philosophy' in M. Peterson and K. Vaughan (ed.), *The Virginia Statute of Religious Freedom: 200 Years After* (Cambridge, Cambridge University Press, 1988) 257-82
Rousseau, J. J., *Emile*, trans. B. Foxley (London, Dent, 1911) ルソー『エミール』（上、中、下）今野一雄訳〔岩波文庫〕（岩波書店、一九六二—六四年）。邦訳はフランス語版から。
The Social Contract, trans. M. Cranston (Harmondsworth, Penguin, 1968) ルソー『社会契約論』井上幸治訳、『ルソー』〔世界の名著

30』（中央公論社、一九六六年）所収。邦訳はフランス語版から。
Sartre, J. P., *Being and Nothingness*, trans. H. E. Barnes (New York, Philosophical Library, 1956) J－P・サルトル『存在と無――現象学的存在論の試み』（上、下）〔新装版〕松浪信三郎訳（人文書院、一九九九年）。邦訳はフランス語版から。
Schama, S., *The Embarrassment of Riches* (London, Collins, 1987)
Sennett, R., *The Fall of Public Man* (Cambridge, Cambridge University Press, 1977) リチャード・セネット『公共性の喪失』北山克彦・高階悟訳（晶文社、一九九一年）。
Shklar, J. N., 'Hannah Arendt as Pariah', *Partisan Review* 50/1 (1983) 64-77
Sitton, J. F., 'Hannah Arendt's Argument for Council Democracy', *Polity* 20/1 (Fall 1987) 80-100
Skinner, Q., *The Foundation of Modern Political Thought* (Cambridge, Cambridge University Press, 1978)
Smith, R. W., 'Redemption and Politics', *Political Science Quarterly* 86/2 (June 1971) 205-31
Springborg, P., 'Arendt, Republicanism and Patriarchalism', *History of Political Thought* 10/3 (Autumn 1989) 499-523
Stanley, J. L., 'Is Totalitarianism a New Phenomenon? Reflections on Hannah Arendt's Origins of Totalitarianism', *Review of Politics* 49/2 (Spring 1987) 177-207
Stern, P. and Yarbrough, J., 'Hannah Arendt', *The American Scholar* 47 (Summer 1978) 371-81
Suchting, W. A., 'Marx and Hannah Arendt's The Human Condition', *Ethics* 73 (October 1962) 47-55
Tocqueville, A. d, *Democracy in America*, trans. H. Reeve (London, Oxford University Press, 1946) トクヴィル『アメリカにおけるデモクラシー』岩永健吉郎・松本礼二訳（研究社出版、一九七二年）。邦訳はフランス語版から。
Tolle, G. J., *Human Nature Under Fire: the Political Philosophy of Hannah Arendt* (Washington DC, University Press of America, 1982)
Unger, R. M., *False Necessity, Anti-Necessitarian Social Theory in the Service of Radical Democracy* (Cambridge, Cambridge University Press, 1987)
Vollrath, E., 'Hannah Arendt über Meinung und Urteilskraft', in A. Reif (ed.), *Hannah Arendt: Materialien in ihrem Werk* (Vienna/Munich/Zurich, 1979) 85-107
Weber, M., 'Politics as a Vocation' in H. H. Gerth and C. W. Mills (eds.), *From Max Weber: Essays in Sociology* (London, Routledge and Kegan Paul, 1948) 77-128 マックス・ヴェーバー『職業としての政治』脇圭平訳〔岩波文庫〕（岩波書店、一九八〇年）。邦訳はドイツ語版から。

Weiss, T., 'The Web — For Hannah Arendt' in *The Medium: Poems by Theodore Weiss* (New York, Macmillan, 1965) 40-1
Whitfield, S. J., *Into the Dark: Hannah Arendt and Totalitarianism* (Philadelphia, Temple University Press, 1980)
Wolin, S., 'Stopping to Think', *New York Review of Books* (26 October 1978) 16-21
Young-Bruehl, E., *Hannah Arendt: For Love of the World* (New Haven and London, Yale University Press, 1982) 『ハンナ・アーレント伝』〔前掲〕。

訳者あとがき

本書は、Margaret Canovan, *Hannah Arendt: A Reinterpretation of Her Political Thought*, Cambridge; New York: Cambridge University Press, 1992 の全訳である。表題は、簡潔に『アレント政治思想の再解釈』とした。

著者マーガレット・カノヴァンは、一九三九年、イギリス北西部のカーライルに生まれた。ケンブリッジ大学のガートン・カレッジで博士号を取得。一九六五―七一年、ランカスター大学政治学講師、一九七四年にキール大学政治学講師になり、現在は同大学の政治学・国際関係・環境系学部の教授である。著書には、*The Political Thought of Hannah Arendt*, London: Dent, 1974（『ハンナ・アレントの政治思想』寺島俊穂訳、未來社、一九八一年、新装版、一九九五年）、*G. K. Chesterton: Radical Populist*, New York: Harcourt Brace Jovanovich, 1977. *Populism*, New York: Harcourt Brace Jovanovich, 1981. *Nationhood and Political Theory*, Cheltenham; Brookfield, Vt.: Edward Elgar, 1996 などがある。

本書の原本は、すでに十年以上前に公刊されたものだが、アレントの政治思想の内在的解釈としてひとつの到達点を印しているという事実にいまでも変わりはない。著者は、一九七四年、アレントの生前に、アレントの政治思想についての最初の研究書である『ハンナ・アレントの政治思想』を出版しているが、その後、米国議会図書館所蔵の未公刊の資料にも依拠して自らの理解を深めていき、アレントの主著を再読し再構成していったのが本書である。本書は、文献的にも精緻な議論を展開しており、とくに『全体主義の起源』については、一九五一年にイギリスで『われらの時代の重荷』（*The Burden of Our Time*）という表題で出版された初版を中心に四つの版に依拠して議論を展開するなど、既存のアレント研究に見られない深みに達している。それは、たんに資料面にとどまらず、アレントの思考を撚り合わせていく読解の確かさにおいてそうなのである。

前作『ハンナ・アレントの政治思想』は、アレントの政治思想を簡潔にまとめ、その特性を明らかにした概説書であるが、著者の立場からアレントの政治思想への違和感を語ったり、批判をしたりする箇所があった。それに対し本書は、アレントの政治思想を内在的に理解しようと努めている。つまり、他在を他在として認め、その内在的論理を見つけ出そうとしているといえる。したがって、前著に見られた「批判的トーン」は抑えられ、アレントの政治思想の全体像を精確に把握することに全精力を注いでいるといえる。本書が試みているのは、アレントの難解な著作をどのように読み解き、その政治思想の意義を明確化できるかということである。とくに『人間の条件』やそれ以降の著作に重点が置かれる傾向にある近年の研究動向に対して、著者はあらためて『全体主義の起源』の意義を強調し、さらに未公刊のマルクス主義研究の草稿をアレント解釈のなかに位置づけ、その観点から、複雑なアレント思想を多くの糸が撚り合う束として解明しようとしている点に、著者自身の研究の進展の跡が見られる。

本書では、アレントの主著のうち『全体主義の起源』『人間の条件』『革命について』に焦点が当てられ、ほかの作品の占める割合は低い。とくに『精神の生活』は、あまり重視されているとはいえず、全体主義の時代以後の道徳の問題との関連で触れられているにすぎない。というのも、本書が問題とするのはあくまでアレントの政治思想であり、政治において重要なのは、動機や目的よりも人びとのあいだに現われ、語り、活動することであるというアレントの信念に著者が寄り添っているからであろう。本書は、アレントの政治思想を「複数性の哲学」という視点から読み解き、全体主義という政治現象を「近代性の物語」、すなわち「自然的なものの不自然な成長」として捉えることによって『全体主義の起源』を『人間の条件』と連接させている。また、全体主義という政治現象を理解する過程で出てきた道徳の問題についての考察を深めたり、『革命について』から示唆されるアレントの立場を徳や愛国心を強調する「共和主義」とは異なった「新しい共和主義」として、すなわち政治参加や市民であること自体に価値を置く「根源的共和主義」として特徴づけたりしている点にも独自性がある（『ハンナ・アレントの政治思想』のなかでも著者はアレントを「共和主義者」と位置づけていたが、本書での議論ははるかに深まっている）。本書は、アレントの政治思想の細部に立ち入り、アレントの思想に即して政治的事象や政治的諸概念を考察した点でも際立っており、アレントに自己の立場を投影したり、アレントの政治思想の一面のみを活用したりするような研究とは異なったアレント像を提示しており、その点でもアレント政治思想の再解釈なのである。

ところで、本書の出版は十年来の懸案であったが、諸般の事情により実際に翻訳を行なったのは、二〇〇一年八月から二〇〇三年七月にかけてである。寺島俊穂が第一章から第四章までを、伊藤洋典が第五章から第八章までを分担し、相互にチェックして、訳語の統一などを図った。翻訳に当たっては、できるだけこれまでのアレント研究の成果をふまえるように努め、既存の邦訳に依拠した箇所は該当箇所を注のなかに記した。とはいえ、なにぶん議論が込み入っており、翻訳に苦労した箇所もある。ゲラの段階で未來社の西谷能英氏には細かいチェックをしていただき、大変感謝している。もし本書が少しでも読みやすいものになっているとしたら、編集者の協力のお陰である。また、索引の作成に当たっては、熊本大学大学院の岩淵泰、佐藤佳美の両君に協力してもらった。記して労を多としたい。こうして、長年の懸案であった本書の出版を果たせ、少しほっとしているところである。これを機に、日本におけるアレント研究のいっそうの深まりと進展を期待している。

二〇〇四年八月

寺島俊穂
伊藤洋典

索　引

ア　行

カ　行

サ　行

タ　行

ナ　行

ハ　行

マ　行

ヤ　行

ラ　行

●訳者略歴

寺島俊穂（てらじま　としお）

1950年東京都生まれ。慶応義塾大学大学院法学研究科博士課程修了。西欧政治思想史／政治哲学専攻。現在、関西大学法学部教授。

著書に、『市民的不服従』（風行社、2004年）、『政治哲学の復権――アレントからロールズまで』（ミネルヴァ書房、1998年）、『生と思想の政治学――ハンナ・アレントの思想形成』（芦書房、1990年）、訳書に、マイケル・ランドル『市民的抵抗――非暴力行動の歴史・理論・展望』（共訳、新教出版社、2003年）、マーガレット・カノヴァン『ハンナ・アレントの政治思想』〔新装版〕（未來社、1995年）など。

伊藤洋典（いとう　ひろのり）

1960年大分県生まれ。九州大学大学院法学研究科博士課程修了。政治思想史／政治理論専攻。現在、熊本大学法学部教授。

著書に、『「地域公共圏」の政治学』（共編著、ナカニシヤ出版、2004年）、『ハンナ・アレントと国民国家の世紀』（木鐸社、2001年）など。

アレント政治思想の再解釈

発行――二〇〇四年一〇月一二日　初版第一刷発行

定価――（本体五八〇〇円＋税）

著者――マーガレット・カノヴァン

訳者――寺島俊穂・伊藤洋典

発行者――西谷能英

発行所――株式会社　未來社

東京都文京区小石川三―七―二

振替〇〇一七〇―三―八七三八五

電話・(03)3814-5521(代表)

http://www.miraisha.co.jp/

Email:info@miraisha.co.jp

印刷・製本――萩原印刷

ISBN 4-624-30100-5 C0031

（消費税別）

〔新装版〕ハンナ・アレントの政治思想

マーガレット・カノヴァン著　寺島俊穂訳

アレントの思想形成・体系内容を主著に則して簡潔にときあかす。波瀾の実践的、哲学的生涯の根底にある古典素養、ドイツ哲学的知識、ユダヤ主義等にも切り込んだ優れた入門書。　二四〇〇円

ハンナ・アーレントとフェミニズム

ボニー・ホーニッグ編　岡野八代・志水紀代子訳

〔フェミニストはアーレントをどう理解したか〕斬新な切り口でアーレントを再読し、21世紀のフェミニズムの新しい方向を示唆する。気鋭のフェミニストたちによる画期的論集。　三二〇〇円

パーリアとしてのユダヤ人

ハンナ・アレント著　寺島俊穂・藤原隆裕宣訳

ユダヤ人思想家として知られる著者が自らのユダヤ人性を賭けて論じた迫真のユダヤ人論。パーリアとは追放者、被抑圧者の意であり、ユダヤ人の苦難の歴史を内側の目から見直す。　二五〇〇円

ラーヘル・ファルンハーゲン

ハンナ・アレント著　寺島俊穂訳

〔あるドイツ・ユダヤ女性の生涯〕ハンナ・アレントの処女作というべき思想的評伝。ロマン主義の時代ドイツの文学的サロンで名声を博したユダヤ人ラーヘルの生涯と内面を描く。　三五〇〇円

マルティン・ハイデガー

フーゴ・オット著　北川・藤澤・忽那訳

〔伝記への途上で〕ハイデガーのナチズムとの関係をさまざまな哲学者や同時代人の証言を軸に徹底的に洗い出し、その屈折した生涯と思想を分析し意味づけた待望の決定的評伝。　五八〇〇円

ハイデッガー

カール・レヴィット著　杉田泰一・岡崎英輔訳

〔乏しき時代の思索者〕現代思想界に広汎な神秘的影響力を持つハイデッガー哲学の秘密を探り、その徹底的批判によって学界に衝撃を与え、真の批判とは何かを教えた問題の書。　一六〇〇円

フィリップ・ラクー＝ラバルト著　谷口博史訳

経験としての詩

〔ツェラン・ヘルダーリン・ハイデガー〕アウシュヴィッツ以後詩作することは可能か——戦後ヨーロッパの代表的詩人ツェランの後期詩篇から複数の声を聴きとる哲学的エッセイ。二九〇〇円

カール・ポパー著　内田詔夫・小河原誠訳

開かれた社会とその敵　第一部

〔プラトンの呪文〕文明を打倒し部族的生活へもどそうとする全体主義的反動をきびしく批判し、呪術的な「閉ざされた社会」の根を文明の誕生の時から把え直そうとこころみる。四二〇〇円

カール・ポパー著　内田詔夫・小河原誠訳

開かれた社会とその敵　第二部

〔予言の大潮——ヘーゲル、マルクスとその余波〕文明そのものと同じくらい古く、同じくらい新しい全体主義的志向の現れをヘーゲル、マルクスの歴史決定論に把え批判した大著。四二〇〇円

ユルゲン・ハーバーマス著　細谷・山田訳

〔第2版〕公共性の構造転換

〔市民社会の一カテゴリーについての探究〕一九六二年原書刊行以後の、本書への評価や動向を跡づけた一九九〇年新版への序文を新たに増補した〈市民的公共性〉論のいまや古典的な名著。三八〇〇円

ユルゲン・ハーバーマス著　小牧治・村上隆夫訳

哲学的・政治的プロフィール（上）

ハイデッガー、ヤスパース、ゲーレン、プレスナー、ブロッホ、アドルノ、ミッチャーリッヒ、レーヴィット、アレント、アーベントロートを論じた思想的遍歴を収録。三五〇〇円